花都文史 第三十五辑

走向世界的花都人

伯荣 题

Historical Biography of Huadu
No.35

Outstanding Huadu People Around the World
(Volume 1)

Written by Wangxing Xu

Edited by CPPCC Guangzhou Huadu District Committee

徐旺兴 著

（第一卷）

政协广州市花都区委员会 组编

华南理工大学出版社
·广州·

图书在版编目（CIP）数据

走向世界的花都人：第一卷/徐旺兴著；政协广州市花都区委员会组编. —广州：华南理工大学出版社，2020.9

（花都文史. 第三十五辑）

ISBN 978-7-5623-6432-0

Ⅰ.①走… Ⅱ①徐… ②政… Ⅲ.① 华侨-列传-花都区 Ⅳ.①K828.8

中国版本图书馆CIP数据核字（2020）第148245号

走向世界的花都人（第一卷）
徐旺兴著　政协广州市花都区委员会组编

出 版 人：卢家明
出版发行：华南理工大学出版社
　　　　　（广州五山华南理工大学17号楼，邮编510640）
　　　　　http://www.scutpress.com.cn　　E-mail: scutc13@scut.edu.cn
　　　　　营销部电话：020-87113487　87111048（传真）
策划编辑：罗月花
责任编辑：罗月花　杨小丽
责任校对：詹伟文
印 刷 者：广州市新怡印务有限公司
开　　本：787mm×960mm　1/16　印张:22.5　字数:548千
版　　次：2020年9月第1版
印　　次：2020年9月第1次印刷
定　　价：198.00元

版权所有　盗版必究　　印装差错　负责调换

《花都文史》编委会

主　　任：陈家飞

成　　员：徐兆东　邵　靖　李荣渝　全泰源
　　　　　曾一江　姚晓群　杨越敏　龙　敏
　　　　　李　标　邱崇达　杨　艳　徐旺兴
　　　　　邓静宜　卢福汉　龚伯洪　刘兆江
　　　　　刘武松　李　远　罗祥林　贺　安
　　　　　吴术球　刘　浪　冯丽华　张　仪
　　　　　罗文捷　雷慕辉　刘晓云　胡力平
　　　　　和匀生　邓沛煊　关振伦　徐文锦
　　　　　陈应华　黄永奎　余鸿浩

主　　编：邵　靖

副 主 编：龙　敏
　　　　　邓静宜

校　　对：余鸿浩

序

张应龙

花都,旧称花县,位于广州市北部,素称"省城之屏障,南北粤之咽喉"。然境内土地贫瘠,在清代便已"所产米麦不敷全邑之食"。幸有紧接通商口岸之地利,花都人较早接触到域外之风气,故山峦连绵,始终挡不住花都人走出去的步伐,花都人走出了乡村,走向了世界。

虽然花都何时始有国际移民活动如今已不可考,但可以确定的是,花都是在近代以后掀起向外移民的浪潮。作为国际移民的一部分,花都的国际移民在移民原因、移民过程、域外发展、与家乡的关系等方面与中国其他地方国际移民没有太大的差异,但在空间分布上却有其特色,即其国际移民主要集中在东南亚的越南、马来西亚,美洲的美国、巴拿马等国家。在花都人较多的国家,花都人自己组织了同乡会,如美国旧金山花县总会馆等,在花都人较少的国家,花都人则与其他地方的华侨联合组成会馆,如新西兰的番花会馆等。走向世界的花都人,弘扬传统,刻苦耐劳,勤俭节约,终于有成。据有关统计,在21世纪初,花都本地户籍人口约60万人,而境外华侨华人和港澳同胞总数则多达40万人,境外人口约等于花都本地人口的三分之二。花都,毫无疑问是中国的重点侨乡。

改革开放以来,广东新移民风起云涌。花都人发挥侨乡人缘优势,掀起国际移民的小高潮。一大批花都人涌进中美洲的巴拿马,花都新移民成为巴拿马华社的主体。在不长的时间里,十几万花都新移民在巴拿马扎下根,并在经济等领域取得令人瞩目的成就。放眼世界,作为一个县级区,花都新移民在巴拿马所取得的巨大成就、独特地位和重大影响力,在改革开放后中国走出去的新移民中并不多见。这既是花都侨情最重要的特征,也是广东新移民的重要亮点,更在当代世界华侨华人史上占有重要的地位。

2012年,应广州市侨办和花都区侨办的邀请,我带了研究生到花都花山镇儒林村做新移民的定点研究,同时也调查花都区巴拿马华人回国读书儿童的现状,于是对花都的巴拿马新移民有了初步的印象。坦率地说,拉丁美洲华侨华人研究在海外华侨华人研究中一向是薄弱的环节,许多情况不甚清楚,而巴拿马当时还是未建交国家,更带有一点神秘感。本来在2015年我要带领《广东华侨史》调研团到巴拿马进行实地调查,但因种种原因,出访计划到2018年才成行。我们在巴拿马调研期间得到花都侨胞的热情接待,并获得大量的资讯。我们除了收集历史资料和到老城唐人街实地考察之外,还专门对一批巴拿马侨领做了口述历史访问,从中了解到许多历史的细节和鲜活的素材。所有的这一切,使我们对花都人在巴拿马的发展状况有了更深刻的认识。

如果说花都人在巴拿马以"新移民"见长,在美国则以"老移民"著称。美国是花都人的重点移民国家,历经几代人的拼搏和融入,涌现出一批杰出人物,活跃在美国的政治和经济等领域,例如被誉为美国华人妇女参政先驱的余江月桂,等等。长期以来,在美花都人既为美国多元文化建设添砖添瓦,也为花都的发展做出了无私的奉献。在其他国家、在港澳台地区,花都俊彦在诸多行业也颇有建树,令人敬佩。收入本书的人物大多数是侨领,他们的主要活动领域一是经济二是社会,以经济起步,最后奉献社会。经济与社会的结合,基本上是海外侨领走过的人生道路。他们既有第一代移民,也有移民的后代,他们的成长道路、所受教育、生活环境大相径庭,因此读者可以从中感悟海外华侨华人的多元化。

作者抓住花都侨情的特点,重点介绍美国和巴拿马两个国家的花都籍侨胞的事迹,这也是新移民较多的国家。对于海外华侨华人社会来说,源源不断的新移民是海外华侨华人传承中华文化的重要保证,也是强化海外华侨华人社会与侨乡关系的重要保证。一些缺乏新移民补充的移民社群,其原乡文化特征不可避免地逐渐淡化,并与自己家乡的关系渐行渐远。广东一些传统侨乡,由于新移民不多,其侨乡色彩大为褪色,与海外乡亲的关系纽带也非常松弛。花都的大量新移民,除了壮大海外华侨华人社会规模之外,更是大大强化了海外华侨华人社会与花都侨乡的关系。在中国与巴拿马没有建交之前,花都侨胞成为两国的"民间大使",为发展中巴政治与经济关系发挥了重要的作用。因此,花都新移民不但是花都和广东省的重要侨务资源，而且是值得我们好好研究的重要对象。

走入花都侨乡，举目所见的侨楼都是花都侨乡历史的见证。一代代走向世界的花都人，无论距离有多远，他们依然惦记着家乡的山山水水和民情风俗，并以不同的方式表达他们的感情。许多巴拿马新移民告诉我们，他们之所以要将孩子送回老家上几年学，目的是想孩子接受地道的中华文化教育，培育他们的家国情怀，密切与家乡亲戚的感情。许多花都华侨告诉我们，花都客家人十分重视传统文化和客家家风的传承，都希望子女保持一颗中国心。正是从花都走出去的花都人的坚守，中华文化传统在海外花都人社会中得到了很好的传承，而海外花都人对花都各个领域一直以来的捐赠和支持则是其爱国爱乡的集中表现。

记录和阐述海外花都人的发展历史和文化特征无疑非常重要和非常必要，可是，在宏大历史叙事中，人的叙述常常让位于事的叙述。一般历史著作更多的是论述政治更替、典章制度、生产方式、文化脉络等方面的内容，对人物群像做专门研究的不是很多。其实，人物传记也是历史研究的重要呈现形式，细致、生动是人物传记引人入胜之处。写好人物传记，既需要作者密切观察把握人物"外与内"的神韵，也需要作者以"旁观者"身份对人物进行客观和理性的分析。写一个人物已是不易，写一群海外精英更是难上加难，何况这些海外精英居住在不同的国家和地区，其生活和成长的环境和道路有很大的不同，要在有限的篇幅里描绘好众多海外精英的形象，的确是一个很大的挑战。

《走向世界的花都人》（第一卷）作者徐旺兴长期在花都从事侨务文化工作，经常接触到世界各地的花都侨胞，多年来默默耕耘，用笔将境外花都人的点点滴滴记录下来，厚积薄发，终成煌煌几十万字的大作。该书记述的对象以海外华侨华人为主，兼及港澳台同胞，人数多达百余人，分别居住在十五个国家和地区。我以为，以一区之范围、一书之篇幅，此书所撰人物之多，即使在全国也属罕见。

《走向世界的花都人》（第一卷）收录的人物均是境外花都人的代表人

物。作者以优美的笔调,向读者展示了各个人物的奋斗经历和社会成就,着重阐述各个人物的家国情怀,娓娓道来,渗入心扉。撰写《走向世界的花都人》(第一卷),作者的笔端无疑充满了炽热的感情,但在论述的过程中,作者严守理性、客观的立场,不随意拔高,不故作惊人之语,下笔必有依据,不为哗众取宠而虚构历史,紧紧把握住人物传记与文学传记的界限,守住政协文史资料的底线。作者在书写各个人物的活动时,将人物放在所在地的大环境下加以考察。因此,阅读此书不但可以了解各个人物的生平事迹,而且从中可以领略到所在地的侨情与风土人情。

  在花都区政协关心支持下,《走向世界的花都人》(第一卷)即将付梓。当然,《走向世界的花都人》(第一卷)目前不可能囊括所有境外花都籍社会名流,境外花都人的杰出人物不止此数,今后还需要继续撰写,这也是此书称为第一卷的意思。我希望,后续的《走向世界的花都人》除了书写杰出人物之外,也可以眼光向下,书写一批普通的打工仔、小店主。虽然大多数侨领出身打工仔,通过努力实现了社会阶层的上升流动,但还有更多的人一辈子无法突破社会阶层的"固化",他们在异国他乡的奋斗、挫折、适应也都应该是研究华侨华人史的重要内容。

  是为序。

张应龙

中国华侨历史学会副会长

广东华侨历史学会会长

2020年6月21日

目录

花都人在美国

执掌加州 连任五届
　　——记美国加州前州务卿余江月桂 …………………………………… 1

睿智创业 洒脱人生
　　——记热心中国西部扶贫助学的美籍华人刘国烈 …………………… 6

忠心务实 开拓进取
　　——记美国花县总会馆前主席江明学 ………………………………… 12

家国情怀 铭刻在心
　　——记美国花县总会馆主席江文滔 …………………………………… 14

大洋彼岸 乡风拂煦
　　——记美国加州中部中华文化中心前主席黄侣文 …………………… 17

金山才子 杂家老编
　　——记美国花县总会馆前主席、《花县总会馆季刊》主编江镇波 ……… 20

励精图治 勇于担当
　　——记美国花县总会馆前主席、花中校友会永久荣誉主席江长志 …… 24

携手前行 源自同根
　　——记美国华商总会会长张福明 ……………………………………… 26

光前裕后 建树加州
　　——记美国加州中部中华文化中心董事局众乡贤 …………………… 29

雁行游子 薪火相传
　　——记杨文正兄弟热心家乡教育事迹 ………………………………… 38

当家理纪 利析秋毫
　　——记美国花县总会馆前副主席刘树添 ……………………………… 42

干理敏捷　忠诚正义
　　——记美国加州前首席大法官刘百昌 ………… 45
"李艳虹日"　意义深远
　　——记美国联邦政府民权委员会委员李艳虹 ………… 48
持筹握算　乡土有情
　　——记旅美花中校友会创会主席卢嘉信 ………… 51
乐于奉献　服务社群
　　——记南加州花县同乡会和旅美花中校友会英文书记江明策 ………… 53
弘扬国粹　文武兼备
　　——记旅美华侨、名老中医何仲贤 ………… 55
亚洲名厨　蜚声海外
　　——记中国广州半岛投资集团有限公司董事长利永周 ………… 60
爱心善行　成就大业
　　——记回家乡投资办实业的美籍华人欧阳添 ………… 65
柔肠有爱　铁骨担当
　　——记广州市荣誉市民黄柱焕 ………… 69
血洒碧空　景仰忠魂
　　——记美籍华人江东胜为国捐躯的事迹 ………… 73

花都人在加拿大

蒙城崛起　桑梓家园
　　——记加拿大蒙特利尔花都同乡会与会长邵凌洲 ………… 76
心无旁骛　致力为侨
　　——记加拿大多伦多花都同乡会前会长吴文光 ………… 81
事业有成　不忘公益
　　——记加拿大温哥华花都同乡会会长刘显培 ………… 85
中加两地　情牵一线
　　——记加拿大中加贸易投资发展促进会副会长胡志勇 ………… 88

苦心经营　皆有条理
　　——记加拿大多伦多花都同乡会荣誉会长陈伟宜 …………… 92
沧海逐浪　笑看沉浮
　　——记加拿大蒙特利尔花都同乡会名誉会长江永枋 …………… 94
故乡明月　游子情深
　　——记加拿大华侨钟月明热心家乡青少年艺术教育事迹 …………… 98
艺海扬帆　感恩故土
　　——记加拿大华侨任细祥的文化艺术情缘 …………… 102

※ 花都人在巴拿马

情系家国　勇往直前
　　——记中南美洲中国和平统一促进会创办人钟月钧 …………… 108
春辉朝霭　满庭馨香
　　——记巴拿马中巴友好协会副会长邱文峰与他的父母 …………… 112
爱国爱侨　义无反顾
　　——记巴拿马中华总会名誉会长、花都同乡会永久名誉会长刘汶辉 ……… 115
务实开拓　忠诚服务
　　——记巴拿马花都同乡会永久名誉会长萧桂光 …………… 119
承先启后　再谱新篇
　　——记巴拿马花都同乡会永久名誉会长罗记添 …………… 122
侨社为家　夙兴夜寐
　　——记巴拿马花都同乡会第七十三届会长刘扬烈 …………… 126
大义凛然　力促统一
　　——记中南美洲中国和平统一促进会第二任会长唐金水 …………… 129
促统大业　视为己任
　　——记巴拿马中国和平统一促进会会长麦杞佳 …………… 133
振兴侨社　华埠扬威
　　——记巴拿马海外华侨青年联谊会会长、花都同乡会会长江雄桐 ……… 137

华人工商　一脉相传
　　——记巴拿马华人工商总会创会会长钟震邦和他的继任者 …………… 141
华助得道　凝聚侨心
　　——记巴拿马华助中心和中心主任罗德双 ………………………… 144
勤耕博取　不让须眉
　　——记巴拿马中国文化中心创办人张雪云 ………………………… 147
功成名就　光耀故里
　　——记巴拿马共和党委员、前国会议员杨河西 …………………… 150
事业有成　乡情难忘
　　——记巴拿马总统府顾问、医学博士游锦焕 ……………………… 152
华裔巾帼　竭诚为侨
　　——记维护华侨合法权益的刘玉珍 ………………………………… 155
细微之处　可见方略
　　——记巴拿马花都同乡会永久名誉主席罗金荣 …………………… 158
披肝沥胆　智勇兼资
　　——记巴拿马花都同乡会创始人之一陈耀池与他的商贾世家 …… 161
知行合一　邑侨爱戴
　　——记巴拿马花都同乡会永久名誉主席唐佩湛 …………………… 165
投笔从戎　谋事兴邦
　　——记巴拿马中华总会创办人、创会主席刘连城 ………………… 167
诗意经商　运筹有道
　　——记巴拿马商人张荣森 …………………………………………… 169

花都人在秘鲁

通商惠工　邑侨后盾
　　——记秘鲁华侨"杨家将"与最早侨社中华通惠总局 …………… 172

花都人在澳大利亚

仁厚平实　乡情浓郁
　　——记澳大利亚花都同乡会创会会长江杜湾 ……………………… 177

亦医亦商　服务社群
　　——记澳大利亚花都同乡总会主席王海帆 ……………………… 180
甘为绿叶　福荫闾里
　　——记热心慈善公益的澳大利亚华侨陈金和 …………………… 182

❋ 花都人在新西兰

心存一念　寻祖归宗
　　——记新西兰著名摄影家、世界旅行家周永杰 ………………… 185

❋ 花都人在马来西亚

梓里福祉　一日未忘
　　——记热心家乡公益事业的马来西亚华侨罗锦煌 ……………… 188
低调做事　慈善为怀
　　——记马来西亚花都同乡会会长罗义彬 ………………………… 193
汗水浇灌　华文教育
　　——记马来西亚华文教育推行者、新山广肇会馆主席曾振强 … 196

❋ 花都人在新加坡

踏实勇拓　专注实业
　　——记新加坡花县会馆前主席曾锡源的实业之路 ……………… 200
商业巨擘　儒雅君子
　　——记新加坡花县会馆名誉会长卢思榜 ………………………… 204
心有千结　故里寻根
　　——记新加坡花县会馆副主席、哲学博士庾潍诚 ……………… 208
回望故乡　反哺桑梓
　　——记新加坡花县会馆元老邝宗佑、邝正广父子 ……………… 211

❋ 花都人在菲律宾

征战沙场 手足有情
　　——记菲律宾华侨抗日战士黄世燿和他的兄弟 ················ 214

❋ 花都人在越南

公益广泽 造福后世
　　——记毕生致力于家乡革新建设者徐茂均 ················ 217

一腔热血 谱写春秋
　　——记越南华侨申公实走上革命道路的事迹 ················ 223

毕生情怀 复兴之梦
　　——记爱国爱乡的越南华侨邓学如 ················ 227

初心不改 坚如磐石
　　——记徐安如身赴南洋的革命事迹 ················ 230

❋ 花都人在德国

悬壶济世 造福于民
　　——记德国医学博士徐日新和他的兄弟姐妹 ················ 234

❋ 花都人在肯尼亚

"一带一路" 倾情中非
　　——记肯尼亚广东经济贸易代表处首席代表刘燕镁 ················ 236

❋ 花都人在中国香港

真知灼见 铸就辉煌
　　——记香港合和实业董事长、花都乡贤胡应湘 ················ 241

目录

寸草春晖　涌泉相报
　　——记邝维煜纪念中学创办人邝肖卿、邝准姐弟 ………… 248

双城情结　见证奇迹
　　——记香港太平绅士、实业家胡文瀚 ………………………… 250

大德有爱　造福乡梓
　　——记广州市荣誉市民、香港杰出实业家胡忠 ……………… 253

宏基伟业　实至名归
　　——记香港太平绅士、康业控股有限公司行政总裁邝正炜 …… 256

影视大侠　风靡香江
　　——记香港武侠影片奠基人和开拓者徐小明 ………………… 258

乡情乡韵　心中萦绕
　　——记香港侨港花都同乡会主席卢耀河 ……………………… 266

善行义举　回馈社会
　　——记香港创业地基集团有限公司董事局主席朱树昌 ……… 270

沐风栉雨　香江创业
　　——记香港花都乡亲联合会会长梁志杰 ……………………… 273

赤子情怀　永系花都
　　——记广州市荣誉市民、香港同胞梁国梓 …………………… 276

造福桑梓　情满巴江
　　——记花都市荣誉市民、香港同胞袁树荣 …………………… 279

梦呓乡语　仍是故土
　　——记花都市荣誉市民、香港同胞黄苏 ……………………… 283

魂牵梦绕　梓里情深
　　——记香港实业慈善家、花都市荣誉市民利坚 ……………… 286

爱心助学　传为佳话
　　——记香港高级女督察宋丽芬在家乡设立奖学金事迹 ……… 289

慈悲低调　爱心无垠
　　——记热心扶困助学的香港同胞茹耀荣 ……………………… 292

乡情未了　故土难忘
　　——记花都市荣誉市民梁荣热心家乡的事迹 ………………… 296

春风化雨　杏坛芬芳
　　——记杨章瑛秉文经武兴教育事略 …… 299

花都人在中国澳门

春蚕丝尽　桃李天下
　　——记澳门女教育家毕漪汶 …… 302
初心不改　百折不挠
　　——记澳门花县同乡会创会会长毕根 …… 308
胆识兼备　所向披靡
　　——记澳门房地产商会会长毕明 …… 312
澳门之鹰　翱翔蓝天
　　——记"澳门之鹰"的制造者毕泽骏 …… 315
追求艺术　永不疲倦
　　——记港澳著名艺术家毕子融 …… 319
视野开阔　成就新业
　　——记澳门青年联合会副会长毕志健 …… 322

花都人在中国台湾

体坛巨人　名将风范
　　——记国际奥委会委员、花都乡贤徐亨 …… 325
统一大业　没齿不忘
　　——记致力两岸和平统一的台湾老兵黄广海 …… 330
平山才子　德艺双馨
　　——记台湾中国语言文学博士江正诚 …… 334

后　记 …… 339

执掌加州 连任五届
——记美国加州前州务卿余江月桂

2017年12月21日傍晚,余江月桂因手术并发症,在加州橙县逝世,享年95岁。

噩耗传来,加州政坛及华人侨界莫不惋惜和感叹。

余江月桂自从20世纪60年代起在美国加州参政,1974年后连任五届州务卿,纵横政坛30多年,她的影响和成就在美国政坛上写下光辉的篇章。美国加州州务卿帕迪拉宣

余江月桂就连任州务卿接受媒体参访

布:将位于萨克拉门托的州务卿大楼,以前任州务卿余江月桂(March Fong Eu)的名字命名,以纪念她生前对公共事业的贡献。

童年艰辛 求学上进

余江月桂祖籍是花山镇洛场村。其祖父于19世纪70年代搭船到旧金山谋生,成为一名铁路华工,参加了美国西部铁路的修建。父亲江开远在加利福尼亚州奥克戴尔市(Oakdale)做洗衣工人。早年家境贫寒,为了生计,父亲手足胼胝,每天工作十多小时,勤俭持家的传统影响着他的儿女们。

江开远生三男三女:男有江明轩、江明和、江明镜,兄弟三人后均在美经商;女有江满桂、江业桂、江月桂,满桂先旅越南,后回中国香港发展,业桂是美商。江月桂于1922年3月29日在奥克戴尔市出生,排行第六。江月桂的童年是在洗衣站后面拥挤的住宅里度过的,上学之余要帮父母操持家务,还做过佣人和农场女工。从贫寒中走出来的

江月桂从不自怨自艾，而是通过刻苦学习改变命运。成绩优良的江月桂，凭半工半读，先后从加州大学柏克利分校、密尔斯学院和斯坦福大学获得学位。

江月桂深知只有接受教育才可以走出贫民区。天资聪慧且勤奋的她把握任何一个求知进取的机会，不久又在密尔斯学院获得教育学硕士学位，并担任加州大学柏克利分校医学院牙齿保健部主任。1951年，她当选为全美牙医协会会长。她任此职后，曾发起一项运动，促进牙医协会废除了排斥黑人会员的条款，使美国黑人牙医及牙科专家获得平等权利。

1954年，江月桂又获斯坦福大学教育学博士学位，出任阿拉米达市卫生顾问。后来在哥伦比亚大学、加州大学进行博士后研究。1955年至1960年期间，她曾任湾区计划委员会委员及教育行政主任。1955年，她因领导促进不同文化及种族间的关系有杰出成就，获得"东湾文化奖"。1962年她通过竞选担任了奥克兰教育董事会董事，在担任董事期间，她一直努力为所有在美华人及亚裔美国人的光明前景而奋斗。她致力于推广与普及教育，通过教育，提升亚裔美国人的素质，帮助更多的人走出贫民区。江月桂在生活中积累了丰富的社会经验，并逐渐认识到，要捍卫在美华人及亚裔美国人的利益，就必须参政，进入政界是保障大家未来最好的办法。

步入政坛　运筹帷幄

早在1956年，余江月桂就参加了县一级的议员竞选活动。1962年她竞选公职，出任奥克兰教育董事会董事。在几年的实际工作中，余江月桂发现，教育事业的许多重要决

余江月桂向美国旧金山花县总会馆送"福"

策都是政府决定的，于是她有了参政的想法和计划。1966年11月，44岁的余江月桂挺身参加加利福尼亚州众议员竞选。当年，美国和加州政坛相当保守，议会团队几乎清一色白人男子，而外族裔参政更是寥寥无几。但是，余江月桂凭着她的胆识，对政务时势的解读与信心，以及出色的表现获胜，成为唯一当选的女议员（加州众议院历史上第三位女议员）。她是少数族裔，又是女性，在并不宽松的工作环境下，余江月桂更加努力，把工作做得卓有成效。她关注民生民权，在教育、卫生和农业等方面的立法问题上，推动制定了400多个议案。其中包括许多关系到公众利益的小事，甚至是一般政界所忽视的社会问题。通过她的努力，改变低效和不合理规章，颇得人心。余江月桂认为，作为议会公职人员，要反映民意，为市民办实事，所以在人们需要帮助的时候，她总是能够及时提供服务，很多选民说余江月桂是个"能办事的好人"。作为美国华裔，免不了受歧视，从艰难岁月走来实属不易。余江月桂发动华裔投票参政，她强调，选票就是权利，哪一个族裔掌握的选票多，就会受到重视。以前华人投票率很低，地位难以改善，所以，她希望提高华人参政意识，重新塑造华人形象。

余江月桂还积极参与"平等权利修正案"，促使加州大学和加州公务人员部门大大减少了种族和性别上的歧视。在之后的州众议员选举中，她以更多的票数蝉联，同时担任加州政府顾问。余江月桂的才干和她关注民生民权、为不同种族的国民争取利益所做的努力得到肯定与推崇，被公认为是"受人们欢迎的女议员"。

1974年11月，余江月桂在任满四届州众议员后，参加了加利福尼亚州州务卿竞选，结果以340万张选票当选；1978年又以400万票获选连任；1982年以450万票第三次当选；1986年再以490万票第四度蝉联；1990年11月是她的第五次连任。余江月桂五次竞选加州州务卿，得票率之高，超过历史上包括州长在内的任何一位选举产生的公职人员所获得的选票数，创下了该州竞选史上的奇迹。虽然她在竞选活动中，有许多妇女参加助选，但舆论界普遍认为，她获胜是"基于更广泛的群众支持"。

余江月桂的连任和成功，进一步提高了华人在美国的社会地位，证明了华人有能力在美国政坛上出任要职，也表示了社会公众承认华人对美国社会的贡献，增强了华人参政的希望和信心。余江月桂本人也说："从竞选的成果看，在美华裔有成功的机会，在这片土地上，我们不要放弃希望，有努力就会有收获。"

政绩斐然 誉满加州

加州是美国人口最多的州，在全美有较高的地位。余江月桂任职后，整顿了州务厅，提高了工作效率。她积极维护在美华人的合法权益，如在华埠推行两种语言教学，废除了禁止在美华人用中文镌刻墓碑的法令，还在加州档案馆举办了一个早期华人参与开发加州的展览会，使更多的人进一步认识到华人对加州社会发展的贡献。她还在加州世界经济贸易中心担任重要职务。经常参加加州的外贸活动，为促进该州与世界各国的贸易，做了极大的努力。她还推行以邮寄方式登记选票，为选民提供方便，并把选举材料译成中文、西班牙文等文字，以利华人和少数族裔选举。她热情支持华人参政，担任了全美华人参政促进会的顾问。1984年美籍华人教授吴仙标参加特拉华州副州长竞选时,她和一些著名的美籍华人发起了声势浩大的"专业人士支持吴仙标竞选委员会"积极助选,终使吴仙标竞选成功。

美国首位华裔女市长陈李琬若也非常仰慕和赞赏余江月桂,她回忆了两件重要政治事件。1980年她竞选蒙市议员,发现华人新移民因看不懂英文选票,导致投票率很低。于是她找州务卿余江月桂商议,设计中英双语选票。后来余江月桂接纳建议,在美国率先推出双语选票方便新移民,提升了选票率。还有陈果仁事件,当时杀人凶手仅判缓刑,全美亚裔愤愤不平。陈李琬若邀请余江月桂一起召开记者会,要求司法惩凶护善,并酝酿在南加州成立亚美法律服务中心,为亚裔受害人伸张正义。当时成立的亚美法律中心,几十年来已发展成为全美最大的亚美法律组织。

任职期间,余江月桂也经常参与加州的外交活动,以她的华贵与大度、包容与亲善、睿智与干练营造了良好的气场,促进了加州与各地的贸易与友好联盟。她出色的表现,受到了议会和选民的称赞。

余江月桂虽然出生成长在美国,但一直没有忘记自己的祖国和家乡。1984年6月,广东出口商品展览会在奥克兰市举行时,她专程前往参观,并特别用广州话对展览团团长说:"我亦系广东人哩!"在家里,她一直过着传统的中国生活。

为促进中美关系的发展和中美两国人民的友好往来,加强加利福尼亚州与中国多领域的交往和合作,余江月桂任职期间多次访华。1979年8月,余江月桂随蒙代尔副总统一行20人,由我国常驻联合国代表、外交部副部长黄镇陪同到中国访问,国家领导人邓小平在人民大会堂设宴欢迎。离京之后,副总统一行到广东特地造访余江月桂的家乡花山镇洛场村,还会见了余江月桂的宗亲,受到故乡人的热烈欢迎;1980年9月,余江月桂再次应中国对外交流协会邀请到中国访问,受到宋庆龄委员长的亲切接见,她也再次回到家乡洛场村与故乡族人相聚。余江月桂的友好、亲民以及她谦逊、优雅的大家风范给家乡人民留下美好的印象。

1988年,余江月桂(右)向花县县长王定中(左)赠送纪念状

在余江月桂的努力推动下,美国加利福尼亚州与中国江苏省结为友好省州,洛杉矶与广州市结为姐妹城市。她在联合国任职的女儿和女婿,也曾多次来中国访问。

一位熟悉余江月桂的阿罕布拉学区教委委员黄赵企晨表示,余江月桂是美国亚裔妇女参政楷模,作为后辈女性参政者的黄赵企晨十分爱戴和敬仰余江月桂,一直以她为榜样,希望为亚裔和华人下一代谋取福利,多做贡献。洛杉矶华人商会称她为"华裔的骄傲和榜样",旧金山制衣业同业公会颂扬她是"为侨胞服务的忠诚卫士",中国驻美大使章文晋也赞扬她积极、友好、干练、魅力。

在加州政坛活跃30多年，勤勤恳恳、孜孜不倦的华裔女州务卿余江月桂，任期之长，建树之多实为史无前例。有人把余江月桂称为"加利福尼亚州的基辛格"。1994年州务卿任期届满，她被克林顿总统任命为美国驻密克罗尼西亚大使，1996年任满回美退休。卸任后，这位在美国政坛上活跃了数十年的华裔巾帼英雄依然壮心不已，直至2003年8月，已经81岁高龄的余江月桂还宣布参加美国加利福尼亚州州长竞选。她说，华人在美国参政具有很重要的意义，而年老的政治家则更具有经验。她以此行动鼓励年轻人，为他们树立榜样。

功成名遂　生活无限

余江月桂从政30多年，四度当选美国加利福尼亚州众议员，五度蝉联加州州务卿，选举得票率超过了该州普选公职人员的历史最高纪录。这位曾代理加州州长的华裔女性，美国《国际日报》曾在头版头条将她评为"全美华人十大新闻人物"。

余江月桂在行将退休时，拜著名华人画家蔡天涛为师开始学习中国画，她的作品充满中国色彩，如她画的石榴《多福》栩栩如生；《锦鸡紫藤》《鸡乐图》表现出春意盎然的喜庆欢乐；还有《桂林山村》如烟如梦令人陶醉。她在北京、广州、深圳等多地以及美国各地举办过多次画展。2003年后，余江月桂步入老年生活，她搬到南加州的富乐顿定居，靠近曾担任加州税务委员的儿子邝杰灵寓所，便于照应。一生独立自主的她，仍闲不下来，凡是自己能做的，尽量不给人添麻烦。2004年，余江月桂开始撰写英文版的《余江月桂传》。《余江月桂传》从她自己的记忆中获得第一手资料，同时参考了历史上很多文献资料，记录她与香港余仁生家族继承人余经侃之间跌宕起伏的人生。这本传记分十四个章节，包括童年、求学时代、家庭、婚姻、孩子、公职生涯、竞选记录以及对过去、现在和未来的思考等。《余江月桂传》记载了一个从贫民区女孩到州务卿的传奇经历，抒发了余江月桂从政多年的感悟，给人一种精神力量，是余江月桂认识世界，参与变革的历史见证，为华人和亚裔参政提供了宝贵的个人经验。

余江月桂中国画《锦鸡紫藤》

（本文部分内容参考网上资讯）

睿智创业 洒脱人生
——记热心中国西部扶贫助学的美籍华人刘国烈

刘国烈是一位成功的美籍华人,他自小接受中西文化教育,宽容坦荡,和善大爱,他称自己是美籍中国人。刘国烈靠聪明勤奋在美国成功创业,展开了绚丽多彩的事业人生。

颠簸童年 接受中西教育

刘国烈的曾祖父早年出国,属于最早的出洋谋生的华侨之一。曾祖父先去墨西哥然后辗转到了美国,美国排华法案通过后,刘国烈的曾祖父回到中国。曾祖父回到家乡后,置田买地,建起中西结合的青砖大屋。后来祖父和父亲也先后去了美国谋生。

刘国烈1932年出生在花山镇平山村。1938年,6岁的刘国烈跟随母亲和姐姐步行走难离开家乡,只为逃离残酷的战火。妈妈和姐姐带着他走了一个星期,到了澳门,又从澳门到了香港。后来,父亲从美国赶到香港,把刘国烈带往美国。1939年,刘国烈和父亲登上去美国的轮船,经过20多天的海上颠

刘国烈

簸,抵达美国,他们被扣留在天使岛移民站。经过一个星期的审查,刘国烈父子终于被批准在旧金山上岸。第二年,刘国烈就读于华盛顿小学,放学后,他要到一间餐馆去剥虾皮、包云吞、擦桌子、洗碗,每星期可以赚50美分。

刘国烈的整个童年,都处在穷困之中,他读书之余也要不断地打工赚钱。1942年,刘国烈一家搬到图莱里(Tulare)小镇。在那里,刘国烈一个叔叔经营肉店铺,刘国烈放学后,课余要到叔叔的肉铺去打工。刘国烈是一个好学生,数学成绩不错,还参加了学校的棒球队、足球队和篮球队。刘国烈特别喜欢打球,因为要去肉铺打工,每天只有半个小时的训练时间,教练老师能理解他的处境,即使训练时间不多还是让他继续留在队里。刘国烈还经常同他的好友一起骑自行车去钓鱼、打兔子,有时候和哥哥或者叔叔去打猎。此时的刘国烈已经爱上了运动和打猎。

1947年,父亲又把他送回中国读书,目的是让他深造汉语。父辈把在美国赚的钱拿

回家乡，家里不再穷困了。刘国烈再次进入学校读书，村里只有一间六年制小学，刘国烈的父亲刘钜兴联合一些美国华侨一起筹钱捐建了一所华侨中学，刘国烈进入华侨中学继续读书。他成为学校的运动员，体育成绩优异，在华侨中学，他认识了后来成为他妻子的倩桃。由于国内内战，父亲让刘国烈重返美国。出国前，他和倩桃在乡村举办了一场盛大的婚礼，当时他们俩只有16岁和15岁。1949年，刘国烈和父亲乘飞机飞至美国旧金山。

异国立足 睿智创事业

刘国烈性情温文爽直，潇洒乐观，思维敏捷，做事认真。在美国，刘国烈和他的父辈以及多数的旅美乡亲一样经营杂货店。年轻的刘国烈虚心学习老一辈的经验，但他灵活变通，他常常反思老板与雇员的关系，反省自己的工作方法，决不因循守旧。

1950年，他们所经营超市的店铺因为安全问题需要搬迁，于是刘国烈和几个合伙人，从银行贷款买了三英亩地，新建了一个60000平方英尺的超市，这是由中国人投资的在当地最大的超市。父亲和叔叔也在不同的地方经营超市，家族之间互相调配，互相支持，家族生意发展上了规模。后来因经营理念有别，1958年，刘国烈开始独立经营。1960年，父亲在蒙特雷（Monterrey）开了一间蒙特玛（Monter Mart）超市，也叫万利公司。刘国烈凭着丰富的经验，从传统的经营方式走出来，商场采用开放式货架，方便顾客选取商品，不仅卖杂货、土特产和肉类，还售卖服装、唱片和日常用品。超市每天顾客盈门，生意红火。有时候顾客之多，使得超过商场面积两倍的停车场仍然不够用。

作为董事长的刘国烈坚信，只有善待员工，让员工在工作中有幸福感，才能把事业做大做好。刘国烈常和员工一起干活，甚至有些员工还不知道身边的同事就是他的老板。由于经营得法，超市的发展势头非常好，刘国烈的业务迅速发展扩大。几年间增开了4个连锁店，他们的经营模式类似后来的沃尔玛超市，但是他们比沃尔玛还早了两年。1974年，蒙特玛超市获得巨大成功后，刘国烈把目光投向更高的层次，把自己迅速发展扩大的生意业务转向与大公司（上市公司）合并经营并成为股东。不久，爱博森百货（美国上市公司）购买了他们公司的所有股权。

有了钱，刘国烈在新墨西哥州购买了一个400多英亩的农场，那里有油井、油田。后来，又在蒙大拿州买了一个8000多英亩的大农场，这里有一个天然的狩猎场，场内有白尾鹿、狸子、山鸡、鹅等几十种野兽山禽。狩猎场之外，农场种有大麦、玉米、牛草等农作物，还有奶牛，这些，都租给当地的农户耕种。当地一条有名的河流——大角河，流过他的农场，既有利耕种，又可以在那里钓鱼。农场离加州蒙特雷市虽有2000多公里，但他一年会到这里住一两个星期，并在这里打猎钓鱼。

帮助中国保护野生动物

刘国烈是一位成功的商人，也是一个体育运动爱好者，狩猎是他最爱的户外运动之一。刘国烈告诉我们，保护野生动物需要有一个优胜劣汰，更新代谢的过程。所以国家林业部有计划地对一些野生动物进行狩猎,就是为了更好地利用野生动物的资源,提高这些稀有资源的价值,以更好地保护野生动物。

刘国烈退休后成为一个专职狩猎人,他每年都用四到五个月的时间到世界各地旅游狩猎,交游甚广。

刘国烈是世界野生动物保护协会的成员,也是世界打猎协会的成员。他说,过去中国内地,特别是边疆地带的猎民,不懂得保护和利用珍稀动物,除滥杀滥捕之外,得来的猎物剥皮后不懂得处理,拿到边境去贱价卖出,造成资源的极大流失与浪费。现在外国人进入中国打猎,是由中国农业部和国家野生动物保护协会统一安排有计划地进行的。据资料显示,从1984年,刘国烈第一次提出在中国开展野生动物狩猎资源调查,中国林业部及有关部门批准在黑龙江设立第一个以猎捕豹子、野猪、马、鹿为主要猎物的桃山涉外狩猎场,从美国猎人第一次在青海以10600美元猎走一只岩羊开始,至1997年12年间,外国人在中国捕获700多只野生动物,为中国带来400多万美元的野生动物保护资金。1998年10月,刘国烈和他的墨西哥朋友一起到中国,经中国林业部批准后在新疆狩猎,此次新疆狩猎为中国带来10万美元的经济收入,而这笔收入将用于野生动物研究及资源开发等方面,同时也可以帮助当地人民改善生活。

经过多年的探索和调查,刘国烈对中国的野生动物生态有较清晰的了解,他也是中国林业部野生动物保护协会的好朋友。他曾为北京大学生物科学学院捐资32万美元,建了一栋生物楼作为对其父亲刘钜兴的纪念。他和北京大学从事野生动物研究的专家潘文石教授、四川大熊猫与野生动物保护研究中心等经常联系,他还多次到到广西旅游考

刘国烈夫妇(中)和北京大学教授、中国生物学家潘文石(右一)在野生动物保护研究中心

察，在广西崇左山区，他发现这里的农民很穷，孩子得不到好的教育。他当即捐建了两所希望学校。从此，他持续在中国西部扶贫助学30多年，刘国烈夫妇以个人基金会名义捐建了40多所希望学校。刘国烈偶尔也带上家属儿孙来中国旅游访问，少不了去看大熊猫基地等等，他是大熊猫基地的贵客，所以工作人员都让他的外籍小孙子去亲近大熊猫。到了80高龄的刘国烈先生，他仍然一往情深地热心中国的野生动物保护事业。

故乡来客 胜似亲人

每次家乡花都有乡亲出访美国，拜会当地的侨社团时，刘国烈都要把乡亲请到家里作客。来到他的家，都用家乡的方言交流，大家倍感亲切。

距美国加州中部文化中心约200公里的海滨城市蒙特雷公园市，那里气候宜人，风光优美，

刘国烈夫妇（左一、左二）在花都市荣誉市民授荣仪式上

是一个天然的森林大公园，千年古松、群鸽栖息、鸟兽出没。在这个海滨城市，刘国烈有一个庄园，这个庄园占地400多英亩，一栋山顶别墅占据了整个山头，因为整个山头只有一家，所以不必围院子，屋的后面有个大平台，有果树、烧烤炉等。倚栏远眺，对面有一个山头遥遥相望，山顶上又是一个大户人家的房子，刘国烈说那是他儿子的家，真可谓父子俩各占山头。凡是有客人来作客，刘国烈必预先准备好佳肴美点，并亲自下厨烤制熏肉，那些肉食有不少是他的猎物。刘国烈拿出他亲手做的烙饼，还有他农场种的花旗参以及果园里摘的新鲜水果，丰盛而美味的晚餐，中西合璧。此时，刘国烈饶有兴趣地给客人介绍他到世界各地打猎的见闻和心得，并把所拍下的影像给客人看，使大家增长了不少见识。刘国烈说："打猎是很辛苦的，有时睡在牛屎堆和羊棚马厩里，十天八天不洗澡，拿块冰雪擦擦就是洗脸，不过大家仍然乐在其中。"

挑战大自然 写瑰丽人生

刘国烈家里大厅的墙壁上和他的工作厅里，陈列着各种各样的动物标本，这是他精彩人生的一个窗口。大厅首先映入眼帘的是几个漂亮的鹿头标本，西侧有一个工作厅，

这是他的私人小博物馆，从博古架到墙壁乃至屋顶，几乎所有的东西都与打猎有关，连茶几坐凳都是山上各具形态的树头、树根做成，沙发铺垫及各种坐垫也用带毛和珍贵兽皮代替，松软柔和。陈列品中最引人注目的是那只栩栩如生的北极熊标本、一只驯良的大盘羊标本和一只像人一样招手的大狗熊标本。那只北极大白熊是在前苏联边境的北极冰河上打的。他特别介绍了有着巨大羊角的大盘羊，那是他于1968年在墨西哥猎得的一只盘羊（大头羊），它的标本持续20多年居世界之冠，现在可能是世界第二。据说，盘羊的一般寿命在10年左右，而他所猎得的这头盘羊已有17年羊龄。盘羊栖息在人迹罕至的高山荒漠，狩猎难度大，是猎人们最向往的猎物。标本后方的墙上贴了数百幅他在世界各地打猎的照片，因为太多，无法用镜框镶嵌，直接一幅幅粘上去，组成一个色彩斑斓的背景墙，每一幅照片的背后都有一个故事，让人感觉是置身在一个野生动物博物馆里。

他有一颗中国心

刘国烈捐建的北京大学生物楼

刘国烈的六个儿女均已成家立业，十多个孙儿中有不少是混血儿，为了让儿孙们了解中国、认识中国、不忘中国血统、培养中国感情，他会利用暑假，专程把儿女、孙辈带回中国旅游，去拥抱中国的大熊猫，到家乡去拜祖。他买中国传统礼服（如唐装、旗袍）给孙儿穿，他把8岁大的孙子送回北京。学中国武术，表现出色，还让他们、唱中国歌，感受中国文化。

刘国烈是一位热心社会公益的善长仁翁。他分别以他父亲的名义和他本人及妻子的名义在美国设立了两个注册基金会。每年把基金会数以十万计的美元利息用于公益事业，而且主要是关注中国。1991年，他为中国华东水灾捐资1.5万美元；刘国烈还以个人的名义分别在加州中部中华文化中心和美国花县总会馆设立福利基金，用于奖学和其他福利事业。

刘国烈捐建广西崇左的希望学校新旧对比（下图是建校前）

他与美国加州中部中华文化中心的乡亲一起为家乡思明小学筹款重建；1997年花都"5·8"水灾，他和海外乡亲一起捐款赈灾；

同年十月他回到家乡，参观了家乡的学校，再次为花山中学捐资10万美元兴建体育馆；捐赠5万美元修建华侨中学图书馆。他还主动提出：为花山地区捐赠扶贫奖学金；为花都市体育局设立青少年体育拔尖人才专项奖励资金，并设"刘钜兴流动奖杯"；也曾经为花都侨办捐赠扶贫助学资金，并承诺如果做得好，他将每年捐资支持这些活动。2005年，年逾古稀却依然精神镬铄的刘国烈又风尘仆仆地回到家乡，再次捐赠10万美元重建了花山镇华侨中学教学楼，命名"刘国樑教学楼"（刘国樑是他的兄长）。此外，在美国加州花县总会馆，刘国烈还多年热心捐助奖学金以奖励本邑优秀学生。

自从1984年回中国狩猎，刘国烈每年都要回到中国，刘国烈夫妇在中国多个省份，特别是中国西部贫困地区都有捐款做公益，到2015年，一共捐建了45所希望工程学校和10所医院。2000年以后，刘国烈夫妇更是频繁往返家乡。有一次，刘国烈来到了中山大学，他饶有兴趣地参观了中山大学的生物科学院。他发现中山大学动物标本比较粗糙，这是技术和设备问题，他除了给中山大学的老师讲解标本的制作与保管技术外，还很爽快答应了由中山大学校方派出两人到美国学习标本处理技术，他帮助联系学习机构并负责学习经费。后来刘国烈还给中山大学捐赠了一批野生动物的标本，包括他亲手制作的珍藏了30多年的北极熊标本，提供给大学教学研究之用。

刘国烈说："我是入了美国籍的中国人，我希望能在中国的文化科技、体育和生物工程方面尽一点绵力，中国强大是我的心愿。"2013年，他的家乡花山镇洛场村进行美丽乡村改造，早在20世纪90年代，刘国烈回乡看到自己的老屋以及不少华侨房屋碉楼陈旧破烂、空置的时候就提出建议，请政府牵头，华侨集资合作，以公司行为进行改造。今天看到花山小镇的建设，他表示愿意出钱出力，并把多年珍藏的标本送回家乡留作纪念。

刘国烈在花山华侨中学捐建的以其兄命名的教学楼——"刘国樑教学楼"

忠心务实 开拓进取

——记美国花县总会馆前主席江明学

江明学是一位忠诚、厚道、勤恳、务实的好侨领。他从1989年开始，间断性地担任了7届共14年美国花县总会馆主席（因为会章规定最多只能连任两届），还担任过副主席10年，他大公无私，乐意奉献，受到海外乡亲的爱戴。

江明学祖籍花山洛场村文和庄。1931年5月，江明学出生于美国加州中部的特洛克（Turlock）。父亲江开平，早年去往美国加州，在当地经营一个农场，凭着勤劳踏实的经营，家境殷实。江明学在当地读书，他每天放学后都去帮助父亲打理农场。因为父母的家乡观念强，在家里都是讲家乡话，习中国礼。所以，江明学虽然接受西方教育，但仍然遵守中国的孝道礼节，并且继承了父辈的刻苦耐劳的精神。

江明学的父亲江开平生有四子，长子明添，次子明学，三子明勤，四子明光。儿子们到了成家立室的年龄，老华侨希望后代与自己的同族联姻。于是，父亲卖掉在美国的所有产业，举家返回家乡花山洛场村文和庄生活。江明学回乡后，父亲让江明学与家乡的女子黄悦英完婚。后来父亲又带上儿子儿媳们回到美国加州特洛克。

1997年，花县总会馆春茗，当选为玫瑰皇后的刘佩仪（花县籍）向江明学夫妇祝酒

回到美国之后，他们又开始重新置业。1949年，江明学父子同心协力，买回一个中型农场。父亲去世以后，江明学兄弟勤劳运作，管理井然，使农场在当地经营很是出色，收入日渐增加。多年后江明学独自购买了一间超市，开始转入商业经营。在当时，很多华侨从经营杂货店（早期小型超市模式）开始逐渐

扩大成为大型的连锁超市，由于华侨华人刻苦勤劳且特别会经营，他们在当地互相影响，联手开拓，他们的超市成为当地主流行业，江明学也是其中成功者之一。后来，江明学还发展、购买了很多产业，包括房地产住宅等。江明学个性聪敏沉静，他传承了中国的传统文化，但他的生活方式、待人接物也被当地同化。他从18岁开始经营家族生意，至1992年退休，在商海奋斗40余年之久。由于其运筹得法，事业不断拓展，声望日高，在华人社区被视为榜样。

1975年，江明学加入美国花县总会馆，为社团服务。1983年，江明学与刘树添、江明照等职员发现总会馆当权人贪污、玩忽职守，致使总会馆入不敷出，甚至准备抵押总会馆物业套现。于是，他们挺身而出主持正义，联络热心侨领，并且付之法律程序。江明学、刘树添等组织人员查账、核数，带头再次发动乡亲捐资筹款，上诉法庭，终于打赢官司，挽回了物业损失。经过几年的整顿，总会馆秩序回归正常。

江学明（后右一）和刘俊仪夫妇（前左、右）、刘沛律、江明沾等一行回乡参加思明学校剪彩

有着大半个世纪历史的总会馆经过这次整顿之后，认识到总会馆需要正直无私的人担此重任。1988年，他们选举江明学担任总会馆主席，又推举刘树添担任财政部长。

江明学担任花县总会馆主席以来，忠于职守，不辞劳苦。由于乡亲居住较为分散，江明学夫妇每周至少要开6个小时的车，来会馆处理会馆事务，他把此工作看成是服务大众的神圣职责，忠于职守，无怨无悔。

江明学夫妇（后中）和美国乡亲回家乡拜祭江氏大宗祠并与乡亲合影

中国改革开放后，江明学多次回乡观光旅游，参加家乡的各项庆典活动。家乡洛场小学和平山江氏宗祠的重建，他不但率先慷慨解囊，还联络发动乡亲捐输。

2012年，江明学应邀去北京接受中国经济贸易促进会授予的全球华人杰出爱国之星的奖牌，奖励他对国家、社会的贡献。花县总会馆为表彰和铭记他的功绩和奉献精神，2015年授予他"元老"名衔。

江明学家有贤妻，治家教子有方，有一子四女，均学业有成，工作顺利。江明学于2018年8月31日在美国加州去世，享年87岁。

家国情怀 铭刻在心
——记美国花县总会馆主席江文滔

江文滔

美国加州旧金山花县总会馆主席江文滔是新一代侨领,他学贯中西,忠诚侨务,参加华人社团花县总会馆15年,从职员、理事、中文书记做到副主席、主席。他继承优良传统,致力于改革创新,使老会馆焕发生命活力,得到华侨乡亲的拥戴。

学贯中西 弘扬国粹

江文滔祖籍花山镇洛场村文和庄。1946年9月在家乡出生。父亲江明照于1948年移居美国加州谋生。1956年,江文滔与母亲欧阳宝及姐姐获批去香港。他在香港完成小学课程,以优秀成绩考取香港名校拔萃男书院。1966年11月,他获批准移民到美国与父亲团聚。到美国后,江文滔考进了加州州立理工大学修读实用数学及电脑专业。在大学时,他担任了中国同学会会长,并代表中国同学会参加学校的国际学生委员会。江文滔品学兼优,他成为荣誉毕业生,还成为美国大学名人榜得奖者,该奖项全校每年只颁发30个人。

1970年,江文滔以优秀成绩完成学业,这是全世界电脑科技起步的阶段,他进入美国银行的计算机信息科技部门,成为技术骨干。他从事过很多电脑工程,包括解决计算机千年虫问题、保护资讯安全等等,职位达到高级信息顾问。

承先启后 服务社群

2004年,江文滔进入旧金山花县总会馆工作,从花县总会馆监察长、中文书记、外交、财政部长、季刊主编、副主席,一直做到主席。特别是2011年江文滔退休之后,他便全身心投入美国旧金山花县总会馆社团工作。

在一个多世纪以前，花邑先贤漂洋过海，参与美国修铁路、开港口等建设，是一部辛酸的血泪史。1900年，先贤开始组建同乡会"昌善堂"，也就是今天旧金山花县总会馆的前身。一个多世纪以来，总会馆从无到有，从小到大，在维系乡情、互相帮助、争取权益、跻身主流等方面发挥着重要的作用。总会馆联系着8000多名会员，发扬老一辈的光荣传统，传承中华文化是会务发展的宗旨。江文滔带着一种责任和使命感投入会馆工作，他虚心向老一辈学习，同时，也从多年的美国社会从业经验，考察会务提出合理化意见。在担任会章小组主任时，他发现一些由来已久的会章条文不再适应新时代的发展需要，于是提出修改章程、废除过时的旧规、堵塞漏洞、团结新一代华裔等建议。新条文让老会馆焕发生机，从入会人员到参与理监事人员的范围界限、年龄、任职时间和主持会务的成绩与贡献评定荣誉职称等等，完善章程，使会务健康发展。

江文滔在主持会务期间，改善了选举点票法、选举提名及计票法等。会馆所设青年部、妇女部、财务部、物业楼宇部、奖学金部、季刊部等多部门，互相通气，财务透明。例如总会馆每年筹集25000美元为全美花县籍优秀成绩获得者颁发奖学金，根据实际情况，会馆奖学金基金会拿出5000美元，其他由各团体部门热心人士赞助支持。所有账目来源出处均清晰公布。

总会馆还在年底把明年活动计划预算安排提早公布，包括活动的内容、规模和形式，使更多的本县籍会员及各界友好人士可以提早了解并参与。

推陈出新　开拓会务

江文滔主席任职以来，为了团结更多的会员，争取本县籍第二代、第三代甚至第四代华裔参与会馆，维系乡情亲谊。江文滔在会馆推行双语服务，从会务内阁会议到大型集会如春宴、团年、公祭等活动使用中英文双语，设立中英文翻译角色，场面正规，郑重其事，使人感觉到是一种对双语文化的尊重。不但老一辈华侨参与在内，而且不懂中文的

花县总会馆新老主席交印仪式，
江文滔（左），江长志（右），刘百昌（中）

人也能了解和参与其中，一改过去缺乏新一代华裔参与的局面。在会馆体制安排上，也是适应新时代的需要，分别设立服务社会的小组机构，让更多的年轻人参与，从中得到锻炼。

在新的形势下，广大的旅外乡亲越来越感觉到祖国家乡的繁荣富强，祖国日益强大是他们有力的靠山。江文滔在会馆多方面向老华侨和旅美乡亲宣传祖国的进步与发展，他还用自己的行动去影响周边的人，他积极与旧金山的美国总商会搞好关系，他们互相

交流，对中华人民共和国驻美国领事馆的常规业务给予支持和响应。出席中国领事馆的招待会和各种活动，传递国家的声音。每年花县总会馆举行的春宴，以及其他大型庆典活动，也要请中国领事馆官员代表参与。

江文滔坚定中国领土完整的严正立场，对于两岸关系，江文滔认为，祖国大陆人民和台湾人民，两岸同根，不可改变，一定要剔除"台独"的阴谋。

为了提高会馆的社会地位与影响力，江文滔与所在旧金山的美国华商总会保持密切联系。恰好两任美国华商总会的主席张福明也是花县籍乡亲，兄弟之间，互相扶持。江文滔还主动与旧金山七大华侨华人社团联系，有重大庆典活动，邀请各大会馆的侨领参与，同台助兴，互相交流，发展友谊。他带领各大华侨社团的侨领上台合唱《友谊之光》，让各华侨社团的侨领深受感动，对提高华人华侨在当地的社会和政治地位，有着深远的影响。

家国情怀 铭记心中

江文滔多次回乡参加在家乡举行的世界华侨华人恳亲大会，看到祖国家乡经济发展日新月异，心情无比激动。当他看到家乡把美国华侨的碉楼老屋规划保护起来，开发出花山小镇，把深厚凝重的华侨历史与文化保留下来，他大加赞赏。

江文滔的中国心也影响了他的家人。妻子赖佩钰服务花县总会馆妇女部多年，现任职副部长。膝下三子一女，均获学士或硕士学位。他还有一个孙子和三个孙女。他多次带他的儿女们回中国旅游参观。看长城、看故宫、看十三陵，游长江、游桂林……通过游览参观和学习，让这些完全接受西方教育的孩子，加深对中国以及中国文化的认识。江文滔的小女儿江美仪，在美国读到大学二年级的时候，向父亲提出想去中国读书。对于女

江文滔给第一名的优秀学生颁发证书和奖学金

儿的想法和要求，江文滔给予大力支持。后来江美仪就读北京师范大学，一年之后，她完全掌握了中文和普通话，并且了解了中国的历史与文化。大学毕业之后，她又向父亲提出："我想留在中国工作。"就这样，江美仪在中国北京、上海找到了她的位置，现在她已经是公司的高层人才。

2012年，江文滔应邀去北京参加中国经济贸易促进会举行的华人大会，他被授予"全球华人杰出爱国之星"奖牌。2019年，江文滔受聘为花县总会馆顾问，年逾古稀的江文滔，仍然不知疲倦地为华侨乡亲忙碌着。

大洋彼岸 乡风拂煦
——记美国加州中部中华文化中心前主席黄侣文

黄侣文

在美国加州中部的维塞利亚（Visalia，当地华人惯称"快些利"），居住着一群华人，他们大多数是事业有成的第二代华侨。在这个群体里有不少是花县（花都）人，黄侣文就是这群人中的成功人士之一。

美国加州中部中华文化中心主席、董事局副主席黄侣文先生是美国加州中华文化中心的组建者和推动者，他在美国拼搏创业，事业有成。黄侣文爱国爱乡，崇尚中华文化，关心祖国家乡的教育事业。他回家乡平东村，捐建了日銮小学，造福桑梓，可谓大洋隔不断桑梓情。

创建中华文化中心

20世纪80年代，在华人社区中享有威望的老华侨希望中华文化能得到传承，决定要创立一个推动和发扬中国文化的机构。旨在传播和弘扬中华民族文化，加强与中西方人际联谊，团结侨梓乡亲，促进中外文化交流，让有五千年文明史的中华民族优秀文化在美洲大地发扬光大。刘钜燎、黄侣文、刘成锦等牵头发动众乡亲，筹集了200万美元，创立了"美国加州中部中华文化中心"。

美国加州中部中华文化中心，是在当地政府注册成立的合法的慈善公益团体。这是一个有别于传统宗亲会所的新型华侨华人社团组织。文化中心仿照中国古代孔圣庙的建筑特色修建，气势恢宏，洁净明亮，古色古香，堂前大院中央矗立孔圣先师雕像，正厅堂前摆设着由花都区（时为花县）人民政府赠送的由中国传统工艺雕刻制造的高级红木家具。文化中心也是邑侨庆典聚会、互通有无、互助提携的场所，开设有学习中国语文、书法、音乐、舞蹈、棋艺、烹调、中医、针灸、太极健身的课堂。多年来，中华文化中心为增进中西方了解，促进中美文化、经济、技术方面的交流发挥了越来越大的作用。

黄侣文是该中心的最大投资者之一。

黄侣文热心社会公益事业，曾担任两届花山别墅（华侨社团）主席。在美国花县总会馆内部财政出现问题时，他挺身而出，纠正错误，主持正义。在美国建设中华文化中心，是他的积极主张，他被推选为文化中心首届主席。几年来，由于文化中心主席及理事们团结合作，使文化中心会务蒸蒸日上，增强了侨梓凝聚力，真正成为中华文化在美国加州的传播中心。

爱乡的美国商人

黄侣文1937年出生在花山镇平东小杨村一个华侨家庭，父亲黄日鎏1928年去美国，为人耕种菜园，1932年回国经商，精明而又踏实。黄日鎏为人忠厚，待人诚恳，其行为品格对子女有良好的影响。少年黄侣文在花山美成小学入学，贫穷与战乱、灾祸与饥荒，在黄侣文心中留下了深深的印记。在家乡完成初级小学后，黄侣文随父亲迁到广州岭南小学就读。

1949年，黄侣文全家移居美国加州。黄日鎏已是第三次去美国，他苦心经营，于1953年创立黄氏超市，为较早期华人经营的超市。黄侣文则在美国完成中学学业后考取美国加州大学，之后秉承父业。1965年，黄侣文与同乡女子刘春柳结为夫妻。黄侣文的儿子黄德威、女儿黄艳红均接受高等教育，他们合力扶助父亲事业，使黄氏商业机构在美发展如虎添翼。黄侣文的商业超市启用连锁发展的模式，征集合作伙伴，联手开拓，合作共赢。20世纪90年代中期，是他们的事业发展的鼎盛时期，30多年的商海搏击，黄氏在美国已拥有16间大型超市，分布于加州中部及洛杉矶等地。

他所经营的超市中，大多数的中高级职员为本邑侨胞。20世纪80年代，家乡有众多

黄侣文夫妇与双亲黄日鎏夫妇参加日鎏小学落成剪彩

新移民移居美国,只要乡人有困难,黄侣文都会积极提供帮助。因此,他在乡人眼中是位德高望重的东道主。

桑梓情深兴教育

黄侣文在家乡生活的时间不算长,然而,他没有忘记家乡。在故乡小杨村,还有一幢青砖小洋房,那是他父亲黄日鎏出国赚钱回来建造的华侨房屋。国内土地改革时被分给农民,20世纪80年代政府落实清退华侨房屋政策时,这幢小洋房是第一批清退归还业主的侨房。对政府落实华侨房屋政策,黄侣文表示赞许:"为了国家进步和人民富裕,我们也要支持家乡建设。"

黄侣文父子分别于1979年、1982年和1985年三次返乡。1985年接受侨房补偿款时,无限感慨。年愈八旬的黄日鎏不顾年事已高,仍返乡看望乡亲。当了解到家乡杨村小学师生仍在昏暗破旧的祠堂上课时,黄日鎏当即捐赠8万美元(当时折合人民币60万元)作为杨村小学的重建经费。1991年,一幢宽敞明亮的四层新型教学大楼在家乡落成。为纪念黄先生造福桑梓的功德,重建后的学校改名"日鎏小学"。黄日鎏于1994年8月在美去世。黄侣文谨记父训,以造福家乡为己任,先后于1993年、1994年再度捐资8万美元,建起完善的教师宿舍楼,并设立10万元人民币的"日鎏小学奖教奖学基金"。黄侣文每次回乡,一定去看望学校的师生,询问学校的教学及各项设施完善情况。他称赞家乡建校筹委会的人办事效率高,可信任。为了把这所乡村小学办

黄侣文(左二)和文化中心理事参观家乡学校

黄侣文(左二)和文化中心理事在家乡欢聚

成上等级学校,黄侣文第三次捐资8万美元,为日鎏小学修建一座体育馆,还完善"七室一场"及其他教学设施。三次捐资总数达24万美元,折合人民币200多万元。受黄侣文委托主管建校统筹工作的黄伯钊说:"每次,侣文先生都认真听取意见和汇报,尽管在美商务繁忙,仍然时时惦记家乡建校的事,他多次从美国打电话问建校进度并主动提出调汇资金,他的诚挚与豪爽实在使人感动。"

1994年10月,在花都市建市一周年纪念之际,黄侣文被授予"花都市荣誉市民"称号。

金山才子 杂家老编

——记美国花县总会馆前主席、《花县总会馆季刊》主编江镇波

江镇波是美国花县总会馆的元老，自1989年以来，江镇波在美国花县总会馆担任《花县总会馆季刊》主编，历时16年。1998年底，江镇波当选为美国花县总会馆主席，其后连任，他和总会馆同仁们完成跨世纪的重大转接，达到他人生的高点。

江镇波

醉美相逢话老编

20世纪80年代中，江镇波就是《花县乡音》（后改为《花都乡音》）的老社委。《花县总会馆季刊》是海外的侨刊，《花都乡音》是家乡的侨刊，服务华侨，沟通信息，联络乡情是共同的宗旨。1996年，花都侨办乡音社去函聘请江镇波为《花都乡音》顾问。他欣然接受并回函谦逊地说："深感荣幸，但自惭才华不高，学识不广，而关山万里，远隔天涯，怕难尽绵力，今后倘有须效劳之处，能力所及自当如言办理。"江镇波对家乡编写的《华侨志》也是大力支持，不遗余力，搜集资料照片、协助撰写人物简介，为侨志的编纂做了大量的工作。

1997年，广州市和花都侨务部门在美国加州中部中华文化中心举行华裔夏令营，随行的花山镇政府领导和《花都乡音》负责人约见了江镇波。从加州中部中华文化中心到旧金山大概有三个多小时的车程，江镇波早早在总会馆等候。他对《花都乡音》主编说："我们花县有两个刊物，都是华侨的，一个在中国，一个在美国，今天我们两位老编坐在一起，可真不容易啊！"他还说，愿我们在不同的国度，为了我们共同的事业，互相支持，携手进步。

改革开放以后，海外华侨开始回家乡支援家乡公益教育事业，江镇波与刘显常、江永梯等老华侨发动捐款，修建平山近月小学。近月小学是1930年由美国华侨筹款捐建的，当时也有学校基金会。后来由于战乱与动荡，基金一直存放美国未能送回家乡。1986年，学校重新成立校董会，1987年重建近月小学。这也是改革开放后，美国花山华

侨回来重建的第一所学校。2000年以后，人口与入学学生减少，学校合并，近月小学停办，江镇波多次写信回来关注事情发展，并表达了不要关闭近月小学的愿望。

文志家塾不了情

江镇波为优秀学生颁发奖学金

江镇波，花山镇平山瓦窑塘庄人，1926年出生，父亲江耀黎早年旅美。那时候的华侨出洋是为了赚钱，然后回家乡光宗耀祖，他们都会把孩子留在家乡读书。

1934年，江镇波的父亲江耀黎衣锦还乡，建楼以求安居。一栋四层高的青砖楼（碉楼）于1936年落成，由祖父松高祖命名为"竹朋寄庐"，后改为"竹朋庐"。

江镇波和弟弟在村里的文志家塾（祠堂）读书。此私塾是他的祖父松高祖回乡时，目睹庄里教育资源贫乏，子弟失学，发起筹办私塾学堂，为方便乡人子弟读书而立。当时在文志家塾辟其一角设为教馆，并请来教书先生任教，学生是以谷物为学费。两年之后，镇波兄弟转到平山村读书馆，因为平山书馆有名师。江镇波在研读经史之余，还学琴棋书画和古诗。

文志家塾深深地系着江镇波几代人的情结。早在20世纪30年代初，瓦窑塘庄（村）乡亲发生多起不幸事件，或夭折或病亡或自杀，对于乡人遭受厄运先后离去，江镇波祖父松高祖无限感慨，于是发动旅美叔伯乡亲集资重新另建文志家塾。

1937年父亲江耀黎返美国，祈望继续集资事宜。此时抗日战争爆发，遍地烽火，1938年花县沦陷，江镇波全家逃难，辗转去到香港。因时局动荡，生活颠沛流离，弟妹和祖父先后去世，七人逃难，仅存四人，留下惨痛的记忆。1941年，香港沦陷，次年江镇波随家人从香港返乡。1943年父亲江耀黎从美国回乡，为江镇波与曾肖凌举行婚礼。江耀黎在家乡与众父老进行多次商讨，决定在破旧不堪的旧文志家塾旁边重建新文志家塾，经过几年的努力，1948年，终于用青砖建成新的文志家塾。乡亲大众欣喜，江耀黎专程到省城请名家书写"文志家塾"四个大字。

时代更替，历时半个世纪之后，1999年6月，江镇波为家乡重修祖祠再度发起募捐善款。由于风雨侵蚀，旧文志家塾墙体斑驳剥落，天面漏水，横梁桁角霉烂，已成危房。村庄中父老乡亲诸位兄弟来信商讨，陈述原委，要求筹款重修祖祠。江镇波了解情况后，与昆仲商定对策，遂振臂一呼，四方响应，善款源源而来。经过一年多的努力，祖祠终于在2000年落成，并于2001年1月10日举行重光典礼。江镇波因事未能回乡参加典礼，他以信函祝贺，深感快慰。

服务社群终不悔

江镇波于1949年再度赴港,在九龙开设成昌书局,此后从事文化事业。因其生意业务是文化类别,又因其好学勤勉,江镇波文采日益精进,为日后服务侨社奠定了基础。妻子曾肖凌1955年携四个子女赴港合家团聚。1974年江镇波举家赴美,与双亲团聚,继承父亲在天溪埠的超市。

在经营家族生意的同时,江镇波关心社会,热心公益,赴美后第二年即1975年加入美西三益总公所并担任中文书记。三益总公所为江、黎、何三姓宗亲之国际性社团组织,颇有声望。江镇波1983年退休后更是不遗余力投入社团公益事业。1986—1987年,担任三益总公所主席。1988年开始任美国花县总会馆中文书记,同时接任《花县总会馆季刊》主编,持续16年之久,为沟通邑侨梓里、侨情乡

江镇波参加南加州同乡会庆典活动

讯做了大量工作。1994年再度担任三益总公所主席和旧金山华艺文教中心董事局主席,可谓身兼数职。1996年,江镇波兼任美国花县总会馆副主席;1998年底,江镇波当选美国花县总会馆主席,蝉联两届担任四年,成为跨世纪之荣耀主席。

江镇波一生笃志不倦,为侨社,为公益,不辞劳苦,尽心尽力,且为能者多劳,他无怨无悔。如编纂《三益公所30周年纪念特刊》,这是记录三益总公所30多年的历史、成就,需要投入心力与时间。对此,江镇波热心支持并乐于效劳。特刊详细记载江黎何三姓之历史起源与发展,当年乡贤集资购买会所,创立基业。特别是三益总公所1982年8月举办全球三益第一届恳亲大会之盛况,均由江镇波经手笔录完善。

江镇波的突出贡献还在于他在美国《花县总会馆季刊》历时16年的辛勤耕耘。特别是中国语言文字之功力深厚,使他成为称职的主编并把会馆会务及文化推向鼎盛时期。综观《花县总会馆季刊》每一季度一本的刊物,有会务报道、时事新闻、侨史侨情、邑人盛事、公益慈善、重大活动、文学杂谈、家乡信息、诗歌散文,内容丰富,可读性和史料性强,图文并茂,通俗流畅,成为侨社侨情交流以及各兄弟社团单位和家乡联系的纽带。季刊里大量的文稿出自江镇波的手笔,如春联忆旧、姓名趣谈、绝对求偶、奥妙神奇中国字、金婚小谈,及龙年话龙、虎年谈虎、牛年说牛、狗话连篇、鸡年鸡话等十二生肖的杂文妙趣横生,文采飞扬。文章常系生活礼仪、历史掌故、知识趣闻、天南地北,跨度之广,寓意深刻,不愧是金山才子,杂家老编。

鞠躬尽瘁励后人

江镇波当选为美国花县总会馆主席后,重视协调南加州花县同乡会、加州中部中华

文化中心以及各兄弟社团的关系，互相提携，借力发展。

花县旅美乡亲散居美国加州各地人众，联络上有一定程度上的困难，花县会馆有感于此，曾在1967年编辑了一本"花县通讯录"，将各地乡亲的姓名、地址、电话、所属区域、生意商号等收集记录其中，对于在异国他乡的邑侨，为他们提供沟通感情，互相提携，促进生意，起到很好的帮助。此事已过了几十年，许多人事变

交印仪式上，原主席江明学（右）将印交给新任主席江镇波（左）

迁，已经不适应需求。进入2000年以来，江镇波深感众多侨亲需要加强联络，他用心收集整理乡亲联络及商号信息，至2004年再度收集整理有700多侨民的通讯录，此后每年添加补充，为广大乡亲互相联络，提供了极大的方便。

六山墓园是花县旅美乡亲一百多年来生存发展更替的大事，自1900年以来，由旅美先贤屡次以不同方式付出代价，取得六山当局认可，得到席位，邑人仙逝丧葬此地，子孙繁荣，每年春秋拜祭，盛大隆重。到了20世纪90年代，有旁系的其他社团提出异议，说六山坟场为六大会馆（清远、从化、三水、东莞、增城、花县）共有，花县人霸占场地之说，一时风波四起。为保护权益，还历史真实，江镇波查考历史，多方寻找，收集了1977年11月交付15000美元购买六山墓园的票据以及当时欢宴与六大会馆主席合影之照片资料，另外从银行保险柜取出民国三十五年（1946）由六山管理处（有大印）发给花县昌善堂（花县总会馆前身）执照为据的大地图，召集会议，进行解释，企求解决纷争。后由江镇波主持收集整理"六山墓园备忘录"，1997年正式编写《花县昌善堂六山墓园史略》。为更好完善六山坟场管理，后来华邑贤达继续寻找到更多珍贵史料，陈年正物，汇集一起，以备后查。为此，江镇波决定再花心思，竭尽所能，2002年再编制一本《花县昌善堂六山墓园史略之二》，以备历史校正，长治久安。

江镇波编修的《花县昌善堂六山墓园史略》

江镇波在美国花县总会馆担任《花县总会馆季刊》主编16年，书写侨史发展以及各类文稿30多万字，在他退休离任后出版《少涛文集》，收集其多年珠玑杂感，留作史料和纪念。江镇波不但在中国文言文学方面颇有修养，而且还是中国文学之诗、书、联的好手，堪称金山才子。平时吟诗作联颇有趣味，在2007年金山诗艺社举办的"金山思亲杯""利福杯"诗文联大赛中，江镇波分别获得一等奖和优秀奖。

江镇波于2018年11月13日在美国旧金山仙逝，享年93岁。他与妻子共同养育四男三女，子女均才学俊秀，事业有成。

励精图治 勇于担当

——记美国花县总会馆前主席、花中校友会永久荣誉主席江长志

江长志

江长志先后担任美国旧金山花县总会四届主席，其间，他和共同主持会务的江文滔一起，改革总会馆章程，团结新一代华侨华人参与会务，与美国华商会、加州中部中华文化中心等新侨社团以及中国驻旧金山领事馆建立了友好关系，使会馆适应新时期发展。

2012年8月，江长志应中国国侨办邀请，参加在北京举行的"第六届全球华人企业家论坛暨优秀企业家颁奖典礼"，江长志荣获"全球华人杰出爱国之星"荣誉称号，并得到了全国政协以及全国人大国家领导人的接见。

江长志，花山平东村人，祖父一代已经到美国工作打拼，他是第三代华侨，1941年在美国加州出生。他的祖辈像大多数华侨家庭一样，为了改变贫穷的命运，出国谋生，赚了钱回家乡建大屋买田地。祖父为了后代不要忘记祖宗和中国文化，1948年，仍是战乱动荡年代，祖父依然将江长志送回家乡读书。

江长志在乡村读私塾，中华人民共和国成立后，他继续上小学。少年江长志，在这一段时代更替的特殊经历中，记住了中国和中国文化，懂得亲情和人间冷暖。

1954年，江长志考入花县第一中学，读书期间，他是优秀运动员，曾经作为田径和篮球运动员到粤北韶关参加广东省运动会，捧回冠军奖杯。读完初中，1957年，江长志随父兄到美国加州，他服兵役当海军，经过五六年的水陆后备军队生涯后，继续在美读书深造。因父兄生意需要，他大学未毕业便弃学从商，和父兄一起经营超市。

20世纪80年代末，江长志结束了他的超市生意，转为建设、出租商业场地。无论是从事商业生意还是参与华人社区的公共事业活动，他都积极参与，尽情投入。江长志平易近人、乐观敦厚，时时表现出团结、协作的精神。

20世纪90年代初，江长志成为美国加州中部中华文化中心最年轻的理事之一，他积

极参与和继承老一辈侨领的事业，使之发扬光大。江长志属于新一代的侨领，他不但关心加州中部中华文化中心的事业，还大力推动美国花中校友会的工作。1990年，花县一中毕业的卢嘉信与江长志联手组建了全美"花县中学校友会"。该校友会旨在联络本邑在美人士（特别是曾经在花县中学读书的校友），让大家可以互通信息，共谋发展。花中校友会联合多方力量，共同为家乡和母校作捐输，发动美国和世界各地的花县一中校友为母校捐建教学楼。

江长志在美国花县总会馆
为花都籍优秀学子颁发奖学金

多年来，江长志大力支持，美国花中校友会不断发展，同时出版有校友会会刊。开始，只联络了在美国加州中部、旧金山、洛杉矶等地区一百多名新老花县中学校友，后来扩大到美国其他城市的花县中学校友，花中校友会形成一股向心力，积极参与当地社会政治经济活动，同时促进中美两国经济文化交流，涌现了一批成功人士及商界精英。

1995年春暖花开的时节，江长志回乡祭祖。在行程仅四天的情况下，江长志特意安排了一场同学聚会。他邀请38年前的花县一中"五七"届丁班的全体师生相聚。4月27日上午，当年的36位师生齐聚花

江长志（前左二）与花县中学校友美国聚首

都宾馆玉兰金凤厅。江长志介绍他在美国谋生的艰辛历程及近年来在美筹建旅美花都市（花县）中学校友会的过程，表示今后会有更多的机会回乡与师长、校友们聚会。会上，杜熙文老师代表到会的师生赋诗一首赠给江长志留念。

江长志是原美国花中校友会主席，现为永久荣誉主席。

携手前行 源自同根

——记美国华商总会会长张福明

一

"我是广州花都人。"美国华商总会会长张福明说出这句话的时候,颇感自豪。他是美国华商会30多年来第一个任华商总会会长的广州人。张福明的老家在新雅街清㘵村南阳庄,靠近新白云国际机场,张福明兄弟姐妹4人在广州出生长大。

20世纪70年代,出生在广州大都市的张福明就读于广州市第30中学的分校,这是一所乡村中学,就在花县(花都),他家乡的西边。1973年中学毕业之后,他跟随知识青年上山下乡的大军到了白云山农场,成了一名知青。因为农场是农、工、商多种经营的大集体,亦工亦农,他能跑会说,被抽调到农场企业,成了"供销员"。张福明熟悉业务,且工作绩效良好,农场把他一留就是九年。这九年的农场生活,让他在农、工、商的最基层摸爬滚打,熟悉了生产、营运及人事关系,积累了人生经验。1982年张福明离开农场回城,被安排到广州水泥厂,这是一个由广州市政府部门直接管辖的国有大型企业。改革开放初期,建筑材料行业是一个朝阳行业,张福明被分配到水泥厂的机动处,九年的业务员工作经验让他在这里得心应手。

二

在广州水泥厂工作的几年,张福明遇到了同在白云山农场下乡的农友刘彩华。当年他们风华正茂,彼此并不熟悉,再次相遇的时候,刘彩华已经是一名美国华侨了。原来刘彩华回城后随家人移民美国了,刘彩华的父亲出国之前是广州服装研究所的高级技师、服装设计师,出国之后在美国继续重操旧业,进入制衣行业。刘彩华和父亲一起在旧金山筹建了刘氏制衣厂,刘彩华是厂长,工厂的主要管理者。刘氏制衣厂除了加工之外还创立自己的品牌,制衣厂业务迅速发展。当时刘彩华作为华人企业主进入美国华商总会并担任妇女部长。

1988年,刘彩华把制衣厂卖了,回国与张福明结婚。这样,张福明1989年"嫁"到美国。这次到了美国,刘氏多了一个"猛将",又重新起盘办了名牌时装板房,张福明常言那个时候是给老婆打工。新加入的张福明是一个好帮手,打板、送货、联系业务等等是他的强项,他和太太一起进入华商会并参与支持华商会的各项活动,刘氏制衣板房的业务也日益发展。这一干又是十年,这期间张福明和太太生了两个女儿和一个儿子,是一个小康之家了。

进入2000年之后,随着环球商业的改变,刘氏结束了他们的传统行业,张福明转移到一家食品批发公司做管理,太太刘彩华也转行参与美国联邦政府的事务工作。这个时候,他们的孩子均进入学业有成的时节,因此张福明夫妇有更多的时间参与华商会的活动。

三

20世纪90年代,张福明夫妇投入到华人社区,参加美国华商总会,张福明从普通会员做起,历任职员、董事、副会长、第一副会长、会长。

美国华商总会是1980年在美国加州旧金山由华人企业家联合申办组织的并在加州政府登记的合法商业社团。自创办以来,华商总会一直在维护华人企业在海外的合法权益,帮助商人搭建互助的桥梁,还从多种渠道与国内取得联系,协同中国内地进行经济贸易往来,包括协助祖国国际外交方面做了大量的工作。华商会不但是华人企业主的依靠,也是中国海外交流协会的团体会员。凡祖国大事如亚运会、奥运会的申办和开幕、港澳回归、每年国庆大典,华商会都在海外领头组织支持、参与;国内发生天灾如地震、水灾等,华商会都会带头并发动筹款支援灾区人民,他们的脉搏与祖国一起跳动。每年的民间传统节日,组织春节联欢等让海外华人与国民同乐。

2016年华商会第36届理事会改选,张福明当选会长,成为美国华商总会"掌门人",其后张福明连任三届。现在,华商总会已经走过了39年的辉煌历程,回想走过的路,张福明颇有感悟:"参加美国华商总会让我站点更高。"

张福明(右一)和美国旧金山花县总会馆乡亲在一起

四

与众多华侨一样,张福明接受命运的安排,适者生存,随遇而安。但也许是与生俱来的那种对故乡的归属以及对同胞的认同感,从他离开祖国家乡,踏上太平洋彼岸的那一刻,他也像众多的海外赤子一样,对家乡的思念与牵挂的感情经常在梦中萦绕。他常来往于中美之间,热衷于寻找故旧亲友。他感叹中国发展很快,同时也觉得美国有很多地方值得学习,他希望能够为两国两地的共同发展做出自己的贡献。

张福明(左三)参加第八届(广州)华人文化艺术节

近10多年来,华商会以推进中美双方经济贸易为工作重点,张福明通过华商总会多次邀请花都区的政府官员及相关人士访美,探访旅美乡亲,增进彼此乡情亲谊。他主动与在美国旧金山有着100多年历史的花县总会馆,以及居住在美国旧金山的花都乡亲一起联合推广介绍广州花都的产品与投资环境,让花都走进美国,扩大中美的民间外交,促成了中国广州花都区与美国旧金山湾区米尔布雷市结为友好市、区关系,双方经济方面的交流与合作得以扩大,两地官员经常互访。他多次获邀回国参加中国北京人民大会堂国庆活动,并多次受到党和国家领导人的亲切接见;在花都区还当选第五届海外交流协会副会长,区侨联海外顾问等。

旧金山花县总会馆已经有100多年的历史,然而,总会馆还是保持旧时代的传统,张福明用实际行动影响老一代华侨对祖国的认识,并通过一些组织活动,主动拉近花县总会馆与中华人民共和国驻旧金山领事馆的关系。近10多年来,花县总会馆每年举行春宴,也会热情邀请中华人民共和国驻美国领事馆的代表。张福明与新一代侨领共同努力,旗帜鲜明地反对"台独"。张福明还曾经担任旧金山湾区中国统一促进会副会长、美加广州同学会理事等职务,为推动中美友好,商贸往来,反独促统努力工作。

张福明担任第38届华商会会长后,觉得肩上任务更重,他主张华侨华裔新一代要继承和发扬中国的优良传统文化。他说今后将会更多地关注并致力于中国文化交流与经济合作。

光前裕后 建树加州

——记美国加州中部中华文化中心董事局众乡贤

美国加州中部中华文化中心

在美国加州中部的维塞利亚（Visalia，当地华人惯称"快些利"），有一个"美国加州中部中华文化中心"（以下简称"文化中心"），该中心完全仿照了中国孔子庙的建筑风格，红墙绿瓦、古意盎然。门口有两只大石狮，大院堂前，安放了一尊孔子雕像。该中心既是华人的一个活动场所，还是一个教授中国语言文化、书法、民族音乐、舞蹈、棋艺、烹调、中医针灸、太极健身的地方。

文化中心筹建于20世纪80年代，1990年落成。由花都旅美华侨的第二代和第三代华人精英创立。1982年，花县籍乡亲刘钜燎、黄侣文、黄成锦等十余人发起组织，首期15位乡贤带头捐款，经邑侨和当地社区人士的努力，耗资200万美元建成。

文化中心成立后，与中国国内侨务部门密切联系，每年多次组团回国观光探亲，策划创新举办华裔青年（回中国）夏令营，联络组织中国文化团队和到美国该文化中心举办传播中国文化夏令营。文化中心对家乡的公益善事极为关注，他们团结一致，以文化中心的名义集体策划重建思明小学、美成学校，扩建华侨中学、花山中学以及研究日鎏

坐落在文化中心
大堂前的孔子雕像

小学建设方案等等。还参与各项公益事业的投入，为家乡兴学育才，文化中心理事们同心同德，竭尽全力。文化中心还多次邀请和接待广东省、广州市和花县（花都区）有关领导、教育工作者及优秀老师赴美考察，开阔视野，深化中美两国文化交流和乡情联谊。加州中部中华文化中心，一开始以其全新的风貌发挥着独特作用，成为当地华人社区也是花县旅美乡亲重要社团之一。

在二十世纪的二三十年代，花县第一代华侨赚了钱，大都会回家乡建楼房、办学校。花山镇的思明小学、华侨中学、近月小学、美城小学等都是由华侨捐建的。文化中心是由多位老华侨倡议，老华侨刘显常的儿子刘钜燎集合了黄侣文、刘成锦、刘成朴等15位乡亲成立文化中心筹建委员会董事局。这15位理事是：刘钜燎、黄侣文、刘成锦、江明沾、刘成朴、王百谦、江增炜、江接浥、江汝海、李霭清、刘成章、刘国岳、黄侠侣、杨文正、Stphen Gong，后来又增补了刘俊杭、江长志、冼有钧、刘佩律。30多年过去，其中不少人已去世，但他们筹建发展文化中心的事迹早已在华侨华人中广为流传。创办文化中心这15位乡贤事迹简述如下（其中主席黄侣文和杨文正、江长志另文介绍）。

文化中心创会主席刘钜燎

祖籍花山平山村万安庄的刘钜燎是第二代华侨，1924年在家乡出生。他的父亲刘显常在20世纪初叶去美国，家乡思明学校就是刘显常和当时旅美华侨捐建并资助发展的。在20世纪30年代，他们利用侨汇在广州惠福西路和恩宁路买下房屋作为思明学校的校产，以商业铺位出租所得收入用于思明学校发展、维修和奖教奖学。此举一直延续到现在，思明学校因此人才辈出。

刘钜燎8岁那年来到美国，在美国读书，高中毕业后，跟随父辈一起做生意。经过几十年的苦心经营，刘家一开始经营的小型杂货店，变成了面积超过5万平方英尺的大型超市，刘钜燎也成为当地华人商业的引领者。中华文化中心筹建委员会开始策划建设文化中心的恒基伟业，刘钜燎是最大股东之一。

在策划筹建文化中心的过程中，文化中心理事多次组团到中国内地考察。他们参观、比较、研究中国的古建筑，多次筛选之后，确定按照中国孔庙的建筑模式，在美国加州中部建设中华文化中心。他们聘请中国最杰出的古建筑设计师设计图纸并指导建筑过程，经过数年时间的筹建施工，文化中心于1990年落成剪

刘炬燎代表文化中心为余江月桂
颁发聘书

彩,刘钜燎被选为文化中心董事局主席。该中心成为加州当地政府注册的慈善机构。在开幕仪式上,加州州务卿余江月桂、大法官刘百昌、当地市长分别致辞,近千名中西宾客参加庆典。

文化中心在支持家乡的教育和各项社会公益事业等方面发挥了巨大的作用,刘钜燎任职期内,和文化中心理事一起为家乡捐建多所学校,同时也为当地的经济文化、社会文明做出积极贡

华裔乡亲和美国友人在加州中部中华文化中心观看中国歌舞表演

献。文化中心被誉为优秀的华人文化社团、慈善团体。文化中心自成立以来与中国驻旧金山总领事馆、旧金山领事馆保持密切的联系,多次组织华裔青年夏令营回中国,学习中国文化,研习传统武术,了解中国历史,游览大好河山。为促进和加强中美两国的友好往来,真正为中华文化的传播交流做出了贡献。

看到文化中心的事业兴旺发达,刘钜燎很欣慰,他说:"文化中心的事业是为了让我们的子孙后代不要数典忘祖,中华文化在海外得到发扬光大,是我们最大的心愿。"刘钜燎于2008年在美国加州去世,享年84岁。

文化中心副主席刘成锦

刘成锦祖籍花山镇平山村,父亲早年移民美国,刘成锦1926年在美国出生、读书、服兵役。他参加过第二次世界大战,立下战功,光荣退役。后来和多数在美国的本邑华侨一样经营杂货生意(办超市),刘成锦为人忠厚朴实,刻苦勤勉,待人和气,他致力于商业发展,提倡顾客至上,因此所经营的生意蒸蒸日上。

刘成锦家庭和睦,生有二男二女,均事业有成。由于他们是土生华裔,受西方文化教育,完全融入当地社会,孙辈不少是混血儿。刘成锦能说流利的家乡话,却不会写中文。他积极筹建文化中心,出钱出力,全身心投入,且颇有威望,他被推选为文化中心副主席。他带领文化中心理事一起学习中国汉语,学讲普通话,参与推动文化中心的各项文化交流活动。

刘成锦在家乡只有一些远房亲戚,但他热心家乡公益事业,对家乡的教育、文化、敬老等慈善事业热心捐输。为花山美成学校、思明学校、花山中学及其他文化福利事业多项捐赠累计超过100万元人民币。随着中国改革开放与内地文化交流的加强,刘成锦经常回中国旅游,参加家乡各项庆典及大型活动,如教育基金万人行、花都建市、花山多所学校落成剪彩、广州市地铁通车剪彩、中华人民共和国成立50周年重大庆典活动,并和其他旅美乡亲一起联系外国商人到中国内地和香港考察商业。

他为儿孙们不会讲中文而惋惜。1997年，他将一群不会讲中国话的儿孙、亲戚带回中国，到北京、西安、杭州、苏州、上海、广州等地旅游观光，并专程把他们带回家乡拜祖认宗。年轻一代在故乡老屋和祖坟前，感触良多。在

1993年，文化中心全体理事回乡参加建市庆典（前左二刘成锦）

他的感召下，这一群华裔混血儿加深了对祖居地文明古国的向往。刘成锦的外孙女Sandi用英文向我们的翻译提出："中国乡村的女孩子读书还很困难，通过什么途径可以帮助她们呢？"还表示愿意支持中国的希望工程，帮助同胞小姐妹完成读书的心愿。她高兴地说："这次旅行使我真正知道了自己的故乡，了解中华民族的伟大。"刘成锦有一颗永远的中国心。

1998年，刘成锦被授予"花都市荣誉市民"。2016年，刘成锦在美国加州去世。

文化中心副主席江接洰

江接洰是花山上堡村人，1924年在家乡出生，童年时期随父辈出国。虽然没有在家乡读书，但他受父母教导，推崇中国的传统礼教，识大体、懂孝义。他尽力辅助父辈创下家业，由于父母较早去世，他谨记父母遗训，保护和带领五个兄弟姐妹团结奋斗，创立和发展"江氏Market"。在他的带领下，江氏事业蒸蒸日上。江接洰是西人社会慈善机构总会的会员，他在当地及华人社区的良好建树受到大家的称许。江接洰的三个儿子均在医药界各有成就。大儿子是美国医学博士。

江接洰爱好爬山、打猎和钓鱼，向往回归大自然。江接洰和刘钜燎经常相约，从山顶别墅旁边的一条下水通道放下自己的小游艇，在碧绿的山湖中钓鱼，既怡情作乐，又可调养身心。文化中心有喜庆聚会，或者是大中小型的接待任务，他们总是自告奋勇，承担到山湖钓鱼的任务，从几席到十几席、二十几席，他们都能把深湖鱼"大盲漕"如数地摆到餐桌上。江接洰于2009年在加州去世。

文化中心第一任中文书记江明沽

江明沽是花山洛场村人，祖父江文德是德高望重的长者，父亲早年去美国。江明沽1934年在家乡出生，童年在家乡读了三年私塾。1948年姐弟俩随父亲出国，江明沽继续

在美国读书，初中毕业后在美国服兵役，当了两年海军，虎虎生气的江明沾机警灵敏，又能吃苦耐劳。由于江明沾博览好学，他虽在美国成长，却没有丢弃他在私塾学习过的文言文，汉语说得好，中文写得好。文化中心无论书信公函、演说或交际，他的中英文混合使用得心应手，这一点使得他在文化中心的事业发展上起到不可替代的作用。

江明沾视文化中心的发展为己任，耿直无私，勤勤恳恳，出谋策划，对文化中心的大小事务，他不辞劳苦，事必躬亲。由于他周密的决策思维，把文化中心的每一件事都办得圆满出色，使文化中心在十年时间发展成为一个在当地和在祖国大陆都有影响力的优秀的华人社团。

1985年，江明沾组织第一批华裔青年夏令营回家乡寻亲问祖，学习中国的语言和民族艺术，让华裔青年领略祖国的壮丽河山，了解祖国的灿烂文化，在家乡和美国华人界引起强烈的反响。此后，这样的活动举办了一期又一期，举办的地点分别在中国或美国，为第三代、第四代华裔子弟了解和学习中华民族文化开辟了一片新天地。

江明沾晚年由于身体肥胖和风湿关节炎行动不便，但他对文化中心及有关中美文化交往的事宜，始终乐此不疲。文化中心成立的十多年来，他每年多次往返于太平洋两岸，成为中西文化桥梁的一根顶梁柱。江明沾2002年在美国因病逝世。

文化中心董事局理事江增炜

江增炜祖籍花都洛场村，父亲江梓荣早年去美国，是加州中部侨社"花山别墅"的创始人之一。江增炜1937年在家乡出生，1949年随父去美国，在美国高中毕业后入伍，两年后退役与兄弟江增辉一起做生意。江增炜在美国加州经营多间大型超市，他是加州中部中西杂货行业协会主席。

江增炜受父辈的影响对华侨社团有着特殊的感情，他积极参与文化中心的筹建，出钱出力，身体力行，是文化中心较为年轻的理事之一。多年之后，文化中心老一届主席和理事因年龄而退休，江增炜承担了文化中心与中国国内联络沟通、代表文化中心参与国内活动的事务，使文化中心承先启后，继续发展。

江增炜一贯热心公益，无论是文化中心、花县总会

文化中心理事们回乡品尝香荔
（左起：刘成锦、江增炜、黄侣文、刘沛律、刘俊杭）

馆、花山别墅和其他华人社区的公众事业，他都热心参与并主持公道。他说，无论是在海外谋生的华人，或者是在祖国的同胞，只要是黑头发、黄皮肤的，都是一家人。

1997年5月,家乡梯面镇遭受特大水灾,消息传到美国后,江增炜和文化中心的理事们立刻以实际行动支援家乡。他们在文化中心和花县总会馆发动旅美乡亲踊跃捐输,并和文化中心财务王百谦等人一起,及时把所捐的几万美元送到家乡灾区人民的手上。

文化中心英文书记刘成朴

理事刘成朴(左三)、江明沽(右二)代表文化中心接受花都市颁发的集体荣誉奖

刘成朴1929年在家乡平山村出生。1939年,刘成朴到美国读书、定居。或许是家庭的影响和父辈的引导,他的中文学得很扎实,同时英文也很好,任旧金山花县总会馆英文书记多年,又任文化中心英文书记、董事,是文化中心的才子和能人。

刘成朴和家族兄弟刘成锦、刘成章一起联合组成集团公司,各自经营超市。他们团结一致,共同合作,互相帮助,互相提携,使刘氏实业如日中天、稳步发展。国内改革开放以后,中美两国交流进一步加强,经常有来自中国的经贸考察团或文化团体来美国访问,凡是中国的朋友,或者是家乡的乡亲来访,刘氏兄弟都会热情地把客人请到家里,腾出客房,悉心招待客人。访问团或者客人要去任何地方,刘成朴总是亲自驾车接送客人,服务周到。

刘成朴说话得体风趣、为人诚恳、办事精明、任劳任怨,受到大家称许。刘成朴的妻子冼凤仪也是知书识礼的大家闺秀、贤内助。她对丈夫的事业和文化中心的内外事务,事无巨细都是关心而不干预,参与而不表功。在文化中心、花县总会馆或其他社团乃至乡亲中,无论是红事或白事均由刘成朴出面处理,他们夫妇总是助人为乐,代为张罗包办,并且做得周到和体面,难能可贵。刘成朴于2019年7月15日在美国去世。

文化中心财政部长王百谦

王百谦祖籍花东九湖村,他在美国出生、读书。他的兄弟王百昌(刘百昌)是美国加州首席大法官。二十世纪八九十年代,王百谦与江开浩、江开圻、李蔼清等人合作做生意,开有两间大型超市,生意红红火火。

当得知同乡要办文化中心时,他出钱又出力,成为文化中心董事局理事。他热心参与文化中心的所有活动,积极组织学习中国语言文化,作为文化中心的财政部长,他让财务数目清晰、有条不紊,使会务健康发展。

随着中国的改革开放,中美交往日益频繁,特别是文化中心成立以来的各种交往活动,使王百谦对日益强盛的祖国有进一步的了解,他每年多次往返中国旅游观光,考察商务。王百谦待人热情随和,乐于助人,有求必应,凡是文化中心或者乡亲中有喜事和集体活动需要出钱出力的,他都会毫不犹豫地问:"How much?(要多少钱?)"

王百谦虽看不懂中文,但见到家乡的人,会努力讲一口地道的但并不流畅的家乡话,风趣而轻松。王百谦2005年在美国加州去世。

文化中心董事刘沛律

刘沛律1929年出生于美国,由于其长相酷似外国人,乡亲就直呼他"鬼仔"。刘沛律自小奉父命回家乡读书,学得些中文,并能讲一口地道的家乡话。1948年他又奉命回家乡娶花县新华莲塘村曾氏为妻,由此与家乡的感情更加亲近。

刘沛律性情诙谐而开朗,喜欢游泳、打猎,活跃得像个孩子。早期和妻子一起经营超市,夫唱妇和,携手创业,业绩颇丰。后来他结束生意业务,把商场租给别人。

刘沛律每天运动,跑步、爬山,春夏秋冬都游水。坚持冬泳令他总是神采奕奕,潇洒自然。有时候,他和朋友到很远的森林去打猎。他1993年加入文化中心以来,出钱出力,共谋文化中心的伟业,是文化中心外交接待的主力之一。

刘沛律多次和伙伴一起回家乡参加恳亲大会,看到家乡的发展变化和建设成就,他总是欢欣鼓舞,倍感亲切。

文化中心董事刘俊杭

刘俊杭1921年在家乡出生,于20世纪60年代初去美国。20世纪70年代,刘俊杭成为花山别墅的创始人之一。他一贯热心公益,分别在花县总会馆、文化中心、花山别墅任职。论资历,刘俊杭是元老,论年纪,他是长者,但是他除了大力支持年轻的华侨以及他的后人共襄慈善事业之外,从不以长者自居,他乐意当配角,勤恳地做接待工作。

1994年文化中心成员参加花都市教育基金万人行

虽然刘俊杭没有什么直系亲属在故乡,但他的家乡观念极为浓厚。凡是家乡特别是刘氏宗亲的事业,如重建刘氏宗祠、美化村容村貌、重建学校,他无不振臂高呼、举旗担纲。家乡思明学校校董会筹划重建思明小学,他身体力行,视为己任,出钱出力,不顾年事已高,为筹款和建校事宜来回于太平洋两岸。在他的带动下,美国乡亲共筹得30多万美元支持建校。

刘俊杭是文化中心主席黄侣文的岳父，多年来这位长者不遗余力地支持女儿、女婿和外孙从事文化中心会务的发展，支持文化中心进行中华文化的交流。刘俊杭年纪虽长，但体魄硬朗，在80多岁的时候，还经常穿着运动鞋和运动服，背着行囊，一个人往返中国和美国之间。刘俊杭于2018年1月25日在美国去世，享年97岁。

文化中心第二任中文书记冼有钧

冼有钧祖籍花山镇花城村，1984年移民美国，出国前是花城中学教师，文学功底好，喜欢诗词歌赋，平常也吟诗作对。

冼有钧居住在美国加州中部，对于筹建创办文化中心，他抱有极大的热情，在进行文化交流和教育带动青年一代华裔方面，文化中心对冼有钧委以重任。冼有钧曾多次以华裔青年夏令营领队的身份，和华裔青年一起回到祖国参加学习中国文化和艺术活动。

自文化中心创办以来，十分重视中华文化的传承，专门安排了中华文化课，由冼有钧担任老师，针对学生们的课程有中国历史、语言、文化、艺术，还有针对成年人的中国文字、语言、历史等课程。冼有钧长期坚持教学，每周定时开课。

冼有钧待人忠厚，与人为善，对于文化中心的大小事务，他从不推却，甘打下手，他的务实作风得到赞扬。2000年之后，文化中心的开拓者、创会元老逐渐老去，有的已经离开人世，文化中心人士面临新旧交替的时候，冼有钧作为文化中心的理事之一，在江明沾去世后，担任了文化中心中文书记职务，直至2013年老一届理事集体交班时交由欧阳淑慧担任。其间，对于国内交流，来往邀请书信来函等事物均由冼有钧主理。他为辅助新一代华侨领导工作，不为名利，默默奉献。冼有钧也是美国花中校友会理事之一，2014年是美国花中校友会成立20周年，花中校友会理事会决定出版20周年纪念特刊，由于美国花中校友居住分散，人员遍及各地，编辑出版工作由冼有钧承担，从联络组织到特刊组稿，冼有钧身体力行。他还联络了花都美术家协会、花都老干部大学书画班的学友，为校友会20周年挥毫、捐赠作品，使校友会特刊出版精美、内容丰富。由于收到的作品没装裱，冼有钧克服困难，并自学装裱技术，把所有的字画装裱好，并且布置在文化中心内，让华侨和当地美国人参观、欣赏和交流。

逢年过节，冼有钧和当地其他校友、乡亲一起，热情组织当地新老华侨，进行醒狮贺岁，这些都是中华传统的一种传承，增强了中华文化的凝聚力。除了舞狮，冼有钧还举办中国灯笼节和投灯活动，每次活动他都亲自张罗布置，甚至灯笼上的字画图案都由他来亲自设计。

红花还需绿叶扶持

文化中心作为一个新型的华人社团，它就像一个大家庭，在维系侨梓、开展外交、沟通信息、联络感情、服务社群方面做了大量的工作。这些工作还与两位祖籍台山的董事李蔼清和黄侠侣，以及董事局十多位理事的太太有着密不可分的关系。

李蔼清是文化中心的创始人之一、首届理事。他担任弗雷斯诺（华人惯称"菲士诺"）中华会馆主席之后，更加把华人社区的事业当成一种使命，全心投入。多个华人社团的组织领导工作,他运筹帷幄,是一个威望甚高而又有正义感的侨领之一。他几十年和花县华侨在一起,早把自己当作花都人的一分子。他敬重这一群花县籍的华侨团结、正义,有抱负、有理想又脚踏实地,于是他和他们一起参与并投入文化中心的事业。在花都举行教育基金万人行的时候,他和在美国的同胞一起回到花都,积极参加捐款和游行。

在文化中心举行的夏令营,华裔青少年和美国友人一起学习中国国画

因黄侠侣的妻子是花县人,故黄侠侣被称为"花县姑爷"。黄侠侣原籍广东台山,童年去美。黄侠侣热心为华人社区服务,他是高级会计师,故当地大部分华人的生意理财交由他代办,在他的帮助下,华侨、新老移民的生意做得红红火火。黄侠侣身兼弗雷斯诺中华会馆和文化中心理事,他热心参与文化中心的各种有益活动,捐款行善。黄侠侣于2006年去世。

文化中心十多个理事的太太们,就是这个大家庭的贤内助。到过文化中心的人,无不为太太们的奉献精神所感动,她们服务周到,和睦共处,团结协助,与董事局主持的大小活动配合得无懈可击。

接待来自国内外的访问团时,太太们积极帮助丈夫接待客人,她们互相联络,共同磋商,互相调配,合理分工,布置好聚会场地,并把早点、宴会和晚餐安排得体面妥当,让理事们完全没有后顾之忧。

在文化中心华裔青年学习中华文化夏令营的半个多月时间里,每天一早起来,太太们就配合她们的丈夫,把住在不同地点的老师、工作人员以及无法被父母送到学校的学生,一一按时接到文化中心。一到文化中心,那些新鲜的糕点、果品、蔬菜、热奶、热咖啡就已经摆到桌面上。

二三十年过去了,文化中心当年的建造者、功臣、侨领不少人已经离去,文化中心进入了一个新旧交替的时期。2011年,黄侣文的弟弟黄侣荣接任文化中心主席。2013年老一届理事集体交班移交新一届理事会管理。新任文化中心主席黄侣荣在美国出生长大,对中文比较生疏,而他的妻子欧阳淑慧也是花都人,中文语言基础好,她热心联络华侨乡亲,大力支持丈夫黄侣荣的工作,继续为侨梓服务。

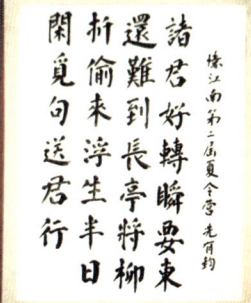

冼有钧为夏令营题诗

雁行游子 薪火相传
——记杨文正兄弟热心家乡教育事迹

旅美殷商杨祯明生有六男二女，杨家六兄弟被乡人称为"杨家将"。他们在异国他乡出生成长，事业有成。他们团结一致，继承父亲遗愿，为家乡公益和教育事业所做的贡献有口皆碑。

父亲有个游子梦

杨祯明是花都狮岭杨屋村（现属花城街）人，在20世纪初叶，村民为了生活背井离乡。杨祯明与本村晚清秀才杨侣瀛是同宗兄弟，杨侣瀛在家乡做教书先生，杨祯明则远渡重洋到美国。兄弟虽然各奔前程，然而心有灵犀，都希望改变家乡的贫穷落后面貌，为振兴家乡的教育出力。

杨祯明初到美国时，人地生疏，语言不通，谋生并非易事。但他咬紧牙关，埋头苦干，随着生活环境改变，杨祯明成家立室，他和妻子在美国生有六子二女，六子（槎正、活正、伦正、文正、德正、嘉正），二女（新有、兴有）。家大人口多，养家供书不容

杨文正（中）夫妇参加杨屋小学落成典礼

易，杨祯明凭才智和毅力，在当地开设唐人超市，收入渐丰，也开始有了积蓄。

杨祯明非常重视孩子的教育，他想着让在美国出生的几个孩子接受中华文化教育，决定回乡买田建屋，兴学育人。民国十六年（1927），杨祯明带着全家回乡，杨氏兄弟姐妹八人在家乡读书。杨祯明用他的财力，办起了祯明学校，即杨屋第一小学的前身。杨祯明把几个孩子交给宗亲兄弟杨侣瀛。因此，杨槎正、杨活正、杨文正等几兄弟和杨侣瀛的儿子杨章瑛成了同窗好友。

1931年，杨活正毕业于广东公立乡村师范（高中，也是当时花县最高学府）。排行老四的杨文正在家乡就读时间最长，他考入花县县立中学读书，1936年再跟父亲回到美国。兄弟姐妹8人在家乡读书求学，受到中华民族传统文化的熏陶，加深了对故乡的感情。兄弟姐妹们理解并体会到父亲的良苦用心和对故乡的一片赤诚。在家乡兴教育、办学堂是父亲的故乡梦，当时杨氏兄弟曾和杨章瑛等一班同窗学友许下将来要在家乡兴办学校的愿望。

兄弟同心成大业

杨氏兄弟姐妹在家乡接受中国文化熏陶后再回美国继续深造，他们学业精进。杨文正返美的那一年17岁，他在回到美国的第二年，日军发动"七七事变"，抗日战争全面爆发。此时，时局动荡，兄弟姐妹的命运也发生改变。长兄杨槎正和二哥杨活正协助父亲发展家族生意，三哥杨伦正和四哥杨文正先后在美国应征入伍，奔赴战场，一直到第二次世界大战结束才退役。

杨伦正和杨文正退役后，他们和父兄一道，齐心协力拓展家族生意。到了20世纪50年代，几兄弟在轩佛、哥加令等多个商埠都开设了超市，规模大、发展快，在加州中部唐人生意中为佼佼者。

杨家兄弟先后创办了六间超市。杨氏的商贸由家庭经营变成家族式管理，后来形成连锁店，其发展过程是花县人在加州经营杂货店及超市的典型范例。到了20世纪90年代，杨槎正、杨活正先后逝世，但其连锁超市的商务，在杨氏兄弟杨伦正、杨文正、杨德正、杨嘉正的努力下，家族生意仍继续发展。

回报故乡兴教育

20世纪80年代中国改革开放，家乡的社会经济发生了深刻的变化。他们与长期居住在香港的好友杨章瑛又重新讨论家乡发展教育的话题。1985年，杨氏兄弟杨活正和杨文正回到了阔别近半个世纪的家乡杨屋村，看到家乡已发生了翻天覆地的变化，然而他们的大祠堂，却变得斑驳沧桑。他们这次回乡，主要是想为家乡办点实事善事。他们先为家乡修了一条村道，改善了村容村貌，还为村里买了电视机。然而他最关心的还是家乡的教育，这不但是父亲的遗愿，也是他们当年的心愿。为此，在文化中心的协同下，杨氏家族成立了一个以其父亲名字命名的"杨祯明教育基金会"，宗旨就是促进家乡教育、推动社会进步。

这次他们看到，乡亲子弟仍在旧祠堂上学。于是他们倡议并着手筹划捐建一座新校。此事也

杨氏兄弟捐建的杨屋第一小学

得到香港杨章瑛等人的大力协助，家乡人民也为此而欢欣鼓舞。

杨文正向各级领导建议，由他们兄弟捐资，在村中划地，新建一所较具规模的小学，以提高家乡教育水平。为筹建新的杨屋小学，杨文正兄弟既出钱又出力，除了多次函电询问筹建情况外，还亲自回乡与有关人员商讨具体建设工作。几经研究，方案确定，杨文正和兄弟多人于1990年初捐赠人民币360多万元，用于在家乡兴办教育及公益。开始他们准备在杨屋村建一所规模较大的学校，用于全村（杨一村、杨二村）共同使用，后经广泛征询意见，为方便学子就近上学，最终分开为两所学校。1990年，杨屋村第一小学落成剪彩，成为当时全市一流的新型学校。杨屋村第一小学建成后，杨氏兄弟再捐资30万元兴建杨屋村第二小学，带动旅外乡亲同心协力共襄家乡的教育事业。为了完善学校教学设施，提升教学水平，杨氏兄弟继续捐赠，先后建设学校体育馆，捐建电化教室和增加电化教学设备。此后，杨氏兄弟更加关注家乡，为了完善教学设施，又捐资购置教学设备，杨文正不辞劳苦，亲自带电教设备回乡，还出资聘请英文教师，促成学校及早开设英语课等，杨氏兄弟捐赠建校资金达到600万元人民币。

1990年，杨文正（坐轮椅者）夫妇参加杨屋小学落成典礼

1994年3月17日，杨活正在美国加州病逝，享年76岁。家乡为杨活正举行了追悼大会。参加这次追悼会的有杨屋父老宗亲，杨屋第一小学、第二小学的师生，花都市海外联谊会、侨务部门的领导，市教育局、狮岭镇教育组的领导，共1200多人。从香港赶回来参加追悼会的杨章瑛、杨启尧等也同时出席了追悼会。追悼会由杨活正生前好友杨章瑛宣读祭文。

1994年，花都市人民政府授予杨文正"花都市荣誉市民"光荣称号。

泽被梓里告慰先人

　　杨氏兄弟捐建的杨屋村第一小学占地面积13361平方米,2004年11月顺利通过广州市"绿色学校"评估,同年12月又顺利通过广州市一级学校的评估,2005年12月通过广东省一级学校的评估,老师大专学历及以上达100%。杨屋村第二小学前身为草弄小学,由杨氏兄弟带头捐赠30万元人民币,同时发动海内外乡亲筹资400万元人民币,建成新校舍。1994年9月,新校舍正式投入使用。学校坐落于秀丽的洪秀全水库旁,依山傍水,占地面积为11311平方米。

　　1993年10月,花县撤县建市,杨伦正、杨文正伉俪应邀回乡参加庆典活动。他们不顾旅途劳顿,连续三天回学校与村镇负责人、学校和市教育部门领导商谈,计划在建好体育馆之后,再捐资兴建校办工厂和教师员工宿舍,以厂养校,保证学生有读书和学艺的机会,奖励品学兼优的学子。

　　1995年,杨屋村第一小学被评为花都市一级学校。1996年10月,杨嘉正回家乡,巡视学校并看望学校的师生。他了解到学校需要建设教师宿舍和完善设施,在相隔一个月后,11月5日,杨德正、杨兴有兄妹及其亲属一行再度回到家乡杨屋村。此行,他们除了听取学校方面的意见外,还参观

2000年杨氏兄弟捐建的长岗中学祯明教学楼

语音室、电脑室、图书室及教室设施,并提出了改进意见。当了解到学校为争取办成省、市达标学校需要改进硬件设施,需再建一幢综合楼时,他们表示愿意继续支持,使之逐步实现。

　　杨屋第一小学和杨屋第二小学完善之后,杨氏兄弟还表示希望筹划再建设一间中学,经过与本区教育部门商讨。2000年,杨氏兄弟继续捐赠150万元人民币在长岗中学兴建教学大楼(祯明综合楼),建筑面积2100多平方米。

　　多年来,杨屋第一小学坚持教育教学改革的理念,2001年4月成为全国小学语文"发展与创新教育"课题首批实验学校。杨屋村第一小学和第二小学,教育取得好成绩,比翼齐飞。杨屋村第二小学被评为花都区一级学校;杨屋村第一小学2005年通过省一级学校评估。杨屋村两所高标准的乡村学校,为振兴家乡教育,培养人才做出了卓越的贡献,杨氏家族振兴家乡教育的夙愿得以实现,他们的团结精神、高尚情操将永载史册。

当家理纪 利析秋毫

——记美国花县总会馆前副主席刘树添

刘树添是美国花县总会馆副主席,他从1978年加入会馆,担任过监察员、财政部长、副主席,他勤勤恳恳,正义无私,忠诚服务总会馆将近40年,受到乡亲的爱戴与尊重。

一

刘树添祖籍是花山镇平山村,1930年1月15日在家乡出生。祖父是乡下的教书先生,一家人生活清贫。刘树添的父亲刘壮深和叔父刘壮修十几岁起就外出谋生。刘壮深看到有族人到美国赚了钱回来建大屋,心里羡慕,后来在乡人的帮助下,于1900年辞别妻儿到美国谋生。

刘壮深初到异国他乡,人地生疏,幸得一位同姓乡亲四公收留,在其在萨克拉门托的农场做工,后来他又到旧金山做洗衣工。1906年美国发生大地震,旧金山成了一片火海,移民局所有资料被烧光,刘壮深的名字被重新登记录入。多年在外拼搏,刘壮深不觉已过了而立之年,他思乡心切,于是回乡探亲,不想他回到老家,才知妻儿多人已不在人世。他悲痛万分却又无法挽回,只好收拾身心,续娶邻乡女子江远维为妻,为了生活,再度出洋去美国拼搏。不久树添在家乡出生,然父亲不在身边。牵肠挂肚又过若干年,1939年,刘壮深再度回乡,此时二次大战爆发,刘壮深带着年仅八岁的儿子刘树添第三次远渡重洋返美。父亲因为没有本钱仍是帮人打工,刘树添一边读书学习英文,一边在课余跟着父亲干活。数年后,与叔父壮修、壮灯和堂兄树芳合伙开设小型肉店,专做发行送货到邻近埠仔餐馆,克勤克俭,尚可维持生活。

1948年,刘树添遵父命回乡结婚,娶江雪明为妻。1949年,刘树添携妻和母亲返回美国,仍然在小店做工,每日早上七时开门,晚上十点半回家,星期日有半日休息,这样长达五年。1954年,刘树添搬往纽曼埠(Newman)开小超市,从此揭开事业的新一页。这一年,刘树添23岁,他之前只是一位小店的切肉师,没有经商的经验。1957年,他的父亲心脏病复发去世。此时,他的三个孩子十分年幼,弟弟年少,养活一家九口的重担,全在刘树添一人肩上。刘树添的超市童叟无欺,不满退货,延长营业时间。别人七点收市,他延长到九点,别人周末休息,他的店一周七天营业。克勤克俭,精打细算,生意终于上了轨道。

刘树添夫妻苦心经营,事业一步一步走上成功。十多年后,儿子与弟弟终于大学毕业,回来接棒。1968年,刘树添迁往莫德斯托(Modesto)开大型超市,他们的家族生意迅速扩大,很快拥有了四间大型杂货铺和三间商场,事业达到高峰,聘请员工达200人。

二

刘树添走过了艰苦创业的历程,他明白,这其中除了自己的努力,还有乡亲族人的互相帮助。华侨华人在异国他乡拼搏,更需要团结。所以他参与并维护同乡会馆,他们爱这个家,并为之忠诚服务40年之久。

1983年,身为总会馆监察员的刘树添发现了当时会馆财政有严重问题:当权人贪污、玩忽职守,使会馆入不敷出,甚至准备抵押总会馆物业套现。发现问题后,刘树添挺身而出,立即制止。他义正词严,揭露腐败,并联合一些正义的侨领,四处奔走,收集签名。刘树添、江明学带头站出来主持正义,并且付之法律程序,以求拨乱反正。

刘树添和江明学等组织人员查账、核数,并上诉法庭,挽回物业损失达30多万美元,使总会馆会务恢复元气,回归正常。

2006年,江明学夫妇和刘树添夫妇在家乡花都大酒店
举行生日宴会,花山镇政府为他们赠送生日礼品

三

　　1988年，整顿会务之后，江明学担任总会馆主席，推举刘树添担任财政部长。从1989年开始，刘树添担任此职务长达28年之久。在此期间，会馆职员每月开会一次，刘树添及妻子每周三和江明学夫妇驾驶四小时的车程回到会馆工作，风雨不改。他们每月的工作时间要比其他理事多四天，而这四天的一切开支都是自掏腰包。28年来，刘树添把会馆的财务处理得整整有条，每月公布收支，每年收支对比均大有剩余。会馆公益使乡亲特别是65岁以上的长者能够享受到很好的福利。

　　20世纪80年代末，移民限制放宽，从家乡来的移民多了，会馆地方不够用，刘树添根据总会馆储蓄情况，提出改造会馆场所的建议。议案通过，总会馆成立扩建小组。大家群策群力，经过多方咨询、协调、申办手续、工程实施、地基检验等等，终于在2001年，花费42万美元扩建总会馆，惠及广大侨胞。

1997年，花都遭受"5·8"水灾，江明学、刘树添马上动员乡亲捐款赈灾，并把善款专程从美国送回家乡

　　刘树添晚年把家族生意交给儿子与弟弟，他将精力投入总会馆公益事务。多年后，他们将三间超市租赁给大型连锁超市，儿孙也各有前程。稍作休闲，不料病魔缠身，刘树添于2018年8月31日在美国去世，享年88岁。

　　刘树添一贯乐善好施，出钱出力，为乡亲服务。刘树添的亲属传承他热心公益、乐捐善款的作风，在他的葬礼之时合捐出善款6500美元，分别给花都人在美国的各社团：校友会、文化中心、同乡会等。

干理敏捷 忠诚正义

——记美国加州前首席大法官刘百昌

刘百昌是美国加州首席大法官，在美国加州华人社区堪称风云人物。在退休多年后的2001年，他还被加州州长戴维斯任命为加州保险局局长，他因此成为加州司法界中职位最高的华裔。

刘百昌原名王百昌，刘姓是因为父亲来美登记入纸时错换姓氏。刘百昌祖籍花东镇九湖村。祖父早年去美国，刘百昌1933年3月出生于美国奥克戴尔市（Oakdale），属第三代华侨。

刘百昌大学就读于加州大学伯克利分校，1952年获文学学士学位。随后继续考取波尔特霍市加州大学法学院，1955年毕业获法学学士学位，并获得美国职业律师资格。同年，任波尔特霍市教联会会员。

刘百昌

1956—1966年，在旧金山地方检察处服务，任加州副首席检察官、职工赔偿上诉委员会专员。1974年，被加州州长委任为加州旧金山高等法院大法官，是美国司法界获此高位的第一位华人。

1978—1979年，刘百昌是加州法官联盟会主席，1981—1990年任中美公民联合委员会主席，刘百昌还先后任少年法庭首席法官、加州最高法院法官及最高上诉法院首席法官。1982年晋升为加州高等法院上诉庭大法官兼院长。

1992年，刘百昌退休，他把精力转移到非官方的调解及仲裁活动方面，成立（非官方）司法仲裁调解服务社提供有偿服务，力图不经过法律审判或司法手续解决争议纠纷以帮助公民社群。例如人身保险、私人产业、商业仲裁、环境保护等全方位法律顾问服务。此外刘百昌还积极参与民间慈善活动，曾担任青年公共福利服务处主席、旧金山警政委员会主席。

1993年，刘百昌作为电影制片人之一，参与拍摄关于反映华人移民主题的纪录片《分离的人生，破碎的梦想》。影片内容以1882年美国执行排华法案为背景，当时禁止华人劳工家属进入美国，不准华人入籍。纪录片以真实的故事和实情记录，展示华人劳工为美国建设发展做出的巨大贡献。可以说，中国劳工去美国修铁路做苦力，本身就是一部血泪史。他们不少人成为美国建设的中坚分子，功不可没。等他们年纪大了，生活稍微稳定下来，排华法案却给他们造成巨大伤害。影片针对美国不合理的法案，抨击违反民权的不平等种族歧视。刘百昌主张民权种族不分等级，他要争取华人在美国的合法权益。这部纪录片1994年在美国华盛顿上映，反应热烈，在华茂国际电影节获"优质奖"，在芝加哥美国遗产月开幕典礼上映，在旧金山上映获艾美奖"最佳纪录片奖"。刘百昌被推举为旧金山民权委员会主席、仲裁主席。

刘百昌在旧金山首创"中文国际学校"（中英文双语学校），旨在为有需要的人群和华人提供一条专业的中文进修途径，使人们更好地了解掌握和继承中国的优秀文化。刘百昌作为创办者之一，是该学校的创办团主席。中文国际学校（中英文双语教学）的创办受到社会各界的好评，特别是受到华人社区的欢迎。

2000年，刘百昌获加州大学伯克利分校杰出校友奖；2002年，获美国律师协会颁发的杰出精神奖；2007年获旧金山杰出市民荣誉。

无论是在职还是退休之后，刘百昌一贯关注社会民生，热心法律界及社会公共事务，从事多项社会活动。例如，在加州大学讲授法律课，又在加州法官协会出版的《法院评论》任编辑，还先后担任华人教育中心委员会会长、旧金山政府法官、旧金山大学中国与西方历史研究会会长、旧金山警察委员会会长，还参与边界贸易站陈列馆、娱乐与公共游乐联谊会、旧金山文物学会、基督教徒及犹太教徒全国联合会、唐人街青年特别工作组、美国西点军校来宾委员会、美国陆军协会等各社团及社会事务的领导工作。在司法组织工作方面他先后担任州法院全国中心会长、美国律师协会少数族裔委员会主

刘百昌向刘树添夫妇颁发纪念状

席、美国律师协会司法行政部上诉法官协商会主席。2001年，他成为加州保险局局长，是加州司法界中地位最高的华人长官。

刘百昌对花县乡亲、花县总会馆的亲切关怀，在华人侨社之中，普遍获得好评。

刘百昌和中美友好协会以及美国花县会馆保持密切关系。他于1980年9月与加州州务卿余江月桂（同是花县乡亲）首次应邀访华，并访问花县。1984年10月再次应邀来华访问，对祖籍花县有了进一步的了解。

刘百昌服务于美国加州司法界数十年，公正廉明，威望高企为大众欢迎，为华人社区的福利和警政事务做出了卓越贡献。在刘百昌受任加州保险局局长的时候，美国花县总会馆设宴50多席举行庆祝活动，美国加州州长代表李照常和旧金山市长等多位长官先后为刘百昌颁发多项奖状，以表彰他在加州司法界及社会民众法政业务上所做的卓著贡献，场面盛大、热烈而隆重。花县籍乡亲，加州州务卿余江月桂和时任联邦民权委员会委员的李艳虹也出席宴会并致辞。众多华人侨社团主席、总理出席，加州当任司法界法官、律师，市政府官员以及众多社会中西贤达、传媒界好友、花县在美多个侨团首领，济济一堂。

刘百昌生有三子一女，其中两个儿子为加州执业律师，女儿是注册会计师。儿孙满堂，家庭融洽美满。

（本文未直接采访当事人，由美国花县总会馆江煦辉提供相关资料采写而成）

"李艳虹日" 意义深远

——记美国联邦政府民权委员会委员李艳虹

在华人聚居的美国旧金山,当地的亚裔及华人社区都知道3月15日为"李艳虹日"。这是美国联邦政府与加州政府对李艳虹民权委员工作的肯定与表彰。李艳虹是20世纪80年代以来,亚裔女性在美国政坛的又一新星。

李艳虹祖籍花东镇凤岗村,1954年在香港出生。父母都在香港经商,李艳虹12岁时随父母从香港移民美国。1976年,李艳虹毕业于加州大学戴维斯分校的健康教育系。

李艳虹在传统的家庭环境中长大,她性格温文尔雅,学业优秀,心态阳光。帮助她全家来美国的舅舅鼓励她和兄弟姊妹要融入美国社会。周末她会与父母一起到公所聚会,在那里她认识了很多朋友,了解了美国华人的历史,因此她时常关心时事政治,关

李艳虹(左)参加花县总会馆春节联欢宴会

注华人的命运。因此培养起社会参与意识和社会公德心，为后来成为活跃的华人社区活动家打下基础。

大学毕业后，李艳虹在华人社区管理实务。多年来，她一直关注美国移民政策，并且在争取移民权益方面做出极大的努力。她经常到政府相关机构为社区民众作证，争取合理平等待遇。20世纪80年代，她就经常参加移民游说活动，李艳虹

美国花县总会馆江明学主席向李艳虹颁发纪念奖状

是亚裔社区事务公关公司负责人。她曾经担任安老自助处松景庐住屋计划主任，协助建成拥有70个低收入老人住宅单位——邵逸夫爵士夫人耆英中心。她在1989—1993年担任同源会行政主任期间，对于争取移民权益、公正公平等方面，非常努力。与此同时，她参与完成一部有关华裔美国人奋斗的纪录片，获得1994年艾美奖"最佳纪录片奖"，同时成功当选联邦议员。在此之后，她又出任亚太裔联盟副会长及会长。

1995年10月23日，李艳虹被美国总统克林顿任命为联邦民权委员。联邦民权委员会于1957年由国会成立，主要是收集美国的国籍歧视、种族歧视、年龄歧视等情况，并写成有关报告，提交给总统及国会，李艳虹是这个委员会六名委员中唯一的亚裔委员。

多年来，李艳虹大胆正义地站在亚裔社区利益的立场，她的意见能反映真情民意，她公正决断的作风使她的工作卓有成效。

美国国会曾提出过有关移民政策的新法案，该法案要求未取得合法身份的移民先离境，再在境外申请签证通过后，才能以合法身份入境。李艳虹对此明确表示：这个法案不可行。因为一旦离境，便会提高不能入境的危险性，她强调，华裔小区向来家庭观念重，期望一家团聚，也视兄弟姐妹为重要的家庭成员之一，希望国会在议定法案时，能尊重不同文化的价值，接受多元文化，希望布什总统支持。

2009年12月15日，美国众议院民主党众议员古蒂雷斯提出一项综合移民改革法案，如果该议案最终获得通过，将有望帮助总数约1200万的非法移民"转正"。当时任全美亚太裔健康论坛政策顾问李艳虹立即表态：亚裔小区支持该法案，法案中包括支持家庭移民团聚的内容，让亚裔移民家庭可以尽快与家人团聚，还可改善移民申请个案积压的问题。

李艳虹从事亚裔社区工作，她大力支持亚裔人士参政。奥巴马当选总统组阁之时，李艳虹指出，目前全美亚裔社区的杰出人士中，至少有六名亚裔候选人可以胜任奥巴马新政府内阁成员的职位，他们拥有足够的能力和经验领导联邦政府部门。

华人骆家辉从当选州长到被委任美国商务部长，李艳虹再次赞扬奥巴马唯才用人。李艳虹指出，骆家辉不但熟悉中国，并有处理中美贸易事务及经济发展的丰富经验。

美国有线新闻网络曾经在旧金山参加社区论坛谈及环保问题时，使用带有种族歧视色彩的"中国佬"一词，引起了湾区华裔的不满，李艳虹指出华人和亚裔社区必须严肃对待此类事件，捍卫华人尊严，并要求公开道歉。

曾为美国第一夫人的希拉里在一次进入社区的竞选演讲中，以不接受外国传媒为由，拒绝华人记者进入会场，引起风波，李艳虹即知会会场主持改变态度，并要求道歉。

为解决移民问题，李艳虹就民权向政府提出多项改革意见。例如对国会提出六项移民改革重点：一、要让更多移民得到合法身份，例如增加工作签证和家庭团聚签证；二、减低家庭团聚的轮候时间；三、废除强制性回国计划，这项政策十分不人道，且影响移民局工作人员效率和质素；四、坚守实行合法诉讼程序，让移民有机会上诉；五、改善特定人物的居留身份，如临时受保护人士；六、应在改革前，考虑到于边境居住市民的生活。

特朗普总统上台之后，美国移民政策又面临新的变动。国会有8位议员提出移民改革法案要取消兄弟姐妹亲属移民的消息传出后，亚裔民权团体一直在强烈反对。李艳虹在接受媒体采访时表示，取消兄弟姐妹及成人子女的家庭移民类别并非新构想，20世纪80年代曾被热烈讨论，最终以亚裔社区的胜利而获得保留。这一回，华裔社区同样不能放过游说国会的机会，如果今天大家都放弃，明天就会永远失去这个权利。她鼓励大家共同努力争取权益。

一贯热心、公平、正义、勇敢的李艳虹赢得了人们的拥护和尊重。1996年3月，美国加州参议员马克斯及旧金山市参事会宣布3月15日为"李艳虹日"，以表扬她在社区内争取民权的努力及贡献。当日，市参事邓式美及叶立本联袂而来，并代表市长布朗向李艳虹颁发奖状，同时宣布市参事会通过提案，表扬李艳虹的社区服务精神和业绩。邓式美回忆她与李艳虹一起争取移民权益的日子，称赞李艳虹对社区的贡献。

回顾自己工作上所走过的历程，李艳虹认为她在职业上的抉择是走对了路。她感谢安老自助处及同源会给她机会学习公共服务及争取权利的机会。

李艳虹被表彰奖励和加州设定"李艳虹日"，让亚裔社区及华人团体产生强烈反响，亲朋好友为李艳虹在普莱斯迪奥军营的军人俱乐部举行了庆祝会，旧金山花县同乡会理事会也设十多桌酒席祝贺。李艳虹感谢花县乡亲的拳拳盛意，她表示今后将继续努力，为争取民权利益努力工作。

（本文部分数据参阅网上资讯，并由美国花县总会馆江文滔、江煦辉提供资料并审阅）

持筹握算 乡土有情
——记旅美花中校友会创会主席卢嘉信

卢嘉信是美国花县中学校友会（简称"旅美花中校友会"）的主要创办人之一，创会主席，现为永久荣誉主席。卢嘉信是一个重情义、有"乡土味"的老校友。他待人亲近平和，不仅讲一口家乡土话，更是关注家乡的发展事业。

他是花县一中校友

卢嘉信是花山永明村人。父亲卢永广早年到美国，艰苦奋斗，开创事业，较早期已

卢嘉信和时任花都市市长曾维炳在一起

为华侨殷商，在美国和中国均有生意。卢嘉信的兄长卢廷远也于20世纪40年代随父亲到了美国。兄长在美国就学、服役、经商，他事行诚信，人缘广结，商业日益昌隆，成为侨梓乡亲的榜样。

卢嘉信1933年在家乡出生，他自小聪明伶俐，父亲有意栽培他，把他留在家乡读书，目的是学习中国传统民族文化，打好汉语根基。

中华人民共和国成立后，作为华侨子弟的卢嘉信先后在家乡继宗小学、美成小学读书。卢嘉信学业优秀，同时是篮球好手，他被选拔到花县一区篮球代表队。卢嘉信在美成小学毕业考入花县第一中学，他寄宿在学校，有更多的时间读书。1953年，卢嘉信初中毕业，他去了广州准备入培正中学读高中，后经批准出境，于是中断学业，去了香港和父亲经营肉食生意。几年后卢嘉信去美国，由于有父兄事业的基础，他们的家族生意也越做越大，成为当地有影响力的华商家族。卢嘉信在美国生活了30多年，没有回过家乡。

与生俱来的家乡情结

中国内地改革开放，越来越多家乡人移民美国，有乡亲朋友互访，从而见到以前的同窗好友，乡情传递，勾起卢嘉信对少年的追忆和对家乡的向往。

1993年，家乡花都传来了撤县建市的喜讯，家乡官员组团到美国访问，与海外乡亲交流，征求和听取对花县改名的意见。家乡的领导对他们说：花县（花都）这个家是大家的，也是你们的，我们在家乡有责任把家建设好，也要为你们看好家门，希望共同把这个家建设好。家乡官员的诚恳之语感动了大家。这一年，卢嘉信和其他美国乡亲应邀一起组团回到家乡，参加了花都建市盛典。其间，会见了不少昔日同窗学友，了解更多家乡情况。他们到南北商贸城、拆建中的火车新站、即将动工的花都港和机场开发区各处参观，他说："现在回家的感觉真好。"

搭起沟通的桥梁

卢嘉信（右一）在荔枝园品尝荔枝

家乡发展了，沟通的渠道也畅通了。卢嘉信觉得需要有一个更好的联络纽带。于是，卢嘉信把多年来一些老学友的心声说了出来：在美国成立美国花都中学校友会。

在美国，不少来自花都（花县）各中学不同期不同班级的校友，散居各地城市，如纽约、芝加哥、华盛顿、波特兰、旧金山、西雅图等等，可谓天各一方，人脉生疏，都希望能够在客居他乡的环境下，成立一个校友会，联络友情。可是，去每一处花都侨民、花都中学校友居住的地方，一个来回距离都是3到6个小时的车程，如何联络，如何召集，怎样发挥作用是一个大问题。

卢嘉信和江长志、江明策等花县一中的老同学，联络了杜广暖、邵汝启、江甲兴等酝酿成立校友会。在他们坚持不懈的努力下，1994年6月26日，美国花县中学校友会宣布成立。那一天，他们聚集在旧金山花县总会馆召开了第一次全体会议。来自四面八方的花县中学校友有30多人，这些阔别几十年的老同学，大有相见不相识之感，但他们同时也感受到如沐春风般的舒畅。

让友谊之花盛开

一年之后的周年纪念，校友会发展到100多人。其间，美国《花县总会馆季刊》和国内出版的《花都乡音》，均予宣传报道。卢嘉信也曾赋诗表达他的情感。20年过去了，美国花县中学校友会，一路成长，已经成为美国境内跨地区的有影响的华人社团，凝聚了越来越多的精英，人员不断扩大，在美国各地华人社区，以及在联络家乡、支持家乡教育事业，花中校友会联合各地校友共同参与花县一中校友楼建设发挥了积极的作用。

2014年，旅美花中校友会迎来了20周年的喜庆日子。其间出版了花中校友会成立20周年纪念特刊。旅美花中校友会理事冼有钧承担编辑校友会20周年纪念特刊。这一年他回到花都参与花都老干大学国画班学习，联系了老干部书画班同学以及花都区美术家协会的会员捐出了20多幅书画作品，祝贺旅美花中校友会20周年志庆。

乐于奉献 服务社群

——记南加州花县同乡会和旅美花中校友会英文书记江明策

江明策是花县一中的老校友,他于1964年离开中国到了巴西,后来去了美国,一直在南加州生活,多年来担任南加州花县同乡会英文秘书,他也是美国花县中学校友会(简称"旅美花中校友会")的主要创办人之一。

江明策祖籍花都花山洛场村文和庄,曾祖父清末时到美国做苦工,后来经营杂货和服务行业,在美国赚了钱回乡置家业。祖父于辛亥革命那一年去美国,当时拖着一条长辫子,乘坐蒸汽轮船由香港出洋赴美,途中被外国人围观取笑,祖父后来把长辫子剪去。江明策父亲在抗日战争胜利后第二年(1946)去美国。

江明策小时候留在家乡读书,从小学到高中,他都是优秀学生。1964年11月,江明策经香港离开中国,那时中国刚经历了自然灾害与困难时期,家乡留给他的印象只有贫穷与落后。江明策乘荷兰客货船漂泊了两个月,于1965年的元宵节到达巴西。江明策在巴西独自生活了六年之后,于1971年来到美国加州洛杉矶。他找到了亲人,见到了同学和在南加州的乡亲。

江明策担任了南加州花县同乡会英文秘书,他在政府相关部门任职,英文水平好,熟悉美国各种关系以及办事程序,也熟悉华人社区的侨情。他乐于助人,帮助需要家庭团聚的乡亲办理移民手续。无论是从事同乡会会务、公务职员还是

江明策(左二)代表南加州花县同乡会向花都侨联赠送题字

职业经理人，他的竭诚服务赢得良好信誉。

江明策温文尔雅，坦诚率直，他既有中国人的含蓄，又有西方人的随和。

筹建校友会

中国改革开放后，江明策经常会和朋友同学回中国旅游，每一次都会回家乡看看。他的同班同学卢湖海当时是花县县长，卢县长出访美国，专程去探望老同学，希望花县在美国的同学加强联系，互相帮助，支持家乡建设。

2014年，美国乡亲参加花都恳亲大会
（左起：江明策、江增伟、江长志夫妇、江文滔夫妇）

1993年，江明策应邀回乡参加撤县建市庆典活动。其间，江明策再次与昔日同窗学友一起欢聚，他参观家乡在改革发展中的各种新的变化，看到拆建中的火车新站、即将动工的花都港和机场开发区等，江明策表示今后将会更多地关注花都的发展，并将此传递给海外的乡亲。江明策和卢嘉信、江长志达成共识，组织成立花县中学校友会，他们将付之行动。

回到美国，江明策觉得自己多了一份责任，他和几位老同学都觉得自从20世纪80年代后，更多的花都人移民到美国，筹建旅美花都中学校友会首先要把这些人联络起来。于是他专程开车从洛杉矶去旧金山，中途在加州中部找到卢嘉信等老学友，商谈起组建美国花县中学校友会事宜，后来又联络了杜广暖、江甲兴、邵汝启等学友，筹备工作正式开始。

他们发动和联络分散于美国各地的校友，起草章程，有时候为了见一个人，沟通一件事，都要开车几个小时。江明策是个务实的人，他做联络工作，整理资料，出谋划策，忠诚服务，不计较得失，成为校友会积极的组织者和有力的推动者。

1994年6月26日，旅美花中校友会宣布成立。这是在加州政府注册的民众团体。

成立大会在旧金山花县总会馆妇女部举行，第一次全体会议有来自四面八方的花都中学校友30多人，阔别几十年的老同学欢聚一堂。

一年之后的周年纪念，校友会发展到100多人。就这样，一年又一年，旅美花中校友会在当地成为有信誉、有作为、有威望、充满正能量的社会团体。旅美花中校友会在成立十周年、二十周年都推出特刊。每年新春，校友会加州中部醒狮队还在华人和西人社区进行醒狮表演助兴，引起当地人对中国文化艺术的好奇与好感。多年来，校友会一直没有忘记本会宗旨，不断以各种方式加强联络，互相提携，在支持家乡等多方面发挥着积极的作用。

如今，25年过去，老校友卢嘉信主席告老退休，由江长志接任再交给"下一代"。江明策仍然伴随左右，他的务实与奉献精神受到大家的称赞。

弘扬国粹 文武兼备
——记旅美华侨、名老中医何仲贤

何仲贤是位老华侨，他少年习武，青年学医，在武功和中医学方面颇有造诣，他还通晓文学历史、诗词歌赋、琴棋书画、曲艺乐理。特别是他过目不忘、出口成章、落笔成文的本领，令人拍案叫绝。何仲贤一直为美国《花县总会馆季刊》和在国内所出版的《花都乡音》以及其他文艺报刊媒体撰稿，在《花都乡音》上曾发表散文、杂文、小说、诗词几十篇。

时任花都市市长曾维炳会见何仲贤先生

《花都乡音》1993年连续登载何仲贤《洪熙官是花县老榕沟人》之后，从1994年开始一直连载他所著《洪熙官回花县轶事》长篇小说，近十年不间断。何仲贤每次给《花都乡音》寄稿件，都是手写稿，而且不用起草，直接成文。文字铿锵，内容精辟，文辞清丽，让人叹为观止。

文武全才出少年

何仲贤1930年出生于罗洞村何家庄。8岁那年，拜当地洪拳教头卢展为师习武，随师习武七八年，单单练扎马站桩都练了两年，后来他还学了一套三展拳，一路铁线拳，一路单头辊。何仲贤说洪拳的特点就是：桥手沉雄，腰马稳健，强调扎实功夫，不重花巧。他还说岭南五大门派是洪、刘、蔡、李、莫，洪居其首，洪熙官是洪拳宗师，在广东武林，洪拳声望无与伦比。

1947年初，何仲贤就读于广州汉兴中医学校。青年求学的何仲贤，喜研习中医药，他刻苦勤勉，聪慧过人，所学专业，触类旁通。他博览群书，习武、学医、学诗，才艺超群。在一个偶然的机会，他的才艺得以崭露头角。当时有人用李商隐的"玉玺不缘归日角"句作上联，征求下联，难倒一群老师宿儒。他略加思索，便用苏轼的"蓝桥何处觅云英"句作对，深得在场校长方德华及教务长梁瀚芬的赏识。自此以后，方、梁二先生经常带他参加骚坛雅会。

一次，方、梁两先生又带他赴宴，主人是名学者林翁。林翁早听说过何仲贤善于摆联，但半信半疑，看见何仲贤圆头壮实，敦厚强健，高兴地说："啊，原来是'蓝桥少年'，今天我一定不放过你。"他指着台上的蜡烛，说出一句上联"蜡烛有心还惜别（杜牧句）"，要他用前人诗句对出下联。何仲贤想了想，笑道"不知'文章无用独伤才'能不能对？"林翁大为惊愕，因为他小小年纪，竟能对得这么敏捷、工整，而且这句出自寇准的七律《成安秋堂有怀》，并不是常见的诗，可见他涉猎得很广。

1948年，有位军官陈某，东北人，因不愿打内战，退伍避难来广州，终日无聊，大有往事依稀如梦之感。因此自题他的书斋为"旧梦轩"，想用"旧梦"二字作一副鹤顶格的对联。上联取卢纶诗句"旧业已随征战尽"，但苦思不能得理想的下联。他听说汉兴中医学校有个"肥仔何"很会对对，便在课余时间来访，求何仲贤嵌"梦"字用前人诗句对下联。何仲贤沉思片刻，对以"梦魂不到故乡来"。在场的同学个个鼓掌称妙。陈某亦大喜，但思索良久亦不知这句的出处。有个同学说："这句出自《岭南即事》中对王大儒判语嘛，你这'外江佬'又哪曾读过？"经这么一提，陈某不禁哈哈大笑，连忙道谢不已。后来还经常请何仲贤去饮茶。

在"文革"后期，何仲贤因种种原因回到乡下何家庄参加劳动。闲时，何仲贤仍然在乡间习武、读书、行医，儿子在乡下出生。

1980年，何仲贤举家移居美国，动身前，他曾邀集一班老同学聚会，无非也是"长亭折柳"之意。席间各人纷纷要求他撰联留念，何仲贤即席挥毫，连赠二三十副。当时，广州名医胡海天同学亦在座，对老同学说："你曾集成语'百川汇海，一柱擎天'用雁足格嵌上我的名字为联，并请名书画家关晓峰先生用张迁碑体书以赠我，联书两妙。但嫌联意和我身份不符，不敢挂。今你行期在即，非给我另撰一联不可。"何仲贤即席撰书"海内存知己乎永日，天将降大任于斯人"一联给胡海天。上联用王勃句加上三个字，下联用《四书》句，亦以"海天"的名字作鹤顶格。信手拈来，即成佳作，上联表达彼此牢固的友情，下联是用行将落实知识分子的政策以勉励胡君。

以下列举何仲贤随手集句撰联：

1. 天涯何处无芳草（苏　轼），泉路凭谁说断肠（陆　游）。
2. 家住层城邻汉苑（皇甫冉），心随东棹忆华年（鲁　迅）。
3. 酒意诗情谁与共（李清照），琴边衾里两无缘（曹雪芹）。
4. 惊残好梦无寻处（冯延巳），心怯空房不忍归（王　维）。
5. 曾经沧海难为水（元　稹），错戡贤愚枉做天（关汉卿）。

以上各诗联集句，可窥见何仲贤应对的才华，令人叹服。

异地他乡弘国粹

何仲贤到美国已是知天命之年，行走异国他乡，他这样描述："远托异国，看不懂番文就是盲，听不懂番话就是聋，不能说番话就是哑，不懂驾车就是跛。我也不能例外，就是这种不折不扣的盲、聋、哑、跛俱全的残废人。"他在回忆录中写道："到美国之初，人生地疏，求职非易，抑郁愁苦，殊不自聊。"后得乡亲关怀，何仲贤在会馆任职，而薪酬微薄，烦恼偏多，幸而工作清闲，得以舞文弄墨。那时何仲贤曾在会馆季刊或其他中文刊物上发表《哀弦弹断茂陵秋》《冷雨敲窗离妇泪》《年年人去更无人》等文，其内容多是追怀过往，无限伤情，眷念未来，又感失望，将自己的满腔愁绪寄于笔端。但意外收到众多位新老华侨的抬举并来信，给予安慰与鼓励。他们乐与何仲贤结为文友、笔友，不少人慕名亲到会馆访问，以寻知音。其中一位骆霞小姐诉说来美后与母亲合不来，决定与姑妈回香港，请求何仲贤笔录其事为文见报，何仲贤为此写了《骆霞与姑母齐飞》一文为她诉说衷情。不想洛杉矶一位老侨妇读后，竟乘飞机来见何仲贤，说她三个儿子都不在身边，遗憾没有女儿，虽钱多屋大，而晚景凄凉，愿收骆霞为女，供她生活与读书，但可惜这时骆小姐已回香港了。何先生说："料不到自己的文章，竟然会感动一些读者，因此几年来一直执笔写下去，由此结识了很多文友。"

何仲贤在会馆工作时，常有一些乡亲找他看病，知他医术不凡，许多好友力荐他重操旧业，悬壶济世。可何仲贤认为唐人埠中医人才很多，而且都是学识广博、经验丰富、医术精湛者，更有荣膺中医博士之衔者，或历任中医教授之职者。顾影自惭，难以相比。几经考虑，何仲贤在万华中药行驻诊。他自述："踞横街僻道，静处一隅，不作宣传，不登广告，有缘合诊，与世无争。"守候万华药行，何仲贤每周七天都日出而作，日入而息，足不出唐人埠，闲时或迷书卷，或摇笔杆，以"半为慈善半为生"为宗旨，满足于两餐一宿。转眼又过了几年，在这几年中，他清心寡欲，行医济世，笔耕不辍，自得其乐。不时邀几故旧文友，饮酒吟诗，抒发情感，也别有情趣。

在旧金山万华中药行驻诊，何仲贤为该行撰书一联：万药尽灵丹，救人千百万；华侨扬国粹，兴我大中华。该联首尾嵌"万华"二字，兼用鹤顶猴足二格，对仗工整，气势不凡，且符合海外侨胞开中药行的宗旨。香港著名小说家梁羽生先生曾在《大公报》《联趣》栏中予以介绍，评为佳作。何仲贤在旧金山万华中药行坐堂开诊十余年，声誉卓著，被聘为美洲中国医学研究院顾问，经常作专题讲座和撰写医学论文，曾获有关单位奖励。如《中医治咳杂谈》（1986年）、《中医治肝经验谈》等文章均载于《金山时报》及《美洲中国医学研究院学报》，获美洲中国医学研究院学术

何仲贤与前侨办主任王志廉交谈

奖。他亦擅长文学，熟悉中国历史，在医务之暇，曾发表过大量的散文及诗歌，其中《哀弦弹断茂陵秋》（1981年）、《冷雨敲窗离妇泪》（1981年）、《夜来幽梦忽还乡》（1982年）等发表于《金山时报》，均获美洲中国图书馆文学艺术奖。可谓：金山才子关不住，国粹弘扬藩篱间。

洪拳祖师熙官梦

何仲贤八岁开始习武，是洪家拳始祖洪熙官的第六代传人。15岁那年，他离开家乡到广州读书。有一次他在报纸上看到署名"我是山人"写的武侠小说《洪熙官大闹峨眉山》，讲述的是洪拳祖师洪熙官之事，何仲贤很感兴趣，从此他开始收集洪熙官的事迹，平时白天上课读书之外，夜间空闲便去拜访著名的武术教头，听他们讲洪熙官的故事。每一次座谈聊天，何仲贤都详细做笔记，当时他所拜访的武术教头就有王啸侠、林荫堂、傅永辉、霍耀池、邓锦涛、欧汉泉等等。最为特别的一次是与同学胡海天一起到西华路一深巷采访一位盲叟洪伯。洪伯当时有七八十岁了，是客家人。当何仲贤问他是否洪秀全后人时，他哈哈大笑说："我与洪秀全毫无关系，反而与洪家拳祖师洪熙官有关。我的始祖德源公从五华来花县，居住于一个叫做老榕沟的地方，生有添荣、添华二子，添荣之子锦熙，那就是洪熙官，锦熙童年丧母，添荣以贩运茶叶为生，便常带锦熙到福建采购茶叶，因此结识了南少林的至善禅师，禅师收锦熙为少林俗家弟子。至于我本人，既不知道是添荣还是添华那一脉，也不知道老榕沟在哪里，我曾多次到花县访查均无结果，你们两位阿哥（指何仲贤和胡海天）如有老榕沟消息，请告诉我。"以上可以说是何仲贤查访洪熙官所得到重要的材料之一。另外还有一份重要资料，就是何仲贤发现了洪熙官所写的一首《沁园春》词。原来在广州市有一位武林名宿何伯，当时何伯已八九十岁了，他除了熟悉武林掌故之外，还藏有许多古书，如拳谱、棍谱，他非常保守，从不轻易给人看。当时何仲贤与他结识之后，开始从同宗关系引出话题，与他大谈何家姓风云人物，如何淡如等人之威风史。何伯大乐，从而喜欢与何仲贤聊天，继而谈及诗词，他们就成了忘年交。何伯看何仲贤对诗词也能说一套套，便说出他有一拳谱首页有一首词，有"花山巴水接我归来"之句，有人疑是洪熙官所作，我可以给你看看，但不准抄。当时何仲贤拿来一看，是用毛笔写的《沁园春·还乡》，但是没有写作者的名字，按其内容是颇符合洪熙官的经历"走入红船为众炊"等。何仲贤当即熟记下来了。原词如下：

沁园春·还乡

少小离乡，廿载孤伶，往事堪哀，忆佛门寄寓，殊非净土，武林混战，险赴泉台。隐名埋姓，息刀偃棍，走入红船为众炊！飘无定，今花山巴水，接我归来。吾侪果之英才？抑或是强胡势未衰？惜百年苦斗，汉基未复。零敲碎打，贼垒难摧。呼签群雄，早挥劲旅，清狗驱除大快哉！其时日，定黄龙痛饮，举尽余杯。

1995年，《洪熙官回花县轶事》一文连续在《花都乡音》连载，不少读者喜爱追阅，而且嫌待续相隔时间太长。是年春季，由花都市体育委员会和花都武术协会联合组织在赤坭镇举办"洪熙官和洪拳学术研讨会"。何仲贤作为嘉宾被邀请回乡，远渡重洋回来参加研讨会。他以自己的亲身经历，以及年轻时候收集、整理的关于洪熙官及洪拳的资料，整理出论文，作主讲发言之一。何仲贤亲访收集的前辈口述史证，以及他所发现的疑似洪熙官诗词《沁园春·还乡》等材料，成为研讨论坛主题的有力佐证。与此同时，花都赤坭镇规划创建洪熙官武术学院，何仲贤被聘请为洪熙官武术学院名誉院长。受此影响，花都在当时掀起了一股洪熙官热。

时至2018年春，何仲贤接到家乡消息，赤坭镇拟筹建洪熙官纪念馆，并计划把何仲贤多年来发表的《洪熙官回花县轶事》出版成书，以扩大影响。何仲贤将所写的与洪熙官有关的全部文章故事、杂文整理后交给即将开业的纪念馆。此时，何仲贤年近九旬，因身体原因不能回乡，亦为此喜讯甚为快矣。他振作精神撰写了《我也算是洪熙官的传人》一文，并拿出多年前所撰写的洪熙官还乡之粤曲词文，公诸于众，这应该是何仲贤的绝作。2018年11月28日，何仲贤与世长辞。

花都赤坭镇竹洞村自2017年成立洪熙官武术醒狮基地以来，每年都举行洪熙官武术文化节。来自广州、佛山乃至岭南、全省，甚至全国的各路洪拳爱好者及其武术团体前来祝贺、交流，举行武术大赛，真正实现了"竹洞武门寻有史，洪师拳法达归宗"，终于可以告慰何仲贤先生的在天之灵。

亚洲名厨 蜚声海外

——记中国广州半岛投资集团有限公司董事长利永周

他是一位国际烹饪艺术大师、国际美食评委、中国高级烹饪技师,涉足领域有餐饮投资、餐饮管理、食品工业、教育培训、酒店设计、文化传播、商业投资等领域。

利永周,瑞士维多利亚大学工商管理博士,广州半岛投资集团董事长,曾移居美国,现居香港,在餐饮行业打拼已近40个春秋,是著名的餐饮管理专家,新近又获得"中国饭店餐饮业改革开放40周年功勋烹饪大师"头衔和"中国优秀企业家"荣誉称号。

今日半岛 致力创新

在广州东塔半岛酒家,我们采访了利永周。在广州第一高楼里开餐厅,是一种高度的挑战。我们从豪华大堂上到6楼,这是广州东塔内经营面积最大的高级粤菜食府。一开业即一炮而红,以全新的高度,迎接四方宾客。

利永周下厨(图片来自网络)

酒家大厅有一种时尚典雅,舒适高贵的格调,人置身其中,心情愉悦,心旷神怡。半岛酒家拥有雅致的多功能宴会厅,独具一格的VIP包房,是承办中西式宴会的理想场地,具备举办新闻发布会、婚宴、展览会、酒会、商务宴请等多种综合功能。其经营空间进行了精心而合理的分隔,使不同需求的人都能找到各自的体验。在广州,半岛投资集团旗下已有半岛豪苑、御珍轩酒家、半岛明珠、半岛名轩多个子品牌。近年来半岛投资集团又相继在加拿大、美国大手笔开店,并取得巨大的成功。

一直以来,利永周都在提倡一种没有压力、轻松愉快的饮食理念。新"高点"的半岛酒家,给予顾客全方位的提升体验和优质服务。如半岛酒家的餐前果、热菜、凉菜、拼盘、点心,各具特色、适量、体面,配搭完美。让客人既能吃出感受,吃出营养,吃出滋味,又不会有压力。如在餐前给予一份新鲜水果,健康醒胃;在顾客食用法国鹅肝时,酒店会主动送一小杯红酒,让顾客在吃中餐时既能感受一下法国大餐的韵味,又能保健去脂,更适合中国人的口味。故此,半岛酒家开业之后便被客人狂热追捧。高端而不高价,顾客既享受好的美食,又感受到好的服务,在舒适的环境中缓解压力。

根在祖国　商海搏击

利永周在授课

利永周,花山新和村人,1950年出生。中华人民共和国成立前,利永周的祖父经营肉食铺,口碑甚好。利家是当年花县县城两龙墟和小坵墟永安米机(碾米)的大股东,这些碾米机是当时乡村的第一代工业机器。利永周父亲有四兄弟,老大、老二、老三在老家跟爷爷做生意。四叔早年参加革命,后来历任中央音乐学院副院长和中国音乐学院院长。

利永周自小在家乡读书长大,是"文革"时期的"老三届",1968年在花县一中毕业后回乡务农,当时在乡下,为了寻求出路,利永周到北京投奔四叔找工作。因自小对厨艺有兴趣,他选择了去餐馆打工学艺。

1980年,利永周辗转去了香港,进入了香港餐饮业。初始他在餐馆做小工,从勤杂活开始干起,但他有目标、有理想,且小有厨艺经验,又能吃苦耐劳,很快转到厨房学习厨艺。

1981年,利永周加入香港利苑集团(利苑酒家是当时香港高端餐饮的第一品牌),并师从名厨刘以德。受名师的感染,利永周自律性强,对自身严格要求,并专注于技术及餐饮概念的研究。勤学苦练的他,深得大厨师傅赏识,后又跟随师傅进入当时的香港名店馥苑集团。在名师的指导下,利永周厨艺精进,尤其在原材料认识、汁酱应用、烹调技术领域得到快速提升。

经过在各种不同的餐饮企业中磨练,利永周对餐饮行业已有了更深层面的认识。1990年,美国馥苑酒家开张,利永周受邀到美国工作,属于职业技术移民。

利永周全家移民美国,他担任了美国旧金山馥苑酒家及圣荷西海港大酒楼的行政总厨。在新的环境,他大胆实行改革与创新,积累了丰富的现代餐饮管理经验,并进行总结,上升为餐饮管理的系统方法。

利永周在美国旧金山高端粤菜餐厅服务多年,对带动和提升当地中餐馆的粤菜水平,起到了很好的推动作用。利永周说,厨艺已成为他终身追求的事业,是生命中最重的一部分,他要把粤菜美食文化推向世界。

中国改革开放后,经济飞速发展,1995年,在朋友的引荐下,利永周回到了广州,在南海渔村集团任职行政总厨。国内餐饮业的蓬勃生机,令他有了更多发挥才华的机会,中西文化不同的多元化的经验,给了他更多的启发与灵感,厚积薄发。利永周寻找国际餐饮技术及管理系统与中国传统餐饮业结合的途径。

1998年，利永周把他在各大餐饮集团工作积累的管理经验，进行系统提升，并进行不断改良与探索运用到中国餐饮业中，把这些餐饮企业打造成了在中国餐饮界有一定影响力的品牌企业。

2002年，利永周参与投资创建自己的餐饮企业——半岛集团，2003年正式注册成立了广州半岛餐饮管理咨询有限公司（以下简称"半岛集团公司"）。2004年，北京郡王府半岛明珠酒家开业，2005年，广州市长大厦半岛名轩酒家开业。2007年，半岛发展到为全国各地策划管理70多家大型餐饮公司，其中有的是上市公司，进入了高速发展期。利永周的人生事业轨迹就像绕了一个圈，他从家乡出发，经香港走向世界，又从西方世界回到中国，回到广州。但是走这一圈，也让他从学徒到成为引领行业的管理者和投资者，破茧成蝶，不断实现着人生高度的突破。

匠心风骨　放大格局

2009年，半岛集团公司通过系统化更新改造，从以策划管理为重心，转为以投资管理为重心。此时，利永周受乡亲的推荐回到家乡考察投资项目。2010年，半岛豪苑酒家在家乡广州花都开业。2011年，半岛投入食品厂的开发，这是半岛利用食品工业进入集团战略发展的一个开端。对食品厂的投入，利永周认为是配合餐饮产业链发展的一个配套产业。他接过了一个破产的旧工厂厂房，进行开发改造、设备改造和产品研发的提升，还有环境道路绿化改造。食品厂以高起点、高标准生产中高端健康食品为方向。在家乡广州花都，利永周带领半岛集团投资已超过2.5亿元人民币。

利永周把目光投入开发国际食品的贸易，建立完善的采购链，降低采购成本，同时又为行业提供具竞争力的服务。通过各项举措的实施，以达到半岛集团公司的阶段性、综合结构性转型。

现在的半岛食品，已取得清真认证，还取得欧盟认证。产品除了在本地和沿海各地发达地区推广发售外，还销往新疆及欧美地区。食品厂管理特别在环保、卫生方面，按照当地政府要求，做到在地方要有口碑，扩大影响力。

利永周所获部分国际和全国荣誉证书

利永周非常重视企业的竞争力打造，方向明确，务实经营，使企业不至于在风云变幻的经济形势下出现危机。要适应新时代的发展，企业需要有完善的管理系统，对于企业的产品需要不断地创新，为此利永周特别倡导工匠精神。食品、餐饮美食也要创造出优秀的、可持续发展的品牌，发扬和继承优秀的传统工艺，结合中西新文化与时代的需求,让传统与创新焕发生机。

对于食品和中国菜的发展趋势,利永周有自己独特的看法。他说,随着中国城市化进程的加快,城市人口越来越多,流动性也越来越大,人们的饮食文化和饮食习惯也必将在交流中融合,最终中国菜将向着一个大同的方向发展。未来的菜系也将分成两大流派:以保留本地特色为特征并在局部区域存在的各地地方菜,以及在各大城市由诸多菜系交融汇合、不断改良包装后,能被城市人群所接受的都市菜。而对于中餐的菜式和菜品的制作,利永周认为,任何事物都必须与时代发展同步,中餐也不例外,一样也要讲求与时俱进、不断创新。

在利永周所创作的许多菜品里,一些西餐的原材料已成为他制作菜品的常选,像法国鹅肝、鱼籽酱、黑菌都是利永周最早用在了中餐的制作中。而在传统中国菜的制作中,他又将中国的原材料用西餐的加工方法尝试进行创新制作,例如果汁乳猪件、榴莲酥,都是用做西餐的方法做中餐,风味独特。正是这种洋为中用、中西结合、放眼世界的选料和加工制作方法,使得利永周创新推出的菜品都能迎合现代都市人追求变化和健康营养的需求。

创新理念　与时俱进

要让企业增强抗风险能力,让品牌在市场上立于不败之地,企业需要创新理念,与时俱进。要实现这个目标,需要管理人员的知识更新。对此,利永周不惜成本进行投入。2008年,半岛集团公司推荐了17个管理高层去中山大学读MBA,进行成人在职商业管理进修。他要让高层管理人员有知识,懂管理,提高视野,扩大格局,知道人生路与职场职业是怎么形成的,让他们有归属感,同时给予机会可以实现自己的人生价值。

利永周去清华大学攻读工商管理MBA课程,2010年,他又再次到瑞士维多利亚大学继续攻读商业管理博士。他的丰富阅历以及他的敬业精神,加上他多年的管理经验,使他的博士论文成为亚太地区优秀论文。半岛以文化与知识的提升配合半岛集团公司进行全面知识化改造,新形势下半岛集团公司管理团队以全新面貌出现,迎接挑战。

近年来,利永周带领半岛集团公司审时度势,在2011年进入食品工业,为稳定企业长远发展和加强内部产业结构整合奠定基础,使之适应新形势的发展,夯实抗风险能力。这些年来半岛集团公司一直没有停下前进的脚步,一方面加强企业高级管理人员的整顿与知识更新,把高级人员送去深造培训,提高管理水平;另一方面响应"一带一路"倡议,进一步走出国门,实现跨国公司梦。

半岛集团公司未来发展的目标是建立区域性产业集群,开发国际贸易、加强全社会供应链体系,以求在成本竞争体系建设中更加成熟,

2013年,半岛集团公司在加拿大温哥华投资的半岛公馆开业。经过几年的整合发展、调整思路,半岛集团公司于2018年又在美国旧金山打造了两家半岛餐饮企业。2018年上半年,广州东塔半岛酒家开业,在新思维指导下提速发展。现在半岛集团公司已经形成了自投实业的北美片区、珠三角片区、广州花都片区和正在策划上轨的华北片区。2019年,半岛集团公司在沈阳开了两间餐厅,2020年将会在天津112层地标建筑内投入半岛餐饮的筹备工作,在餐饮类别上,重新定位地标餐饮。

利永周认为任何事物都必须与时代发展同步，中餐也不例外，同样也要追求与时俱进，不断创新。

兢兢业业　如履薄冰

在谈及自己的人生历程的时候，利永周再次提及他的恩师刘以德先生。师傅是他人生的领路人，在师傅身上，他学到很多宝贵的东西。几十年来，他与恩师刘以德一直保持联系。刘以德退休后，年老有病，利永周又把他接到广州居住，请人照顾他的起居，一直供养着师傅的晚年生活，将之视为父母般孝敬，转眼已经二十年了。前不久，在广州亚洲国际美食节颁奖典礼上，捧走"我最喜欢的亚洲名厨"奖杯的利永周，谈到此次获奖却一再强调："荣誉并不重要，重要的是自己能做一件自己爱做的事，追求自己喜欢做的工作。"他再次提及刘以德师傅，说刘师傅作为20世纪70年代推动香港厨艺发展的知名大厨，虽然培养了许多香港和内地餐饮界的厨师精英，但自己却总是默默无闻地耕耘，从不去追求名利。

利永周知恩图报，豁达大度，也从不保守，很乐于与同行讨论交流。在他眼里，跟自己学艺的都是同事。每一代人都有其特有的认知和性格特点，对现实世界的认识和看法也是不同的，所以与年轻一代厨师交流，是一种平等的交流，对自己也有很多启发。正因为这种观点，使他培养和造就出几十位成功的总厨、十几位烹饪大师和高级技师。

利永周不但淡泊名利，而且也像祖辈一样心怀平和慈善之心。自从回国创业以后，他会经常回老家走走，每年清明拜祖，他一定要去拜祭祖先，为家乡建祠堂、办学校、修道路，每一件事利永周都是一马当先。这十多年来，他对家乡公益事业的贡献捐赠超过200万元。他还到广西扶持希望学校，去柳州扶贫。每年中秋敬老，他给家乡的父老乡亲发红包，支持侨联赞助贫困归侨学生，他还积极赞助各种文化交流活动，等等。

2018年，半岛集团公司与中山大学高等继续教育中心联合开办酒店餐饮产业投资与管理研修班，又创办了行业的"大师讲堂"及"星厨俱乐部"，并且配合政府推动了"粤菜师傅培训"。利永周用他的学识、经验、谦和、勤奋和沟通能力不懈地与同行分享。

在利永周的办公室里，各类书籍摆设整齐，工作计划井井有条。无论提到哪一项，他都可以随手在书柜里、在文件夹里抽出所需要的资料并且给予解答。他的生活工作非常有规律，每天按时起床，9点上班，处理日常事务，跟主管沟通，了解企业动态；下午去下属企业，在企业吃饭。有时利用监控系统，进行远程操控。下班回到家，看时事新闻，反省当天的工作，制定明天的计划，12点按时睡觉。他说工作中保持快乐阳光的心态非常重要，他能把每个时间段安排好，而且不会过度疲劳，保持准时且高质量的睡眠。

除了获得"我最喜欢的亚洲名厨"称号外，利永周的个人荣誉还有：中国高级烹饪技师、国际烹饪艺术大师、国际美食评委、法国国际美食会国际美食博士、中华粤菜产业发展杰出贡献人物、联合国教科文组织中华餐饮文化推广大使、东方美食红厨帽委员会轮值主席、中国改革开放四十周年粤菜产业功勋人物、改革开放40周年全国饭店餐饮业功勋大师烹饪大师、中国优秀企业家等。

已经70岁的利永周先生，经过人生的崎岖与历练，今天依然意气风发，像年轻人一样继续攀登。

爱心善行 成就大业
——记回家乡投资办实业的美籍华人欧阳添

欧阳添

2011年秋，风和日丽的一天。在花山镇五星村欧阳祠堂，宾客云集，醒狮起舞，全村男女老少像过新年一样喜气洋洋。从美国回来的欧阳添在这里办七十寿庆。寿宴不收彩礼，赴宴的人中有少年时的同学、生意伙伴以及同村同宗和外地工作回来的故旧。

有人问，添叔自己就是做餐饮酒楼的大老板，在城里有半岛豪苑酒家，为什么还要回乡下办酒席？欧阳添说："我就是喜欢在家乡的祠堂摆酒，这样才有气氛，全村人一起欢聚。在外面，可以吃到山珍海味，但没有乡土的风味。我在美国的儿孙都回来了，也让他们感受到乡情与中国文化，还可以拜祭祖宗，祠堂就是我们的根啊！"

自从回国开办企业以来，欧阳添对家乡公益事业多有捐输，修祠堂、建村道、扶贫助学，设立教育奖学金，敬老慰问从不间断。每逢过年，欧阳添一定回来请全村的老人到祠堂吃饭。开始只是请村中欧阳姓氏的人，现在已经成为五星村敬老节。费用也由众多热心人士一起捐助。

走进家乡，见到欧阳添，村民没有不认识他的。因为欧阳添总是那么和蔼可亲、厚道待人，把方便和快乐带给别人。

忠厚孝义好家风

欧阳添是美籍华人，祖籍花山镇五星村，他的祖父欧阳汝佳在香港经营肉食生意，父亲欧阳昌继承父业并发扬光大，又经营酒楼、酒店业，是新雅餐饮集团的股东，旗下有高雅酒店、高雅酒楼、海上夜总会、东方明珠餐饮游船等。

欧阳添在20世纪70年代移居香港，后来又带着妻子和三个儿子移民美国。与大多数的新移民一样，欧阳添初到美国做餐厅工作和装修工程，两年后，积累了些资本便与友人合作开创长江海产肉食有限公司，由于经营有道，几年后便发展到两间海产肉食公司和一间超市，事业一帆风顺。

欧阳添不但有故乡情结，还有着对中国传统礼节的深刻理解与传承。

欧阳添出生于国家民族陷入深重灾难的1940年，贫穷与战乱使他从小养成了忧患意识。欧阳添有兄弟姐妹五人，他们在僻壤的农村长大。人生百味，世态炎凉，欧阳添早就体会了。

欧阳添说："我们要孝敬父母，兄弟姐妹要互相关爱，互相帮助，和睦相处，家和就万事兴了。"欧阳添重视家庭教育，对儿孙教育也是从细微入手，他总是言传身教，用自己的言行为他们做出榜样。晚辈回到家要跟父母长者打招呼问好，孩子出外，都要常打电话跟父母沟通。现在欧阳添仍然在教育他的孙子："凡是人家送东西给你，让你拣挑的时候，你一定要拿小的、差的，绝对不能挑最好的，不能贪心，因为这是人家送给你的，要表示感谢。"

现在欧阳添三个儿子均已成家立业，有八个孙子，可谓儿孙满堂。尽管儿子已是博士，但在家里都是顺从的孝子。

欧阳添夫妇考察投资项目

欧阳添在美国经营的生意获得成功，他回到中国创办多家企业，效益良好，他的兄弟也事业有成。弟弟欧阳年在美国经营鸿年家居建材连锁商场，有六家连锁店经营零售批发建材、五金、电器，其规模曾经是当时旧金山湾区华人最大的。在2006年开始连续3年评为全美该行业销售500强。在20世纪90年代，开始在中国上海、抚顺等地投资规模较大的木材厂、厨柜厂等。小弟欧阳应13岁从香港移居美国，就读美国加州大学，毕业后在加州公路局工作，任办公室主任到退休。几十年来，兄弟情同手足，常常开心聚会，谈生意、谈事业、谈家庭。欧阳家族的后人有多位博士、硕士、总经理、董事长和专业人士，他们都能做到有爱心，有良心，懂孝义，勤奋务实，与人为善，家族和谐。知道欧阳家庭的人，没有不赞他们的家风好。

大爱之心做实业

欧阳添少年时期在家乡求学，他学习勤奋，成绩优秀，于1961年在花县一中高中毕业。后来，欧阳添在乡镇企业花山农械厂做技术员，他刻苦钻研，贡献良多。这段艰辛的经历，为他后来发展事业奠定了基础。

20世纪90年代初，欧阳添以独到的眼光和胆量决定把在美国赚到的美金拿回家乡投资，与国内合作创立广东省广美佛宝矿泉有限公司，注册资金100万美元，这就是当时家喻户晓的中美合资佛宝矿泉水，此产品曾为国家男子排球队唯一指定的矿泉水饮料。1994年，欧阳添把广美佛宝矿泉水的股份转给合伙人，回到美国，调整他在美国的公司的经营策略。他以敏锐的触觉，成功地避开了金融风暴和经济调整期。

1999年，欧阳添第二次回国投资，此时，他和兄弟在美国的企业已进入良性发展期。面对国内生机勃勃的改革浪潮，欧阳添充满激情，信心十足，他和他的生意伙伴，开启了一扇扇实业之门。他把在美国经营所得的大部分资金投入在中国的企业，从2001年第一个批发市场新源粮油批发市场开业、半岛明珠酒家开业开始，欧阳添的事业就搭上了中国经济高速发展的列车，企业健康成长。2008年，欧阳添收购了南方模具工业技术学校。他的生意涉及粮油、副食品、布匹、服装、五金市场，又与中国饮食名家、花都乡贤利永周合作投资半岛集团公司，旗下有："中国餐饮名店"美誉的广州半岛明轩酒家、北京郡王府半岛明珠酒家、广州二沙岛御珍轩酒家以及2010年10月在花都开业的半岛豪苑酒家和广州东塔K11的广州半岛酒家。2017到2018年，他在美国旧金山又参与投资了半岛豪苑酒家和半岛明珠酒家。

为什么欧阳添谋事总能成功，问问跟随他十几年以上的老员工就知道。老员工说："欧阳老板常教导我们做人，要将心比心，无论是老板、合作伙伴还是员工都是平等的，互相给机会，相互尊重，共赢发展。"不少员工从青年时期就跟着他，欧阳老板慧眼识才，使他们从小员工成长为中级管理、高级管理，成为企业的中流砥柱。有一次，一个员工在事故中受伤进医院，一个经理走进欧阳添的办公室请示处理意见，欧阳添说："把这个人当做是你的儿子，你会怎么处理就怎么处理！"经理听后心领神会。随后，欧阳添还亲自去慰问受伤员工。

乐善好施见真情

欧阳兄弟继承父辈慈善为怀的美德，乐善好施，他在家乡五星小学捐赠设立奖学基金已经有20多年了。多年来，在春节和中秋节为家乡五保户、困难户、退休老干部送慰问金和月饼，支持村中举行敬老活动，受益者众。为改变家乡落后面貌，欧阳添家族兄弟姐妹于2005年捐资60多万元修建3.9公里连接邻近乡村的水泥干道，捐赠项目的资金累计超过130万元。欧阳添每年都回家乡参加敬老活动，他还在家乡特意建了一栋楼，提供给专业人士办一间幼儿园方便村民。一向重视和关心教育事业的欧阳添强调说："教育是社会进步和经济发展的动力，所以我要重视教育。"

心怀慈善的欧阳添不但身体力行对家乡多有捐输，他还经常关注社会上的弱势群体，关注自己投资办实业的地区的社会公益事业，他说："我们投资办实业赚了钱，最终也是要回报社会的。"他是这样说的，也是这样做的。例如捐助白云区槎龙村老人福利基金会，还向江西南康、泰和蜀江以及广东从化等地区，捐款建学校、捐款给老人基金、欧阳大宗祠、族谱编撰委员会等等。多年来，欧阳添投入慈善事业的善款超过400万元。

2018年欧阳效炬为花都第一中学优秀学生颁奖

欧阳添希望公益慈善事业能长期坚持做下去。他为自己设下公益慈善资金计划：每年拿出10万元用于家乡敬老；另外设立"欧阳添、江桂枝奖学项目"，每年10000元作为五星小学奖学金；每年10万元给家乡的三所中学（花都第一中学他的母校、花山中学和花山华侨中学），专门设立"优秀道德品质"奖项，以鼓励莘莘学子养成良好的道德情操，不以分数成绩做标准。花都第一中学2018年莘莘学子"优秀品质"颁奖会已经举行了第一届。根据奖学金的奖励原则，花都第一中学共评出十个奖项，分别是道德之星、勤学之星、仁爱之星、俭朴之星、自强之星、博学之星、飞跃之星、领袖之星、体育之星、艺术之星，共计55名学生获此奖励。因欧阳添远在美国，由儿子欧阳效炬代其为获奖同学颁发了获奖证书及奖金。

大会上，欧阳效炬阐述父亲欧阳添的主要观点：一个人的道德水平直接影响着他本人的事业和人生的道路，影响着一个民族和国家的未来，因此他特别重视学子的道德修养，希望学子们能朝着"心善行美"的方向发展，做一个对国家、对社会有用的人。欧阳添不是特别有钱的富翁，但他宽阔的心胸使得他的精神世界绝对富有。

几十年来，从少年到古稀，从普通工人到实业家，从中国农村到美国，欧阳添始终保持着刻苦勤勉、诚实守信的作风，严于律己、宽以待人、忠厚仁义、慈善为怀的中华民族的美德，一种刻到骨子里的民族自强精神定格了他的人生轨迹。他说，我在家乡长大，我念念不忘家乡，我是中国人，我爱我的祖国。到了古稀之年，家人、朋友劝他退休，他说："我爱工作，做生意是一种乐趣，我还想在有生之年为家乡的教育事业做点事。"于是，他在2008年先是参股投资后又收购了南方模具工业技工学校，再以此为基础筹建粤都工商职业技术学院。欧阳添常说：这是他人生最大的梦想，期待有一天梦想成真。他几十年的人生经历，酸、甜、苦、辣都经过了，现在的生活太美好了，欧阳添真心感谢政府，感谢社会，祝愿中国兴旺发达，国泰民安，人民幸福。

柔肠有爱 铁骨担当
——记广州市荣誉市民黄柱焕

黄柱焕

黄柱焕是花都区和广州市的荣誉市民、广东省侨商会副会长兼秘书长。多年来活跃在商界、地产界，取得了瞩目的成就。黄柱焕移民美国多年后，又回家乡创业，他心怀大爱，扶贫助困，热心公益，被传为佳话。

回家乡创业

黄柱焕是花山镇和郁村人，在中华人民共和国成立前夕出生，他与共和国一起成长。他在家乡花县一中读中学，属于"文革"时期的"老三届"。毕业后，在家乡务农。20世纪80年代，黄柱焕移民美国，定居洛杉矶。在异国他乡，因为受语言条件的限制，要创一番事业，不是一件容易的事。1992年，国内改革开放进一步深入，家乡扩大对外招商引资的力度。花县领导黄水记带团去美国考察访问，他们向美国侨胞介绍了花县的建设发展，他动员大家回家乡投资，参与家乡的建设。

在家乡亲人的召唤下，黄柱焕整合资源，开始行动。他回家乡投资开发房地产，首个楼盘是金福花园，他以前瞻性的眼光，学习国外的经验，把金福花园开发成为县城第一个高档次住宅小区，在小区预留车位并开设保安亭和小区管理属于首例。随着1993年花县撤县建市，各项建设突飞猛进地发展，黄柱焕加入到这个建设洪流中。第二个楼盘是金信大厦，他对城区内旧的机关办公场所和宿舍进行改造，受到欢迎。第三个楼盘是金联广场，他根据当时的地理环境特点，设计成小面积住宅，适合于工薪阶层购房置业的小区，适销对路，楼房很快卖空。第四个楼盘是"美国花园"、第五个是属于中等高档住宅的红菊大厦。第六个楼盘是阳光美地，第七个楼盘就是清水蓝湾……

黄柱焕在家乡投资创业，一步一个脚印，与花都的建设发展同步发展。随着花都区内京广高铁、新白云国际机场的使用，花都撤市改区，对于城区的规划建设和管理更加严格，看到这种情况，黄柱焕成立了花都粤花混凝土有限公司，与新东成混凝土两大公司承担了花都区土木基础建设的绝大部分混凝土供应任务。

黄柱焕在家乡的创业成功，也为花都的改革开放建设添砖加瓦，贡献了力量。

爱心与行善

黄柱焕为美国金联贸易有限公司总裁、花都区福虹房地产开发有限公司董事长，他积极关注和热情参与中国的经济建设，1992年以来先后投入花都房地产业达亿元人民币。他热心故乡的各项公益福利事业，1997年捐资100万元人民币支持花都绿化工程建设，以及花都教育、民政福利事业。

黄柱焕的事业越做越大，他却一贯保持低调，而对慈善公益事业，却给予高度的关注。在广东省侨商会，他听到了抗日老兵黄胜庸的故事。

老兵黄胜庸1905年生于河源。1927年，黄胜庸在国民革命军第十九路军60师119旅357团服役，1932年，参加了淞沪抗战，进行了长达33天的激烈战斗。《淞沪停战协定》签订后不久，他所在的部队解散，他便解甲归田，回到老家。1939年，黄胜庸加入东江纵队成为秘密交通员。2010年，据河源市民政局有关负责人介绍，参加过淞沪抗战的十九路军战士在当时的广东省仅剩黄胜庸一人。黄胜庸虽有子女，但不能常常尽孝在身边，随着年龄的增长，这位老兵身体一年不如一年，生活自理能力越来越差。黄柱焕对抗战老兵心怀敬意，他主动提出愿意为黄胜庸提供生活费补贴。从2011年起，连续六年为其提供每月2000元的生活费，至老人2017年去世为止。

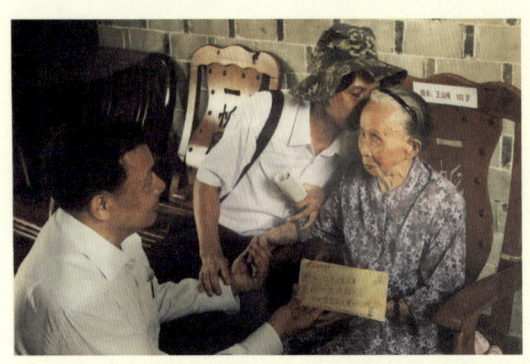

黄柱焕慰问红色娘子军老战士王运梅

雅瑶镇（现新雅街）村民邓广台苦心照顾痴呆兄弟18年，邓广台哥哥痴呆，弟弟弱智，为了照顾两个兄弟，邓广台没有去找工作，生活非常拮据。黄柱焕得知情况后，便联系当地村干部前去慰问。他向邓广台捐款3万元，并在现场承诺："保证三兄弟生活必需品的供应，直到他们百年终老。"黄柱焕希望扶贫助贫、扶残助残成为社会的风气。黄柱焕把他公司的财务和主管经理带到现场，交代他们以后每个月都要来看三兄弟一次，保证三兄弟粮、油、衣物、棉被等生活必需品的供应，直到三兄弟百年以后。邓广台三兄弟的基本生活有了着落，这是邓广台最开心的时候。

像对待老兵和邓广台一样的事例，黄柱焕不止一两个。

责任与担当

黄柱焕是广州侨商会的副会长兼秘书长，在广州地区有多处投资业务，他以高度的责任心关注周边的各项市政、民生设施。

2006年4月，黄柱焕向广东省委、省政府及省发改委建议，广东是中国未来轨道交通最发达的地区之一，地铁、城际轨道、高铁迅速发展，可是广东境内没有一个上规模的机车制造及修理厂，武广线开通在即，建议有关部门在花都一带尽早开建机车基地，否则，配套设施不完善，会影响整个交通系统的正常运行。

黄柱焕没想到，自己那份不到800字的建议，在八个月后成为现实，铁道部、广东省政府和南车集团共同出资，总投资近36亿元的"和谐号"检修基地在当年年底兴建，一年后建成。建成投产的基地不仅能每年检修500台机车，每年还能制造200台机车。

黄柱焕以商人和实业家的眼光，大处着眼，经常向省、市领导提出意见，人称"建议大王"。有人问他："你老跟政府提建议，有时候搞得有关部门很狼狈，你操那么多闲心干啥？"这位身材魁梧有点憨厚的"建议大王"笑笑说："我不图名不图利，只求对得住自己的良心，既然政府授予我为荣誉市民，我就要对得起这个称号，我要做个负责任的市民。"

2006年底，听闻广州将举办2010年亚运会，黄柱焕意识到，这是一件有国际影响的大事，该为广州操个心了。

他从国外回来，对广州无时无刻地塞车始终无法适应。他想，美国洛杉矶的汽车拥有量不亚于广州，但很少塞车。为此，他花费了几个月的时间，跑遍了广州市的交通要道，寻找问题所在。一番东奔西走、日晒雨淋后，他发现造成拥堵很大程度上是管理出了问题。于是，他向时任广州市市长的张广宁写了一份建议，提到：货车进入市区必须限定时间、限定路段，市区狭窄路段可以考虑只准小型车行驶，大力打击"野鸡车"，提高公交运营质量……

黄柱焕的建议委托广州市侨办转交，为此，市侨办领导也专门研究并加具体意见送给市长。张广宁市长对建议很重视，当天即批转建委、交通整治办、交警等部门认真处理，并让侨办的同志转告黄柱焕，感谢他对广州市交通的关心。让黄柱焕特别高兴的是，他的一些建议并没有成为领导的耳边风，而是一条条付诸实施。

2007年初，黄柱焕连续向广州市政府提了多项意见，包括《把珠江打造成"水上地铁"的建议》《广州开展机械人教育教学研发的建议》，均得到市长的高度重视，并促成了广州水上巴士的开通。他的同事说，写建议书俨然成了黄柱焕的重要工作。

在黄柱焕的办公室，最显眼的就是书柜里写着"建议书"的文件盒，共有63盒。黄柱焕说，每一个资料盒里都装着一份建议、相关资料和各部门的回复。这些文件盒最早的一份是2006年12月29日写的《改善广州市区交通状况的建议》，最近的一份是《关于番禺区生活垃圾焚烧电厂选址问题的建议》。建议反映的大部分是民生问题，交通、市政建设、旧房改造、社会治安、加装电梯、环卫，甚至是汶川地震灾民安置等等。

黄柱焕提了那么多的建议，涉及的领域又那么广，他是怎样想出来的？他家里人说：这段时间黄柱焕在家的时间很少，逛街体察民情成了这个大男人的一大爱好。这些问题都是他平时走街串巷中发现的，不少建议则是与市民闲聊中得来的。为了拿到真实情报，他总是身体力行，搜集第一手材料。

2008年12月，黄柱焕从《羊城晚报》报道中得知广州市要整治石井河，他便多次去石井河察看，并与沿河村民细聊。为了解污水走向，他赤脚下到臭水沟中。黄柱焕不仅细查石井河，还到广州市十多条河涌考察了一遍，他还自费跑到香港、澳门考察小河涌是如何治理的。经过近一个月的实地考察，他胸有成竹地向广州市委书记朱小丹提交了两份关于河涌污染治理的建议。

他在建议书中写道，河涌治污工程，无需征地拆迁，只需在河堤内开挖截污渠箱，将污水引入截污渠箱，然后送往排污管网入污水厂进行处理。至于有一部分河堤不能建截污渠箱的，也可在岸边的河边下铺设截污管道，拦截污水。黄柱焕提出的意见，都是有理有据，而且是有建设性的意见。

为支持和引导侨商组织健康有序发展，中国侨商投资企业协会于2017年11月2日在南京召开"侨商组织工作交流会"，黄柱焕参加了会议并代表广东省侨商会发言。他总结侨商会在服务侨商、凝集侨力、维护侨商合法权益方面，做了大量扎扎实实的工作。经过十年不懈努力，广东侨商会已成为广东经济社会发展的重要力量。他表示要响应号召，在"两个一百年"的伟大进程中发挥更大作用。

积极看人生

认识黄柱焕的人，有的觉得他犟，有的觉得他憨，他说话不多，但他是个有心人，是一个有责任心的人。提到他的事业辉煌时，他摆摆手，提到他做的公益慈善，他也是摇摇头。对自己曾经做过的事，他总是轻描淡写。但他对事业的执着和对人生的积极态度，让人觉得他还是一个有抱负的壮年人，实际上他已经年逾古稀了。他把生意转交给儿子，腾出时间来做自己想做的事。

黄柱焕还用心投入一个新鲜的健康产业，为植物饮料的开发而奔波。黄柱焕说，他计划参与投资开发的项目，有强大的中医顶级人才支持配合，而不是孤军奋战。

黄柱焕还有一个雅兴，就是喜欢读书，吟诗作对，在此引用他的两首新作，可以触摸到他丰富多彩的人生情怀。

齐鲁赞

一山一河一圣人，齐鲁独得此天恩；
千秋弘扬孔孟道，万世传诵论语文。
泰山顶上观日出，胶州湾畔看风云；
孔子故里物依旧，泉城市貌几番新。

云南游

香格里拉千山纯，西双版纳万木春；
苍山洱海大理幽，陈年普洱茶味醇。
玉龙雪山晶莹身，丽江古城东巴文；
稀世石林滇池秀，女儿国里郎走婚。

2019年10月1日，黄柱焕在驾驶汽车时突发疾病，不幸遭遇车祸，经抢救无效逝世。

血洒碧空 景仰忠魂
——记美籍华人江东胜为国捐躯的事迹

美籍华人江东胜祖籍花山镇东华村良居里（庄），在抗日战争年代，他投笔从戎，回国加入中国空军歼击机队，成为一名飞行员。他抵御外侮、为国捐躯的英勇事迹，为中华民族的抗战历史写下了光辉的一页。

立志报国

花山镇东华村是华侨之乡，从19世纪后叶开始，不少人远渡重洋，到北美洲谋生。他们被招收为劳工，在美国修铁路、淘金，江东胜的父亲江树樵就是其中的一个。去北美洲"淘金"的中国人，大都是苦力劳工，美国的东西铁路修完了，有的人累死在那里，有的人回到家乡，还有一部分坚持留在美国。江树樵留了下来，凭着勤劳的双手，在美国成家立业站稳了脚跟。江树樵先帮别人打工，后来自己开餐馆，逐渐扩大开酒楼。江树樵所开的太白酒楼就是当时美国加州斯托克顿（Stockton）颇具规模的中国酒楼。由于经营有道，业务蒸蒸日上，有了积蓄，家庭生活走上了小康。

江东胜和众多的爱国华侨青年回国投身抗日
参加航空学校训练

1913年，江东胜在斯托克顿出生，少年时在当地读书。父亲江树樵是个家乡观念很重的人，身在美国，家庭却保持着中国的传统家风。他告诉子女，他们的老家在花县，中国是自己的祖国，江树樵教育孩子将来长大了要报效国家。江东胜少年时就心怀祖国，到了中学，他更加关注世界政治局势。他了解到，中国因清廷腐败，民族遭受凌辱和侵略，积弱贫穷，国内革命志士，寻求救国之路前赴后继。江东胜想，等自己学到本领，有一天，也要回来报效祖国。

英勇善战

辛亥革命之后，革命军政府组成了航空队，一些有志于航空事业的爱国志士纷纷投身于此报效祖国。爱国华侨冯如，就是当时中国最有成就的飞机设计师和飞行家，1911年他和助手带着自己在美国设厂制造成功的飞机回国，就任广东革命军政府飞机队队长，1912年因飞机失事而不幸英年早逝，他的事迹，给少年江东胜带来很大的震动。

1931年9月18日夜，在日本关东军安排下，铁道"守备队"炸毁沈阳柳条湖附近的南满铁路路轨，制造了"九一八"事件。接着日军攻击沈阳，进而侵占了东北三省。这是日本人在中国东北发动侵华战争的开端，也吹响了中国人民抗日救亡运动的号角。

这一年，江东胜时值弱冠之年，血气方刚。面对蹂躏祖国河山的敌人，江东胜无比愤慨。于是，他立志投笔从戎，中学毕业后毅然转入当时美国加州斯托克顿飞行学校学习，冀望挟一技之长以求报国。江东胜在校学习训练期间，方向明确，勤奋努力，学业优良。1934年，江东胜从飞行学校毕业后，立即回国，直接投效广东空军。当时有不少海外志士也怀着报效祖国的愿望回国参战。有飞行技术基础的江东胜被安排在华侨训练班，继续接受空中对抗战技术的强化训练。之后，他被分配到歼击机队服役，成为真正的航空抗日战士。

当年革命军政府的航空学校

1937年卢沟桥事变，日寇在华北燃起了战火，继而又在上海发动进攻。中华民族已到了最危急的时候，中国人民万众一心，"把我们的血肉，筑成我们新的长城"，开始全面抗战。是年"八一四"之役，日本空军的木更津航空队和鹿屋航空队，分批偷袭沪宁杭沿线三角地带。中国空军歼击机队奋起拦截攻击，发生空战，以六比零取胜告捷。此役，江东胜从江苏句容机场升空，担负佯攻任务，诱敌转移目标，紧密配合作战，为友机创造克敌的条件，堪称执行战术方针的典范。在沪宁保卫战中，中国空军连续作战，机警果敢，大有收获，掌握了战场上的主动权。据蒋介石在南京大校场飞机场宣称：木更津航空队司令在开战第六天剖腹自杀。日本侵略军付出代价之惨重可想而知，也彰显了中国空军的英勇善战。

以身殉国

1938年，江东胜随空军转战湘、鄂、赣、粤等地，屡立战功，遂升任空军大队17分队队长职务。1938年10月，广州、武汉相继失陷，中国的抗战进入相持阶段。日本空军继续窜犯重庆等西南城市。日军利用其优势的航空兵力，对中国各地城乡进行了大面积不分军事设施和民用设施的灭绝人性的狂轰滥炸，以期摧毁中国军民的抗战意志，迫使国民政府妥协投降。从1938年11月8日到1944年12月19日，侵华日军先后31次对成都进行了"无差别轰炸"，给中国人民造成了巨大的伤亡和战火灾难。中国空军在损耗更大、补给困难的情况下，仍然竭力出击，捍卫祖国，力战而后已，江东胜就是这些战役的空军勇士。

1941年3月14日，日本空军出动轰炸机18架，由9架歼击机进行护航，另在上空隐蔽两层歼击机40多架随行，趁浓雾弥漫之际空袭成都。驻守该地的歼击机20余架全部起飞迎敌，虽敌机数倍于我，但我歼击队奋勇直前，毫不气馁，几经拼搏，击落敌机多架，发扬了中华民族不可侮的英雄气概。然而终以敌我众寡悬殊，加以地面指挥失当，敌情判断错误，敌机群猝然连续从上空俯冲而下加入缠斗，以致我机群大受冲击，防不胜防。此次空军对弈战中，分队队长江东胜与我空军第五大队队长黄新瑞、副大队长岑泽鎏、中队长周灵虚等人血洒长空，壮烈殉国。英雄一片丹心，已遂报国夙愿，为后世人千秋景仰。

（本文资料由广东省航空联谊会副会长兼该会文史编辑主任黄严（花都人）提供并与之合作整理发表于1986年《花都乡音》第5期)

蒙城崛起 桑梓家园

——记加拿大蒙特利尔花都同乡会与会长邵凌洲

2017年10月,时值中国国庆大典,在太平洋彼岸的北美洲,蒙特利尔花都同乡会新会馆举行落成典礼暨成立二周年会庆。

在庆典盛会上,中国驻蒙特利尔总领馆领事、布罗萨德(Brossard)市长Paul Leduc、李国强主席、花都同乡会邵凌洲会长一起为中国国务院侨办送来的一对醒狮点睛。一时间,醒狮起舞,锣鼓喧天,布罗萨德地区商业广场上五彩缤纷,喜气洋洋,引来众多的当地游客,有黄皮肤的、白皮肤的,还有黑皮肤的。他们竖着大拇指说:"Chinese, awesome!(中国人,太棒了!)"

中国驻蒙特利尔总领馆单承林领事,当地政商界人士、侨领嘉宾、各界宾朋共400多人次出席了当天的庆典。

邵凌洲

蒙城热土 新馆落成

这个重大盛会的组织者,就是一班花都人。

2015年初,蒙特利尔花都同乡会召开首届理事会,为筹建"蒙特利尔花都同乡会永久会馆"举行筹款活动,花都乡亲们对此大力支持,当晚乡亲踊跃捐资超过20万加元,永久会馆落成,蒙城乡亲近百年来的夙愿实现了。

新会馆宽敞明亮,两面墙上挂满了由中国各级政府、团体部门、全世界各地花都同乡会兄弟会送来的名家字画和礼物,照片墙上贴满了温馨的照片,还有众多贺信。

会长邵凌洲在致辞中做了热情洋溢的讲话。他回顾了同乡会组建以来各同乡的同心同德,各兄弟友好华人社区团体的大力支持,当地政府相关部门的协作,特别是对家乡人民的鼓励与推动表示衷心感谢。他表明同乡会宗旨:弘扬中华文化,爱国爱乡,团结同胞,联谊乡情,互相帮助,为侨胞争取合法权益,促进当地社会进步、经济繁荣,以及促进教育。他说："我们现在是起步，我们将不忘初心，继续努力，把工作做好。"

中国驻蒙特利尔总领馆单承林领事对花都同乡会给予了高度评价。他说，花都同乡精诚团结，共同筹建了同乡会馆，在这里让人感受到一种亲如一家的和谐氛围。这是蒙城地区第一个拥有自己会馆的新社团，并且还走出了唐人街，在布罗萨德建立华人会馆，这是蒙城华人们的骄傲，花都同乡会是大家学习的榜样。

初心不变 使命在肩

花都是一个重点侨乡。19世纪到20世纪，花都人漂洋过海、外出谋生，几乎家家都有人在海外。蒙特利尔地处北美，是离中国内地较远之地，然而从20世纪中叶以来，人们向北美移民日众。他们要在这个完全陌生而又有明显文化差异的城市生存，实在不容易。然而，有着黄皮肤黑头发的中国人，以顽强意志，刻苦耐劳以及聪明才智在这里拼搏发展，终于扬眉吐气。

蒙特利尔花都同乡会就在这种大潮中酝酿萌发。近年来中国内地一些侨务外事机构官员前来访问，同胞中有投资移民，留学生以及民间来往，信息交流增加，促成建立同乡会的议题成熟。2014年10月，花都区举办了第四届全球华侨华人恳亲大会，以江永枋为首的蒙城华侨代表一行十多人回到祖国参加恳亲大会。其间，与世界各国的华侨首领一起交流，受到启发，也得到国内政府相关官方的鼓励支持，代表一行感触良多，蒙城建立同乡会的计划已经在代表们心中形成。回到蒙城以后，组建活动迅速铺开，以邵凌洲为首的组织者，再次往返家乡与蒙城两地，与家乡侨务部门接触，向其他地区侨社团取经。据了解，在蒙特利尔的花都人就有近3000人，经过广泛征求意见，大家对成立同乡会踊跃支持。

召开筹备会议，精英群聚，集思广益起草章程，搭建架构，到当地政府注册登记，乡亲的普查等工作同时推进，登记在册的同乡会人数达到2000多人。

蒙特利尔花都同乡会成立时的盛大场面

在第一次筹备大会上，邵凌洲建议筹建同乡会永久会所。他的建议得到与会乡亲的一致赞同。邵凌洲以及华侨乡亲的中坚分子夏绍满、王福如、黄锦灵、江永枋等带头认捐。共同参与的还有来自多伦多兄弟侨团的侨领胡志勇等，在他们的感召和带动下，乡亲们踊跃捐输，一些因为特殊情况不能参加会议的乡亲也报名认捐。第一次筹款共筹集了超过20万加元善款。

在邵凌洲协调带领下，蒙特利尔花都同乡会年底正式在当地政府登记注册，并且在春节之后的2015年3月3日正式选举产生第一届理事会。邵凌洲当选创会会长，夏绍满、江永枋任名誉会长，曾广成任常务副会长，黄锦灵、王福如、罗桂生、邱新培任副会长，梁宝文任秘书长，张家翔任监察长。

一个新的华侨社团成立了，这是当地华侨华人社区及他们政治生活的一件有划时代意义的大事。

邵凌洲和布罗萨德市长合影

红花璀璨　绿叶扶持

蒙特利尔花都同乡会成立两周年来，会务迅速发展。邵凌洲以他务实的态度及谦逊的人格魅力，让同乡会的声誉和信誉度迅速提升，一些政府官员、社会名流、文人达士，都与同乡会建立了良好的关系。同乡会引领着当地侨界精英跻身于当地的主流社会，成为有影响力的华侨社团之一，在当地社会政治经济中发挥越来越重要的作用。

邵凌洲是个土生土长的花都人。他精明而守信，他做人低调，做事高效，平易近人，与人为善。

20世纪50年代中期，邵凌洲出生在新华镇东镜村（今属新雅街）。农民的孩子特别能吃苦。1974年在县城新华中学高中毕业，同年10月进入花县建筑第一公司工作，担任施工员，因表现良好被公司选派进入建筑学院进修。1979年他开始在花县建筑第一公司担任项目经理，短短几年，邵凌洲成为一个成功的建筑企业管理行家。之后他曾经在广州承包了大型工程项目，如广东粤海公司、广州市邮政局、广州房管局等高层楼房的建设均为优质工程，获得好评。

1984年，一个偶然的机会，邵凌洲和友人走出国门，世界之大、天地之广让他感触良多，于是他和友人一起移民到了巴拿马，继续开拓建筑装修工程业务，同时经营餐馆生意。

1990年，邵凌洲从巴拿马移民加拿大，来到了一个美丽而又寒冷的城市——蒙特利尔。这里是加拿大第二大城市，地大物博，民风淳朴。邵凌洲爱上了这片土地，在这里注册了他的建筑装修公司，又捡回他的老本行。面对新环境，邵凌洲需要学习语言（英语和法语），继续进修考建筑行业的执业证书。这一切，对于刻苦勤勉的邵凌洲都是坦然面对，顺利通过。随着业务的发展，他进入了房地产开发商行列。他把中国人的运筹模式与西方文化以及当地的环境优势结合起来，迅速发展成为行业的佼佼者，也成了地道的蒙城人。三个孩子在这里读书成才，父母在这边安居养老。他觉得，命运对他不薄，他感恩这片土地，感恩一起携手同进的乡亲，他越来越觉得要为乡亲做点事，为当地的社会、为家乡祖国做点事。

二十世纪七八十年代，从香港、越南移民到加拿大的华人越来越多。大家平时在生意上就互有联系、抱团发展的做法。怎么样让大家一起融入当地的主流社会，邵凌洲想了很多。

在繁忙的工作业务之余，邵凌洲更多地接触商业界的成功人士、社会名流，他热心当地华侨华人的公共事务，带头奉献，成为不少活动的参与者和组织者。在有两三千乡亲的蒙特利尔，大家需要一个组织与平台，需要有自己的同乡会，需要有人站出来担当。邵凌洲决定不再推却，他们在2016年9月购买了会所，在2017年10月装修好投入使用，这是当地第一个拥有自己会所的同乡会。有了自己的"家"，乡亲们有了更大的凝聚力和向心力。

邵凌洲妻子曾润好也是花都人，她跟着丈夫走南闯北，在坎坷的道路上，她流着泪咬着牙默默地支持丈夫。看到丈夫义无反顾地站出来为乡亲服务的时候，她主动当助手、当秘书、当司机、当参谋，只要是出钱出力的，她从来没有过异议。同乡会聚餐，她会把肉菜先买好，然后自己动手，带领几个姐妹做出各种各样的美食。邵凌洲说："没有她就没有我的成功。"

邵凌洲带领蒙特利尔花都同乡会访问巴拿马乡亲

团结开拓 众望所归

中国驻蒙特利尔领事馆以及当地布罗萨德的政府官员对花都同乡会给予高度的评价。2016年，中国总理李克强出访加拿大蒙特利尔，花都同乡会与侨商会以及其他的华侨社团相互配合，组织同胞欢迎总理到访。

邵凌洲兼任蒙特利尔华商会副主席，华商会每年都会组织大型的活动，如海外春晚、"五洲同春"、中国国庆、商务推广、蒙特利尔唐人街会等，由蒙特利尔华商会牵头70多个社团联合举办庙会，每年举办公益慈善活动，为世界各地有天灾人祸地区筹款赈灾，邵凌洲积极参与各项筹委活动，出钱出力。同乡会在中加文化交流方面做得也非常出色，来自中国的文化艺术团、杂技团等来蒙特利尔进行交流时，同乡会发动华人组织参与。蒙特利尔花都同乡会还担任当地华人社区重大活动的协办单位，接待来自祖国家乡、世界各地的政府部门或团体或者亲朋好友，把他们"请进家门"。同乡会还"走出家门"，组团回乡拜访中国侨务部门、访问巴拿马兄弟侨社等。通过良好的沟通互动、交流学习、共享资源，花都同乡会成为了一个有生气、有活力、做实事、有影响力的新社团。

邵凌洲现任加拿大蒙特利尔花都同乡会会长、加拿大蒙特利尔华商会副主席、加拿大蒙特利尔华总会委员、全加华人联合会理事、加拿大科学文化商会总顾问、中国广州市归国华侨联合会海外顾问。

心无旁骛 致力为侨
——记加拿大多伦多花都同乡会前会长吴文光

加拿大多伦多的万锦市是花都区的友好城市，在万锦市有一条以中文命名的花都大道，这是花都区与万锦市的友谊象征，也凸显了花都乡亲乃至海外华人华侨在当地所处的地位。

在每年10月份中国的国庆节，多伦多万锦市、旺市、列治文市三个城市会同时在政府广场举行中国国旗升旗仪式，此时，当地的华侨华人在那里欢庆祝福祖国。

多伦多总领馆侨务组领事杨葆华和吴文光（右）

多伦多花都同乡会坐落在万锦市，这是一个活跃的颇有影响力的华侨社团，多伦多花都同乡会2008年创立。由于近年来会务迅速发展，同乡会成为当地一个有凝聚力的华侨华人社团，吴文光是多伦多花都同乡会会长。

海外创业

吴文光祖籍狮岭镇益群村，该村是旅巴拿马华侨众多的乡村。1969年，吴文光在家乡出生，1984年3月随家人移民巴拿马。

来到异国他乡，为了融入社会，吴文光努力学习西班牙语，并寻求创业之路。1989年巴拿马发生战争动乱，政局不稳，华侨华人的生意受到重挫。为了生存，吴文光于1990年3月从巴拿马移民到加拿大。

在法语区蒙特利尔，他继续读书深造，他的法语和英语水平得到较快的提升。后转居多伦多，再次进入陌生环境，为了适应环境，他一边继续进修英文，一边创业。人缘、地缘、资金都是摆在面前的问题，需要想办法解决。

1993年至2000年，吴文光先后创办两间自助餐厅，任总经理和董事长。2000年之后，他在巴拿马从事贸易生意；2006年介入加拿大建筑行业的石材生意，创办加拿大皇家石业（Royal Stone International Group Corp）；2010年，创办加拿大绿星房地产开发公司（Green Star Home Development Inc），并任董事长。

进入2000年以后，多伦多进入迅速扩展的时期。由于地缘环境的优势，一些本来投资蒙特利尔的商业集团等转移到多伦多发展，多伦多人

多伦多万锦市长给吴文光颁发增加友谊奖状

口、城区面积等快速增长，从全国第三大城市迅速发展为第一大城市。由于城市的迅速发展，土建工程以及建筑材料行业也得到迅速发展，在机缘巧合之际，吴文光把握机会，成功切入了石材市场，几年下来，吴文光所从事的石材行业跟随着城市的发展迅速扩展，他进而踏入房地产开发行业。他所经营的实业公司也成为业界所瞩目的华人企业，收到良好效益。

创立同乡会

在巴拿马创业的时候，吴文光参与了当地的华侨华人社团事务，2000年，在回流巴拿马期间，他积极参加当地华人侨社工作，曾担任巴拿马花都同乡会的常务理事，商务组长和巴拿马华人工商总会监事长。2005年作为巴拿马侨社团代表回中国出席全国政协国庆访问团活动，2006年返回加拿大，他又积极筹备成立多伦多花都同乡会工作。

此时移民加拿大的华人也越来越多，事业有成的有识之士意识到要联合同乡的力量，携手发展，才能提升在当地的社会地位。2007年，吴文光会同陈伟宜、胡志勇、曾东升等多位乡亲策划组建花都同乡会。此事也得到家乡人民的大力支持，乡亲们同心协力，踊跃捐输，购买了同乡会会所，加拿大多伦多的花都乡亲从此有了属于自己共同的家，吴文光被选为第一任会长。

1997年，花都领导黄水记一行对加拿大的多伦多万锦市华人聚居区进行考察，学习城市的管理经验。1998年，花都与万锦市签署了"友好城市"协议后，两地的来往交流更加密切，加拿大安大略省多市的政府和工商界代表团访多次问中国，中加友谊和经贸合作进一步加强。

多伦多花都同乡会成立以后，乡亲们热情高涨，团结协作。2008年，为纪念万锦与

花都缔结友好城市十周年，万锦市开通了一条花都大道（Hua Du Ave）。花都领导黄水记专程前往为花都大道剪彩揭幕。在西方大国的城市，设立一条以中文命名的大道，在历史上应该是前所未有的。这是中加友谊发展的结果，也是花都乡亲与当地人民融洽相处的见证。

团结有力量

作为花都同乡会会长的吴文光，发挥年富力强、善于交际的自身优势，主动跟多伦多政府相关部门打交道，争取当地政要的支持。同时，他重视联络相关的华侨团体，与万锦市嘉华联会（不分祖籍地区的全侨社团）、列治文山市华商会、万锦市华商会等华侨华人组织搞好关系，还与中国驻多伦多领事馆保持密切联系。在当地的华侨华人社团，各地乡亲形成空前的团结。他们是事业上的成功人士，主动参与当地社会公益慈善活动、投票选举活动，让加拿大多伦多政府官员感受到华人的力量，让他们在多元文化的国家更好地发挥当地华侨华人的作用。

在花都大道剪彩之后，吴文光和其他华人社团的侨领联合当地议员向万锦市政府提出动议，促成加拿大万锦市、旺市、列治文山市三个城市，在中国国庆节的时候在政府广场举行升旗仪式，这个动议被采纳之后，花都乡亲和所有华侨华人欢欣鼓舞。从2012年开始，升旗仪式延续至今，这在异国他乡是不可多见的。

在万锦市，每年一度的"亚洲美食文化节"活动和春茗活动也是一大特色，同乡会积极参与领导，发动乡亲踊跃参加。在文化节上，华侨华人展示各种特色的地方美食，

吴文光和乡亲以及外国友人在万锦市参加中国国旗升旗仪式

还有大型表演,醒狮助兴。文化节不仅为广大华侨华人和当地人民带来美食的享受,还是中华民族传统文化的盛宴,也是中西两地文化的交流和融合,使气氛十分热烈。

服务社群

吴文光认为海外社团是海外侨胞的组织,要发挥年轻人的作用才会有朝气和活力。他团结和鼓励年轻人参与同乡会并对他们委以重任,鼓励他们成长。吸引年轻人为理监事,共同研究同乡会的发展会务,例如每年暑假(7月),同乡会会包下当地的"美丽径公园"举办烧烤活动,全体花都乡亲都会来报名参加,形成好几百人参加的大型集体活动。他们统一组织,分配任务,让年轻人去举办和设计各种联谊娱乐活动,如亲子游戏、烧烤等,所有的用品、食品、奖品均集体配送。乡亲们置身在充满温馨的大家庭之中,喜乐融融。

每年举行的春茗活动,乡亲们出钱出力,认捐会费,同时带着一家大小,邀请当地政府官员、知名人士来到这个华人群体当中,与民同乐,进行一场文化与友谊的交流。他们的宴会规模达到五六十桌,这也让各界友好人士关注、接受、欣赏和感悟中华文化之精髓。

吴文光经常往返于中加两地,2015—2017年,吴文光回国参加北京和广东省举办的华人社团负责人联谊会等活动。在中华人民共和国成立68周年、69周年和70周年的时候,吴文光应邀回北京参加国家大型庆典活动。由此他了解到祖国的经济发展与繁荣富强,他以此向海外乡亲传递信息,引导更多的海外乡亲关注国家与家乡的发展事业。

事业有成 不忘公益
——记加拿大温哥华花都同乡会会长刘显培

温哥华，被称为最适合人类居住的城市，在这里聚集了很多的华侨华人，花都人旅居温哥华的华侨也越来越多。2006年，温哥华花都同乡会在当地注册成为正式合法的华侨社团，温哥华的花都同乡有了自己的家，他们更加团结、安居乐业，花都同乡会会长刘显培就是他们的带头人。

站在前人的肩膀上开拓事业

刘显培祖籍是新华街田美村，他1962年出生，在家乡长大、读书、创立事业。

当刘显培读完高中走上社会的时候，正是中国改革开放、打开大门的时候。他跟着大哥去做泥水建筑工，自称"三行仔"。务实肯学的刘显培很快掌握技术，成为领班、

加拿大温哥华花县同乡会举行春节联欢活动

工头。进入20世纪80年代,新一轮乡村城镇建设的高潮兴起,城市出现大量高层楼宇,乡村城镇建设改革发展气势如虹。建筑行业适逢其时,成为城乡基本建设的主流行业,面临极大的发展机遇。刘显培成为项目承包者、房地产开发商、实业投资者。

积极向上的刘显培正值年富力强之时,他并不满足已有的成绩,他追求更大的成功。成功了才能做更多的慈善事业,这就是刘显培的想法。他虚心向成功人士学习,向内行人士学习,积极寻找提升的通道。从2008年开始,刘显培参加美国美联大学与广东省全业家协会联合主办的EMBA课程,开始进行系统进修。通过三年的进修学习,他取得了EMBA(工商行政管理)博士学位。通过学习,眼界开阔了,刘显培获得更多的资讯,打开了更多的人脉。

2000年,刘显培在广州正式注册广州市骏辉房地产开发有限公司,进军房地产事业,骏辉苑小区等一批建设项目取得成功。2010年,刘显培和同学朋友一起通过招商引资进入江苏省盐城市大丰区投资实业,注册盐城市粤丰房地产开发有限公司、盐城市丰辉农业科技发展有限公司。他的事业开始进入多元化产业。事业上的成功,让他常怀着一颗感恩的心,他说:"是改革开放给了我机会,是国家和人民给了我机会。所以要回报社会。"一直以来,刘显培关注本地区以及投资地区的公益慈善事业,捐资办学,扶贫助困,关心孤寡老人,关注弱势群体,捐赠敬老院,为项目所在地群众办实事。只要是他接触到的公益慈善事业,他都慷慨解囊。由于他的热心与奉献精神,刘显培被广州市慈善会、广州市侨办、广州华商会、花都区人民政府等单位授予"慈善服务先进个人""慈善公益爱心大使""爱心公益奖""扶贫济困"等称号。多年来,他参与各种公益慈善事业捐资奉献达350万元。

能够回报社会是开心的事

温哥华市长参加加拿大花都同乡会联欢

刘显培创办实业,直接参与推动地方经济发展。他关注国家时事政治,2012年,国际上一些敌对势力企图封锁和干预中国发展,挑起南海岛屿纷争,在南海部署军事基地,甚至干预中国领土完整的内政。当时驻守在边防的人民解放军所在的南沙群岛、黄岩岛等物资短缺,包括饮用水在内也需要专门供给。为支持中国政府的政策,支持人民解放军南海部队官兵,刘显培带动企业并用实际行动支持人民解放军。他积极参与由广东省国资委倡导并带领的企业家组织慰问人民解放军活动,参加慰问团的20位企业家分别捐资10万元,同时带去各类物资到南沙群岛慰问解放军官兵,刘显培被授予"慈善之星"称号。刘显培称,这是他和其他企业家所做的一件非常有意义的事,是国家和人民给了我们机会。

随着生意业务向多元方向发展，刘显培在2018年又注册广州市骏旺投资有限公司。刘显培认为能够在事业上有所成就又可以回馈社会为地方做贡献，是一件开心的事。2012年、2017年刘显培先后被推举为盐城市大丰区第十三届、第十四届政协委员，他还被推举为广州市花都区第九届政协委员。刘显培现在是广州市侨商会常务副会长、广州市花都海外联谊会第五届常务理事。

期待明天会更好

2000年，刘显培全家移民加拿大温哥华，他的两个孩子到加拿大读书，刘显培的事业留在中国，为了家庭和事业，刘显培成了"空中飞人"。同时，刘显培开拓的事业也走向国际化，他在加拿大也注册了房地产开发有限公司。

刘显培事业的成功，少不了他的贤内助。他的妻子非常重视和关心子女的教育培养，儿子刘华炎在当地不但学习优秀，还是一名运动健将，代表加拿大国家队参加了两次世界青少年乒乓球锦标赛，他表现突出，受到加拿大当地政府的表彰。2006年，刘显培在加拿大向花都乡亲倡议组建同乡会，他的倡议得到大家的大力支持，在他的带动下，温哥华花都同乡会在当地正式注册为华侨社团慈善机构。

同乡会策划了丰富多彩的文化活动，每年逢春节、元宵、中秋等中国传统节日，他们举行文艺表演、大型聚餐、醒狮表演，还邀请当地的侨民、政府官员参加，以凝聚侨心。中国文化，成为加拿大多元文化的一部分。当地政府官员如市长、议员等，代表官方向中国人祝贺，并和中国侨民一起穿上中国传统服饰，与民同乐，加拿大温哥华侨民在当地扎根发展，安居乐业。

刘显培还积极穿针引线，热情接待来自国内商家来加拿大考察项目，引导加拿大朋友到中国访问，到中国内地投资设厂。刘显培表示，为了更好地促进中加两国人民的友谊，更好地发挥华侨华人社团的作用，他和他的同事联合广大乡亲，计划在温哥华购置物业作为同乡会的会址，以图百年基业。

刘显培带领温哥华同乡会理事拜访花都区侨联

在新经济时代到来时，如何让侨民特别是年轻人更加团结合作跟上时代，是一个很重要的问题，刘显培认为，新的科技领域，要让年轻人参与进来，同乡会会务才会有勃勃生机。他通过自己的人脉，与多伦多、蒙特利尔两个大城市的侨领联络，力图通过同乡会的号召力，交流推动，形成合力，发动全加拿大的花都籍青年侨民，策划、筹备、成立加拿大青年华侨委员会，以此来带动青年一代，让他们参与社会，参与公益慈善事业，参与侨社团的工作。通过联合与交流，也帮助年轻人在事业上的发展。

中加两地 情牵一线

——记加拿大中加贸易投资发展促进会副会长胡志勇

加拿大广东海外联谊会副会长、中国加拿大商会华南会荣誉主席、加拿大贸易发展促进会副会长胡志勇，多年来，他热心华人社区事业的发展，致力中加文化的交流与推广。2013年8月12日，胡志勇获加拿大联邦国会议员詹嘉礼（Jim Karygiannis）颁发的士嘉堡-爱静阁银禧纪念勋章，以表彰他对社区的贡献。同年9月20日，加拿大多伦多万锦市为胡志勇颁发荣誉证书。2016年4月26日，胡志勇再次荣获加拿大安大略省省长颁发的15年义工奖。

胡志勇参加"一带一路"国际合作高峰会

荣誉，背后的故事

2018年12月9日，驻多伦多总领事韩涛出席加拿大多伦多南京大屠杀遇难者纪念碑揭幕仪式。加拿大联邦政府官员、当地各大华人社团、多伦多地区犹太社区代表及华侨华人近千人参加活动。他们向纪念碑敬献花圈并放飞和平鸽。

这次重大活动的缘起，是中国政府于2014年确定把12月13日定为南京大屠杀死难者国家公祭日。加拿大安大略省华人议员黄素梅倡议推动安省立法，将12月13日定为南京大屠杀死难者纪念日的安省79号法案提交众议院审核，按法律规定，需要有超过10万人亲笔签名，才能通过动议。

为铭记历史，祈愿和平，需要有华人和更多的爱好和平人士的团结一心。胡志勇与众多的华人志士和更多的热爱和平的人士一起行动，他们在安大略省发起声势浩大的签名活动。他们在商场、马路、餐厅、会所等公众场所，组织发动，以满腔的热情宣讲、影响并感染周围的人。最后，他们收到近13万人的亲笔签名，使动议于2017年10月26日在安大略省众议院得以通过立法。法案通过之后，各华侨社团的侨领一起发动捐款，最终他们不用加拿大政府一分钱，"南京大屠杀遇难者纪念碑"建成。纪念碑坐落在加拿大多伦多地区列治文市爱恩墓园（Elgin Mills Cemeyery）内。

这一创举充分体现了海外华侨华人的爱国热情，也体现了他们的民族精神以及团结的

南京大屠杀遇难者纪念碑

力量。做事认真的胡志勇在各种华人活动中，发挥了主导和推动作用。

20世纪90年代初，胡志勇移民加拿大多伦多，与众多的海外移民一样，他需要从头开始。

在多伦多居住的华侨华人很多，但是如何提升华人的社会地位，进入社会主流，这需要努力。于是，胡志勇关注当地民生和时事政治，他参与社会活动，在当地各级议员民主选举中，他号召华人积极参与，支持华裔参选。胡志勇直言道："对那些正直公正，有条件参选的后备人选，无论是黄种华人或是白种加拿大人，我们都大力支持。"胡志勇不但发动华人为参选人投票，他还作为义工去帮助他们处理具体的事务，如到城区街道贴广告插牌宣传、召开演讲大会等，他都不遗余力。因此人们常常在非营利机构的团体中看到胡志勇活跃的身影。

在胡志勇引线搭桥下，加拿大万锦市与中国广州花都、中国江西赣州等城市建立了友好合作关系。1998年，胡志勇与加拿大多伦多万锦市赵善江议员陪同万锦市市长高宏思访问花都，并签订了花都市与万锦市结成友好城市协议。

2000年后，移居加拿大的中国人越来越多，在加拿大碰到的乡亲乡里也越来越多。胡志勇意识到，华侨华人要有力量，必须要团结，所以他认为有必要组织合法的华侨社团，这样可以更好地传承中华文化、有组织地参加社会主流事业。他深知中国的传统礼教讲孝道，讲亲情。人与人之间所处的地缘、血缘、亲缘、业缘、文缘等"五缘"可以把海外华人联结到一起，彼此珍惜，共同发展，可以促进整个华人社区在加拿大的地位提升。2007年，胡志勇曾和乡亲一起参与多伦多花都同乡会的筹备工作。

2008年，花都对外开放进一步扩大，经济发展速度加快，新白云国际机场投入使用，花都有了更大的发展机遇。在花都与万锦市结成友好城市10周年之际，中国花都、江西赣州与加拿大的多项合作正在推进，友好往来进一步加强。当年陪同万锦市市长访问花都的赵善江议员再次访问花都，他表示将向议会提出动议，建议在万锦市建设一条路命名为"花都大道"，以纪念万锦市与花都结为友好城市10周年。该动议在2008年5月向议会提出并获得通过。"花都大道"当年年底建成投入使用，花都区领导亲自到加拿大参加揭幕典礼，这是在整个北美唯一以中文命名的路名。

奋斗，人生新的起点

　　胡志勇祖籍江西赣州，1966年出生于广东花都。出国前，他在当地交通管理部门工作达十年之久。20世纪90年代初，胡志勇移民加拿大多伦多。来到一个人生地不熟的地方，面对生存的压力，胡志勇认真思索未来的方向。

　　喜欢习读传统文化的他，提出了"三从、四得、五老"的生活概念，"三从"即为过往华人所从事的最传统的三个行业，包括餐馆、装修及制衣。这三者虽辛苦但入行相对容易，能尽快稳定生活；"四得"是捱得、讲得、闷得及做得，即为端正生活态度；而"五老"，被他称为是老乡、老朋友、老伴、老本及老当益壮，这其中包含情感、经济条件及健康需求，能以此为基础，即使异乡打拼，仍能生活愉悦并感到充实。所以他在来到多伦多之初，即开始他的餐馆打工生涯，在关注与参与当地的社会交往中，他踏实地开拓自己的事业。1996年，胡志勇开办了"东方皇宫"自助式中餐馆。他选择远离华人居住区的小镇为阵地，避开同行同业的竞争，从家庭式经营开始。由于胡志勇关注并参与社会活动，很多时候工作的压力和劳累，都由特别能帮手的妻子来分担。

　　2008年，胡志勇结束了经多年打拼业已成熟稳定的餐饮生意，重回故土，重新开创事业。他选择了出生地和祖籍两地作为新起点，因为乡情、感情和亲情融汇在其中。他自言是一个喜欢挑战和尝试的人，当年是放弃办公室进厨房，然后是放下锅铲做地产。他以中国文字"佳"和"坏"为思路引索：双土叠加是为佳，而不要土地则为坏。这预示着，土地为上佳选择，故而他的投资方向选择了土地。他联合几个加拿大商人筹集资金回家乡投资房地产，借力共赢。在水陆交通方便、风景优美的赣州，创立了"枫叶花园"。赣州是他的祖籍地，也是经济欠发达的地区，他需要以极大的勇气和魄力投入大笔投资。

　　多年来，胡志勇频繁来往于加拿大、花都和赣州之间。他也曾经积极引领加拿大三大航空公司访问新白云国际机场的所在地广州花都，希望达成实质性的经济技术的合作。项目后因其他原因未达成，但双方互访，真诚可见，事虽不成，友谊永在。

　　热爱中国传统文化的胡志勇在家中专门请人题写了心中的十六字谏言——"得意淡然、失意泰然、争取必然、顺其自然"，涵盖了他在为人处事中整体的理念，并不断以此自省。

　　在其国内的工作地点，胡志勇以"起而伏之莫骄狂，做人低调温良恭俭让；伏而起之勿颓废，处世坚韧智信仁勇严"自勉。他认为，人生起伏为常态，经得起历练并坦然面对，不失为一种生活的乐趣。

　　在枫叶花园投入建设五年后的2013年，当年投资的土地已变成了赣州市内景观怡然的别墅区，一幢幢高层公寓楼及一个准五星级枫叶大酒店在赣州崛起，成为当地地标性的建筑物与接待基地。随后，胡志勇回到加拿大，他又与国际友人一起，再投入加拿大班夫国家公园所在地卡尔加里，做房地产开发。如今，在加拿大攻读工商管理的儿子毕业后接手了他的生意，令他颇感欣慰。现在的胡志勇又可以有更多的时间奔波于中加两地，谋求中加两地文化经济更大的交流与合作了。

情怀，心中的家国梦

在胡志勇的推动下，1997年，花都市领导黄水记一行对加拿大的多伦多万锦市华人聚居区进行了考察，重点了解加拿大的科技园区、城市建设、市政道路、公园及社区的建设管理。通过与万锦市市长及市议员的多方交流，近距离了解与感受到了加拿大先进的城市建设及社会发展水平，这些经验对未来花都的发展可加以借鉴。1998年，花都与万锦市签署"友好城市"协议后，两地的交流更加密切，胡志勇带领安大略省多市的政府和工商界代表团访问中国，引领更多的加拿大人走进中国内地，促进了加拿大主流社会对中国高速发展的切身体验和了解。

作为行走在两国间的热心人，十几年的时间里，胡志勇多次促成中加各级政府官方互访，增进友谊。他受到各级部门领导的嘉许，多次应邀回北京参加国庆观礼、中国年会、中秋慰问、中国和平统一促进大会等大型联谊活动，受到国家领导人的接见和表扬。

中加商贸关系在不断延伸和扩展，累并乐在其中是胡志勇真实的生活感受。对海外抹黑中国的丑恶行为，他极为愤慨，他呼吁海外华人支持中国，回报祖国。他被称为"行走在中加旅途中的业者"。

1998年，花都市和万锦市缔结友好城市，时任花都市市委书记黄水记和万锦市市长互赠礼品

苦心经营 皆有条理

——记加拿大多伦多花都同乡会荣誉会长陈伟宜

加拿大多伦多花都同乡会，是一个年轻的华侨华人社团，近年来多伦多同乡会会务迅速发展，在沟通海内外、促进中加文化交流、组织海外乡亲联谊、融入当地社会等方面成绩斐然，为当地众多华人社团中备受瞩目的同乡会组织。永久荣誉会长陈伟宜为花都同乡会立下了汗马功劳。

陈伟宜

收获改革开放的红利

陈伟宜，1956年在花县出生，父母是小学老师，读书的时候遇上"文化大革命"，赶上知识青年上山下乡，陈伟宜幸运地被分配到当地的供销社当职工。在计划经济的乡村小商店做售货员，使他接触到了简单的商业运作。

20世纪80年代以后，中国改革开放，单一的乡村供销社商业模式已经不适应社会的需求。1987年，陈伟宜离开供销社，开始了他的创业之路。处在经济复苏时期的中国内地，电器的发展是一个瞩目的行业，半导体收音机、收录机很流行，电视机也开始进入寻常百姓家。在创业之初，陈伟宜接单做喇叭、扬声器等，后来他在新华工业区开办了"海亿音响艺术有限公司"，开始生产喇叭、扬声器、音响、VCD等产品。陈伟宜对外拓展业务，生意蒸蒸日上，到了90年代中期，他们的电器工厂达到全盛时期，工人超过600人。产品质量稳定，远销欧美，属于创汇型企业，获得良好的经济效益。

海外再创业

进入21世纪，中国进一步改革开放。想到外面看看世界的陈伟宜，在2002年带上妻儿移民到加拿大多伦多定居，开启了在异国他乡再创业之路。从20世纪80年代开始，多伦多进入迅速扩张发展的时期，不少外国财团、大企业继续投资多伦多，使多伦多迅速发展成为加拿大第一大城市。随着城市的扩展，各地移民的增加，城市各项配套设施也跟随进步。陈伟宜瞄准当地发展的需求，他成功地开办了橱柜厂，生产并安装整体橱柜。在加拿大，几乎所有的房屋都是装修好的，设施完善，购房者可以拎包入住，所以陈伟宜的橱柜厂成功嵌入市场，成为当地较有影响的品牌企业。

事业的成功令陈伟宜有着更高层次的精神需求，他深深感到，中国不少人移民加拿大，这些乡亲要发展，需要有一个平台和联络的纽带。于是，他找到吴文光、胡志勇、曾东升等几位来自家乡的实业家和在当地发展事业的有识之士，在当地政府登记注册，2008年成立花都同乡会。陈伟宜被选举为第二届同乡会会长，由于他德高望重，现在成为同乡会永久荣誉会长。同乡会的成员从建立之初的一百几十人迅速发展到现在的1200多人。

社团工作要务实

陈伟宜会长虽然是同乡会的发起人和领导人，但是他为人低调、做事务实。他明白一个社团组织，有很多工作需要人去做，不能夸夸其谈。在刚刚成立花都多伦多同乡会这一年，会员还不多，中国四川汶川发生大地震，他首先发起捐款行动，很快就就将筹集的近万加元，通过红十字会转到灾区。

凡是同乡会组织的活动，陈伟宜都积极参与，甘做幕后工作。同乡会大型活动之前，与当地的联络沟通，他出钱出力，筹办策划。发电台公告，预定场地，赞助善款，购买材料，做好分工负责。在春茗活动中，陈伟宜会亲手为会员老者送上慰问红包，营造浓浓的乡情。他还会为参加活动的孩子送礼物、搞抽奖。他说，我们要让下一代在开心愉快的活动中，感受到乡情。

陈伟宜还关心同乡会员中的弱势群体，他说："我们不但要锦上添花，还要雪中送炭。"有一位花都乡亲，从巴拿马移民到多伦多，由于丈夫因病去世，她带着三个孩子，举步维艰。当陈伟宜了解到她的困难后，发动同乡会乡亲为这个家庭捐款，筹得9000多加元，让他们渡过难关。

陈伟宜顾全大局，维系团结，重视培养年轻人。他把自己的成功经验告诉年轻人，启发他们参与社会、参与社团、服务大众，鼓励他们勇于担当。在陈伟宜身体力行的带动下，一些年轻的会员迅速成长。

陈伟宜也非常重视孩子的教育和培养，现在他的两个儿子已经成家立业，事业有成，他还把两个孙儿送回家乡，让他们进入家乡的黄冈学校读书，接受中国文化的教育。

陈伟宜（左）给乡亲发放慰问品

沧海逐浪 笑看沉浮
——记加拿大蒙特利尔花都同乡会名誉会长江永枋

江永枋

江永枋，加拿大华人，他在蒙特利尔唐人街几乎无人不晓。他早年漂泊海外，奋起创业，也曾起落沉浮，他亲身经历并见证了蒙特利尔唐人街的兴起和变革，也经历和目睹了华人在异地生存的辛酸与悲壮。

天涯漂泊

江永枋的家乡在花山镇平西村，江永枋的父亲是早期的越南华侨。江永枋有兄弟姐妹六人，三个姐姐在越南出生后随父亲回到家乡。后来父亲为了生计，去香港经营小生意，兄弟姐妹随母亲在乡村生活。1959年，江永枋和哥哥去了香港，父亲在香港经营匹头仔（卖布）生意。一家人生活虽不富裕，但也让他们兄弟们读完了中学。

20世纪70年代初，从学校走向社会的江永枋一度迷茫，不知道前途在何方。父亲看到儿子中学毕业，也懂得几句英文，想到远在北美的一个堂兄，他决定把这个聪慧机灵的儿子"抛"出去。就这样，一个毫无人生经验的年轻人降落在蒙特利尔机场。下了飞机，人生路不熟，没有电话，跟所有的亲人断了联系。天黑了，一位好心的华人走过来，问了情况说："上我的车，把你载到唐人埠再说吧。"这个时候，这位年轻人真正体味到了举目无亲的滋味。凭着线索和地址，他找到了在一个偏远小埠开餐馆的堂伯父，当起了学徒，帮堂伯父做餐馆。

在这个人生地不熟的小镇，餐馆没有人气，生意并不红火，整个小镇只有一家华人小餐馆，他被当地人嘲笑为"清朝人"。白天干活，晚上躲到被窝里流泪，尝尽了人生冷暖，江永枋咬着牙忍受着。两年之后，江永枋可以拿出一手好厨艺了，也习惯了这里的气候和生活。帮餐馆做厨师打工的几年，他几乎走遍了蒙特利尔周边的小埠市镇。以他的勤快与机灵，一边做一边学，还学会了餐馆的经营和管理。他想着有一天，要有自己的事业。

奋斗创业

在1972年，江永枋有了自己的第一个餐馆。他在市区周边一个小埠开馆，自己当主厨，请人帮手，以中餐饮食为主，兼容当地饮食文化。由于江永枋谦虚学习、厨艺创新、做事严谨、灵活应变、服务管理意识强，几年后，他在周边多个小镇又开了几家餐馆，朋友也越来越多，大家都愿意跟随捧场他的美食。生意由小到大，日益兴旺。

他把积累下来的资金在蒙城华人中心区购买商铺，同时，把餐馆也转回市中心华人社区。20世纪70年代末，来自中国香港、越南的华人移居蒙特利尔的人越来越多，华人都有聚居和从众的心理，华人社区日益繁荣。1976年，江永枋的哥哥也从香港来到蒙特利尔。1978年，江永枋兄弟联手开设杂货店，1979年，增开了香港海鲜餐馆、香港烧腊店。兄弟联手所经营的物业和实业不断扩大，生意蒸蒸日上。在他们的影响下，其他聚居蒙城的乡亲也相继做起了自己所熟悉的华人生意。当然，产生的问题也越来越多，中西文化的差异也显现出来。如当地人认为烧腊肉挂起来卖，不符合卫生标准，华人烧腊店时常会遭到重罚。为了保护华人从业经商的合法利益，同行业的商家成立了行业劳动协会，如"华人烧腊协会"，江永枋是发起人之一，还担任了烧腊协会会长。此时正是华侨华人的事业在蒙特利尔发展整合的时期，行业协会改组为行业商会，负责与当地政府管理机构的沟通、协调、指导，特别给新移民提供如担保、协办、安居、读书、就业等帮助。为保护华侨华人在当地的合法权益，商会做了不少的工作，也探索出一条华侨华人生存、自立、自强的可行之路。

跻身主流

进入20世纪80年代以后，来自香港、台湾的更多的华侨华人聚集在蒙特利尔，唐人街也越来越兴旺。

1985年8月，华人社区唐人街发生了一场大火，把大半条街的联排商铺烧毁。江永枋的餐馆、烧腊店、杂货铺等全部付之一炬。经营小本生意的华人，惊恐又无奈，大家希望商会承担更多的社会责任。这时候行业商会已经不适应时代的发展需求，改组成立华侨商会势在必行。江永枋成为华侨商界的中坚分子，他把烧腊协会改组成为全侨服务的华商会。1990年，蒙特利尔华商会正式成立，江永枋负责财政，主理商务。

从20世纪90年代末期到2003年，华商会树起了蒙特利尔唐人街南北两个牌坊，华商会还协调当地政府划地建造"中山公园"。2012年，广东省中山市政府还赠送了一尊孙中山铜像放置于中山公园。此地成了华人社区活动的中心，文化商业也更加繁荣。江永枋会同杨钧育、张仕根等联合了12人共同出资筹集两万多加元成立中山公园基金会，以便更好地推广弘扬华人社区的文化活动。他们的义举得到华侨华人的拥护，也受到当地政府的嘉许。2006年，江永枋与张仕根成为蒙特利尔华商会联名主席。

多年来，华商会每年组织三到四次的商业推广会，让所有的华侨商号有机会展现自己的特产与优势，商会也有每年中秋、年会聚餐筹款活动，筹集来的善款用于支持当地中华医院、儿童医院、超级医院等等，让慈善和爱心传播。华商会还组织庙会、新年醒狮等传统活动，所有华侨华人的活动，都得到了当地政府的支持。华商会也成了当地政府城市管理中对华人社区管理的一个不可或缺的得力组织。

随着事业的发展，江永枋逐渐把生意转移到商业地产上。开始，他经营商铺、停车场，后来买地，成了地产开发商。社会外部环境的稳定以及内部经营有方，使他在商海弄潮中稳操胜券。他和当地大多数的华侨华人商人一起融入当地主流社会。

江永枋（右一）在加拿大接待旅居美国的乡亲

共建家园

江永枋从青年时期来到北美，经历了漂泊的人生、创业的艰苦，享受到成功的喜悦。见证了蒙特利尔社会政治经济的起落发展，见证了唐人街从华人聚居的散乱无序，到今天华人华侨地位提升的过程。随着蒙特利尔的花都乡亲移民越来越多，江永枋与花都商界的有识之士共同商讨，决定成立蒙特利尔花都同乡会。

2014年，江永枋带领十几个花都乡亲，从蒙特利尔飞返家乡花都，参加花都区海外乡亲恳亲大会。会上，花都区领导鼓励他们成立同乡会。回到蒙特利尔后，花都乡亲团结齐心，在首次同乡会成立筹款大会上，就筹集了超过20万加元。当年，在蒙特利尔花都同乡会登记在册的华侨达到2000人。之后，通过考察场地，他们购买了自己的会所。2015年10月，蒙特利尔花都同乡会落成，来自全世界各地的乡亲华侨社团领袖，来自当地的各华侨华人组织，还有当地政府的官员、家乡领导到场祝贺。对于花都同乡会的成立，江永枋有一份先行者的功劳。为了适应新时代的发展，让更多年轻有为的人士担当责任，江永枋推荐邵凌洲担任花都同乡会会长，江永枋担任同乡会名誉会长。如今，他的事业也发展到了成熟的阶段，也可以有更多的时间回中国和去世界各地旅行。现在江永枋经常来往于家乡与加拿大两地，他为祖国家乡的繁荣富强深感欣慰。他说，我爱加拿大，更爱生养我的祖国。回首往事，笑对人生，江永枋让生命活出了精彩。

故乡明月 游子情深
——记加拿大华侨钟月明热心家乡青少年艺术教育事迹

钟月明参加国际网球比赛

钟月明是加拿大华侨,他2000年退休后,大多数时间在家乡。人们经常看到他穿着运动服,背着高尔夫球包,俨然是个老运动员。他给人的印象是:言辞不多、诙谐乐观、思维敏捷、古道热肠。他倾情投入少儿艺术教育的事迹在花都广为流传。

菊山秀水 养育之恩

1940年,钟月明出生在芙蓉山下一个美丽的小山村——狮岭镇旗新村。那是抗战年代,钟月明从懂事的时候开始,饱尝贫穷与饥饿。民不聊生的困境让很多乡亲到海外谋生,有的到南洋,有的到北美、中美和南美,旗新村的乡亲不少人去了巴拿马,大家互相影响,互相帮助,几乎每家每户都有人漂洋过海,从那时开始,旗新村就是一个华侨村。

钟月明兄弟姐妹四人,他排行第二,父亲靠做小生意维持家计,后来只身去香港谋发展,母亲带着孩子在家里生活。少年钟月明聪颖好学,乐于助人,下田抓鱼虾时会帮助弱小的伙伴,村中父老打心眼里喜欢他。读中学的时候,村里不少家庭的男人都外出谋生,留着妇儿在家,他们大多数没有文化,村里的人就来请他帮忙写家书。他总是乐意为乡亲代言,向海外的亲属诉说衷肠。每次书信来往之后,海外的亲人都会给家里寄钱。得到他帮助的村民也会打赏些银两给他做酬劳,而他却拿这些钱去帮助更有需要的人。

初中毕业,钟月明考入花县第一中学读高中,他知道读书的机会来之不易,所以特别用功。他学习成绩优秀,还酷爱运动,喜欢篮球、田径、爬山、游泳、乒乓球、网球等运动。他经常作为学校代表参加县里的体育比赛,曾经获得田径冠军和多个奖项。他在学校寄读,每星期回家都要走十几公里的乡道。

三年困难时期,由于家庭的变故,钟月明没能完成高中的学业,被迫辍学。

人生旅途　自强不息

为了帮助父母维持家计，在离开学校后，钟月明只能出来找工作。在军田车站当搬运工人是他人生的第一步，繁重的劳动让他体会到生活的艰难，更加坚定了他要用努力摆脱饥饿与贫穷的决心。

1963年，钟月明得到了一张去巴拿马的"出国纸"。但他没有去到巴拿马，而是把脚步留在了香港。这一年钟月明23岁，家境的贫寒让他懂得了忍耐。钟月明来到香港，白手起家。刚开始在鞋厂当工人，从零学起，后来他到了冷气商行当学徒，开始接触冷气机械的维修安装，学习冷气机械的原理。当学徒收入微薄，为了节省开支，困难时，一天只吃一顿饭，却坚持工作十几个小时。

冷气行业在香港兴起，当时这算得上是一个朝阳行业。钟月明技术上手快且能审时度势抓住市场走向，他开始进入空调销售业。经过多年的努力奋斗，业务越做越大，他在香港创立了自己的永明冷气电业公司。很快，他的冷气事业如日中天，这时候，他把眼光放得更远了。钟月明申请加入香港中华总商会，当时霍英东是会长。曾经有的小生意伙伴跟他说500元入会划不来，但是钟月明认为，要进步就要跟高人站在一起。他掌握主动，把握机会，生意业务发展越来越快。改革开放之后，钟月明把生意做到中国内地市场，与广州、珠海等地联系上了业务，还跟中国小天鹅合作带动产品出口，他的冷气公司发展到六七个门市营业部，市场前景广阔。他曾经与乡亲胡文瀚合作生产冷气机和惠风牌电风扇。钟月明回忆说："当年我们的乡里胡文瀚先生是合和实业的董事长，因为业务的关系，我们常跟他的父亲胡忠先生在一起喝茶聊天。"胡文瀚还带他去参观他的冷气工厂。钟月明说，是香港中华总商会这个平台，让他的生意走向高速发展，也让他成为香港冷气行业的佼佼者。

20世纪90年代中后期，钟月明的两个儿子在加拿大读书，他跟太太选择了移民加拿大。身在异国他乡，大都市的繁华，万水千山阻隔不了他对故乡的思念。离开家乡越远，对家乡的思念越深。在孩子完成了学业走上社会后，他把自己的生意交给儿子经营。2001年，他不顾家人的反对，毅然从加拿大返回香港。他退休后回到家乡，为家乡献爱心的事业才刚刚开始。

慈善为怀　初心不改

钟月明在香港奠定了事业基础，有了财富，可以做自己想做的事情了。从20世纪70年代开始，钟月明经常往返于香港与家乡之间，多次为家乡捐款捐资。涉及公益、教育、敬老，还有改善村容村貌等。

改革之初，他是第一批回中国内地的香港人（后移民加拿大），当他看到家乡泥泞不堪的道路，便出钱铺上水泥，为所在镇村捐赠汽车。1988年，钟月明携夫人回乡探亲，得知母校旗新小学校舍因为年久失修疏风漏雨，村委会正在筹集资金重建教学楼，他立刻带头捐出一万元人民币作为建校基金。1990年，他捐给华侨旅行社冷气机14台；1994年，他捐赠美国产全新空调61台给芙蓉镇卫生院；1998年，捐赠30万元人民币在芙蓉中学捐建一座图书馆（现为月明艺术馆）。

钟月明体会到文化知识对一个人立足社会的重要，他常常为家乡的农民子弟及农民工子弟没有机会或没有更好条件读书而着急，他相信只要改善或者提升教育的条件，山窝窝也可以飞出金凤凰。他曾为狮岭中学、芙蓉中学和七星小学捐赠了教学设备。

他经常回到母校，他喜欢听校园内的读书声，常参与学生的有益活动，例如体育比赛、捐钱助困等等。他睹物寄情，想办法联系老校友，约上以前的老同学举行校友聚会，故土情怀溢于言表。

钟月明和太太罗美女是青梅竹马的同学，1964年他们在香港结婚。贤惠的妻子一直支持丈夫的事业，相夫教子，深明大义。她也深知丈夫对家乡公益事业的情结，她和钟月明一样，有着一颗大爱的心。

酷爱运动 生活本色

钟月明酷爱运动，这种爱好贯穿于他的事业和人生。2000年以后，已经退休的钟月明仍然是高尔夫球和网球的爱好者，他已经打了30多年的网球。经常背着球袋，走到哪里带到哪里，一身运动服显得精神抖擞。

十多年前，他了解到在离他家乡不远的芙蓉度假村山脚下有一间广州日报记者俱乐部，那里有游泳池、台球、篮球、棒球等球类运动场所，还有标准的网球场。他花钱承包了俱乐部的网球场，之后，该俱乐部成了他的运动会所。他经常带着球友和亲朋好友，来这里度假游水打网球，特别为花都的网球爱好者和网球协会的运动员免费提供练球场地。

钟月明还担任花都区网球协会名誉会长，曾经出资赞助花都人民医院网球队训练比赛，带动医生参加网球运动。2014年，他在俱乐部举办月明金婚50周年网球杯邀请赛。平常，凡是喜爱打网球的人找到他都可以免费打球。随着球友越来越多，钟月明还主动出资组织在俱乐部举办城际友谊赛。2016年，77岁的钟月明作为网球运动员参加第31届亚洲大城市桂林元老网球团体赛，参赛的团体有来自纽约、北京、深圳、广州等城市的代表队，钟月明所在代表队获得团队第一名的好成绩。钟月明还出钱赞助组织蓝天杯老人网球邀请赛。

在家乡，钟月明组织成立了一支旗新村青年农民网球队，他出钱聘请教练培训传授技术，让民间体育运动在他的家乡得到弘扬和发扬光大。

余热之光 倾情大爱

钟月明退休回到家乡，看到家乡的青少年学生放学后或者节日、周末都迷上网吧，有的学生还抽烟喝酒，甚至有参与赌博、吸毒的行为。他看在眼里，急在心上，他给村干部提意见，说要想办法管好下一代。他想，用艺术来熏陶培养孩子的情操有利于孩子的健康成长，一个在乡村办艺术学校的蓝图在他心中慢慢形成。

钟月明决定在老家办中华文化艺术学校，他要把学生校外教育做起来，让孩子走上正道，健康成长。他投入300万元人民币建了一栋五层楼房，建筑面积有2000多平方米，他把楼房用于乡村的教育事业。

怎么样把好的教育资源引导到乡村来，钟月明开始在市区中心的雅居乐小区租下了一个会所场地，在那里设立中加文化教育中心，开设艺术教育。他出钱请来钢琴名师、美术老师授课，慢慢地把教育资源整合起来。然后他又把老师引导到他的乡村来，把五层大楼建成艺术馆，在那里进行艺术教育。钟月明出钱聘请老师来到老家教学，对当地村民的子女以及当地外来工子弟实行全免费教学，对一些家庭条件困难的学生还提供笔墨砚等学习工具。这所乡村艺术学校开设了钢琴、扬琴、古筝、电子琴、笛子、葫芦丝、吉他、书法、美术及电脑基础课程，学校还设有图书阅览室。

这所乡村文化艺术学校开办有十年了，参加学习的孩子越来越多，最多的时候达近300人。艺术学校在每周工作日的晚上和周末白天安排课程培训，这样放学离开学校的学生们都有时间来上课。钟月明还经常邀请区美术协会、书画协会的名师对孩子进行指导，同时在学校举办书画展和音乐比赛。区里有大小型庆典活动，他们组织学生登台表演助兴。

艺术学校的学生参加花都区的比赛，有不少获奖。看到孩子们的成绩，钟月明打心眼里高兴。

随着乡村校外艺术教育慢慢成熟，艺术学校跟区美术界的朋友交往也越来越多，不少文人墨客来到这里交流。钟月明自己也参与学习书画，出于对艺术的爱好，他想在乡村组织书画展。于是他又在学校的旁边扩建并租下了另外一栋楼房创办汇贤艺术馆，把艺术学校老师的作品，还有区美术协会学员的作品引进乡村来举办书画展。就这样，钟月明把家乡办成艺术之乡，人们把中华文化艺术学校称之为"乡村的少年宫"，来这里学习的孩子都熟悉和热爱这位钟爷爷。

为家乡的孩子服务，钟月明想到把青少年教育继续向学龄前推进。2014年他又自筹资金创办了创意艺术幼儿园，接收三岁到六岁的孩子入学。幼儿园坚持艺术特色，受到村民和农民工家长的欢迎。

钟月明鼓励孩子们走出去，看外面精彩的世界，一有机会他就带领艺术学校的学生外出参与表演。有时候，他亲自当司机，把孩子送到城区里交流、学习、义演、参加比赛。

十多年来，在文化艺术学校受过教育的学生有好几百人。他们不少人取得很好的成绩，仅仅是学古筝的学生，考过古筝十级的就有20多人。也有一批学生考入省一级艺术类学校深造，成为艺术人才。在艺术学校里受到美术老师指导的学生参加"徐悲鸿杯"全国雅居乐青少年儿童美术比赛，有九位同学分别获得一等奖、二等奖、优秀奖。

钟月明热心乡村教育的事迹在当地传为佳话。

钟月明在自己祖居地建立的乡村艺术学校

艺海扬帆 感恩故土
——记加拿大华侨任细祥的文化艺术情缘

任细祥

花都三祥轩书画院董事长任细祥说:"我是一个农民的儿子,建筑世家出身,懂砖刀,不太懂画画。我现在想搭建一个平台,专家大师是导演,帮我策划指导;众多的书法家、国画大师是演员。希望大家共同合作,把一台戏演好,让观众受益。"

任细祥早期从事建筑行业,事业有成。2000年后,举家移民加拿大,后来又从加拿大回家乡投资办实业,获得成功。2013年企业转型,转入文化艺术产业,创办三祥轩书画院。

建筑世家的人生路

20世纪50年代,任细祥出生在赤坭镇连珠村一个农民家庭,在接受启蒙教育的时候,"文化大革命"开始了。他和乡村小伙伴一样,半农半读混到了中学毕业。此时,父辈还处在温饱阶段,艺术的追求离他们太远。

任细祥的爷爷是在乡村从事建筑行业的行家里手,称为"三行仔",自家房屋、内外庭院、猪圈鸡舍都是自己动手建造,虽不时尚但实用。父亲也学得一门泥水木工好手艺,为了家计,父亲常常用荔枝木、石榴木做成木屐,让任细祥和哥哥到集市卖,赚点油盐钱。后来父亲到了花县建筑公司工作,也算是谋了个好职业。20世纪70年代离开学校走上社会的任细祥,对乡村生活有着深刻的体验。

1980年,任细祥子承父业,进入镇建筑公司。为了提升业务水平,任细祥考入广州建筑工程学院,主修建筑工程专业。在进修学习中,他更加明白建筑与艺术、建筑与风水、建筑与民生的关系。由此他除了学好本科专业,还关注装帧设计、园林艺术、色彩、摄影等建筑艺术元素。只要有文化艺术展览活动,不管是在校内还是校外,无论是书画展、邮展、专题讲座、报告会等,任细祥都会挤时间参加学习。因此广州文化公园、艺术馆等会展场所都是他熟悉的地方。从广州建筑工程学院学成归来,任细祥全身投入建筑行业,他爱岗敬业、诚实上进,平时爱动脑筋且赋予艺术创意的工作得到好评。不久，企业改革机制，打破大锅饭，设项目经理责任制，工程承包制。任细祥兄弟作为项目负责人承包工程，成为人们所说的"包工头"。

任细祥作为建筑项目主要负责人，1987年参与了花都区第一个高层建筑群"湖畔花园小区"（26层）的建设，之后又参与了花都区第一个城市公园"秀全公园"的设计施工建设、花都区第一个水塔（花果山水塔）、花都区第一座高级宾馆（花县宾馆，今新世纪大酒店前身）、铁道部车辆厂办公大楼及生活小区、培正商学院等大型建筑项目的设计施工建设。随着国家改革开放大潮涌动，其貌不扬的任细祥把他的建筑事业推上巅峰。这时任细祥无暇顾及自己的兴趣爱好，他只能做自己需要做的事，而不是想做的事。

邮缘引导遇恩师

任细祥自小勤奋好学，兴趣广泛，还是在读书的时候，他就对信封上的小小邮票产生浓厚的兴趣。他开始留意人们寄信的信封，心仪那张有面值的邮票，他把邮票小心珍藏、反复欣赏，由此产生对艺术的憧憬。

在赤坭中学，他遇见了骆耀全老师。骆耀全是广东省书法家协会会员、花都书法家协会会长，是花都书法艺术界的开拓者和元老。他留意到这个男孩在收集邮票，便问："你知道邮票的意义吗？你懂得怎样收藏吗？"任细祥说不出大道理，说就是知道邮票精细、高雅，自己喜欢。骆老师开始给任细祥讲艺术，让任细祥看他的藏书、字画，他告诉任细祥什么是油画，什么是中国画，什么是书法，以及书画的分门类别，还告诉任细祥怎样集邮，怎样选择、整理和收藏。碰到这位爱才如宝的老师，任细祥如沐春风，喜出望外。从此他经常出入老师的家门，开始学会欣赏书画作品，系统地接受书画教育。

在骆老师面前，任细祥像海绵吸水一样吸收艺术的营养。任细祥说："骆老师就是我的艺术启蒙老师，也是我的导师、恩师。如果说我在艺术领域中有所收获，那我必须感激这位恩师。"骆老师也是他后来创立的三祥轩书画院的顾问。

此后，任细祥对邮票的追求如痴如醉。他订阅《集邮》杂志，从读中学时开始，几十年如一日没有间断过，除了有几本因为特殊原因没有保存下来外，其他的到目前基本齐全。他激动地说："邮票就是艺术品的皇冠，而特种艺术邮票更是艺术皇冠上的明珠。"

任细祥与老师骆耀全在一起

漂洋不及家乡好

进入21世纪，任细祥事业上的成功改变了家庭的命运，他有一个温馨的小家庭，两个女儿，太太肖桂珍是小学老师。眼看着女儿长大了，他想把女儿送到国外去深造。2001年，任细祥随好友举家移民加拿大。

到了加拿大温哥华，大女儿考入哥伦比亚大学。国外生活条件好，舒适安稳，但是对于任细祥来说，这是一个陌生的地方，一切都要从头开始。他安顿好家人的生活，开始与好友组建贸易公司，转行进入国际贸易生意。他乐此不疲地在加拿大和中国两地跑。任细祥虽然身在国外，但他的心惦记着中国，他觉得他的事业在中国，他的邮票在中国，他的梦想在中国。

2006年，家乡领导到温哥华访问，在相聚交谈中，花都区领导真诚地对他们说，现在新白云国际机场给家乡带来很大的商机，高铁、地铁、航运、航空几大交通命脉使花都成为重要交通枢纽，花都面临着更大的发展机遇。回家创业投资，有政策扶持的优势。任细祥心动了，投资什么项目没有底，但有了方向，任细祥和一些海外朋友一起，很快确定回家乡投资办厂。他开始探索全世界正在盛行普及的计算机产业，他与诺基亚、联想等高科技产业领先巨头合作，在花都领导访问加拿大离开之后的一个月，任细祥就把项目带回家乡，最后确定在花山镇永明村选择一块十多亩的工业用地，他用半年的时间投资建起了厂房，注册成立了三祥多层电路板科技有限公司，第一期投资3000万元，当年投产。工厂办起来不久，正遇上中国和东南亚经济危机的影响，很多产业业务萎缩，但任细祥的公司还在扩大生产，大举购买高科技设备。任细祥颇有信心地说，我们不存在资金链危机问题，经济萎缩会过去的，市场马上要有大的需求。任细祥的企业家眼光和魄力再次得到体现。三祥多层电路板科技有限公司进口的设备都是超过100万

2006年，广州三祥多层电路板科技有限公司开业剪彩

元一台，公司总投资达到7000万元，就业员工超过1000人，产值一亿元，每年纳税1000万元，是花山镇的纳税大户。公司几年的经营，取得良好效益。香港的合作伙伴看到任细祥的企业稳定发展，于是也大举注资扩大生产。这是任细祥在国内的第一次投资高科技实业，公司从开厂、营业、项目都需要人才管理，他把太太和两个哥伦比亚大学毕业的女儿接回来，帮助管理企业。此时，业务繁多，要应付处理各种不确定因素的出现和影响，他们工作虽然辛苦，但是任细祥一家人感觉在家乡做事踏实。任细祥深有感触地说：在加拿大多年，还是觉得家乡好。

沉浮牵手兄弟情

出生于建筑世家的任细祥，家有三个兄弟，任细祥排行第二。哥哥任庆祥一直扶持任细祥从事建筑行业，负责公司的技术监管、材料进出、预算结算，是他最好的帮手。弟弟任印祥，是个技术型人才，他大学毕业之后，热衷于无线电。在任细祥创办三祥多层电路板科技有限公司的时候，他把自己的才智发挥得淋漓尽致。多年来，兄弟三人团结合作，也是最好的搭档。

当然生意场上也会碰到失败和挫折，如1996年他们看到汽车产业在全国乃至花都的蓬勃发展，他们率先进入南北商贸城，大力拓展汽车配件商贸业务。正当他们要甩开膀子准备大干的时候，由于信息不灵，大批量进入日产三菱配件，而该车种遭遇淘汰，以致他们的生意几乎全盘亏空。挫折面前，他们不气馁，不埋怨，而是坐下来总结经验教训。在2008年金融风暴之后，中小型企业遭受冲击，他们又把部分业务转移到农业和畜牧业，投入100万元在花都办起"和兴万头猪场"，再投入200万元办起猪场配套的饲料厂。运用科技管理流水线，10个员工饲养10000头猪。任细祥投入的实业，兄弟都是他的左右臂膀，配合默契，共同进退。

近年来，任细祥所经营的企业平稳转型，任印祥离开哥哥到深圳继续开发无线电子产业，重新整合资源，再创科视集团有限公司，兄弟之间仍然守望相助，共同决策，彼此照应。

携手艺术创新路

2012年，任细祥的多层电路板厂顺利平稳转型。公司的管理决策权转移到原香港合作伙伴手上，任细祥慢慢从企业中脱身而出。花甲之年的任细祥突然觉得自己还是个孩子，少年时代的梦还会让他不能自己。"创办一个书画院"，任细祥有了自己的想法。

他把创建"三祥轩"书画院的想法跟家里人商量，妻子虽然不愿意让他在花甲之后再去创新和奋斗，但家里人也知道，当任细祥此意已决的时候，就是八头牛也拉不回来，况且，这还是他少年到现在未圆的梦。家里人都懂他，理解他，特别是女儿还全力支持他。

任细祥把湖畔花园自主产权的两层建筑商铺进行了装修，木质雕窗、屏风隔断、装裱字画、玻璃展示台等，营造出了"三祥轩"书画院古风香韵的基调，彰显着文人墨客们淡泊名利、宁静致远的情怀。整个策划都由任细祥征询并参考专家的意见，"三祥轩"书画院现阶段对外开放展厅面积达700多平方米。

2013年10月1日，"三祥轩"书画院举行湖畔风雅首届名家作品邀请展，应邀前来参展并亲自前来祝贺的书法名家有：广东省书法家协会主席张桂光；国家一级美术师、中国美术家协会会员、广东省美术家协会理事孙戈；中国美术家协会会员、广州市美术家协会副主席、广州美院教授张弘；广东省书法家协会理事谢光辉；广东省人民政府文史研究馆馆员、中央文史馆书画院南方分院副院长胡江等等。知名书画家纷纷前来展示他们的作品。"三祥轩"书画院还为此次书画展出版了高规格的邮品画册，他们把花都的书法美术作品提升了一个高规格的档次。业内行家、艺术大师常出入于"三祥轩"书画院，用这种展览的方式来带动花都区书画创作整体水平的提升，同时让广大书画爱好者和收藏家可以近距离欣赏到高水平、高品位的艺术作品。

"三祥轩"书画院是一个非盈利公益性的文化艺术交流平台，在这个平台上，花都区的文人骚客们也有了可发挥、展示、交流才艺的地方。文人墨士常来做客，时而谈经论典，时而泼墨挥毫，吟诗作对，品茶评说，挥洒自如。

"三祥轩"书画院更是艺术家们一个大型文化创作基地，走出去与请进来形成人缘

2013年10月3日，三祥轩书画院成立剪彩

的建立和艺术的交流，使外地和本地文化人才汇聚，从而进一步推动跨区域性文化建设事业欣欣向荣、蓬勃发展。

任细祥几十年来埋藏在心底的书画梦，在"三祥轩"书画院别开生面得以实现。他希望通过这样一个平台，达到一个更高的艺术境界。正如"三祥轩"书画院大门两边的楹联：三才兼备品茶论学增幽趣；祥气丰盈祈福谈心结善缘。

扬帆艺海话感恩

从2013年以来，在众多的行家、艺术家、有识之士、名家大师的支持下，"三祥轩"书画院不断提升完善，每年举办多次高质量的书画展，还有交流会、主题讲座、艺术沙龙等，创造出一种务实、去伪存真的文化气氛。

任细祥开拓性地把他一辈子的邮缘巧妙地与书画有机联姻，达到艺术上交相辉映，邮品画品双双同台登场，品味大大提升，得到更广泛的市场前景。这也是一种文化产业的创新，"三祥轩"书画院的整套管理纳入企业管理，设董事长、艺术总监、秘书长。艺术总监下面分编辑、项目、销售，由项目组成组委会，管理产品和销售。产品包括书画作品、画册、书籍、文房四宝；还有茶艺、表演等。"三祥轩"书画院以请进来走出去的方法，与合作部门联手开拓，只做产品，不开工厂，形成产业链。他们的创新与成绩，得到各界的广泛好评，在省、市乃至岭南地区的文化艺术界产生良好的影响。

在成绩面前，任细祥总是谦虚而低调，他说："我不懂书画，但是我爱书画、爱艺术。如果说今天我们'三祥轩'书画院能有一点成绩，并且能够继续在文化艺术产业上有所发展，我心中充满喜爱，还充满了感恩。"任细祥是广州市、花都区的侨联委员，作为三祥贸易公司董事长、"三祥轩"书画院董事长的任细祥想得更多，他要把书画院办成一个文化艺术之花永不凋谢的大舞台，以此连接世界。

情系家国 勇往直前
——记中南美洲中国和平统一促进会创办人钟月钧

钟月钧

钟月钧是巴拿马花都同乡会[①]永久名誉主席，中南美洲中国和平统一促进会创会会长。

2005年金秋，钟月均赴北京参加了全球之两岸和平统一研讨会、中国和平统一促进会第七届理事大会后，回到家乡。区领导设宴为邑贤钟月钧接风洗尘，并赞扬钟月钧为祖国和平统一事业不辞劳苦。他对此表示："祖国强大，华侨的腰板都硬，中国需要和平统一，祖国就是华侨的脊梁。"

为人忠厚 做事踏实

钟月钧是狮岭镇旗尾村（今旗美村）人，1936年出生。早年，钟月钧的祖辈就有出洋谋生的经历，所以家族中置有田地及小有家业。钟月钧少年就读于复兴乡中心国民学校，及长又去广州西联中学读书。青年钟月钧性格活跃，天资聪慧，遇事有主见，少年老成，在乡人中很有好评。

当时逢年过节乡村都会搞气氛，村里人排演《梁山伯与祝英台》，从广州读书回到家的钟月钧充当导演，搞得有声有色。1960年，24岁的钟月钧离开家乡去巴拿马，投身伯父钟金水旗下。与大多数侨民一样，从打工开始，艰苦创业、白手起家。开始他在伯父一间鞋铺（厂）当学徒，工余攻读商科经济管理，由于他勤奋好学，工作认真，待人诚实，有良好的组织管理能力，因而在短短数年间，由一名小学徒升任为十间鞋店的总

---

①巴拿马花县同乡会和巴拿马花都同乡会是同一个华侨社团。也有表：巴拿马花都（花县）同乡会。

经理。1986年他辞去鞋厂总经理职务,先后创办东方贸易商场、九龙贸易有限公司和金狮贸易有限公司,任董事长。

为了更好地融入当地社会、发展华人事业,他勤奋自修西班牙语,熟悉社会各阶层,把握务实经营之道,使所负责的生意业务不断发展,在侨民中建立了威望,为日后巴拿马侨民社团工作打下基础。钟月钧无论是在生意上,还是在生活与人交往中,均有良好信誉。他在抵达巴拿马一个星期就随同乡前往花县同乡会缴交经费而成为会员,并积极参与社团各类活动。他又联络一批青年组织篮球队、文艺社以及举办各项文娱活动。1970年第一次当选为花都同乡会理事。在职期间更加热衷侨社工作,他严于律己,虚心请教前辈,深得大众好评。

巴拿马创业获得成功后,他热心社会公益事业,热心侨社团工作,常常来往于巴拿马与家乡之间,带头捐赠支持家乡建校助学,家国情怀溢于言表。由于钟月钧为人做事的宽宏大量,后来创立中南美洲中国和平统一促进会,他成为创会会长,同时也是巴拿马的中国和平统一促进会会长。

热心侨社 不辞辛劳

1976年,钟月钧当选花县同乡会主席。华人(广东花县人居多)在巴拿马定居已经有160多年的历史。巴拿马花县同乡会创立于20世纪20年代初,有100年的历史,是一个在当地维系乡情、凝聚侨心的有影响有威望的华人社团之一。

钟月钧连任巴拿马花县同乡会第54至第56届主席。在全体理监事的支持和帮助下,他大胆创新,使同乡会焕然一新。他发动捐资加建并翻新同乡会会馆,协助侨胞发展商业贸易生意,积极参与扶助创办醒狮团的组织工作,在花县同乡会的鼎力扶持下,醒狮团成为中南美洲各国侨社中最大的武术组织。他筹划在蓝山风景区筹建"花县公园",这是当时旅居巴拿马的花县乡亲共同筹钱买下的一块三万平方米的园地,"花县公园"工程浩大,将建有大礼堂、游泳池和篮球场等等。

卸任主席后,钟月钧被推举为"花县公园"筹建会主任。当时由于资金不足,同乡会举行筹款活动。第一次筹款10多万美元,资金仍然短缺。钟月钧本人还借出现款,帮助解决资金周转不足的问题。"花县公园"从1982年筹建到1986年落成,总投资50万美元。"花县公园"落成第一年的春宴,筵席达80席之多,侨胞们群情激奋,继续踊跃参加捐款完善各项设施,使之真正做到团结侨胞、凝聚侨心、发挥侨力、共图发展,巴拿马同乡会成为当时当地侨社团的榜样。

巴拿马同乡会及侨社团为维护华侨的合法权益、帮助乡亲在当地立足发展以及维护中巴两国两地的交流合作,做出了杰出贡献,钟月钧被推举为巴拿马花县同乡会永久名誉主席。

钟月钧不但热心服务侨社团,对祖国家乡也一往情深,国内的巨大变化,使钟月钧更关心家乡建设,他积极带头捐资兴建芙蓉镇华侨大厦和旗新小学,受到乡亲父老的赞扬。

1986年，钟月钧随巴拿马国会代表团应邀访问中国，受到国家重要领导人的接见和款待，这在巴国华侨社团史上是前所未有的。1999年，钟月钧曾陪同巴拿马副总统及国家政要访问北京，受到胡锦涛主席接见并一起拍照留念。

统一大业 责无旁贷

2000年，钟月钧在巴拿马创立中南美洲中国和平统一促进会。多年来，钟月钧致力于中国和平统一事业，为宣传和平统一，反对"台独"，他的足迹遍及世界各地。

2000年的秋季，他踏上欧洲旅途，到德国柏林参加首次世界华侨华人自行组织的中国和平统一促进会年会，之后还去日本东京、巴西、俄罗斯进行联络，推动华人参与中国和平统一的大业；2001年，钟月钧进一步推动创立中南美洲中国和平统一促进会，亲自领导并组织举行了全球第三届华侨华人促进中国和平统一大会在巴拿马召开，此举影响巨大，意义深远，受到国家和世界华人的关注。钟月钧再赴澳大利亚悉尼、阿根廷联络了各国的华侨华人，发展友谊，合众一心。号召华侨华人及世界各地政府和各国朋友，支持中国的和平统一大业。他说："身为中国人，我对分裂祖国、数典忘宗的'台独'势力，满怀义愤。"他承诺把有生之年，献给祖国的和平统一大业。曾经有"台独"势力用恐吓的手段威胁钟月钧和促统会的中坚分子。然而，他们正气凛然，斗志高昂，在受到攻击和威逼后仍然不退步。

在钟月钧进入古稀之年时，他们仍然不顾高龄跨洋渡海，不辞劳苦，辗转于五大洲之间，他要把祖国和平统一的旗帜插遍全球。

钟月钧（前左二）在巴拿马中国和平统一促进会成立15周年庆典大会上

光荣传统　后继有人

　　2013年6月，中南美洲中国和平统一促进会在厄瓜多尔举行年会暨瓜亚基尔论坛。有来自中国内地的中国致公党中央、中国外交部、国务院侨办、国务院台办、中国侨联、中国和平统一促进会、广东省侨办、上海市侨办、山东省侨办、山东省台办等相关部门的领导和专家学者，来自中国台湾的新民党以及来自中南美洲的11个侨团共300多位代表参加了本次大会。巴拿马华侨华人中国和平统一促进会代表团有38位代表参加了会议。

　　大会以"中华民族本是一家，携手共促和平统一"为主题，通过主旨演讲、专题交流、专家学者互动、论坛发言等丰富多彩的形式，交流经验，沟通信息，共同商讨在新形势下如何促进祖国和平统一，更加快速发展的途径和措施。

　　联席会议上，钟月钧辞去中南美洲和平统一促进会会长职务，由唐金水当选为中南美洲中国和平统一促进会新任会长。从2000年巴拿马中国和平统一促进会创立，2001年中南美洲中国和平统一促进会相继成立以来，已经进行了多次换届选举，继任会长分别是唐金水和温国伟，麦杞佳接任巴拿马中国和平统一促进会会长。

　　伟业传承，后继有人，新老侨领携手合作，在中国国力日益强大的今天，中巴建交开创了前所未有的新局面。钟月钧和他的志士们始终不忘初心，牢记使命，坚持一个中国的理念，继往开来，旗帜鲜明反独促统。

钟月钧（右）麦杞佳（左）在巴拿马中国和平统一促进会换届就职典礼上

春辉朝霭 满庭馨香
——记巴拿马中巴友好协会副会长邱文峰与他的父母

一

2017年冬,应习近平主席邀请,巴拿马总统巴雷拉对中国进行国事访问,11月16日至22日,花都乡贤中巴友好协会副会长,前巴拿马花都(花县)同乡会会长、巴拿马华人工商总会中文学校校长、建家集团CEO邱文峰,陪同巴雷拉总统访华。这是中巴友好的历史盛会,也是花都人的荣耀。

邱文峰爱国爱乡,热心侨社活动,支持祖国和平统一,积极维护侨胞的正当权益,为提升华侨在巴拿马的社会地位做了大量工作,成绩卓著。

邱文峰

二

邱文峰毕业于巴拿马科技大学土木工程系,毕业后协助父亲创业。父子同行,他创立了四家私人公司,成为年轻的实业家,同时邱文峰积极参与华侨华人社团工作,成为最有活力的年轻侨领。

邱文峰1998年任巴拿马中华总会常务理事,1999年当选为巴拿马华人工商总会常务理事,2001年6月当选为巴拿马华人工商总会会长,2003年连任巴拿马华人工商总会会长。2001年1月参加成立巴拿马中国和平统一促进会任常务理事。2004年担任华人抵达巴拿马150周年纪念委员会常务主任,并成功筹建"中巴公园"。2005年,年轻的邱文峰被选为巴拿马花都同乡会主席,2006年担任巴拿马-中国友谊协会副会长。邱文峰的成长与成功,离不开教子有方的父母邱学明夫妇。

邱学明夫妇早年在家乡从教,1976年经香港作短期居留后到巴拿马,两个儿子邱文峰、邱文勇随父母出国时,年仅11岁和9岁。邱学明夫妇在巴拿马卖过牛肉,后来经营小百货。在花都乡贤侯辉光的帮助下,生意日益兴隆。他们重视孩子的学业,使两个生在中国、长在巴拿马的儿子勤奋读书,学业有成。大儿子邱文峰大学毕业后,以工程师资格领牌在巴拿马开设工业建材公司，事业不断发展，不久成为华人在巴拿马城开办的最大型和项目最齐全的公司。作为董事长的邱学明除管理好他们所创立的三间超级商场外，还帮助儿子把握方向，开拓新业务。小儿子邱文勇毕业于美国名校特达茅斯大学国际经济贸易系，以优异成绩考取美国哈佛大学商业管理硕士研究生，又到北京大学攻读中国语言。

孩子小的时候，邱学明夫妇同孩子讲中国历史，讲祖辈的创业史。他们还曾经专门请中国友人寄去成套的中国历史书，为的是让孩子学习和了解中国。

邱学明夫妇还一贯热心社会公益事业，无论是在家乡，还是在巴拿马，他俩都身体力行。邱学明夫妇曾经与乡贤以及身居海外的同学一起，热心捐建花县一中三层"学友楼"，在家乡新庄村兴建新庄学校，修建新庄邱氏公益堂，修建紫西水泥路、美化村容村貌等。在巴拿马花县同乡会购买地皮创办"花县公园"，同乡会举办历次大、中、小型活动，他俩都积极参与、踊跃捐输，他们的行为影响教育了他们的孩子。

邱文峰双亲邱学明、钟东银夫妇

三

良好的家庭教育让邱文峰脱颖而出。邱文峰自1992年开始从事建筑工程设计和施工工作，并在多家地产公司任职。后自己创立巴拿马建家集团并任总裁，成为巴拿马侨商界有名的年轻企业家。2005年当选同乡会主席之后，邱文峰成为巴拿马有高学历文化的年轻侨领，他投身华侨事业，引领华侨跻身社会主流。

邱文峰（中）和众侨领为中巴公园剪彩

2004年，巴拿马华社为纪念"华人抵达巴拿马150周年"，特别成立纪念委员会，举办各种纪念活动。邱文峰荣任常务主任，发动募捐集资，成功建成了具有中华民族传统文化特色的"中巴公园"，坐落在美洲大桥畔。当年他应邀参加在邓小平家乡四川广安举办的"邓小平诞辰100周年"纪念活动,并捐资兴建纪念邓小平的"华侨林"。

2008年,四川汶川发生大地震,巴拿马侨社团成立了募捐救灾委员会,邱文峰任主任委员。在侨社众乡亲的支持下,募得善款56万美元并立刻捐给灾区,支援重建工作,此举受到国务院侨办的高度赞赏。他的威望和影响也得到海内外乡亲的首肯。他被聘为河南省海外交流协会常务理事、中国侨联青年委员会理事,出席中国侨联委员会举办的"世界华侨华人杰出青年论坛",还分别担任广州市侨联顾问和花都区侨联顾问。在他担任巴拿马华人工商总会会长期间,应国务院侨办的邀请,率团访问北京,出席庆祝中华人民共和国成立53周年活动,受到国家总理的接见;2008年应邀出席北京奥运会开幕典礼;2009年应邀出席庆祝中华人民共和国成立60周年国庆大典;2010年应邀参加上海世博会开幕典礼;2015年应邀参加中国人民抗日战争暨世界反法西斯战争胜利70周年纪念活动。

自2006年担任巴拿马中国友谊协会副会长以来,邱文峰为巴中两国的友好发展、促成祖国和平统一大业做出了重大的贡献。

四

在多年的华侨社团、中巴友好工作以及中国对外友好国际活动中,邱文峰深刻地认识到,改革开放促成的中国崛起,让汉语成为世界各国的必修课。为了推动华文教育,使巴拿马的华裔子弟和当地人能学到中文,在任巴拿马华人工商总会会长期间,邱文峰创办了工商总会中文学校并担任校长。在国务院侨办和中国驻巴拿马贸易发展办事处大力支持和帮助下,学校不断扩大,学生不断增加,教学水平不断提高。在学生假期适当的时间和地点,他组织华裔青少年参加国务院侨办举办的冬令营、夏令营寻根问祖活动。为促进中巴两国人民的文化交流,他以华人工商总会的名义,首次邀请中国杂技团、艺术团访问巴拿马,并在各地为侨胞演出。

巴拿马省省长为邱文峰颁发英雄勋章

为了侨胞的居留问题,他全力协助巴拿马中华总会会长刘汶辉与巴拿马政府协商,成功地为无证同胞取得了居留权。邱文峰多年来的工作,也为巴拿马当地经济、文化、社会发展做出卓越贡献。为表彰他出色的工作表现,巴拿马省省长为邱文峰颁发英雄勋章(Victoriano Lorenzo),这是巴拿马省的最高荣誉勋章。

华都人在巴拿马

爱国爱侨 义无反顾
——记巴拿马中华总会名誉会长、花都同乡会永久名誉会长刘汶辉

刘汶辉是巴拿马的著名侨领，他历任巴拿马花都同乡会主席、巴拿马中华总会会长，他爱国爱乡、热心为侨、忠诚服务、创新侨社，受到海外乡亲的尊重、拥护和爱戴。

做个有骨气的中国人

刘汶辉祖籍是花山镇红群村天心堂，20世纪50年代在家乡出生、读书。祖父早年去巴拿马谋生，父亲与兄长1964年去巴拿马。刘汶辉在家乡中学毕业后，曾在村里的卫生站当"赤脚医生"。后于1972年与母亲经香港移居巴拿马。

刘汶辉初到巴拿马，在家族亲人的帮助下，经营杂货批发和零售生意。他聪明能干，灵活应变，生意顺利拓展，蒸蒸日上。父亲看到刘汶辉生意上手快，待人和善，四面逢源，打心里高兴。他以自己的行动影响并时常提醒儿子：一个人赚了钱，要回报社会，多做善事。刘汶辉没有辜负长辈的期望，不但生意做得好，而且跟乡亲相处融洽。前同乡会会长侯观祥称赞："这是个好苗子，明日之星。"对刘汶辉寄予厚望。

刘汶辉1982年参加花县同乡会，成为理监事。刘汶辉看到华侨华人在异地他乡求生存困难重重，不少人来到巴拿马，两手空空，常常受到不平等的待遇，还有一些中国人没有团结齐心的

华人抵达巴拿马150周年纪念碑

115

观念，以地方宗派划分，互相排斥，甚至为个人利益不择手段。

刘汶辉和当时大学毕业后在巴拿马开拓事业的年轻人邱文锋决定挺身出来，参与侨社，振作乡人士气。从此，在巴拿马花县同乡会、华人工商总会、中华总会等组织机构，经常看到刘汶辉和邱文峰的身影。他们团结侨胞，热情服务，富有感召力，并主动跟中山、清远、四邑、南番顺等兄弟侨社搞好关系，华人社区团结友好。

热心侨社 服务侨胞

1999年，刘汶辉当选巴拿马花县同乡会主席，连任三届。2002年至2006年又连续两届被选为巴拿马中华总会会长。身兼两大社团要职，可谓重任在肩。

刘汶辉主持巴拿马花县同乡会后，首先整顿会务，提振士气。他提出要扩大会员队伍，原来巴拿马花县同乡会都是客家人，20世纪80年代以后，大量花都人涌入巴拿马。刘汶辉发动群众，动员各方的力量，联系到全花都各个镇区的代表，让大家一起来参与同乡会，携手侨社团事业，涌现出一批年轻有活力的精英分子参与侨团领导工作。

那时由于中国和巴拿马没有建立外交关系，华侨华人移居巴拿马时，没有经过正式的领事馆签证。他们都是通过旅游或者家人团聚的方式，通过个人担保进入巴拿马境内。这些华人没有合法的当地身份证，但已在当地发展了自己的事业。办理正式居留身份需要花费大笔钱财，刘汶辉吸取1990年巴拿马政府把大批没有取得居留证的华人抓进监狱的教训，积极为侨胞着想，为侨胞谋福祉。

刘汶辉（左）参加
2004年花都区恩亲大会

2003年，为了帮助这些侨民能在巴拿马立足发展，刘汶辉一面通过同乡会教育启发新移民遵纪守法、自立自强、融入社会，一面施展他的外交才能，在任巴拿马中华总会会长期间，以中华总会的名义与巴拿马内政部、国家安全部、移民局等政府有关部门协商，提交有理有据的报告，分析新移民（不单是华人）与巴拿马当地当局经济发展的关系，提出合理化建议。争取当地政府内政部的议员和移民局的认同，此事也得到中国巴拿马商业代办处的大力支持，协助出具个人护照，加上同乡会出具证明，填写相关核实资料上交移民局，争取到移民局对所提交的个人档案的回复。

刘汶辉通过多方努力，为侨胞争取获得一年黄卡的临时居留证，一年后，没有犯罪记录者可申请长期居留。以巴拿马花都同乡会会馆作为移民局办公点，这项工作促成巴拿马政府对移民的大赦法令，为5000多名侨胞争取了合法长期居留权。

随着越来越多年富力强的年轻人来到巴拿马，华人华侨的事业也蓬勃发展，华人乡亲中信息的交流、商业的合作有着千丝万缕的联系。花都同乡会的会址设在老唐人街较为偏远的地方，乡亲来回聚会不方便，而且当地治安存在隐患。为了适应形势发展的需求，刘汶辉大胆改革，提议在新的经济中心地区重新设立同乡会会址，他的提议得到乡亲们的一致拥护，很快同乡会会员们就筹集资金在新经济中心区黄金广场（El Dorado）购买了两个铺位约300平方米作为新会址，会员数由原来的200多人升至1000多人。

在刘汶辉担任巴拿马中华总会主席的时候，巴拿马花都同乡会已成为当地华人中最有影响力的社团，全部华侨华人社团也空前的团结。不久，刘汶辉又领导巴拿马中华总会购买会址，把地址选择在与花都同乡会相邻的店面。这里是当地经济中心一条街，后来很多华人社团在这里购买物业会址，形成了一个华人会馆林立的街景，同时又形成了一个彰显中国文化的新唐人街。

反独促统　旗帜鲜明

刘汶辉爱国爱乡一片赤诚，他作为侨领坚持一个中国的原则，反独促统，言行一致。他被选为巴拿马中华总会会长后，巴拿马的台湾当局势力视为"阵地失守"。他们对刘汶辉实行拉拢、威胁和恐吓，但刘汶辉无视这些，他理直气壮地实行革新推动会务。巴拿马中华总会也是一个有花县华侨前辈参与创立的历史悠久的社团，由不同政见的人组成。刘汶辉团结进步力量，说服理监事，大力推动修改巴拿马中华总会章程。最后，在章程中将"拥护中华民国政府"的章节删除，会馆亦取消悬挂"中华民国"旗，表明世界上只有一个中国的立场。

刘汶辉还团结联络全体华侨华人形成合力，推动全侨的事业，发展提升华侨华人在当地的社会地位。他协调各方面的关系，以巴拿马中华总会名义，带头推动"华人抵达巴拿马150周年"重大纪念活动，并向巴拿马国会提交"建立华人抵达巴拿马150周年纪念碑"的动议。刘汶辉与邱文峰配合默契，动议得到巴拿马当局的接纳。巴拿马中华总会提出要求政府提供土地，而由华人设计并完成建筑。之后刘汶辉在选址、设计方面广泛征求意见，同时发动侨胞筹款捐资共襄大事。当时台湾驻巴拿马机构了解此事，提出他们愿意出资8万元资助，但要求纪念碑写上"中华民国领事馆赞助"字样，刘汶辉断然拒绝说："我们不用赞助，我们有钱建好这座纪念碑。"然后他们又继续要求刘汶辉亲自去接款合照就可以，刘汶辉也拒绝了。台湾机构恼羞成怒，对刘汶辉实行攻击和威吓。最后，刘汶辉依靠全体正义侨领，在全体华侨华人拥护支持下，经过一年的时间，"华人抵达巴拿马150周年纪念碑"落成，这座丰碑成了当地的一道美丽的新景观。

20世纪90年代前后，台湾地区领导人李登辉、陈水扁不断推动去中国化，妄想将台湾从中国版图分割出去，引起全世界华侨华人无比的愤慨，世界各地陆续成立促统会组织。

2000年7月，花县籍乡贤钟月钧组织代表团参加德国柏林华侨华人中国和平统一促进会成立大会后，回到巴拿马。在当年9月份以巴拿马华人工商总会为基础，开始筹备成立巴拿马华侨华人中国和平统一促进会和中南美洲华侨华人中国和平统一促进会，刘汶辉被推举为巴拿马华侨华人中国和平统一促进会和中南美洲华侨华人中国和平统一促进会的筹备主任。刘汶辉不负众望，当时他身为巴拿马花都同乡会主席和中华总会主席,带头积极行动,通过良好的人脉关系,发动各界力量大力支持,此举也得到中国驻巴拿马贸易发展办事处的大力支持。他们在联络发动、筹集基金、起草章程、举行国际会议方面做了大量筹备工作。刘汶辉作为筹办主任,带领筹备组全体团员通力合作,经过两月多的夜以继日努力工作,2001年1月8日,巴拿马华侨华人中国和平统一促进会在金都大酒家向巴拿马全侨宣布成立,选举出花县乡贤钟月钧为华侨华人中国和平统一促进会创会会长,揭开了巴拿马中南美洲华侨华人反独促统的历史新篇章。

如今,将近20年过去了,全世界华侨华人支持一个中国,反独促统事业已经众志成城,特别是在中南美洲,包括多个还没有与中国建立外交关系的国家,先后分别成立华侨华人中国和平统一促进会,涌现出更多的杰出侨领。现在巴拿马华侨华人,中国和平统一促进会选举了新一届理监事会,在会长麦杞佳带领下,他们一如既往,将反独促统、振兴中华进行到底。

志存高远 脚踏实地

2006年底,刘汶辉把巴拿马花都同乡会和中华总会馆的担子交给下一任侨领,宣布退休。之后,他离开巴拿马,在美国旧金山定居。不过,刘汶辉的华侨事业和中国和平统一促进会的事业并没有结束。

刘汶辉(前中)带领旧金山八方联谊会访问巴拿马

移民美国后,他继续从事侨社团和华侨联谊工作。在多方好友的推荐要求下,刘汶辉于2016年在美国旧金山继续组建成立了"八方联谊会",参与的成员不分地区、年龄、性别,但要认同赞成一个中国的原则,这样有利于促进和推动中国和平统一事业。组织成员活跃,他们跨地区活动,致力于推动和影响华侨华人在全世界的健康事业。2017年1月,刘汶辉率领美国旧金山八方联谊会代表团到巴拿马访问,他们参加花都同乡会举办的"创办百年庆典"以及巴拿马华人春节活动。新老朋友欢聚一堂,巴拿马乡亲赞扬刘汶辉在担任巴拿马花都同乡会主席以及中华总会主席期间的奉献。如今,已退休的刘汶辉还经常来往于中国内地、美国、中国澳门、中国香港和巴拿马之间,他把有意义的华侨华人联络工作融合到晚年生活中。

务实开拓 忠诚服务
——记巴拿马花都同乡会永久名誉会长萧桂光

萧桂光

　　萧桂光是巴拿马花都同乡会第71届会长，历任巴拿马华人工商总会常务理事、巴拿马中国和平统一促进会理事等职务，现为巴拿马花都同乡会永久名誉会长。他踏实工作，乐于奉献，是一位受到侨亲广泛称赞的侨领。萧桂光开拓事业，也为当地社会经济发展做出突出贡献，2019年5月，被巴拿马省长授予"英雄勋章"。

克勤创业

　　萧桂光是花都北兴人，1963年在家乡出生，20世纪80年代初中学毕业。1983年，20岁的萧桂光离开家乡来到巴拿马，他在一位世伯旗下打工，学做生意。世伯的女儿和萧桂光在家乡时一起干农活，青梅竹马，在巴拿马又一起做生意，他们相互理解，互相帮助，情投意合，终于喜结连理。萧桂光结婚之后，在岳父的支持下，开始了他的独立创业。

开始，萧桂光收购了一间已经倒闭了的面包屋，他一边学习做面包技术，一边考察市场，夫妻俩胼手胝足，亲力亲为。萧桂光还专注研究外国人的饮食习惯，了解当地人的口味，结合运用中式技术对产品进行创新，创造出适合外国人口味的油炸鸡腿、油条及其他另类食物，成就了自己一套特色食品，加上他的服务态度好，萧桂光的生意做得越来越红火。有了技术和经验后，萧桂光在人流集中的车站旁边开了第二间面包店。业务扩展，他请了工人，萧桂光不但专注于他的模式管理，还研究和关注商业市场的走向。当他有了储蓄积累之后，他开始购买自己的店铺，他关注中心城市向外围发展的趋势，第一次在周边买下了三间店铺，两间开办超市，留一间做面包店，他坚持有特色的超市经营模式。做事认真踏实的萧桂光按照自己的管理模式逐渐扩展，到第三间，第四间……曾经有当地商业地产开发商不愿意把店铺卖给他（华人），但萧桂光看准目标，学会与当地开发商打交道，他真诚合作的态度不但使当地人把联排的商铺卖给他，而且他们还成为好朋友。

萧桂光一家

在事业开拓成长的过程中，萧桂光非常感慨，他说："无论走到哪里，生存发展都是要互相依靠，相互帮助，帮人就是帮自己，而我们赚了钱，是要回归社会的。"萧桂光这样的想法使他得到良好的人缘关系，也使他的生意事业不断扩展。在家族生意多元化健康发展的时候，萧桂光关注到商业地产，配合城市发展规划，他进入购买地皮发展商业地产的行业，他把建好的商铺除了自己扩展商业使用之外，其余的用于出租，形成了产业的多样化。

热心为侨

萧桂光在巴拿马创立事业，也感怀早年出国的老华侨同心协力守望相助，创立同乡会基业。他们的精神一代一代传下来，各侨社团侨领也积极组织华侨华人参与当地的慈善活动。每当同乡会的理监事上门筹款的时候，萧桂光总是大力支持，慷慨地捐出善款。当时主持侨社团工作的刘汶辉、邱文峰等侨领称赞他，并且让他参与同乡会，一起来为大家共谋福利。于是，2005年萧桂光进入巴拿马花都同乡会成为会员、理事。此后，他更是身体力行，支持同乡会的工作。

2011年，萧桂光当选为巴拿马花都同乡会主席。他的前任邱文峰把会长的责任交给他的时候，也正是他的事业快速发展的时候。他在生意上是个大忙人，几个孩子都在国外读书，家族的生意就靠妻子帮忙。为了同乡会的事，他经常放下自己的工作，把侨社团的事业放在第一位。当时，巴拿马花都同乡会财政出现困难，他和理监事一起分析情况、排除困难。他知道原来由同乡会前辈集资买下地皮并建起来的3万平方米"花县公园"，由于近年来商业中心的转移，位置稍偏，很少被利用。"花县公园"的维护管理要付出人工财力，成了负资产。为了盘活同乡会的财政，萧桂光到现场去查看，并联系当地人想办法把场地出租，以减少保养的费用还能增加收入；同时他又把原来的老会馆进行重新评估，提高租金。因为商业中心的转移，同乡会已购置了新的会馆，而盘活老会馆和"花县公园"，使同乡会增加了固定收入，会务得以健康发展。萧桂光积极务实，全心为乡亲谋福利的作风得到众乡亲的拥护。萧桂光为了适应形势发展，还抽时间回国，积极参加国内活动，他还配合家乡拍摄纪录片《花都之子》，并做了大量的工作，受到各方面的好评。

按照同乡会章程规定，萧桂光任期届满，他把工作交给新一任会长，但萧桂光并没有放弃对侨社的服务精神。由于萧桂光的孩子都在北美读书，萧桂光夫妇移民加拿大获得批准，到了多伦多安家后，他保持着与同乡会侨领乡亲的密切联系，仍然为华侨华人公益事业出钱出力。他说："我的生意主要业务仍然在巴拿马，那里是一个适合生存和适合华人发展的好地方。"目前萧桂光仍然担任巴拿马侨社多项职务，在各项慈善公益事业中，也时时看到他忙碌的身影。

萧桂光（后中）与花都同乡会代表参与巴拿马城市协议农贸市场安全问题

承先启后 再谱新篇
——记巴拿马花都同乡会永久名誉会长罗记添

罗记添在巴拿马乡亲大会上讲话

巴拿马是华侨华人居住最多的中南美洲国家之一,其中以花县(花都)人为多数。巴拿马的华侨华人社团非常活跃,不少年轻人以积极参加侨社团事业为荣,他们融入当地主流社会,营造了良好的华侨华人社团文化。罗记添就是其中一名较年轻的侨领。

义无反顾 参加侨社

罗记添祖籍花山儒林村,1962年出生。罗记添少年在家乡读书,1977年起,他接替父亲,在花山粮所工作。他工作踏实、积极上进。计划经济时代,在事业单位有份公职是十分荣幸的。只是当时家乡比较落后,为了过上富裕的生活,罗记添产生了去国外闯荡的想法。

1989年,在亲戚的帮助下,他和太太、女儿一家三口踏上了巴拿马的土地。到巴拿马不久,巴拿马发生战争,他看到美国大兵横行街头、不少无辜民众被枪杀、一些华人的超市遭抢劫,感到惊恐而无奈。战争风暴过后,华人社区恢复日常秩序,罗记添开始了他的拼搏人生。他在亲戚的超市里做工,一边学习帮助管理商务,一边熟悉当地的环境,半年之后,他开始独立开办小杂货店、超市。经营三年后,他买了一家较大型的超市,第四年转营批发干货、西药等。1997年,他的生意走向国际,罗记添家族生意的主要货源地来自中国。

在生意经营走向正轨小有积蓄的时候,罗记添的爱心使他将注意力转移到家乡建设上来,他参与家乡儒林小学的捐建、修建水泥路、资助贫困学子等公益事业。2005年,罗记添开始参加侨社工作,在侨社团平台上,他竭诚为侨胞服务。

团结侨胞 乐于奉献

2007年,罗记添担任巴拿马中华总会秘书长,2008年当选巴拿马促统会理事,2009年任巴拿马华人工商总会会长。任职期间,每年组织举办中华人民共和国国庆大型联欢庆祝活动,每年组织华裔青少年回中国参加国务院侨办举办的冬令营活动,让华裔青少年加深对祖国的优秀传统文化的认识和了解。他和侨领经常帮助和探访巴拿马当地孤儿院,每年积极筹办巴拿马大型筹款公益活动电力通(Teleton20-30),善款用于帮助贫困地区孩子及市民。

罗记添做事认真、正直果断、敢于担当。为了把侨社团的事情办好,罗记添和其他侨领一起,出钱出力。为了同乡会的活动更加丰富多彩、凝聚侨心、争取更多的侨胞和年轻人参与,罗记添总是多想办法。他发动年轻人参加,组织举办大型卡拉OK比赛,让华侨华人和当地人一起参与比赛,或者请来国内的文化艺术团体,做交流演出,把气氛搞活,以增强同乡会的凝聚力。在当地,政府或机关团体要举行活动,罗记添总是把自己的生意放下,参与当地政府为贫困儿童圣诞礼物。参与"文化中国,中华医学"中医团慰问、赛龙舟等活动。

2016年,中国国侨办牵手各侨团,在巴拿马举办了"四海同春,情暖侨心"大型春节联欢活动,罗记添精心策划,在非常有限的时间内,把活动安排得热烈隆重,不但发动了所有的华侨华人参与,还请来了巴拿马当地各级政府官员,各友好社团以及当地的文化艺术团体一起参与。活动安排有条不紊,筵开100席,全体会员乡亲与嘉宾、当地官员、各界友人欢聚一堂,来自国内的嘉宾领导以及当地的政府官员竖着大拇指说:"中国人,好样的!"

融入当地 推动创新

2013—2016年,罗记添任巴拿马花都同乡会会长,他真心实意地为侨胞谋福利,同乡会会员出现困难,罗记添总是第一时间赶到,帮助解决。罗记添还关注当地的营商环境问题,因为绝大多数的华侨华人在当地都是从事工商业营生。对不合理的价格以及社会现象,他们组织力量跟当地政府主管部门交涉,协助营造良好的商业氛围,以创新营销,在公平竞争下服务市民,推动社会进步。

罗记添(左二)在侨胞龙舟赛上为龙头点睛

2015年3月，巴拿马城某农贸市场发生一起反杀案，多名歹徒抢劫某华商时被该华商自卫反击，一歹徒被误杀。事后，歹徒亲属扬言要报复华人，吓得华人不敢去该市场买东西，当地农户的农产品无法卖出，市场秩序陷入混乱。面对这种情况，罗记添召集平常有生意业务的华人代表，就农贸市场治安问题进行分析，寻求解决问题的方案与办法。他们一方面做好华商的人身安全防范工作，一方面亲自到市场去实地考察、查明情况，要求当地警方对该市场加强警力，同时与当地政府、市场管理部门开会研讨，提出市场整改方案。经过反复磋商，同乡会的侨领以及商家代表与当地政府管理机构和警方达成共识：为了提高市场管理水平，同时设置保护措施，并发动华侨乡亲捐助监控设备，在整个市场内及周围主要交通道口安装摄像头和监控电视，此举有效地打击和遏制犯罪分子的不法行为，当地政府及警方高度赞扬花都同乡会侨领的工作作风。

爱国爱乡 共创和谐

罗记添自从担任巴拿马花都同乡会会长以来，着力会务创新，加强与中国的文化交流，推动华人经济贸易。在成功地组织承办了2016年"四海同春，情暖侨心"大型春节联欢活动之后，2017年又举办庆祝巴拿马花都同乡会成立100周年暨春节联欢活动。这一年也是中国与巴拿马外交破冰、建立外交关系的一年，好事连连，巴拿马花都同乡会因此出版了100周年纪念特刊。

罗记添带领全体理监事人员回顾过去、缅怀先贤、鼓足干劲、向前迈进。他说："我们同乡会的百年跨越，也是中巴关系史上的重大跨越，作为炎黄子孙，作为巴拿马侨民，我们感到骄傲与自豪。"通过发动广大华侨华人举行大型庆祝活动，广大华侨的心与祖国拉得更近了。罗记添曾回中国参加世界华侨华人杰出青年论坛，出席庆祝中华人民共和国成立60周年大阅兵。所见所闻，无不让他欢欣鼓舞。

罗记添在北京参加祖国68周年国庆活动

自从巴拿马与中国建交之后，政治对话与经济交往的渠道被拓宽。罗记添表示要继续推进华侨华人的事业，让居住在海外的华侨华人继续为中巴友好做好桥梁作用，更好地支持祖国家乡的各项建设。

在他任期届满的时候，他与当选的同乡会会长和老会长一起，共同探索推动新时期华侨工作的新亮点。他把一些青年骨干召集过来，在新老会长的推动下，巴拿马华侨青年联合会成立了。

巴拿马华侨青年联合会（以下简称"侨青会"）正式登记为巴拿马华侨华人社团，附属巴拿马花都同乡会。在同乡会的扶持和努力推动下，侨青会的会员与家乡花都侨联会联合起来，连续多年参与家乡的扶贫助学、扶弱帮困的活动。侨青会多次邀请国内文化艺术团来巴演出，积极推动中巴文化交流。

罗记添一贯热心公益、爱国爱乡，多年来为侨社及华人社区做出了突出贡献，受到了中国驻巴拿马贸易发展办事处（建交后为中国驻巴拿马大使馆）的高度赞扬，也受到侨胞的爱戴。

2019年6月27日，为了表扬华人对巴拿马做出的贡献，巴拿马省政府授予罗记添华人最高荣誉奖，由巴拿马省长亲自颁发"英雄勋章"，以表彰和肯定他对当地社会、政治、经济、文化所做的贡献。

侨社为家 夙兴夜寐
——记巴拿马花都同乡会第七十三届会长刘扬烈

刘扬烈是巴拿马花都同乡会会长，属于年富力强的一代侨领。从事侨社团工作30多年，从职员到骨干到会长，使他习惯了以社团工作和公众利益为己任。由于多年来工作出色，为当地华人社区以及巴拿马当地经济、文化、慈善事业做出重大贡献。刘扬烈受巴拿马省省长颁发英雄勋章（Victoriano Lorenzo）。这是巴拿马省最高荣誉勋章。

刘扬烈

一

刘扬烈是花山镇红群村人，1956年出生，1973年中学毕业后在家乡务农。刘扬烈做事专注，受到长辈的好评。在改革前的乡村，集体经济相对落后，那一年，村里购买了一台解放牌汽车作为运输工具，在众多的乡村年轻人中，刘扬烈被挑选出学汽车驾驶，这是一个很多人向往的职业。刘扬烈也觉得自己很幸运，总是以最好的工作态度完成任务。

20世纪80年代，国家实行改革开放，不少乡亲申请移民巴拿马，刘扬烈也加入了这个行列，1981年，刘扬烈移民到巴拿马，当时他25岁。

在巴拿马打工两年，刘扬烈迅速熟悉当地环境，稳定下来之后，把家人从家乡移民到巴拿马。在亲人的帮助下，他购买了一个小餐厅开始独立经营，5年之后扩大规模转营中餐厅，开办了新龙酒家。刘扬烈在巴拿马城经营中餐厅12年，他的孩子也完成学业参加工作。刘扬烈结束了中餐厅，在新唐人街购买了两个店面支持儿子在巴拿马从事商业发展。随着华人移居巴拿马日众，新移民业务以及一些法律问题越来越显现，刘扬烈聘请了两个当地律师，开立了华人律师事务所，以帮助更多的华侨华人新移民解决移民签证以及在商业经营过程中的法律问题，给予华侨华人支持和帮助，把直接为侨服务的工作做好，受到华侨华人的欢迎。

刘扬烈来到巴拿马，生存立足，事业顺利发展，也得到乡亲的支持，他深深地感到，身居海外，同乡的团结，是一种力量，侨社团就是乡亲团结凝聚侨力的一个载体，所以他和一批年轻人毅然参加侨社团的工作。他关心公益，热爱侨社，把侨社团的事当成自己的事。

1985年，刘扬烈加入侨社组织，成为侨社团中活跃的年轻人。他先后被任为巴拿马花县同乡会常务理事，2001年任巴拿马和平统一促进会常务理事、中华总会常务理事，现任巴拿马花都同乡会会长及巴拿马华人工商总会副会长，亦是华人工商总会创始人之一、巴中友好协会理事。

在巴拿马花都同乡会有一个醒狮团，每逢节日喜庆、大型活动，醒狮队都会进行表演，营造气氛，在当地深受欢迎，也成为同乡会传承中华文化，弘扬武术传统的载体。刘扬烈担任醒狮团团长达20年。2018年，刘扬烈带领醒狮团参加中国国侨办举办的"文化中国·全球华人·中华才艺·龙狮大赛"中，巴拿马花县醒狮团获得银奖和特色奖。

二

巴拿马的华侨华人越来越多，华人社团尤为活跃，他们为推动当地经济的发展发挥了不可替代的作用。2004年，巴拿马政府国会通过法案：为肯定华侨华人对巴拿马所做出的贡献，在华人抵达巴拿马150周年纪念日时，把每年的3月30日定为"华人节"，以表示对华人的表彰与历史的纪念。与此同时，中华总会发出呼吁，建造一个华人抵巴150周年的纪念公园，这不但是一个纪念的日子，而且是中巴人民友谊的象征。这个议

刘扬烈、邱文峰在接受英雄勋章之后与巴拿马省省长和乡亲合影

案得到大家的一致同意，刘扬烈作为中华会馆的主要成员之一，在筹办中巴公园的过程中，带头积极参与捐助和筹建。当时，台湾当局驻巴拿马机构插手干预（中巴建交之前），刘扬烈旗帜鲜明地和中华会馆领导人刘汶辉一起，拒绝台湾当局的意图。

自从2018年担任巴拿马花都同乡会73届会长以来，刘扬烈更是把同乡会的工作作为自己的日常工作，他平常大多数时间都在同乡会办公。刘扬烈代表着华侨华人参与当地经济社会文化事业，配合当地政府，开展慈善活动，如同乡会侨领带头捐钱捐物，联合当地大型慈善机构"电力通（Teleton20-30）"等，帮助当地的残疾儿童，参与建设慈善大楼，花都同乡会长期供养当地10多个孤寡老人，给他们租屋，供伙食费等，这已经成为同乡会的分内事。他们的行为得到当地政府的赞扬。

刘扬烈在"四海同春"大型活动上讲话

自从中巴建交以来，国际国内的情况向有利于华人华侨事业的方向发展。要让侨社团发挥更好的作用，就要让古老的同乡会焕发生机，即让更多青年华侨参与侨社的活动，于是刘扬烈开始着手组织成立巴拿马华侨青年联合会，在他和同乡会侨领的发动领导下，现在巴拿马有2000多名华侨青年参与侨青会，几乎每家每户的华侨青年都有参与，侨领们还帮助侨青会完善组织，成立理监事机构。在2018年，中巴两国建交周年纪念的时候，巴拿马花都同乡会和华侨青年联合会共同参与中国国侨办在巴拿马举办的"四海同春"活动。在相关领导的组织指导下，在同乡会醒狮团的积极配合下，活动搞得有声有色，产生了良好影响。

在当今的华侨华人侨社团领导中，刘扬烈从事侨社工作已经30多年，他始终如一、任劳任怨。他不但是有心人，而且有经验，他以智慧与才华，守护着这个大家庭。

大义凛然 力促统一
——记中南美洲中国和平统一促进会第二任会长唐金水

唐金水是改革开放之后移民巴拿马的华侨，30多年来，他在异国他乡生存发展，创立事业，成为杰出侨领。他爱侨社，爱家乡，爱祖国，为当地华侨华人事业、为祖国和平统一竭尽心力。

志存高远 乡情凝重

唐金水祖籍花山镇儒林村，1956年在家乡出生、读书，1973年高中毕业回乡务农。

唐金水是一位积极向上的乡村青年，曾被推选为生产队队长、村委民兵营长、团支书、治保主任等。十多年在家乡，服务乡亲大众，踏实稳重，积累了管理经验，也提升了他的服务精神。

唐金水

唐金水经历了中国农村经济体制改革，从集体所有制的乡村经济，到实行农村承包责任制，调动乡村农民各方面的积极性，开展乡村农、工、牧、副、渔多业发展，壮大集体经济，让沉闷的乡村经济出现勃勃生机。唐金水与父老乡亲一起艰苦奋斗，力图改变家乡贫穷落后的面貌，面对生他养他的这片故土，以及血肉相连的父老乡亲，唐金水结下了深深的感情。

1986年，步入而立之年的唐金水在挚友的帮助下移民巴拿马，开始了人生新的旅程。

初到陌生的巴拿马，他和大多数的新移民一样，人生地不熟，语言不通，一切都是从零开始，白手起家。开始，他寄居朋友店铺中，帮同乡打工，料理生意业务。一切随遇而安。唐金水是个耐得住寂寞的人，他沉下心来，一边工作一边学习西班牙语，幸好有良好基础，加上务实勤奋，唐金水较快地适应了新环境，结识了当地朋友。同时也得到朋友乡亲的帮助，使他可以拓展自己的生意业务，在当地社会站稳脚跟。移民第二年，唐金水成为巴拿马花县同乡会会员。从此，与华人社团结下了不解之缘。

热爱侨社　心向祖国

自1992年起,唐金水先后担任巴拿马花县同乡会侨务主任、秘书长、副会长,巴拿马人和会馆秘书长,巴拿马中华总会侨务主任,巴拿马华人工商总会秘书长、副会长等社团组织职务,经历和累积了20多年侨务工作心得体会。20多年的锻炼实践,特别是在实际侨务工作中与侨胞沟通互动,用心用情为侨胞乡亲服务和解决实际困难。

1995年7月,家乡村委会来信,陈述学校年久失修,部分教室已成危房,急需重修,向海外乡亲发出倡议,呼吁捐款集资重建学校。为了支持家乡重建学校,由旅巴拿马的本村华侨长辈牵头,召开专题会议,成立"旅巴儒林村筹建家乡学校委员会",唐金水参与组织联络工作并担任秘书长。大家明确分工,通过媒体刊登告示做好宣传发动工作,筹委会分期分批邀请侨胞召开乡亲座谈会,宣讲募捐的目的意义。唐金水还和筹委会成员分成若干工作小组,上门造访侨胞,共襄善举,他们走遍了巴拿马全国9个省份,不辞劳苦地推动募捐。由于筹委会成员以身作则,带头捐款,经过5个月辛勤募捐,于当年12月,共募集32万多美元。

在里外乡亲多方共同努力下,仅用了10个月时间,就圆满完成了学校的重建工程。1996年金秋季节,花山镇儒林村的儒林华侨学校竣工启用。通过这次在海外募捐,加强了海外乡亲的团结合作精神,彰显了海外华侨华人的中国心。

反独促统　旗帜鲜明

自从参加巴拿马华人社团,致力于推动中巴两国友谊发展,唐金水深深地认识到,侨团组织是海外侨胞的靠山,而祖国的强大,是海外侨胞的脊梁。

在巴拿马以及中南美洲,一些未与中国建交的国家地区,"台独"势力猖獗。"台独"分裂势力歪曲历史,裹挟民意,妄图分裂国家。对此,唐金水和钟月钧等老一辈巴拿马华侨华人一样,都十分气愤。于是,唐金水和钟月钧等团结爱国人士旗帜

唐金水在促统大会上发言

鲜明地反对"台独"分裂势力及其分裂活动。

2000年10月,在钟月钧带动和领导下一批爱国志士,商讨在巴拿马创建统促会事宜。大家统一思想达成共识,决定创建祖国统一促进会组织,并议定以"自发、自愿、自费"为原则,成立筹委会开展筹备工作。钟月钧负责全面指导,唐金水负责联络侨胞和发动募捐筹集创会资金工作,仅用两周时间就达到预期目的。2001年1月8日,隆重举行了巴拿马中国和平统一促进会成立大会。

多年来，巴拿马中国和平统一促进会努力工作，联络各地华人华侨，他们跨地区，跨国界，在华人社区和广大民众中做宣传演讲，发动、组织爱国力量，支持祖国和平统一大业，反对"台独"，其义举为世人所瞩目。

2006年12月，唐金水当选为巴拿马中国和平统一促进会第三届会长。他努力工作，坚决反对"台独"分裂。他用实际行动，教育和感染许多旅巴台湾同胞认同一个中国原则，压缩了"台独"势力在巴拿马的活动空间，反独促统工作取得了明显成效。

为了把中国和平统一促进会的工作向中南美洲乃至全世界推进，在钟月钧领导下，2001年3月，召集12个国家的爱国侨领相约巴拿马，共同创立中南美洲中国和平统一促进会，于3月18日在巴拿马举行成立大会。钟月钧同时被推选为中南美洲中国和平统一促进会创会会长。唐金水与同仁志士互相配合，多年来致力推动在中南美洲未建交国建立统促会组织做出卓越的成绩。主动牵线搭桥未建交国政党与中国致公党建立沟通交流，牵线未建交国家市政部门与中国内地相关部门建立友好关系，扩大民间交往。他们的出色工作受到嘉许。

唐金水继2007年当选担任巴拿马中国和平统一促进会会长后，2013年当选担任中南美洲中国和平统一促进会会长。2015年2月被邀请为广东省政协十一届三次会议列席代表，2015年3月作为全国政协十二届三次会议列席代表参加会议，他更加理解中国人民争取和平统一中国的决心和意志。

唐金水现任中南美洲中国和平统一促进会会长，巴拿马中国和平统一促进会名誉会长，巴拿马国立中华民族委员会顾问，中国和平统一促进会常务理事，中华海外联谊会常务理事，中国广东省侨联顾问。

忠孝节义　血浓于水

中南美洲中国和平统一促进会坚持每年轮值举办年会，这个洲际性统促会走过了不平凡的岁月。2011年3月，举办中南美洲中国和平统一促进会成立十周年纪念大会，获得国内涉侨部门高度重视。唐金水作为中南美洲中国和平统一促进会常务副会长，积极协助钟月钧会长执行和开展会务工作。

唐金水分析提议，考虑到中美洲地区还有多个国家未与中华人民共和国建交，也没有统促会组织，他决定创造条件，在这些未建交国家推动成立统促会。唐金水联络和协助洪都拉斯的朋友，并提供组建统促会的章程等相关资料。历经一年多的努力，2013年初，洪都拉斯中国和平统一促进会正式成立。

2013年6月，中南美洲中国和平统一促进会年会在厄瓜多尔召开，唐金水当选中南美洲中国和平统一促进会第二任会长，从老会长手中接过沉甸甸的印鉴，他感到自己的担子更重了。也标志着他多年为中南美洲中国和平统一促进会在会务工作所付出的努力和成绩，再次获得大会和全体同仁的认同、支持和肯定。唐金水以此为动力，一如既往地把中国和平统一事业推向前进。

2014年6月21日，就在他起程前往秘鲁参加年会的前一天，唐金水的岳父与世长辞，经过再三考虑，他诚恳地向岳母和妻子以及内弟等提出自己的想法，将岳父"入土为安"事宜顺延几天安排，因为出席早已排定的年会是一种责任和义务。他获得了亲人的理解和支持。6月22日，他如期随同巴拿马中国和平统一促进会代表团前往秘鲁，参加了中南美洲中国和平统一促进会年会。秘鲁年会闭幕次日，唐金水匆匆赶回巴拿马，与亲友一同送岳父最后一程。

不忘初心 砥砺前行

2014年9月，应中国和平统一促进会邀请，中南美洲中国和平统一促进会一行14位同仁回到祖国考察访问。先后拜会了广东省中国和平统一促进会、广东省侨办、全国人大华侨委员会、国台办、国侨办、中国侨联、外交部、致公党中央委员会等涉侨部门。通过这次访问，在中国境外的中国和平统一促进会有机会与相关部门直接沟通交流，共同探讨两岸关系和平发展议题，鼓舞士气，加强了世界华侨华人的团结，凝聚了力量。

唐金水继续与洪都拉斯、特立尼达和多巴哥、圭亚那等国促统会同仁团结一致，互通信息，力促统一阵线的工作。2014年他们相约于11月1日抵达苏里南共和国，与当地华侨华人共同见证了苏里南中国和平统一促进会的成立，并参加庆典活动。

唐金水与巴拿马总统

2015年5月，中南美洲中国和平统一促进会工作会议在洪都拉斯举行。

2018年12月初，中国国家主席习近平首次到访巴拿马，亲切接见了使馆人员和中资机构代表及18位华侨华人代表，其中花都乡贤8位，唐金水是代表之一，他受到巨大鼓舞。

唐金水参与侨社服务侨胞30多年，得到乡亲的好评。特别是在担任中南美洲中国和平统一促进会工作历时近20个春秋，推动中南美洲21个国家相继成立中国和平统一促进会组织，从而凝聚了力量，壮大了队伍，扩大反独促统的声势。可以说，中南美洲中国和平统一促进会是全球统一战线的重要组成部分。2019年5月，中南美洲中国和平统一促进会年会在委内瑞拉如期举行，体现了中国和平统一的洪流势不可挡。大会举行年度任期改选，年逾花甲的唐金水连任会长职位。

促统大业 视为己任

——记巴拿马中国和平统一促进会会长麦杞佳

麦杞佳1988年移居巴拿马,30多年来,他从艰苦创业到事业有成,作为巴拿马中国和平统一促进会(简称"促统会")会长,他以祖国统一大业为己任,身先士卒,倾心侨社,尽忠职守,为促进中国和平统一事业发挥着重要作用。

闯荡世界 创业维艰

麦杞佳是花山镇城西村人,1956年生。由于家庭生活贫穷困,麦杞佳13岁辍学回家。父亲要他学门手艺用于防身。勤奋好学的麦杞佳,泥水、木工、打铁,传统的三行手工艺都学过,还学会制作农具和农机维修。他到了村办企业砖瓦厂烧窑火,工作又苦又累,麦杞佳刻苦耐劳,咬着牙挺着,好在他是个身强力壮的小伙子,肯学习又听话,

麦杞佳在北京参加全国政协会议

任劳任怨，深得师傅和企业领导的重用。后来广州市有一间自行车厂为帮助村办企业发展生产，对外发放部分自行车零件机械加工，村办企业即选派几位广州市知青和当地青年到广州自行车厂学习冲压、车床、焊接技术，掌握了一般的工件加工流程并学会机械加工技术。回到村办企业带徒弟，为自行车厂加工单车配件，这种模式是当时农村手工业、轻工业的发展雏形，是带动乡村经济（副业）的起步阶段。

20世纪70年代后期，麦杞佳的生产技能已十分熟练，而且还成了工厂负责人，此时，他学会了经营管理，成了乡镇企业家。用麦杞佳自己的话说，他享受到了中国农村改革开放第一批红利，成了先富起来的一部分人——农村万元户。麦杞佳获得第一桶金后，在家里建了房子，家庭生活开始改善。

1988年，麦杞佳到了而立之年，有了贤惠的妻子和两个儿女。他不满足于生活现状，想要做一番更大的事业。他看到农村改革开放带来了新气象，不少外来的三来一补企业进入中国乡村，把先进的生产设备和生产技术带了进来。看到外来的事物如此先进，他不禁有了出国闯荡世界的念头。他知道有不少乡亲在巴拿马谋生，于是，敢想敢做的他，只身一人踏上了去巴拿马的路。

来到巴拿马后，他在一些华人开的超市打工。打工的日子不好受，工作时间长、劳动强度大、工资少、待遇低，麦杞佳咬紧牙关，绝不退却。一年后，有了一些积蓄的麦杞佳结束打工生活，自己开了间杂货铺，亲力亲为，起早摸黑。几年后，事业开始有起色，杂货铺升级为超市，还兼营水电五金等。

1994年，他把妻儿接到巴拿马。麦杞佳看到巴拿马正处在建设发展时期，便将目光放在了建筑材料这行上，他们一边扩大超市，一边开始生产建筑材料。麦杞佳根据以往做企业的经验，他离开巴拿马城，向西部郊区开拓，在土地充裕且交通方便的地方办起了水泥空心砖厂。后来，随着业务的发展，麦杞佳注册建立了麦氏建筑材料有限公司，经营地砖、门窗、铝材、水电五金，另外还从中国进口地砖等建筑材料。麦杞佳做生意以诚信为本，不怕吃亏，提供优质服务，赢得了很多客户的青睐。他的公司业务范围不断扩大，不久成为当地有相当规模的建筑材料有限公司。麦杞佳在当地华人社区的信誉与威望也得到提高。

经过多年的发展，麦杞佳的生意越做越大，现经营超市、五金交电、建筑材料及进口建筑材料贸易批发的生意。

近年来他逐渐把生意业务交给儿子管理，腾出更多时间参与社会公益及华人社团事业。

热心社团 乐于奉献

当年麦杞佳移民巴拿马时，巴拿马政局正处在动荡之中。1990年，巴拿马出现了排华事件，他们出动警察袭击华埠，闯入华侨华人的商店和住宅，拘捕扣留未有居留证的华侨华人，并把他们投进监狱，麦杞佳也在其中，一时间人心惶惶。事件发生后，巴拿马中华总会、花县同乡会的侨领会同当时在巴拿马华裔青年会国际关系部任职的刘玉珍女士一起，向巴拿马国家内政部交涉。他们组成专门小组要求面见总统，大家团结一致,理直气壮地站出来维护华侨的合法权益。在他们的努力下,当局同意对无居留证的侨民进行普查登记,3000多位华侨获得了半年的临时居留权,同时新来的侨民各种事宜也被妥善办理。

亲身经历使麦杞佳非常震动,他感激侨领前辈无私和竭诚的服务。麦杞佳也体会到,团结对于在异地他乡谋生的华侨来说,是多么的重要,从此他热心投入华侨社团工作。每一次华侨社团组织活动,他都毫不犹豫大力资助。麦杞佳因此成为巴拿马华人工商总会和花都同乡会的中坚分子,2007年当选西部中华公所主席,2010年连任。2012年,麦杞佳受邀作为海外侨胞代表列席中国全国人大、政协两会,2012年受邀参加国侨办举办的首届海外侨领骨干联谊学习班,此次交流学习让他进一步感到强大的国家是侨民的后盾。

2013年甘肃省定西市发生6.6级地震,12.3万人受灾,海外侨胞对此十分关注。麦杞佳担任巴拿马华人工商总会联合全侨支援甘肃省抗震救灾筹备主任,发动侨胞并带头捐款支持祖国灾区人民。之后,麦杞佳几乎是全身心投入社团工作,他诙谐地说,做华侨社团工作,需要三才,一是蠢才,什么事都做,不推却,不讲价钱;二是奴才,听话,任劳任怨,不怕吃亏;三是钱财,做社团工作要出钱出力。

在花都同乡会的工作中,麦杞佳曾担任侨务主任,负责侨务组工作,对于一些遇到家庭困难、商业纠纷、债务问题的乡亲,特别是一些弱势群体的求助,他们都会第一时间给予帮助、协调,公正诚恳。如遇到重大的经济商贸问题,他们会及时向中国驻巴拿马贸易发展办事处(中巴建交前巴拿马没有中国大使馆)和当地政府有关部门汇报情况,请求帮助,协同处理事件,使侨胞感到亲切和依靠。有些侨民遇到涉及家乡的问题,如房屋纠纷、读书签证等需要帮助解决时,他从不推却,有时候甚至放下自己的事情为侨胞奔走,寻求解决办法。

麦杞佳(右一)配合巴拿马警方解决当地商贸市场民众纠纷事件

力促统一 挺身而出

麦杞佳2014年当选巴拿马华侨华人中国和平统一促进会副会长,2015年,麦杞佳担任巴拿马华侨华人促统会举办的反法西斯战争胜利暨中国人民抗日战争胜利70周年纪念活动的筹备主任,2016年当选为巴拿马华侨华人促统会会长,2017年当选巴拿马花都同乡会副会长。在新形势下,麦杞佳成功主持两岸关系全球论坛暨巴拿马华侨华人促统会成立15周年纪念大会。2018年担任全球华侨华人促统会大会主席。2019年连任巴拿马华侨华人促统会会长。他身体力行,将中国和平统一大业视为己任。为了更好地履行侨社团的职能,麦杞佳放手自己的生意,全身投入社团服务工作,他坦言后半生将致力于祖国统一大业。

麦杞佳联合旅巴各界人士和社团，召开各种主题座谈会，努力推动有利于中国和平统一的各种交流，致力于增进两岸同胞了解互信，在涉及国家主权、尊严和领土完整等重大问题上，积极主动发声，旗帜鲜明地支持中国政府的立场，为反对"台独"、促进两岸关系和平发展做了大量的工作，主政巴拿马促统会的会务得到进一步提升。

麦杞佳带领巴拿马华侨华人中国统一促进会红色之旅到遵义

为推动中南美洲地区促统运动的事业，麦杞佳经常自费组团到世界各地参加各种促统活动。他们组织了"巴拿马中国和平统一促进会红色之旅"中国行，回国观光考察，成员有中国和平统一促进会的年轻会员、理事、顾问及其他社团负责人参与。"红色之旅"一行目睹家乡建设日新月的异新面貌，感受到了祖国经济社会高速发展、多民族和谐共荣的大团结局面，增强了他们实现中华民族伟大复兴的信心，加强了对推动祖国统一的神圣使命感和责任感，凝聚了海外促统力量。

振兴侨社 华埠扬威

——记巴拿马海外华侨青年联谊会会长、花都同乡会会长江雄桐

江雄桐是巴拿马侨社团最年轻的侨领之一,他在巴拿马成功创业,为侨社和当地的社会公益事业做出了重大贡献,被巴拿马省长授予民族英雄勋章。江雄桐2019年12月被推选为第74届巴拿马花都同乡会会长。

读书奋斗 成功创业

江雄桐祖籍花山镇东华村上塘庄,1975年在家乡出生。母亲家族的祖辈多已移居巴拿马谋生,外公在巴拿马赚钱后,返乡买田建屋。

母亲的兄弟多人早年移居巴拿马,他们在事业上有成就,已融入当地主流社会。1987年,江雄桐在家乡小学读到四年级时,舅舅帮助他们母子俩申请移民到巴拿马。12岁的江雄桐到巴拿马

江雄桐参加中华人民共和国成立67周年庆典

之后继续读书,但是当时巴拿马没有中文学校,他进入小学完全接受西班牙语教育。母子俩寄居在舅舅家里,也帮助经营店铺生意。

一年后,舅舅转行做餐馆,把杂货店给了母亲经营,江雄桐一边读书,一边做工,放学的时候要跟母亲打理店铺生意,这时候他的哥哥也从中国来到巴拿马,母子三人,经营杂货生意,倒也日渐兴旺。但好景不长,1989年,美国对巴拿马开战,政局动荡,人心惶惶。一天,天没亮就有人拍门买东西,结果一开门,所有物品被购买一空。接着就听到轰隆的炮声、枪声,整个城市陷入一片混乱恐慌之中。也有人趁机打劫,不少华人的店铺被抢劫,甚至出现打死人的情况,生意一落千丈。经过血与火的洗礼,江雄桐兄弟也变得成熟和坚强起来。战乱平复之后,他们仍然一边读书,一边继续帮母亲重振生意业务。在实际的操练中,他们很快学会了经营,当生意盈利之后,他们又买一间超市来经营。1992年,兄弟俩把超市卖了,想闯荡美国,但最终没有去成,于是兄弟俩又开了间餐馆。他们勤劳勇敢、虚心学习、大胆创新。江雄桐的

几位舅舅事业有成,分别成为地方政府的财政部长、医院院长、个人安全顾问等。因此江雄桐不但跟着妈妈学打理生意、经营餐馆,还跟着舅舅们学待人接物、迎来送往之礼仪,从中积累了很多的经验和资讯。他们的生意业务迅速发展,后来,他们在当地买下较大的超市,业务量扩大,还开餐馆、烫衣铺等。1999年,江雄桐兄弟俩先后结婚成家,于是兄弟分开经营。

江雄桐不断总结经验,开拓进取,生意业务和经营产品多样化,现在经营着八间有相当规模的超市,雇用了120多个当地人为他公司打工。

侨亲侨社 不解之缘

江雄桐2013年加入巴拿马花都同乡会,其时巴拿马社会已趋向政治稳定,人民安居乐业。对于江雄桐的工作能力,老一辈尤为满意。江雄桐也很乐意参加醒狮队,因为早在巴拿马上学读书的时候,江雄桐就已经加入了花县醒狮团学习舞狮武艺,他们那时经常参加侨社团狂欢节活动等。

在巴拿马花都同乡会、华人工商总会等各社团组织的大型活动中,江雄桐被推举为司仪,这位年轻的主持人备受关注。当时中国与巴拿马还没有建交,由于江雄桐语言天份好,能讲一口流利的西班牙语,他常常被推举为外交办事的代表,出面为侨社团和华人社区问题跟政府官员打交道,以解决各种问题和纠纷,因此他成为侨社团不可多得的年轻会员,很快就成长为侨社团的侨领。

为了加强和维持社会治安,营造和谐商业秩序,维护华侨华人与当地市民的利益和商业氛围,在江雄桐的积极参与下,巴拿马花都同乡会向巴拿马市政府农贸市场捐助了监控器材,此事得到巴拿马政府的赞许。江雄桐还参与协调巴拿马市物价局处理西人商家与华人商家之间的"牛奶涨价风波"事件,促使官方物价局主导维持合理价格、稳定市场公平竞争的良好秩序。江雄桐作为代表参与移民局商议关于华侨移民法令的座谈

江雄桐(左站立者)代表巴拿马华人在牛奶价格调整座谈会上发言

会，代表华侨华人发出声音。江雄桐曾代表华侨华人参加圣米格利托区贫困儿童圣诞礼物捐赠活动，以表达华侨华人对当地民众的友谊与爱心。

江雄桐在2014年当选为巴拿马花都同乡会第72届监事，担任会长助理、西班牙语秘书，还先后担任巴拿马中国和平统一促进会西班牙语秘书四年、巴拿马华助中心理事两年；2015年担任巴拿马花都同乡会敬老春宴暨元宵联欢晚会筹备主任。他工作出色，把侨社的活动搞得隆重热烈，深得侨胞好评，同年当选为华人工商总会第9届常务理事。

发展融入 自强不息

在巴拿马花都同乡会和巴拿马华人工商总会担任职务期间，江雄桐的聪明才智和综合能力得到了充分发挥。江雄桐说，自从参与侨社团工作，主持大会和打交道使他的中文水平也得到更好的提高。

他颇有感触地说："我们有二三十万华人在巴拿马，花都的乡亲占了70%以上，我们一定要团结、争气才能让自己强大起来，侨社团就是华侨华人的支撑。"电力通（Teleton20-30）是巴拿马全国性的大型慈善公益筹款机构，每年举行筹款活动，旨在帮助当地的弱势群体、民间医院和贫困儿童等。对于当地的这些大型慈善团体活动，巴拿马各华侨华人社团积极配合、踊跃支持，各社团的领导会带头并发动华侨华人捐款，江雄桐也积极带头参与，并多次担任筹备主任，做好发动组织工作，使工作有条不紊卓有成效地向前推进。他们的慈善义举也得到巴拿马当地政府的认可和好评。

2016年，中国国侨办在巴拿马主办了"四海同春"大型活动，江雄桐任筹备委员会主任。2017年，在花都同乡会成立100周年暨春节联欢活动上，江雄桐再一次担任筹备主任并做主持人。这些活动场面盛大，有来自国内的海外联谊会"心连心"艺术团走进巴拿马慰问演出，有中国巴拿马贸易发展办事处的代表，有巴拿马市政官员、市长、文化部部长，还有巴拿马各大侨社团领导、乡亲、朋友。成千上万的华侨华人参加盛会，人们在盛会中看到了各种中国传统文化的表现形式，如醒狮、洪拳、太极拳、客家山歌、秧歌舞、民族乐器演奏、变脸、魔术等等，这些中华文化的嘉年华盛典，举世瞩目，感动中国、感动巴拿马、感动千万海内外中华儿女。

家国民族 在我心中

江雄桐作为年轻的巴拿马侨领，为了不断地提升自己，以满腔热情参加各种学习训练，如参加暨南大学中华才艺武术培训班，参加在甘肃省举行的华侨华人负责人高级研习班，参加庆祝国庆67周年联欢活动，等等。通过学习和交流活动，他更加体会到祖国的伟大。

之后他进一步投入，以实际行动支持祖国家乡的建设。他发挥自己的外交才干与组织能力，邀请并组织中国国内的艺术团来巴拿马表演。如家乡花都毕村有高桩舞狮，他邀请舞狮队来巴拿马表演传艺，让中国的民俗文化在巴拿马大地开花。近年来，他带头在巴拿马成立"巴拿马海外青年华侨联谊会"（简称"侨青会"），以带动更多的巴拿马华侨青年参与侨社事业和侨务工作，推动中巴文化交流与合作。现已

江雄桐接受当地TVN电视台采访

发展了300多青年会员。他带领侨青会的理事一起筹备资金，共同参加参与家乡花都的扶贫助困活动。2017年，他们筹集了11万元人民币，通过花都区侨联举行扶贫助学活动；2018年又筹集8万元人民币参与辅助困难归侨学生的慈善活动……

2020年新春，他们得知中国遭受新型冠状病毒肺炎疫情时，江雄铜和同乡会理监事马上发动巴拿马花都同乡会和巴拿马海外青年联谊会以及各界人士投入积极筹款，出钱出力，以最快的时间分批购买物资支援祖国。2020年2月3日捐了5000只N95型医用口罩回北京，5天后再捐7000只N95型口罩、18500只医用手套、红外线测温计一批给花都红十字会，积极参与支持祖国抗击疫情。他们用实际行动证明华侨乡亲特别是华裔青年的心中装着祖国。

江雄桐出色的工作表现，得到广大侨胞的赞扬，也得到中巴两国政府部门的高度肯定。2015年，江雄桐获得中国驻巴拿马贸易发展办事处颁发的"巴拿马侨界爱国活动杰出侨领"奖；2016年获得巴拿马政府颁发的"巴拿马好市民"奖，还被邀请参加中国北京第十届世界华裔杰出青年华夏行；2017年，巴拿马省长授予他民族英雄勋章，以表扬他对中巴文化交流所做出的杰出贡献。

华人工商 一脉相传

——记巴拿马华人工商总会创会会长钟震邦和他的继任者

  巴拿马华人工商总会是巴拿马全侨组织，20世纪90年代末创建成立。20多年来，该组织服务当地社会，联络巴拿马广大侨民亲属与祖国家乡的友好来往，推动华人工商业的发展，为当地社会经济建设做出卓越的贡献。

  巴拿马地处中南美洲巴拿马大运河要塞，历来是国际上的战略要地。此地风光优美，气候宜人，适合居住，并具有发展潜力，因此成为各地移民的热门地区，也是中国华侨华人居住的首选地区之一。在巴拿马有30多万华侨华人，这些人当中花都人占了70%以上。

  在20世纪，由于国际形势的布局与纷争，台湾当局对一些国家和地区推行经济外交，企图在当地培植势力。随着国际形势的发展，中华人民共和国日益强大，不少进步

巴拿马总统参加庆祝2019年新春联欢晚会
（左起：罗炳年、总统顾问陈国基、巴拿马总统、张德泉、罗德双）

的爱国人士，在世界各地组织发起支持中国和平统一的活动。在巴拿马，有一群爱国的正义华侨商人，他们发起组织成立巴拿马华人工商总会，后来相继成立了巴拿马中国和平统一促进会和中南美洲中国和平统一促进会。

华人工商总会和华助中心向敬老院捐献轮椅

巴拿马华人工商总会的发起人之一钟震邦是狮岭镇旗美村人，其父亲钟金水是早期去巴拿马的商人，也是巴拿马最大的鞋业公司的老板。钟金水事业成功，乡情凝重，1964年，鉴于先贤在20世纪20年代购置之会所残旧破损，钟金水斥资带动邑人合力修缮加建会所。钟震邦在巴拿马出生，他精通多种语言。在巴拿马大学毕业后到美国留学，学成又回到巴拿马帮助父亲发展事业。父亲常常告诫儿子，根在中国，要为中国做点事。钟震邦牢记父亲的教诲，积极参与社会公益和侨社团的工作，常常为侨社团出谋划策，并代表华侨华人与当地相关部门交涉，拓展会务。他十多年来为华侨华人和会馆操持会务，并帮助中华总会馆做事，工作出色，无怨无悔，1996年担任中华总会馆会长。因与老会馆中的陈腐势力有悖，他离开中华总会馆。钟震邦认为时代在发展，大势所趋，如果侨社团停滞不前必将被淘汰。1999年，钟震邦与一群工商界精英人士联合起来，发起创立了巴拿马华人工商总会。他和父亲早年支持同乡会一样，带头筹集资金，购买了会所，钟震邦当选为第一任会长，他在新成立的工商总会挂上中华人民共和国国旗。他与工商界人士志同道合，团结并肩，提振工商事业，恪守民意。他被邀请去北京参加中国国庆观礼，并受到国家领导人的亲切接见。遗憾的是，钟震邦任职一年后因病离世。但工商总会的精神已经树立，他的同伴继续举旗前行。

华人工商总会的继承人邱文峰是位年轻的企业家，以他的知识、文化与魄力，不但提升了当地工商界人士的影响和地位，还大力推动社会公益慈善事业，工商总会创办了华文学校，为华裔青少年学习中华文化和进行文化交流打下基础。继邱文峰之后，又有地产商人钟耀强担任会长。钟耀强大公无私，勇于开拓，他和工商界人士一起，努力推动中国与巴拿马建交的准备工作。他们坚信，越来越强大的祖国一定能实现与巴拿马建交，他们将担负起推动两国经济发展和两国人民友好往来的伟大使命。

2014年，务实忠诚的罗记添担任会长，他促进华人工商总会工商界人士进一步团结，融入当地主流经济，并大力参与支持当地的社会公益慈善活动，受到当地政府政要的认同，并受到表彰。罗记添会长之后，由充满朝气的张德泉接任。

张德泉是花山镇城西村人，他的父亲在巴拿马经营餐馆。张德泉1977年来到巴拿马，他随堂兄弟开创商业超市，成为工商界活跃的年轻人。张德泉好学上进，他参加侨社工作，得到罗金荣、侯观祥、张德南等老一辈侨领的信任，并分别在多个侨社担任理监事。2013—2015年，张德泉当选华人工商总会会长，2015年被授予巴拿马荣誉市民。他谦虚谨慎，热情工作，更加重视加强与中国内地的文化交流。2015—2017年，张德泉连任华人工商总会会长。他重视每年组织的华裔青年冬（夏）令营活动，带领全侨青年大学生举行寻根之旅。2018年参加冬令营学生达到200人，其中100人参加暨南大学营，100人参加华南师范大学营；2019年，巴拿马华裔大学生夏令营达到250人，其中150人参加暨南大学营，100人参加福建师范大学营。他们还分别到福建、四川、西安等地寻根问祖。他们的行动也得到国内相关部门的重视和支持，通过冬（夏）令营，让青年一代了解、体验中华文化的光荣传统，激发青年一代的爱国热情。

2017年中巴建交，两国关系进入一个新的里程，巴拿马华人工商总会的宗旨不变，他们和巴拿马花都同乡会、中国和平统一促进会等华侨华人社团联合组织大型庆祝活动。巴拿马华声艺术团也是活跃在当地的一个艺术组织，华声艺术团副团长合唱团团长钟浩良是花都人，他带领艺术团参与各种类型华人活动，有魔术、杂技、舞蹈、乐队、合唱等文艺表演，丰富华人社区的文化娱乐气氛，"四海同春"联欢晚会等大型文化艺术表演得到广泛赞誉。在新的历史时期，华人工商界的精英更加热情高涨，他们把进一步推动中国与巴拿马的友好合作，带动工商界的发展，大力弘扬中华民族文化为己任。

钟浩良（前左一）带领华声艺术团参加"四海同春"联欢晚会演出

新时期重任落到工商界精英罗炳年的身上。罗炳年继承了父亲罗金荣"广州酒家"的生意，他踏实肯干，虚心学习，开拓创新，创立了巴拿马最大的华人双喜大酒楼和广州酒家，酒家服务于当地市民、华侨华人和侨社团，成为业界的佼佼者。

罗炳年说："我们和其他的华侨华人社团侨领们一样，做事情要带头出钱出力，要支持推动商业经济和文化传承。"华人工商总会成立20多年来，每年中国国庆节的时候，都要在巴拿马举办大型纪念活动，目的是让更多的远离家乡的华侨华人，记住自己的祖国。罗炳年会长重视青年一代的中国文化教育。他早期就把女儿送回中国暨南大学学习，现在要求孙儿学习中国文化。对于华裔青年夏令营，他大力支持，通过夏令营活动，游览祖国的大好河山，寻根问祖，让中国烙在青少年心中。巴拿马华人工商总会在20多年来，虽然经历了多次会长的交替，但始终团结一致，忠诚服务的宗旨没有变，传承开拓的精神成为侨界的典范。

华助得道 凝聚侨心
——记巴拿马华助中心和中心主任罗德双

巴拿马华侨华人社团活跃,也是众多花都华侨聚居的地方。在巴拿马城,就有60多个华侨华人社团。巴拿马华助中心,是一个较为年轻的侨社团组织,他们以关怀、扶助、融入为宗旨,在当地华侨华人社区,做了很多工作,广受好评。

过去,华侨华人为了谋生,离开家乡,漂洋过海,散落在世界各地。从众心理的影响又使他们形成聚居点,所以一个地区会有大量同原籍和同族的华人居住。华侨华人在各地生存扎根,不少人融入当地社会主流,成功打下事业基础,并为当地经济做出贡献。

2017年初,巴拿马华助中心筹备成立,这是一个植根于当地的华侨华人社团组织。华侨华人互助中心,以关爱、帮扶、融入为宗旨。在遵守当地国家法律法规的基础上,依靠当地华人中坚分子的力量,帮助有需要帮助的侨民解决各种困难。6月8日,护助中心正式成立,罗德双担任华助中心主任,陈华添、侯辉航为副主任。全体理监事有35人,这些人都是来自各侨团组织的精英,有热心的慈善家,有乐于奉献的义工,他们通过募捐筹集经费,挑起了扶助济困的担子。

华助中心刚刚成立,就收到华侨罗贵云夫妇的求助,原因是他们因孩子的意外身亡而被政府起诉,他们夫妇分别被判24年和19年徒刑,剩下两个孩子无人照顾被送到孤儿院。收到求助的时候,罗贵云夫妇已经在监狱度过了三个年头,全家走投无路已经家不成家。接到求助后,华助中心的全体理监事非常重视,侨务组长钟新亮带头对此事进行了调查,并为当事人聘请律师提起上诉。在当年的7月17日,几位理事和律师一起去监狱探望罗贵云夫妇,了解具体情况。8月19日,华助中心七位理事前往孤儿院探望罗贵云的两个孩子。经过半年的上诉重审,罗贵云钟伟丽夫妇被无罪释放。华助中心与原华人工商总会会长张德泉、现任会长罗炳年等协助办理好各种手续,然后接罗贵云夫妇出狱。罗贵云一家团圆,生活和生意走出困境,他们对华助中心非常感激。

侨胞 Enrique Pun Yau 住在唐人街双十楼,因亲人相继去世,他本人有先天智力障碍,没经济能力交房租,房东打算把他赶出来。经义工向中心求助,华助中心跟房东签下租房合同,并帮他还清所欠下的三个月租金。

遇到有需要帮助的孤寡老人,华助中心都义不容辞帮助解决。一些老华侨身在海外,年纪大了,身体有病,孩子不在身边,他们想要回国,华助中心就帮助联系中国相关机构，帮他们签证办手续，并买机票送他们回中国内地看病。侨胞洪国良来巴拿马已经好多年，后来不幸患上了鼻咽癌，身边没有亲人，华助监事筹款为他买药，又买了机票提供费用给洪国良回国治疗。

华侨罗国权商铺遭抢劫，后来警方将贼捉拿归案，要求罗国权去警察局做笔录，由于他语言不通，就由华助中心理事陪同他去警察局帮他翻译。

开餐馆的女侨胞因乱倒污水，上了电视新闻，政府多个部门都向她的商铺开出传票。事件发生后，她来到华助中心求助，华助中心立即和律师召开会议，听取女侨胞讲述具体情况，后来律师陪同她去政府各部门申述情况，避免了对她商铺的重罚。

侨胞张健康来巴拿马几十年，很想回中国，但由于身份证已过期，加上护照和身份证的姓名不相符，很难买机票。后来华助中心的理事们几次陪同他去移民局更正和办理回国手续，一周后老人便如愿以偿，顺利登机回国。

当地，骚乱或者凶杀案时有发生，华助中心理监事会协同其他侨社团和中国领事馆第一时间去探望受害侨胞的家属，遇到问题，他们跟当地警察局、检察院进行沟通，要求他们尽快将凶徒缉拿归案，还受害侨胞一个公道。

华助中心关注当地的养老事业，如养老中心、老人院、慈善医院，给他们送去轮椅、拐杖等老人用品，他们会定时到老人院慰问，为他们订餐送食物。他们关心穷人孩子上学的问题，在新生入学的时候给小朋友送去书包文具，对有困难的分别给予帮助。他们明白，身在海外的华侨华人，所谓游子走天下，就是要互通有无，守望相助。

华助中心侨务组更是把关心华侨生活看成自己的分内事。组长钟新亮在遇到问题的时候，经常自己掏钱帮助解决困难。作为华助中心慈善基金会负责人的邱绍磊认真负责

巴拿马华助中心与广东侨史访问团合影

调节救助基金,用最快速度妥善处理好各种华侨救助问题,深受侨胞乡亲的赞扬。

巴拿马华助中心与多个国家的慈善机构互相联手,互相交流,传递经验,这些组织每年在一定的时间和地点开年会进行交流。如今,巴拿马华助中心形成了一个华侨华人横向联系的平台,更加凝聚侨心,这种慈善、大爱一直在扩散。对于当地的市民不分种族,如遇到困难,他们都会伸出援助之手,所以当地政府也对他们表示肯定和支持。在华人社区里,大家都知道有困难找华助中心。

巴拿马华助中心主任罗德双是花山镇南村人,他1965年在家乡出生,1983年在花县一中高中毕业。罗德双喜欢思考学习,他对无线电很感兴趣。改革开放之初的中国农村,也是收录机电视机开始普及的时候,他和朋友开了一个电器维修店,专门维修应急机,因为当时经常出现停电,应急机就是用来对付停电等需求。1986年,罗德双去了巴拿马,开始在姐姐门下打工。他很快熟悉当地环境,学习西班牙语,学会做生意的门路。不到一年,就开了一个酒庄,后来又开了面包工坊,酒庄和面包工坊相得益彰,业务不断提升。生意扩大之后,他把两家小店卖掉,买了一个超市和一个水果档,踏实经营了六年。后来,他关注到汽车配件是一个市场需求很大的行业。于是,他兼营汽车配件。由于汽车配件业务量不断扩大,三年之后,他开了三家分店。他卖掉了超市和水果档,专营汽车配件业。在他的影响下,亲戚朋友也跟着他开了七八间汽车配件连锁店。罗德双和众多的华侨商业精英一样,审时度势,又把眼光转入地产开发。他们利用积累的资金在当地购买或租赁土地,根据政府的发展规划开发商业地产,罗德双的多种经营方针,令生意业务不断发展。

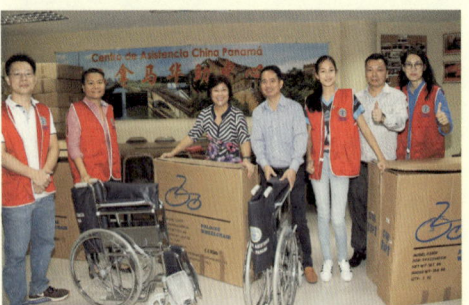

华助中心向敬老院捐赠轮椅、向贫困学生捐赠文具等

罗德双有六个孩子,大的已经接手家族生意或者独立开拓,所以罗德双可以腾出更多的时间来参与侨社公益慈善事业,他的善举也得到全家的支持。他全心全意为侨社服务,不图名利,爱心付出,得到大家的好评。乡亲都说:"罗主任人品好,为人好,我们有事就找华助中心。"在他的领导下,其他地区的华侨华人都热心支持华助中心的工作。

华助中心在罗德双的带动和领导下,副主任陈华添、侯辉航密切配合。影响了一批华侨华人和侨领,他们都热心支持华助中心的工作。除了得到中国政府国侨办的支持以外,还有不少善良的人愿意出钱出力,为华助中心筹款,做慈善。

勤耕博取 不让须眉
——记巴拿马中国文化中心创办人张雪云

张雪云是巴拿马的青年女侨领。2015年,张雪云回国参加在北京举办的第十届世界华裔杰出青年华夏行大型活动之后,回到花都,与侨务部门领导交流,受到区相关领导的接见和嘉奖。

2018年10月,张雪云在巴拿马中国文化中心成功主办了几场大型活动:庆祝中巴建交一周年、中国国庆69周年暨巴拿马中国文化中心成立18周年活动,同时举行中国书画展,备受瞩目。

开启中国文化传播事业

张雪云,1975年出生,花山镇源和村人。张雪云曾在花山中学读书,她性格活泼,成绩优秀,还担任过团支部书记,是位好学生干部。

张雪云在中巴建交庆典上

张雪云17岁移居巴拿马后,经营过超市、数码电器行和进口贸易公司。张雪云在8年的艰苦创业中,一边工作、一边自学西班牙语。20世纪90年代初,在巴拿马能买到适合华人学习的西语教材实属不易,她当时用的还是一本来自香港的繁体字、发音不准(谐音)的西班牙语书。张雪云深感华侨身在异国他乡,生存拼搏不容易。为了给巴拿马的华侨华人提供更多学习汉语、西班牙语和英语等正版教材,给长时间辛苦工作的侨胞带来舒缓紧张压力的电影、电视剧、民族音乐、流行歌曲、综艺娱乐节目,给华侨、华裔和拉丁美洲的外国人提供一个阅读中文书籍、了解中国文化的平台,2001年,26岁的张雪云创办了巴拿马中国文化中心,她的善举得到丈夫张汉军的大力支持。从此,她开启了一个让中华文化走向世界的事业。

巴拿马中国文化中心以"弘扬中华文化,传承中华文明,促进中巴友谊"为宗旨,传播中国声音,讲好中国故事。巴拿马中国文化中心同时兼营图书、音像、琴棋书画、武术、茶叶、茶文化等类别,适合各种类人群的需求,广泛地联系团结各界友人。

19年来,巴拿马中国文化中心坚持不懈为华侨华商及外国友人服务,热心支持巴拿马侨社的春节和国庆等活动，积极参与中巴两国社会慈善公益活动，得到了各界人士的高度评价，是中南美洲的中国文化对外传播公司。

作为公司创办人的张雪云，2013年参加巴西里约全球华侨华人促进中国和平统一大会。2014年当选为巴拿马花都同乡会第七十二届监事、副妇女主任、副财务主任和侨务组成员。巴拿马花都同乡会赞助巴拿马电力通（Teleton20-30）慈善公益活动的副筹备主任。2015年当选为巴拿马华人工商总会第九届常务理事，并担任庆祝中华人民共和国成立66周年国庆联欢晚会筹备主任。2015年参加在北京举办的第十世界华裔杰出青年华夏行大型活动，并担任纪念中国人民抗日战争暨世界反法西斯战争胜利70周年大型活动筹备会秘书长和主持人。张雪云致力于推动中华文化在全世界的传播，并以传播中国文化为使命。

巴拿马中国文化中心在2005年10月1日，积极筹备举办热烈庆祝中华人民共和国成立56周年国庆节爱国知识有奖问答活动。巴拿马中国文化中心在2008年北京奥运会开幕式当天，赠送大量五星红旗给广大侨胞为祖国加油。巴拿马中国文化中心长期关注海外中国文化的发展，2017年9月27日，巴拿马中国文化中心与中国外交部直属文化部门世界知识出版社在北京签署了"世知咖啡书屋"战略合作协议。通过各种中巴文化交流活动，让华侨华裔及国外友人进一步了解中国是历史悠久，也是举世闻名的文化大国。

闪耀东方文化元素色彩

巴拿马中国文化中心多年来积极发挥文化桥梁作用，得到家乡花都区政府、侨联及相关部门的支持。家乡人民还赠送了一批关于中国文化的书籍和花都区珍贵历史资料。

巴拿马中国文化中心张雪云向巴拿马外交部礼宾司司长赠送中国书法作品

巴拿马中国文化中心特设图书专栏免费供侨胞们阅读，让巴拿马的华侨华人更好地深入了解中国文化提供方便之门。

巴拿马中国文化中心非常重视中国武术文化的弘扬与传承。该中心负责人张汉军每年都为侨社的大型活动，如巴拿马华人日、敬老春宴暨元宵节、春节联欢晚会、中秋节、中南美洲促统大会、电力通（Teleton20-30）慈善公益等等进行太极拳义演。他在空余时间还为侨胞传授太极拳，为传播太极文化而不遗余力。张雪云作为中华文化的传播者，她性格开朗，广交朋友，时刻不忘以推广中华文化为己任。作为一个侨领，张雪云曾在巴拿马华人工商总会中文学校担任汉语老师。作为一个母亲，张雪云在百忙之中为她的两个儿子教导学习中文，她表示以后有机会一定送孩子们回国读书深造，传承中华文化，不忘中国的根。

十几年来，巴拿马中国文化中心迎来了来自中国、意大利、美国、加拿大、墨西哥、古巴、委内瑞拉、巴西、阿根廷、秘鲁、智利、哥斯达黎加、哥伦比亚、韩国、印度、日本等国家的游客。这里留下了他们友善的笑容和足迹，这里成了他们拍照留念的一道充满东方元素色彩的风景线。

坚定弘扬中华文化

巴拿马中国文化中心几年前出现亏本状况，有人对张雪云说："你这么能干，为什么不专注做生意赚钱？"张雪云说："我是一个中国人，我热爱祖国的文化。人的一生不全是为了金钱而生活的，我喜欢做更有意义的事。"张雪云为侨社的辛勤付出，得到了中巴两国政府及侨社的高度肯定和表彰。

2014年她获得了巴拿马花都同乡会颁发的"同心协力、尽心尽责服务侨社贡献"奖；2015年获得了中国驻巴拿马贸易发展办事处颁发的"巴拿马侨界九月爱国活动杰出侨领"奖；2017年获得了巴拿马市政府颁发的"巴拿马好市民"奖；2018年获得了巴拿马省政府颁发的"中巴文化大使"荣誉证书；2019年获得了巴拿马文化部颁发的"中巴文化友谊贡献"荣誉证书。

巴拿马城市长给张雪云颁发"巴拿马好市民"奖

远在中南美洲的巴拿马中国文化中心，是大洋彼岸的一朵奇葩，它鲜嫩璀璨，光彩照人。

功成名就 光耀故里
——记巴拿马共和党委员、前国会议员杨河西

杨河西祖籍花县(今花都区)狮岭镇杨屋村，曾为巴拿马国家政府立法议员、国会议员、巴拿马共和党委员。

杨河西的祖辈是早期出洋到巴拿马谋生的老华侨。中国华侨华人去巴拿马修铁路、挖运河，在当地生存发展已经有100多年的历史，后来他们又凭着自己的勤奋努力和聪明才智在当地立足发展，打下基础，杨河西的爷爷就是其中的一位。杨河西的父亲在巴拿马经商，由于经营有方，业务日益扩大，多年之后，他成为巴拿马城商界有影响的人物。

杨河西1937年在巴拿马出生，是巴拿马土生华裔。他自幼聪颖过人，在当地读书，由于没有华文学校，他学的是西班牙语、英语，杨河西勤奋努力，成绩优秀，中学毕业后考入巴拿马大学攻读经济学。大学毕业后，杨河西参与当地建筑工程业务。1968年，杨河西与专修土木工程专业的弟弟共同创立杨氏兄弟建筑公司，从事建筑行业并经营房地产。20世纪的六七十年代，巴拿马国家城市建设处于高速发展期，作为行业佼佼者的杨氏建筑公司承担政府项目，建成多项特大工程。如城市主要标志性楼宇，特别是巴拿马全国公路工程超过一半以上由杨氏兄弟建筑公司承建。巴拿马国内公路网络的迅速铺设发展，带动国内经济并推进该国与中南美洲各国物流及商业经济运转迅速，扩大了客运与物资的流通。杨河西为巴拿马建筑事业出谋献策，受到政府的重视，深受巴国民众的拥戴和政府当局的器重。他先后被委任为巴拿马总统府、财政厅以及国家国际发展署的顾问，曾为巴拿马立法委员、国会议

年过八旬的杨河西（坐轮椅者）穿上中国传统礼服参加巴拿马中国和平统一促进会换届庆典

员、巴拿马共和党的全国委员。

1986年，应中华人民共和国人大常委会的邀请，巴拿马国会议员杨河西与夫人随同巴拿马国会议长戈赛内一行30人访问中国。访问团在北京分别受到全国人大常委会彭真委员长的热情接待，并就相互关心的问题进行交流与探讨。当时我国和巴拿马尚未正式建交，但在历史上，中巴两国人民的友好往来由来已久，巴拿马是华侨华人聚居最多的中南美洲国家之一，在巴拿马的华侨华人以花县客家人为多数，中国政府历来重视与巴拿马人民的友好发展。离开中国首都北京，杨河西伉俪来到祖籍花县（1993年改名花都）的故居访问，受到县领导热情接待。此时正是国内改革开放全面落实华侨政策，各项建设事业生机勃勃的时候。杨河西伉俪在巴拿马花县同乡会钟月钧、罗金荣会长的陪同下访问政府和侨务部门。县领导向议员赠送花县名产釉下彩珐琅、土产茶叶，以及《今日花县》宣传片。

访问团一行参观了花县传统工艺珐琅、宝光电子厂、华侨农场生产甜菊绞股蓝的茶厂等，杨河西还饶有兴趣买下家乡生产的保健茶带回巴拿马。在游览了芙蓉嶂山水风光和盘古王名胜古迹后，家乡给杨河西留下了良好印象。杨河西称赞海外华侨、港澳同胞捐建人民医院文坚楼和学校等善举，对新华镇中学和颇具规模的花县宾馆表示赞许，对正在迅速发展的花县城区建设、街道规划和道路铺设提出了可行性建议。

杨河西回到故居杨屋村时，家乡村口锣鼓喧天，醒狮起舞，村民热烈欢迎议员回家乡。杨河西非常感动，他委托人为他准备了金猪，虔诚地祭拜了祠堂、先祖，参观村容村貌并与父老乡亲合影留念，所到之处，乡情浓烈。家乡父老向杨河西赠送了八仙过海的缕金木雕，寄望他在海外大显神通，乡亲们还向杨夫人赠送了农村竹帽，期望她不忘故乡人民。他们第一次真切地感受到故乡浓情。杨河西在杨氏宗祠设宴款待全村乡亲，表示谢意。

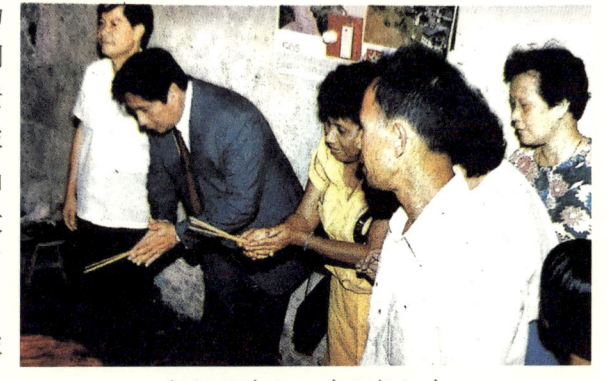

杨河西夫妇回乡拜祭祖先

杨河西说，回祖籍探亲访问，是他多年的愿望，现在总算实现了。他遗憾的是不会直接讲中国话表达自己的情感。他表示：今后要和旅巴乡亲一道为花县的建设尽力。

杨河西在任期间以及晚年对花县旅巴乡亲关怀备至，他曾担任巴拿马花县同乡会的监事长。同乡会或者乡亲遇有困难，他竭诚帮助。在有需要的时候，他帮助协调沟通与巴拿马政府之间的关系。杨河西还参与花县同乡会公共福利工作，他为了旅巴乡亲的共同事业，亲自捐资在巴拿马城花县公园建设游泳池和运动场。晚年，他致力支持花县乡亲牵头组织创立巴拿马中国和平统一促进会，大力支持钟月钧、唐金水、麦杞佳等侨领的工作。2019年，在巴拿马中国和平统一促进会换届的重大庆典期间，年逾八旬的杨河西坐着轮椅参加庆典活动，深受乡亲们的敬重与称赞。

事业有成 乡情难忘

——记巴拿马总统府顾问、医学博士游锦焕

从花山镇儒林村走出来的游锦焕，用半个多世纪的奋斗实现了人生的大蜕变。他从一个乡村少年成为美国医学博士、巴拿马国家卫生局顾问、巴拿马总统府经济顾问，他已完全融入当地主流社会，参与所在国的政治、经济、卫生多个领域的事务管理和顾问工作。身居高位但他依然家国情浓，心怀慈善，热心公益。

游锦焕

一

游锦焕1947年出生在老家花山镇儒林村，9岁时离开家乡到中国香港，12岁前往巴拿马。在巴拿马学习西班牙语，完成了中学到大学的学业。

少年的贫困深深地影响着游锦焕，他决心靠自己的努力改变命运。他读书非常用功，学业年年优秀，每次考试名列前茅，他一直获得政府全额奖学金。大学毕业后，他去了墨西哥攻读，并取得医学硕士学位。后来又先后去德国、法国和美国留学，在美国获得医学博士学位。从美国学成回来，他开设了自己的诊所，从事医务工作。高瞻远瞩加上认真的工作态度使他成功地把握了机遇，开拓了事业。1996年，游锦焕在巴拿马开办了私人医院，规模不是很大，却是个西医全科医院，服务于华侨和当地市民。他还担任教学工作，带出了600多个学生。

从求学到工作，游锦焕保持着中国人的勤奋、上进以及家国情重的传统美德。他思维活跃，积极参加各类社会事务活动，受到当地政府部门的重视，他被推举为巴拿马国家卫生部顾问。国家卫生事业发展以及国际传染病治疗服务等重大问题，他都参与制定政策和方案。

游锦焕事业成功，心怀慈善，他关注社会各阶层的医疗保健事业，专门设立了"游锦焕慈善基金会"，基金会常常参与社会以及当地的慈善救助活动，就是为了救济贫穷和弥补医疗短缺，以及民众的应急需求。多年来的服务与贡献，基金会受到了当地政府

的嘉奖。

1999年，游锦焕以华人身份参加巴拿马立法院议员竞选，当时，入选声望颇高的游锦焕，因对手不正当的竞争行为，游锦焕没能入选。后来他把这种不公平的违法行为进行上诉，最后赢得官司，游锦焕获政府300万美元的赔偿款。游锦焕把所得的赔偿金额分发给当年支持他参与竞选的人们。

1985年以来，游锦焕一直担任巴拿马总统府经济顾问，参与国家重点项目的策划与主导，如重大投资方向，吸引外国专家、商人来投资巴拿马发展，扩大巴拿马运河等重大问题的研究政策，参加各种国际学术交流活动。在国家事务方面，游锦焕担任了国家消防队的医疗队长、世界卫生组织的顾问。他还是美国贺宝芙公司的董事长，这是一个从事医疗保险的跨国公司。另外，游锦焕长期担任着一家国家银行和两家私人银行的经济顾问，他以广博的知识和过人的能力获得众望。

二

游锦焕精通西班牙语和英语，熟练德语和法语，对于祖籍地中国的语言，反而比较生疏了。他只是少年时代在家乡读了几年书，打下了一点中文基础。为了使自己不忘祖国语言文化，游锦焕几十年来，身上总是带着一本中国词典，以保证自己能听能讲能看懂祖国的语言文字。

1996年10月，游锦焕与20多位巴拿马和港澳的乡亲一起回到家乡花山镇儒林村，参加10月20日儒林华侨小学落成剪彩，游锦焕给家乡人民留下了深刻的印象。

回望家乡儒林学校，游锦焕感触良多。儒林华侨小学是在1949年由海外乡亲集资兴

游锦焕（左三）参加儒林小学剪彩仪式

建的。当时，乡亲们推举该村留日学成归来的朱耀庭担任校长。半个世纪过去了，学校变化很大，虽然有所修葺，但仍然破旧，不能适应时代的发展和教育事业的需要。为此，时任广东省文史馆研究员、儒林学校首任校长朱耀庭向海外乡亲提出重建学校的倡议。游锦焕与巴拿马乡亲陈煜滋、唐金水等老中青侨亲联络发动，1995年在巴拿马组成重建儒林学校委员会。游锦焕带头捐出一万美元，还腾出设备齐全的办公室作为筹建办事处。陈煜滋担任建校筹委会主任，也捐资7000美元，带动儒林村旅巴乡亲及同乡会其他乡亲踊跃捐输。其间，巴拿马建校筹备委员会还专门组织乡亲回到儒林村参与处理建校事宜，他们选定了学校新址的地点，设计了学校的环境布局等，并委派三位乡贤返回家乡协助村委会重建学校工作。

一年之后，儒林小学按照国家建设标准设计建成。校区占地20000平方米，其中教学楼2000多平方米，教工宿舍1000多平方米。篮球场、运动场、环校区跑道和校园绿化带等一应俱全，符合国家建校标准，在当时花都区乡村学校中名列前茅，跻身广东省教育系统先进学校行列。新校落成后，旅外乡亲20多人结伴回乡参加落成典礼。

新校落成典礼之后，游锦焕和其他乡亲一起商讨学校的设备配置经费，多有捐输。在与乡亲的接触交往中，他多方了解家乡的社会经济发展状况，乡情凝重，喜乐融融。

三

游锦焕是一个忠诚务实，做事认真的人，他在读书的时候就已经开始了公司的运作，如购买土地开发商城等。大学期间就有了地产开发公司和自己的建筑公司。后来，他还发展有石油公司加油站，塑料胶带厂等十几个商业项目，他有条不紊地发展自己的个人生意业务，尤其是地产开发越做越大。游锦焕还关注到巴拿马周边的岛屿和海边的旅游开发。

自从儿子和两个女儿学业有成，走上社会之后，一家人更是同心协力开拓家族事业。游锦焕的妻子是一位土生土长的华裔，也是中国的客家人。游锦焕一家祖孙三代都能讲客家话，至今还保留着客家人的生活习俗。游锦焕说："我的孩子们，虽然因为工作关系很少回国，但他们对祖国的印象特别好，他们读中文，学国语，他们的国语讲的比我还好。"游锦焕的妻子不仅是家里的贤内助，更是他事业上的好帮手。妻子是受过高等教育的技术管理人才，在地产开发方面，她不但是一个策划者，还承担着公司的地产商业楼宇的设计等业务。

如今，游锦焕已经年逾古稀，但还是与年轻的时候一样，每天工作10多个小时。游锦焕62岁退休后，一直从事个人事业发展，也没有离开社会公共事务，他是一名医生，更懂得生活、卫生与健康。他有一个温馨的家庭，事业成功，家庭和睦。

华裔巾帼 竭诚为侨
——记维护华侨合法权益的刘玉珍

刘玉珍祖籍花山镇天心塘（今属红群村），1934年5月4日出生。她是巴拿马中华总会首任会长刘连城与华洛珍乐（Genova López）的女儿。刘玉珍是巴拿马土生土长的华裔，1961年，她从巴拿马国立大学经济系公共行政专科毕业。

刘玉珍的父亲刘连城多年致力于侨社工作，是杰出的巴拿马侨领，早在战争与动荡的年代，就为侨社侨民鞠躬尽瘁。刘玉珍从小受到父亲的影响，了解中国华侨克服种种艰辛、海外求生的历史，她与花县同乡会以及花县的侨胞乡亲结下深厚的情谊。

19世纪中期，巴拿马从中国内地和北美洲招募契约华工修筑世界上第八条铁路，刘玉珍的祖辈就是从那个时候来到巴拿马的。

刘玉珍在巴拿马出生长大，学的是西班牙语（不懂中文）。她大学毕业之后，一直在巴拿马城政府部门担任行政工作。1976年，她当选巴拿马华裔职业青年会主席，她在该组织曾先后担任过秘书、财务计划主任、会计师协会会长和国际关系部主任，处理中巴文化中心政务处事务。任职期间，刘玉珍大力协助中华总会解决华侨实际问题。她协助中华总会会长陈奉天建设中巴文化中心并取得成功。今天众多的华侨子女能够在这里有一个良好的读书环境来学习中华文化，其中就有刘玉珍的一份辛劳。1977年，刘玉珍成为中华总会的第一位妇女代表。

刘玉珍从1980年开始在巴拿马参政，先后任职美景区（Bella Vista）社区职业训练中心主任、转运处主任、收费处主管、邮政暨电信署监督主任、劳工部最低薪酬处主管、社保（俗称长生会）统计部督导、国家交响乐队行政。她关注并参与社会活动，工作表现出色，取得政府和新侨的信任和好评。

1990年，她被巴拿马市长科雷亚任命为市政府顾问，协助市长开展工作。在此以后的几年里，她更是为争取新侨的合法权益做过不懈的努力。1990年7月18日，新党国会议员掀起排华事件，在佐雷拉市（Chorrera）出动大批警察袭击华埠，非法闯入华侨华人商店和住宅，追捕扣留未有居留证的新侨民，造成华侨财产损失。一天之内拘捕扣留了华人100多人，80%是花县人。他们不问青红皂白，强行将侨胞投进监狱，连几个月的婴儿和七八十岁的老人都不放过。华人社区一时人心惶惶。消息震惊了侨社，也震动了整个巴拿马社群，巴拿马所有报纸电台都做了头条新闻报道。侨社团侨领立刻采取紧急行动，刘玉珍与花县同乡会侨领一起，及时与国家内政部交涉，要求面见总统。在正义呼声要求下，巴拿马总统亲自出面，委任六人专案小组处理事件。六人小组由政府官方三人、巴拿马中华总会三人组成。刘玉珍是"六人小组"成员之一。刘玉珍站在华侨的立场上，和原花县同乡会主席侯观祥主席及新任主席罗金荣等密切配合，与政府相关部门进行多次交涉。乡亲们有钱出钱，有力出力，团结一致，众志成城，促使媒体评击当局不道德行为，获得社会正义人士的同情和支持。交涉成功，刘玉珍要求内政部长陪同他们和侨社侨领一起，亲自将被关押的同胞全部接回。随后刘玉珍主持并参与对无居留证侨民身份的人员进行全面普查登记，帮助3000多人获得了半年的临时居留权。此后，这些人除少部分自动离巴外，大部分都按规定获得长期居留卡。

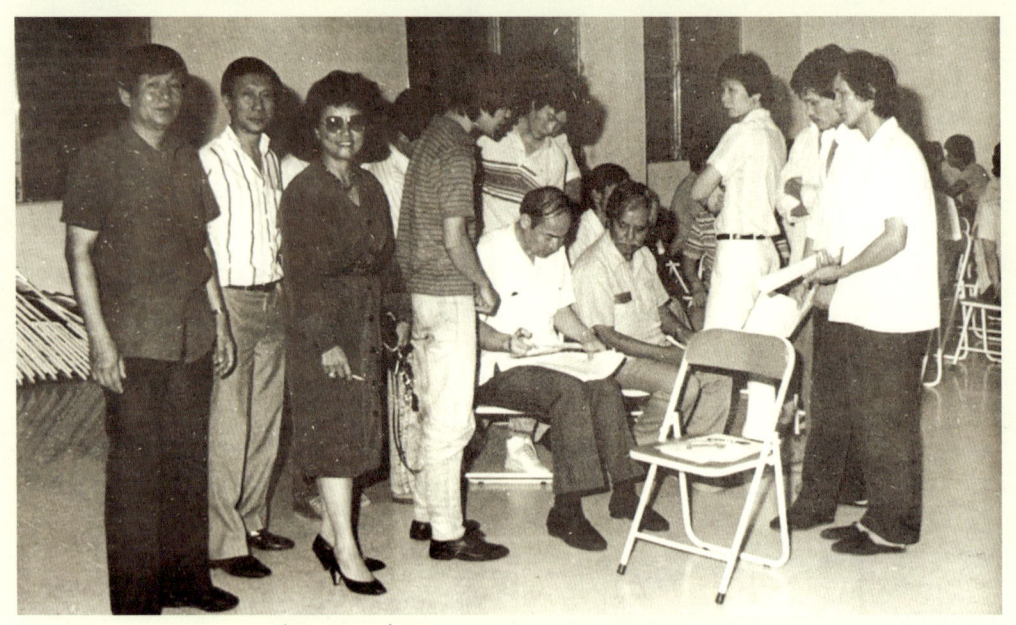

巴拿马排华事件后，被解救出的侨胞接受登记

刘玉珍在巴拿马城担任政府行政工作，处理事务，她作风洗练，责任心强。1991年9月3日，刘玉珍荣任巴拿马城副市长。9月26日，巴拿马中华总会在龙凤酒楼举行宴会祝贺刘玉珍荣任巴拿马城副市长。出席酒会的有中华总会会长何麟生、副会长侯观祥和陈发昌、永远名誉会长陈奉天和卢湛涛、巴拿马城市长科雷亚等200多人。席间刘玉珍副市长发表演讲，表示将为巴拿马和侨社的福祉而尽力。这一年，她回中国走访了父亲的故乡——花县花山镇天心塘，这是她唯一一次踏足祖居地。

担任副市长职务后，刘玉珍更加关注华侨社团和侨民生态的发展，为华侨华人排忧解难。在此期间她曾多次组织主持华裔小姐竞选，还主持过其他多项活动。由于杰出的表现，她于1992年荣获侨委会热心侨社工作奖状。她把自己作为华人社团大家庭其中一员，尽管没有任何报酬，但是她还是觉得自己有责任有义务为这个家庭服务。

20世纪80年代以来，从花县进入巴拿马的侨民日益增多。为了能让华侨以及新侨民更好地立足发展，刘玉珍开始不遗余力地推动唐人街合法化及扩展扩建工程。当时巴拿马华商大力资助，时任中华总会会长何麟生、花县同乡会主席罗金荣等配合，在刘玉珍的推动下，巴拿马城市政府于1994年6月21日颁发正式文件，明文规定了唐人街的合法性。同时，政府在唐人街设立了警察岗，为唐人街营造了良好的商业氛围。此外，唐人街还被旅游局公布为旅游景点。

刘玉珍对侨社侨胞的真情实意、无私付出，使广大侨胞对她产生了深深的敬意，花县旅巴侨胞把这位乐于奉献的乡亲称为大家姐。华裔刘玉珍的工作成绩，不仅得到广大侨胞的一致赞扬，还得到巴拿马政府官方的认可。

世界华人工商妇女企管协会在巴拿马成立分会时，刘玉珍被选为创会会长。她分别于1996年、2001年主办中西双语《中国人在巴拿马（China en Panamá）》电视节目。她也曾担任中巴华裔专业协会（Aprochipa）的主席及名誉主席、公共会计师协会永久名誉主席、巴拿马大学校友会的财政、泛美洲圆桌会会员。她曾积极配合卫生部门，在各社区组织了一系列的卫生防疫行动，获得了市民的好

刘玉珍在谴责巴拿马当局
无理关闭华人商场的行径

评，也为华侨华人树立了良好的形象。刘玉珍担任中巴文化中心行政主任兼业务经理期间，曾经配合巴拿马第一夫人的慈善行动，在中巴文化交流中心组织了一次别开生面的圣诞联欢筹款，引起关注并获得好评。

刘玉珍拥有一颗中国心。1985—1997年，她一直专职担任中巴文化中心（Centro Cultural Chino Panameño）的行政主任。其间，中巴文化中心财务困难，刘玉珍鼓舞她的团队提供意见、计划和建议，并共同奋斗。让超过70%的华裔学生、华人员工得到"优先照顾"，并组织了一个内部合作社，方便中心员工借贷。同时，用通过售卖饮品和食物等小生意赚到的钱，购买了一部小型巴士，供作传递文件之用。

刘玉珍的丈夫是华裔巴拉汉拿·张爱家（Edgar Barahona Chang），他们育有二子一女。1997年，刘玉珍在上班途中遭遇一起严重的交通意外事故，她虽然保住了生命，但从此失去了健康的身体。2009年11月15日，刘玉珍在巴拿马逝世，享年75岁。

（本文由巴拿马同乡会提供素材，后麦杞佳、刘汶辉先生帮助收集刘玉珍生平资料补充而成）

细微之处 可见方略
——记巴拿马花都同乡会永久名誉主席罗金荣

1997年4月，罗金荣代表巴拿马花都同乡会向花都市政府赠送牌匾

罗金荣是巴拿马花都同乡会永久名誉主席。他曾在1989—1994年担任巴拿马花县同乡会主席。罗金荣对巴拿马侨社事业忠心耿耿，办事公正，人称他大事不糊涂，小事也认真，是一心一意为侨服务的好侨领。

一

罗金荣担任同乡会主席的期间，正处在巴拿马的一个多事之秋。1987—1988年，美国对巴拿马实行经济制裁，巴拿马经济及华侨社区商业也受到影响。1989年巴拿马战争爆发，战事虽然不长，但因为战争余波，巴拿马政权的交替，华人社区的商业和民生受到严重打击。当时巴拿马政府由于某些议员排华，1990年7月在拉丘雷拉市(La Chorrera)发生了野蛮的排华事件。为了制止事件发展，罗金荣与同乡会各侨领及时应对。他们联合起来，一面抗议当局的残暴行为，获得媒体支持，一面组织人力与当局政府交涉。此事件得到时任巴拿马城副市长的刘玉珍乡亲大力支持，后来政府任命六人小组专门负责处理此次冲击华侨事件，解救被投入监狱的侨民。罗金荣与同乡会众侨领极力支持六人小组，并和当局进行谈判，妥善处理后续事宜。

一些新侨民来到巴拿马经营餐饮行业，因不了解当地政策，在经营过程中出现不规范行为，经常被当局查封店铺、限制经营，难获卫生许可证。时任巴拿马花县同乡会主席的罗金荣紧密配合政府展开工作，他们一面组织从事饮食行业的侨民学习卫生部出台的条文、知识和注意事项，培养卫生习惯，让侨民提升自己的自觉性；一面派出人员与当局进行谈判，促使一些歧视、蓄意刁难华人的规定条文被纠正。

在新侨民居留问题上，曾出现出生证明有问题的个案，当地政府因此拒绝了中国公证书文件作为出生证明，必须要中国内地政府出示证明。由于侨民原出生地和后来工作地点(户口所在地)的转移发生变化，出生证明和无犯罪记录证明问题变得更加复杂。罗金荣于20世纪70年代前曾在国内相关部门担任管理职务，他熟悉中国国情，于是他出面交涉，向当地政府解释说明，中国内地的公证书就是由中国政府公证部门发出的，为有效文件。罗金荣还亲自到中国有关驻外机构反映问题，要求国侨办为新侨民解决问题。经过两年的交涉，巴拿马政府接受了中国内地的公证书为中国政府发出的合法文件，接受侨民登记。

二

20世纪90年代，巴拿马治安恶化，华人社区正常生活秩序受到威胁，抢劫时有发生，甚至有人无辜被打死。时任巴拿马花县同乡会会长的罗金荣，积极反映问题并配合中华总会会长向当地提出维护治安加派警力的要求，派出代表与当地警方谈判，双方就具体问题进行探讨，终于达成协议。警方在华人社区加派警力，华人社区治安问题明显好转，华人的生命财产安全得到保障，经商氛围得到改善。

20世纪70年代末到80年代，来自花县（花都区）的巴拿马华侨越来越多，巴拿马花县同乡会会务发展，需要有一个更大的活动场地。为了筹备资金，除了会员交纳会费外，巴拿马花县同乡会理监事还带头捐赠，每人以2000美元为基准，可按能力多认捐，最终，理监事的筹款终于可以支付购地款。罗金荣是"花县公园"筹建委员会委员之一，他不但积极带头捐输，还协调各会员关系，"花县公园"顺利建成，为乡亲们中秋游园会、新年春宴等大型活动提供了好场所。

三

1993年，花县撤县建市，消息传到巴拿马之后，罗金荣立即召开专门会议，主持成立了巴拿马花县同乡会祝贺花都市成立筹备会，钟月钧为筹备会主任，刘秋林、侯观祥等六人为委员。筹备会在巴拿马城华文报纸《拉美快报》辟《建市后的花都欣欣向荣》专栏，介绍花都经济腾飞的情况。

10月13日是花都市正式挂牌的日子，筹备会又在《拉美快报》出版特刊。乡贤开办的巴拿马国际旅行社、新鸿胜集团公司、花县海外联谊会巴拿马代表团等62个社团和98位实业董事长、总经理联名祝贺花都市正式成立。当时的巴拿马花县同乡会主席罗金荣、副主席钟震邦、理事张德泉组团回乡祝贺。罗金荣一行回乡，除了参加庆典活动外，还做了很多事：出资与花都市报合编《庆祝建市挂牌特刊》，并刊登《巴拿马花县同乡会简史》和《华侨出国史略》，介绍邑侨乡贤旅外情况；与市志办公室和侨史编写组共商撰写有关洪秀全文章，为同乡会出版创会75周年特刊作准备；与中山市旅巴侨社大力宣传孙中山先生革命史迹，弘扬中华先贤精神；和全国最佳点心师罗坤师傅商讨到巴拿马城发展粤菜餐厅的可能性；对侨刊《花都乡音》慷慨解囊。

罗金荣投身侨社事业多年，在他卸任巴拿马花县同乡会主席之后，仍然热心中巴交往。因为当时中巴两国还没有建交，而民间的来往已经很多，他希望能探索出一条旅巴乡亲与祖国之间的经济合作和友好交往的途径。他和很多巴拿马华侨一样，每次回到家乡，都要去拜祭祖先，拜祭盘古王庙。1995年后，他回乡参观考察的次数更加频繁，1997年4月，罗金荣回乡专程拜会市领导和侨务干部。他代表巴拿马花县同乡会给花都(市)政府赠送"为民造福"的牌匾。在中国停留的日子里，罗金荣还到佛山等侨乡游览观光，为祖国的繁荣建设而欢欣鼓舞。在佛山梁园，罗金荣特别留意梁园的传统建筑、园林特色以及活跃在梁园的粤剧和武术表演。他说："这是我们的国粹，要传承下去，中华文化在华侨众多的巴拿马也有市场。"

2008年，罗金荣在巴拿马因病去世。

披肝沥胆 智勇兼资
——记巴拿马花都同乡会创始人之一陈耀池与他的商贾世家

陈耀池

巴拿马是花都旅外乡亲聚居最多的中南美洲国家,巴拿马花县同乡会已有超过100年的历史。中国与巴拿马建交之后,巴拿马华侨华人和众多的华侨社团更加充满活力,为中巴友谊及中巴两国经济合作贸易发挥了更积极的推动作用。在寻觅巴拿马侨社先人足迹的时候,较早一代华侨侨领陈耀池进入了我们的视线。

离乡背井 创业维艰

陈耀池,梯面民安村(珠高圳)人,1890年出生,早年家贫,爷爷和父母租耕几亩山地,以养猪和屠猪为生,全家只有一间祖上留下来的泥砖土屋。陈耀池是长子,平常帮父母耕作,他个小体弱,不胜负荷,勉强在家乡读了两三年私塾。生活穷困使陈耀池想改变贫穷落后的命运,14岁的时候,他向父亲提出想出国闯荡的想法,父亲答应了,把他送往有乡亲旅居的巴拿马。

拿着父亲筹集的盘缠,陈耀池经香港坐船去巴拿马。因为别的原因,客船没有到达巴拿马,而是到了秘鲁,陈耀池在此上了岸。他身在异乡、举目无亲、流浪街头。一个好心的华人大伯发现了无家可归的他,便把他接回家。这个大伯以卖猪肉为生,没有儿女,就认他为干儿子。陈耀池本打算就此留在大伯家,报知遇之恩,不想家里爷爷托人把他找到,命他必须去巴拿马投奔乡亲,陈耀池只好告别大伯去了巴拿马。初到巴拿马,他到了乡亲的店铺打工。两年后,他开始经营日用杂货,他起早摸黑,事必躬亲,小小的杂货店越做越大,逐渐发展为一个小超市。

聪明勤劳懂得经营的陈耀池感到一个人做事势单力薄,事业难以扩大,于是他和志同道合的唐佩湛一起创立了顺发贸易公司。业务逐步发展,从日用杂货,到水果烟酒,从本地业务发展为跨国业务,他们成功走出了创业的第一步。民国初年,生意事业有了一定的基础,算是衣锦还乡。此次回国,他在老家建屋娶妻,在家乡数年,生下两个孩子后重返巴拿马。此时顺发公司的业务越来越大,乡里中跟随亲人出外谋生的人也越来越多。不久,陈耀池把叔父陈金楼、三弟陈镜衡和六弟陈汉深都接到巴拿马。叔侄兄弟同心协力,事业进一步昌盛。

随着来巴华人日众,华侨华人的生意业务也日益扩大,华人要想争取和保护合法权益,就必须要有话语权和团结的组织。陈耀池和几位华侨中坚分子决定成立同乡会。这一倡议获花县旅巴乡亲踊跃支持。于是,陈耀池、朱锦容、陈金楼、梁廷鉴、唐佩湛等联手发起成立同乡会,并在当地登记成为合法社团。不久,他们筹钱买了会所,这在当时的华人社区中是一个创举。后来同乡会三次扩大并搬迁会址。巴拿马花县(花都)同乡会是旅巴拿马华侨中最早也是最有实力的侨社团,创办人之一的陈耀池担任了巴拿马花县同乡会第六届主席。

顺发起步 光宗耀祖

当年陈耀池为家族闯出了一条出洋谋生、摆脱贫困的路子。他的叔父和两个弟弟来到巴拿马后加入了顺发公司共同开拓扩大经营业务,积累资金,实力雄厚,生意越做越大。

陈耀池夫妇及儿子

顺发公司一改过去多数的华侨杂货店只做买卖的传统,跨国经营唐山(中国)和欧美产品批发,生意蒸蒸日上,业务量成倍增长。生活稳定了,陈耀池把在家乡的妻子和儿子陈木林接到巴拿马。为振兴家乡的教育,让村民子弟有书读,1917年,陈耀池、陈汉深兄弟回乡出资创办了达中小学,这是民安小学的前身。

所谓游子思乡,在异国他乡没有根的感觉。1929年,陈耀池带上一家人回乡定居。此时他又多了3个孩子,最小的只有一岁半。临走前陈耀池把顺发贸易公司的生意全盘交给了弟弟陈汉深。陈汉深是一个聪明好学的人,他在家乡跟邝笛云老师读了几年私塾,还学了英文和西班牙语。他有智有谋、大胆稳重。几年来,他把业务扩大开设了分公司,另外还经营加油站,成为跨国贸易公司的中坚力量。

回乡后,富有生意头脑的陈耀池,开始在乡中投资做生意。他在花城墟(当时也是县府所在地)购买了两间商铺,开设"陈思记"商行(爷爷的名字为陈思带),商行售卖粮油、肥料、生产工具,生意甚佳,是花县城中的名店商号。

与此同时,陈耀池在家乡买了一块宅地,建了一所大合院,大小房间60余间,附有七层炮楼,属当时典型的客家传统屋宇。大屋的大门上题写"秉正家塾",以示"君子求财,取之有道",也警示后人行正立品,光耀门庭。陈耀池娶了二房妻妾,一共生育十二个子女,其中十个长大成人。陈耀池重视子女教育,把孩子送到最好的学堂读书。陈耀池靠聪明勤劳和勇气,闯荡世界,发家致富,改变了家族贫穷的命运。

1938年,广州沦陷,花城毁于日本侵略军的轰炸,不仅生意没法做了,连性命也难保,于是陈耀池带着全家逃难到香港。1941年,陈耀池迎接弟弟陈汉深回香港。当年陈汉深接手顺发贸易公司后,生意突飞猛进,做得十分红火。直到1941年,巴拿马反华政客上台,全面排斥华侨,华侨生意倒闭,陈汉深被迫关闭顺发公司,返回香港寻求发展。兄弟本以为可以在香港联手做生意,没想到不久太平洋战争爆发,日军攻陷香港,兄弟刚见面又分手,弟弟去了澳门,耀池回到老家。尽管颠沛流离,但在这几年逃难途中,陈耀池仍然坚持让孩子们受到最好的教育。

1945年日本投降,抗战结束,陈汉深返香港开设陈汉深商行,创香港陈汉深有限公司,延续商界辉煌,此乃后话。

家国情怀 刻骨铭心

陈耀池从香港回到家乡,从抗战胜利到中华人民共和国成立,经历了风风雨雨,于1954年病逝,终年64岁。

1985年,国家落实华侨房屋政策,对土改时被没收的华侨房屋实行清退补偿。陈耀池当年的商铺和华侨房屋被全面清退,补偿款十多万元人民币。陈耀池的儿女用清退款在原祖居地重新建了一栋两层楼房作为"祖屋",把根留住。屋内五房两厅,大门匾额仍沿用"秉正家塾"四字。

陈耀池一生劬劳,情深故园。他一次又一次离开故土,去探索,去拼搏,一次又一次地回到家乡的怀抱。在巴拿马创建同乡会,他振臂高呼,带头捐输,在生意上,他也是真诚合作。

由于陈耀池的努力,他们家族开辟了一条通往海外的新路,从而摆脱历代农耕的贫困之境。也由于他的开拓,他的商贾世家有了百年基业,表现最为突出的是他的弟弟陈汉深。自从20世纪20年代,陈汉深从哥哥陈耀池手上接过事业,便一发不可收地把陈氏家族的生意做到中国内地和港澳、欧洲、北美洲和南美洲。

陈耀池妻子与儿子陈金祺在祖屋前留影

战后陈汉深没有离开香港。在香港,陈汉深商所已经成为众所周知的商业品牌,单是陈氏家族就有100多人跟随着他的公司,他们相互扶持,从不内讧。陈汉深又特别照顾侄辈,侄子陈金和1961年去香港投奔叔父,本来要做一番事业,不料得了肺病,陈汉深二话没说,让他不要工作,安心治病。另一侄子陈金祺跟着叔父陈汉深做烟草生意,

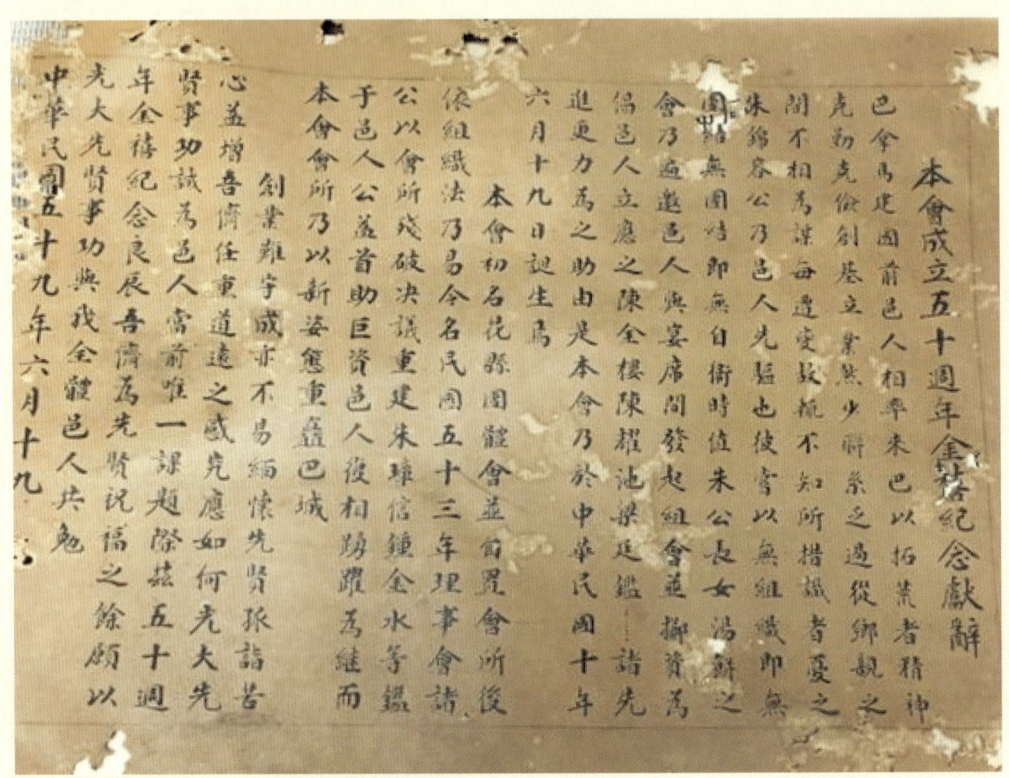

巴拿马同乡会50周年纪念献词

陈汉深不但给予机会,还教会侄子看行情,并且收购国外公司,让他们成功,成就了香港商贾之家。

陈汉深生意以贸易为主,后来也涉猎地产。他在香港九龙区买地建楼房,所建4栋12层楼宇为自有物业,作商业使用。陈汉深做生意稳扎稳打,非常踏实,从不冒险,从来没有跟银行贷过款,所以也没有继续在房地产界扩展。

陈汉深为人心地善良、有经济头脑、有正义感,凡是有人有难要帮助,只要提出来,陈汉深都会伸手相助。陈汉深也参与了侨港花县同乡会的创建,并出资购置会址,与仁人志士一起开拓同乡会会务。

陈氏兄弟众子孙由于得到良好的教育,成才者甚多。进入21世纪后,他们有的继续经商,也有的跻身医疗、教育、法律、工程科技等行业,血脉流长,现子孙分散于中国港澳台地区和美国、加拿大、澳大利亚、巴拿马、泰国等国家。但只要在家乡喜庆节日或有族人召集,他们就会齐聚家乡。

知行合一 邑侨爱戴
——记巴拿马花都同乡会永久名誉主席唐佩湛

唐佩湛

唐佩湛是邑侨所熟悉的华侨商人,早年经商显露才华,后去巴拿马。他与同乡陈耀池联手合办公司,成为同乡在巴拿马开商埠的先行者。

早年经商

唐佩湛,1885年(又有说1892年)生于城北门街(今花山镇花城村),在家乡长大,读过几年私塾。唐佩湛自幼聪敏过人、勤奋好学、学业优秀。后因家境贫寒,辍学从商。

十几岁的唐佩湛与父兄在花城墟经营"唐怡和"商号,经营民用商品为主,兼营烟酒等,生意兴隆。年轻的唐佩湛才思敏捷,富有生意头脑,常出入于省城,可谓少年老成。唐佩湛人缘颇好,所经营生意日昌。他走南闯北,积累了丰富的经商经验。20世纪20年代以后,国内局势风雨飘摇,唐佩湛感觉生意不好做了,便决定转赴巴拿马再创业。

唐佩湛来到巴拿马,白手起家,此时,旅巴拿马花县乡亲日众,比较活跃,他当即加入了乡亲聚会的行列,和乡亲一起参与筹建成立了花县侨社同乡会。巴拿马花县同乡会于1921年6月29日成立,唐佩湛成为同乡会的中坚分子,他大力支持发展会务、购置物业等。他们大多是客家人,大家团结一心,不少乡亲还联手做生意。唐佩湛与比他早到巴拿马的陈耀池非常合拍,他们志同道合,配合默契,联手在巴拿马创立了顺发贸易公司。年轻的陈耀池和唐佩湛雄心勃勃,敢为人先,凭着精明与勤奋,生意业务迅速发展。后来陈耀池的弟弟陈汉深和叔父陈金楼到巴拿马后共同参与顺发公司的经营,他们扩大业务,办理烟酒、服饰、日用品等商品批发,由于团结合作,经营有方,商务蒸蒸日上,他们的业务迅速发展为跨国公司,成为当地社会有信誉有影响的商号。

情系家国

几年后,唐佩湛回国与兄长唐佩鉴、唐庭辉,好友邓开福、邓开堤等合股兴办中国火柴厂,厂址在广州市河南南华东路圣科直街二号,规模颇大。他又独资开设银号(钱庄),经营汇兑信贷业务,当时旅巴乡亲的侨汇,多从他的银号转回家乡。

抗日战争爆发,华南沦陷,唐佩湛兴办的火柴厂及银号倒闭,他只好重返巴拿马经商,重振旧业。1941年起,巴拿马国内掀起了反华浪潮,华人生意受重挫,他苦苦支撑了几年。直到1945年国内抗战胜利,他再度携资金离开巴拿马回到国内,在广州珠玑路开办"穗丰商行",代理亚细亚美孚煤油,又召集原中国火柴厂的人员在江村高塘圩重办火柴厂。同时,他在家乡花城圩再开设"国兴商店",经营日杂、酒、米、榨油,为乡人服务。此时,唐佩湛在巴拿马有产业,在国内的工商业也不断发展,成为有一定影响力的华侨殷商。唐佩湛作为爱国华侨,参与支持家乡的建设,被推举为县参议员。民国三十七年(1948),花县《华声报》因经济拮据而停刊,唐佩湛又与刘连城、林达远等旅巴乡亲捐款,使该报复刊,易名为《花县新报》,他也因此成为该报董事会17位董事之一。广州解放前夕,唐佩湛再赴巴拿马。此后,一直在海外拓展商务。

慈善为怀

唐佩湛身居海外,常怀爱国爱乡之情,乐善好施。早在20世纪30年代,他就与旅巴侨胞发动捐款在花城东北城隍庙附近建起两座"广惠善堂",以收容孤老病残者,同时捐款作为施粥、施药的费用。

民国十八年(1929),花县政府在原花县学宫创办了花县第一所县立初级中学。第二年改为花县县立乡村师范学校,为当时县内最高学府。建校之初,因校舍不足,校方呼吁社会各界襄助。消息传出,唐沛湛遂与陈耀池、陈汉深兄弟以顺发公司的名义捐建一座钟楼;刘连城和其他旅巴拿马乡亲发起捐款建有课室、宿舍;当时在学校担任校长的徐维岳也发动三华村旅新加坡华侨捐赠建了一座"三华星侨台",星侨为星洲侨胞之意,是带上盖的演讲台。由于得到华侨资助,学校设施日臻完善,不少人才从这里走出。

抗战期间,唐佩湛深感时势艰难,他心系祖国同胞,在巴拿马与陈汉深、刘连城等发动侨胞捐款支援抗战及救济难民,所有捐款直接寄国民政府财政部。

唐佩湛旅巴多年,常对经济困难的乡亲侨胞解囊相助,对老病无依者提供食宿、赠送药物。他为侨胞排难解忧,深受广大侨胞爱戴。巴拿马花县乡亲力推他为同乡会46—50届、52—53届主席,任同乡会主席之职历时16年之久。1978年,在巴拿马花县同乡会庆祝成立五十周年之际,唐沛湛以年事已高为由力辞同乡会主席职务。为表彰唐佩湛热心公益、笃力发展同乡会事业之功迹,大会决议聘他为巴拿马花县同乡会永远名誉主席,并赠送纪念银盘一个,内刻"邑侨爱戴"四字,另赠金质胸章一枚,由首任同乡会副主席周习信代表赠献,以示敬意。1980年,唐佩湛在巴拿马病逝,享年95岁。

(本文参考《华侨志》人物简介记载,采访国内外知情长老写成)

投笔从戎 谋事兴邦

——记巴拿马中华总会创办人、创会主席刘连城

刘连城

刘连城，天心塘村（今花山镇红群村）人。1891年出生，少年在家乡读书，毕业于两龙悦贤学堂。刘连城聪明好学，出类拔萃，成绩优秀。书典有记载：县学惜才，给予刘连城"庠生"称号，庠生即秀才（据考，清末1905年，中国传统科举制度被废除，此时刘连城只有14岁，不太可能是真正的秀才，乡中长老认为人才难得，称他庠生，是表示对他才学的称赞）。

刘连城毕业后留任学校，初任乡村教师。几年之后，刘连城感到乡村教育落后，不能适应时代发展和提升乡民教学育人的需求，遂与村中父老商议创办乙藜小学（红群小学的前身）。他毛遂自荐，自己主持兴办学校。受"五四运动"新思想的影响，刘连城思想开放，在省城广州结交了不少进步人士，于是聘请从广州中学毕业的刘绥华、刘炽华来校任教，推行新学。他们都是花县青年志士，后来刘绥华成为花县农民运动的领导人，为中华民族的解放事业牺牲。

民国初年，刘连城投笔从戎，进入军队，在新编粤军服役。刘连城心怀报国志，英勇善战、屡建功勋，不久升任孙中山大元帅率领的西路护法军营长。后在作战中左腿受伤，导致残疾，退役回家。刘连城保持着客家人的朴实与勤劳，胸怀大志，总想着走出家门，走向社会，干一番事业。

刘连城叔父刘金，于19世纪末赴巴拿马当劳工，曾参加过巴拿马运河的开凿。在多年的辛苦工作、省吃俭用后，刘金用积累下来的血汗钱在当地开办了公司，刘连城兄长刘德铁早年已前往巴拿马投奔叔父。为求振业兴邦，民国十三年（1924），刘连城亦前往巴拿马，在叔父和兄长的支持下，开办一间面包店，后与一位当地（巴拿马籍）女子结婚，夫妻俩共同在店内管理业务。

当时，旅居巴拿马的侨胞大多数是劳苦阶层，不少人是被卖身到巴拿马来开凿巴拿

马运河的劳工，文化较低。刘连城到巴拿马后，对公益事务颇为关心，他支持并参加乡亲们创建的侨社。他有文化，有眼光，常为侨社活动出谋划策，深受侨梓乡亲信赖，后来刘连城被公推为花县旅巴侨社团花县同乡会第十二届主席。为更好地推动华人社区的公共事业，维护华人生存发展的合法权益，他联络各邑华人侨领，发起成立巴拿马中华总会（属于不分地区的全侨组织），巴拿马中华总会成立于1943年4月9日，是巴拿马华侨社会最大的社团组织。其前身为巴拿马第一个进行法律登记的华侨社团组织、1882年12月21日以集资形式成立的华安公所及1904年改组而成的中华会馆。巴拿马中华总会理监事会由花县同乡会、古冈洲会馆、中山同乡会、清远从化同乡会、鹤山公所、三邑会馆、赤溪同乡会、苏浙同乡会八个侨团内部推荐人选组成，花县籍侨胞刘连城为第一任会长（1943—1946）。巴拿马中华总会宗旨是"联络感情、公谋全侨福利、发展华侨事业、促进中巴文化交流"，大力开拓中巴之间多层次而广泛的接触与交流。

刘连城身居海外，仍关心桑梓，他和大多数的华侨一样，都是怀着改变家乡贫穷落后的面貌、光宗耀祖、报效祖国之心出埠。因此对家乡公益事业，常怀心中。他想为改变家乡教育落后的现象贡献力量，先后发动捐献办学基建费，所资助的有天心塘乙藜小学、花县简易师范学校、韶关志锐中学等。每一次捐助，他都身体力行，以身作则。此外，还捐献县内修建道路、桥梁及福源水茶亭施茶经费。他的行为得到乡亲和侨胞的称颂。

抗日战争爆发后，刘连城通过中华总会，发动全巴侨胞向祖国捐款，以支援抗战、充实军饷、辅助弱困。华侨总会要求侨胞每人每月最少10元，逐月缴交，各侨胞多以早交多交为荣。当时政府收到捐款后，由财政部按捐款人姓名发回正式收据，邮付巴拿马华侨总会转交个人，此举一直维持到抗日战争结束。

民国三十年（1941），巴拿马政府实行排华政策，数以千计的邑侨被迫结束生意，离开巴拿马。刘连城因与当地女子结婚，入了巴籍，未被驱逐。但当时巴拿马百业凋零，生意不佳。民国三十七年（1948），刘连城回国谋求发展，当时家乡选举他任复兴乡（亦即现在红群村）副乡长。同年《花县新报》创办，当时花县副参议长葛少垣任社长，刘连城被推举为《花县新报》董事会董事长，从巴拿马回国的唐佩湛等17人任董事。不久，他见当时国内社会极不安定，货币不断贬值，谋事甚难，便于数月后重返巴拿马，此后一直在巴拿马经商，直至1981年病故，享年90岁。

刘连城有子女三人，女儿刘玉珍，曾任巴拿马城副市长，她秉承父亲意志，对家乡父老情深义重，刘玉珍通过父亲了解花县乡亲侨民的苦难史，大胆为侨胞说话。在华侨合法权益遭受不公平待遇的时候，理直气壮地为侨亲办事，受到乡亲华侨的赞扬。

（本文参考《华侨志》人物简介记载，采访国内外知情长老改写而成）

诗意经商 运筹有道
——记巴拿马商人张荣森

张荣森是花山镇源和村人,他的曾祖父、祖父、父亲都在巴拿马谋生,是第四代华侨。他还是一位诗人商家,曾在各类诗词大赛中获奖。这位有着深厚中华文化底蕴的商界精英为大家所熟悉。

张荣森

一

张荣森的祖辈出外谋生,目的只是赚钱改善生活,光宗耀祖。他们也和许多华侨家庭一样,有着浓厚的传统家庭观念。张荣森1957年在家乡出生,父亲把他留在花山老家上学,让他专心学习祖国文字和语言,直到1977年张荣森20岁高中毕业后,他才移民到巴拿马。

受中华传统文化的影响,张荣森喜欢读书,看名人传记,历史书籍涉猎了不少。尤其是在中学时代就爱上了中国的古诗词,他不但欣赏古人李白、杜甫那些优美典雅的古诗词,更崇拜毛泽东的那些气吞山河的宏伟诗篇。为了尽快融入巴拿马当地社会,他进了语言速成班,一边补学西班牙语、英语,一边帮助父亲打理生意,同时还要抽出时间练习写诗。他说,写诗与做生意一点都不矛盾,时间是挤出来的,因为写诗,人不会变得庸俗。他谈生意经常是全世界到处走,在飞机上闲来无事,很快就进入了诗的境界。如他的:

空中行
一笛长空漫雾开,三声未尽坐云来。
足下群峰无影处,眼前蜃楼现瑶台。

大西洋风光
极目西洋影千帆,鸟儿游戏海云间。
碧波无穷连天际,风携绿水洒青山。

诗是形象思维，亦幻亦真，亦虚亦实，他喜欢这种意境，他认为具有心胸宽广、雄才伟略的人才会思想深刻意境高远。像雄鹰一样，飞得越高，看到的东西就越多，看准目标，就毫不犹豫地扑过去。他做生意也能用这种诗人的姿态去捕捉一个又一个的商机。正是这种如痴如醉的追求和学习精神，使他成为一名格调不凡的儒商。

二

张荣森开始创业时，从一个100多平方米的日杂小超市做起，只做了半年就开了第二间。在几年时间内，连开了四间店，形成了连锁超市。1988年他的生意开始转型，涉足进出口领域，开辟了中国市场。1997年，又增加了国际贸易，在整个拉丁美洲做代理商。1998年，他进军服装行业，在巴拿马注册了"衫王"牌衬衫，凭借超市连锁网络，集生产、批发、销售、服务一条龙，产品在拉丁美洲影响极好。2004年，他又在花都注册了"王牌"品牌，生产蒸蒸日上。近年，他在苏州工业园投资，以服装、食品为主，效益日增。就这样，他一步一个脚印，他的企业每年以30%~40%的速度增长。目前已形成了超市系列、拉丁美洲系列、中国进出口系列、生产系列、生产服务系列等格局。

张荣森的品牌logo

有时候，张荣森会跟人们谈他的生意经。他说："做生意也是看格局和眼光，一流的商业做品牌，二流的商业做渠道，三流的商业做产品，四流的商业做生意。"张荣森的品牌意识很强，一直非常重视品牌的创立与效应。他经营服装已经有30年的时间，靠的就是走品牌路线。他自创品牌，独立设厂，研究制定可促进产品行销国际市场的标准，提升抵御市场风险能力，拥有较多忠诚的顾客群体。无论是服装、餐厅、酒店，甚至地产，他都着力打造自己的品牌。

三

2007年他进入房地产行业，他和志同道合的朋友一起联手合作，在巴拿马、秘鲁、多米尼加、哥斯达黎加、墨西哥、美国购置土地，适时开发商业楼宇，注重质量、标准和特色，同时着眼创立自己的品牌。

张荣森还有敏锐的市场触觉能力，及时掌握市场产业的趋势。近几年他的生意又涉猎酒店和餐饮食品行业，在经营餐饮品牌上，制定标准化系统数据，形成自己特色，通过连锁推广的模式，他经营的餐饮包括有中餐、西餐、面包、快餐、日本寿司、韩国料理、兰州拉面等多种，总公司立足做好技术指导、系统管理、质量检测、产品材料供应链。加盟条件也是灵活多样，可以一次性品牌加盟，也可以分期支付加盟，更有长期按营业额交纳管理费加盟，适合各种人士创业加盟。仅用两年多时间，连锁餐饮店达到25家。张荣森乐观地说："现在网络科技发达，生意产品可以做到全世界，现在自己虽身在中国,也可以通过网络打理到国外的生意业务。"在接受采访时,他还说:"我下个月回巴拿马,这两个月还会多开8间连锁餐厅。"

四

张荣森经营有道,他靠的是眼光、胆识、诚信和品牌,他和合作伙伴通常已合作了一二十年,甚至更长。张荣森的事业已做到全世界,但是他最钟情的还是中国内地,他每年都要回中国两次以上,他不但在中国内地设立生产基地,还在广州珠江新城购置楼宇、住房,把跨国公司的总部设在广州。前不久,他又在家乡花都购置物业,为的是让年迈的母亲回国内养老。他说,现在全世界最安全最有幸福感的地方还是中国,他说的是真心话。几年前,张荣森患上了颈椎管狭窄症,行动变得十分困难,并且有瘫痪之虞。治愈这种疾病必须手术,而手术的风险较高。在深思熟虑之下,他于2017年回到中国内地,在广州做了手术,手术的成功令他喜出望外,他大赞国内医术高明。他有感于港珠澳大湾区的规划和建设,他说:"我们会高度关注大湾区的建设发展,希望能够参与其中,因为大湾区的打造可以带动华南地区乃至整个中国再次腾飞。"

通商惠工 邑侨后盾
——记秘鲁华侨"杨家将"与最早侨社中华通惠总局

秘鲁中华通惠总局是华侨华人最早的社团组织之一,也是秘鲁华侨华人的全国性总机构团体。中华通惠总局在团结侨胞、维护侨益方面贡献良多,花都人杨学勤是中华通惠总局主席,他历任该侨领职务多年,说到杨学勤,首先要提秘鲁华侨和杨家将的故事。

秘鲁华侨与中华通惠总局

杨学勤

秘鲁是拉美地区华侨华人最多、移民历史最悠久的国家之一。据文献记载,清朝时期就有中国商人、工匠、水手抵达秘鲁经商或做工。1849年,首批"契约华工"抵秘鲁。1851年,秘鲁当局废除奴隶制,同时打算将华工代替黑奴。此后25年间,约有10万名"契约华工"被送到秘鲁修筑铁路、开金矿、垦荒园……秘鲁最早的中央铁路及许多重要的公路、矿山、港口,都倾驻着华工的生命和血汗。

19世纪中期,由于战乱,国内不少人逃离家乡,漂洋出埠,以求生存,其中很多人远赴南美洲。据中华通惠总局侨史记载,当时华人聚居秘鲁首都利马达4万人之众。经过100多年的发展,秘鲁华侨华人的总人数已发展到约130万人,他们不少是土生华裔或混血华人后裔。20世纪80年代以后,中国内地又出现一轮移民浪潮,大约有四五千人移民秘鲁定居。目前约60%～70%的华侨华人居住在首都利马。

1884年,清朝政府派出光禄卿(官职)郑藻如(中山人)出使美国、西班牙、秘鲁三国。郑藻如了解到华人到秘鲁已近40年历史,有六七万人。郑藻如认为非常有必要把各地华人联络起来,这样才能保护华人的权益,也可以发挥大众的力量兴办善事。于是,组织成立中华会馆,取名"中华通惠总局",意为"通商惠工",辅助侨民发展。华侨热烈响应,踊跃捐款,筹集经费。1886年购得房产作为会所,作为外交使者的郑藻如通过外交途径让中华通惠总局获得秘鲁政府批准而成立。中华通惠总局的宗旨是:主理兴办秘鲁华侨华人的慈善公益事业，加强华侨相互扶助，继承和发扬中华民族传统，维护华侨权益。这就是最早的由中国官方人士牵头组织的海外华侨社团。

现存的总局大楼于1959年重建，楼高四层，当时秘鲁总统受邀主持了揭幕典礼。

中华通惠总局牌匾

从南美开拓到秧地老虎

清朝末年，国弱积贫，外侵内乱，民不聊生，杨学勤的父亲杨进康与兄弟杨进安为谋生路一起漂洋过海到南美洲，至今已有100多年的历史。杨氏兄弟在秘鲁做生意，精明能干，克勤克俭，创业获得成功。数年之后，杨家兄弟高调回乡建楼，在家乡杨屋村建了四层和六层的碉楼青砖大屋。20世纪20年代，杨家兄弟回国，不仅在村里倡办善事，杨进康还与德国人做起了贸易生意。

当地有杨进康被称为"秧地出老虎"的传说。1934年，被誉为"南中国之冠"的广州爱群大厦工程第二次招标，杨进康积极参与竞投标。广州市爱群大厦位于越秀区沿江西路，建于1934年初，于1937年落成开业。大厦是当时华南地区最高的豪华建筑物，大半个世纪都是广州城的标志。杨进康参与竞投这个大厦，说明实力与勇气过人，后因为其他原因没能参与爱群大厦建设，但却由此获得了"秧地出老虎"的威名，意为出人意料，原本出没在深山的老虎出现在农民的田地里。

杨氏兄弟是最早回家乡建设大宗祠的人。后来本村的香港乡贤杨章瑛、杨启尧、杨应强等回乡修复宗祠；已故杨祯明之子杨活正、杨文正六兄弟在美国发迹，同时回家兴建杨屋学校两间，均属杨家将之贡献。

杨进康的子女中，还有着更为成功的商界人士。杨学勤是杨进康的第三子，定居秘鲁，他是杰出的华人企业家，被推选为秘鲁中华通惠总局主席。杨学良是杨学勤胞弟，多年来兄弟联手发展商业，家族基业日进。杨进安的第五子杨学广，曾在广州市培新中学读高中，后考取军校成为飞行员，曾随志愿军开赴抗美援朝，他驾驶的战机被击伤，但他幸免于难。回国后，他去了南京军事学院、苏联进修学习，为祖国航空事业做出了突出贡献。杨学广戎马一生也成为杨家将佳话。

众志成城建同乡会馆

在南美洲秘鲁旅居华侨虽众，但是花县的华侨却为数不多，杨进康兄弟算是较早一批秘鲁华侨。花县同乡曾参加南番顺三邑会馆为会员，只为附属于其他地区的社团成员，邑人缺乏话语权，在维护旅外乡亲权益方面也难有作为。随着花县人抵秘日多，乡亲之间，同声同气，倍感亲切，便由三五有识志士建议，号召乡亲团结一致，在利马另组旅秘花邑会馆，得到大家响应。开始由于人力财力不足，会址只是租赁场地，梓里乡亲需每月交纳会费，维持开支。到了20世纪20年代初，是杨屋村杨本正任主席。杨本正为人忠诚耿直，不偏袒徇私，他带头出钱出力，添购台椅，粉饰四壁，革新会务，竭力服务侨社。杨本正还亲笔书写"花邑会馆"四个大字，于会馆大厅中间悬挂。字迹苍劲，气派磅礴。杨本正自幼在乡求学，聪颖过人，有神童之称。后在羊城米铺当掌柜，能左手打算盘，右手执笔写字，是个难得人才。杨本正对会馆贡献良多，为老侨所赞颂。

20世纪60年代末，秘鲁军事政变，时局动荡，治安欠佳。不少有钱人逃往外国暂避，纷纷将生意及将房产物业出售，急于套现。20世纪70年代初，花邑会馆租赁之业主，意将楼宇贱价出售，首先通知租客。当时杨本正儿子杨炽昌，适任会馆财政，觉价钱十分便宜，便联络花县梓里共商购买会所大事。杨炽昌带头慷慨捐20000元当地货币以作为先行之倡。以当时生意并没有大发展的杨炽昌，慷慨捐资，已是鼎力之至，乡亲杨广生捐10000元以附骥尾。二人先行表率，各乡里亦纷纷响应，终购得永久之花县同乡会所奠定基业。

杨炽昌被推选接任同乡会会长，继承父志，为人正直，光明磊落。把公益慈善常放

秘鲁花县同乡会会长杨学良（右三）回乡探亲

于心上,可谓众望所归。故历次均被选为旅秘花邑会馆主席,到了20世纪80年代,他要落叶归根,返祖国与家人团聚,遂由其宗侄杨学勤继任花县同乡会主席。在杨学勤之后,杨学良任秘鲁花县同乡会主席、中华通惠总局顾问。

后起之秀 商业精英

杨学勤1944年在秘鲁出生,1949年随父亲回中国广州读书。自幼聪颖好学,他一边读书,一边随着父亲在省城做生意,他以优良成绩进入广州优秀学府广州市第一中学读书。

杨学勤中学毕业后随家人移居秘鲁,他受到父辈财商的影响并继承父亲的奋斗精神,在老一辈的影响下,可谓青出于蓝而胜于蓝。他首营铺仔货店,不久扩展为出入口贸易,商品货源多来自中国内地及中国香港。后来他了解到新型塑胶材料日用品开始流行,于是切入这个行业。立即购地建厂,往香港买机器与模型,并聘一流师傅来秘作技术指导。因产品款式新颖,经久耐用,符合顾客需要,故制品遍销南美,各地定货单,如雪片飞来,财源滚滚。

杨学勤不仅成为商界精英,还成为秘鲁华人领袖。他历任秘鲁中华通惠总局主席,秘鲁花县会馆主席,秘鲁《秘华商报》董事长。杨学勤为人亲善,众望所归。从资料记录中可以看到,前国家领导人到访秘鲁时,均亲切接见过杨学勤,在1985年和1999年,杨学勤作为特邀华侨观礼嘉宾,到北京参加国庆盛典。

20世纪90年代初,杨学勤投资物业,他在美国佛罗里达州之迈阿密购商场物业出租与人合作经营,又在德隆斯买入成排的住宅出租。两项物业,均委托银行代理。杨学勤自己镇守秘鲁利马,继续经商及服务侨社。杨学勤与祖籍花都平山乡贤江橙远携手侨社会务,他俩鼎力合作,共同支付会馆一切费用,结束向会员征收会费的历史,深受梓里敬重。

通商惠工与助力发展

中华通惠总局是秘鲁历史悠久的华侨社团。总局三大信条:复畴无私——努力办好侨事、管理好侨业。通商惠工——团结广大华侨华人,维护侨胞权益,增进中秘友好交往。义重合群——共同求发展,和睦相处,维护、发展中秘友谊。爱国爱乡,支持祖国、家乡建设,支持祖国和平统一大业。

中华通惠总局对秘鲁经济的发展贡献良多,对中秘交往起到桥梁作用。一直以来,中华通惠总局秉承服务华侨,融入主流的与宗旨。如庆祝秘鲁独立百年(1921)庆典,中华通惠总局带领侨胞们踊跃捐款,在利马大公园建大喷水池一座及大理石纪念雕像和钢质纪念像两座作为贺礼。1935年,为庆祝利马建城400周年,中华通惠总局以秘鲁华侨名义在利马共和公园树立有关秘鲁历史铜像3座。这些举措提高了华人在当地的社会地位,加强了中华通惠总局以及各区侨社和秘鲁社会之间的联系。1925年总局筹集侨资创办中华学校,推广中文教育,后来与另一间三民学校合并为中华三民联合学校,兴教办学至今。

抗日战争时期，中华通惠总局组织抗日宣传筹饷会，并在秘鲁各埠设立分会，领导侨胞捐款支持祖国抗战，共捐款100多万美元。侨界通商惠工中涌现出了一大批业绩斐然、饮誉全秘的农业家、实业家。20世纪中叶，总局坚持开设免费诊所，为贫老华侨及华人服务；每年慰问老人院的老华侨，向贫困老侨胞赠送红包利是；为新移民举办西班牙语补习班；为华裔办中文学习班、太极拳学习班乃至风水班等社会公益事业；联同当地医院举办医学讲座、免费为侨胞举行健康检查；成立了总局醒狮团，经常受邀于各地表演助庆，弘扬中华文化；总局专设了中文图书馆免费向侨胞开放借阅；特设律师、会计师免费咨询服务处，使广大侨胞对居住国的法令有所了解，真正为侨胞排疑解困；代表华侨华人利益与政府有关部门交涉、会谈，为侨民伸张正义，争取平等权利和待遇；协助当地警方搞好警民关系，维持治安；协助和配合中国驻秘大使馆、国内涉侨单位举办各类型的座谈会、庆祝会、联欢会；接待来自祖国的各级访问代表团，促进了中秘两国友谊和经济交往。

当居住国和祖国发生自然灾害时，总局多次发动侨胞捐款捐物，并组织筹款委员会以华人名义每年向秘鲁全国性电视筹款节目捐款，这些义举受到中国和秘鲁政府表彰与舆论界的好评。1986年9月举行中华通惠总局成立100周年纪念庆典，编辑出版《秘鲁中华通惠总局成立100周年纪念特刊》，添补侨史的空白。2016年6月，在北京举行的第八届世界华侨华人社团联谊大会上，秘鲁中华通惠总局被评为"华社之光"社团。

杨学勤（左）访问广东省侨办（照片来自广东侨网）

2001年11月8日，《秘华商报》创办，杨学勤任该报董事长。商报版面新颖、图文并茂、社评短论、综合性强和广告效益显著等赢得了广大侨胞读者的喜爱，在总局大力支持下出版的《华人抵达秘鲁150周年纪念特刊》也对华侨史有了详实的记录。

20世纪90年代，杨学勤为了生意贸易往返于中国广州和秘鲁之间，他回到家乡，看到家乡正在倡议海外宗亲捐资重建学校，当即为杨屋一小学捐赠5万元人民币作为建校经费。

2014年，杨学勤因病去世。

（本文采写整理资料包括参考网上收集中华通惠总局《百年特刊》和秘鲁华侨史）

仁厚平实 乡情浓郁
——记澳大利亚花都同乡会创会会长江杜湾

一

江杜湾

江杜湾祖籍花山镇平山村上堡庄。江杜湾的爷爷江长芬和他的兄弟们早年去美国，后落脚在加拿大。他们兄弟携手创业，也属于殷商一门，曾回家乡建屋买田地。江长芬在加拿大经常与在美国的乡亲兄弟保持联络，早年旧金山花县总会馆悬挂的"敦睦乡谊"镜屏，就是江长芬赠送的。

江杜湾的父亲江浩权是独生子，江浩权在家乡成家立业，娶妻生子，照顾母亲。后一家人到了香港，1940年，江杜湾在香港出生。1941年，战火在香港燃烧，江杜湾随父母回到老家，童年饱受战乱之苦。他在家乡读书，弟妹先后出生，他是长子，十多岁的江杜湾帮助父母打理家计，后来去广州读中学，他勤奋努力，中学毕业后考入广东水电学院继续攻读。

父亲江浩权是个跌打（骨科）医生，有祖传手艺，曾经在平山墟等地开业就诊，20世纪六七十年代，因为不允许个体户经营行医，他停止执业，回到家里务农。江浩权还懂得功夫，他曾经和乡人梁镜清作为花县武术代表团在佛山参加省比赛分别获得冠、亚军。江浩权是个本分的人，不多管闲事，有人上门求医，他会尽力帮人，一般不收诊金，只收点药费，乡亲邻里和睦。江浩权生有五男二女，母慈子孝，家规有训，子女均听话争气。

在加拿大的爷爷江长芬看到大孙子聪明能干，想把大孙子江杜湾带到北美洲，于1962年提交申请，无奈当时办理加拿大国入境有所制约，江杜湾转而去了香港。此时，香港作为国际港口处在起步发展阶段，江杜湾在香港开餐馆，机缘巧合让他进入学校承包饭堂产业，他开设学校餐饮服务公司经营多所学校，为学生及员工提供配餐服务，凭踏实的作风，良好的服务获得信誉。

二

江杜湾在香港经过十多年打拼,已到了而立之年。有了事业基础,婚后他想谋求更大的发展,于是到了澳大利亚。适逢澳大利亚接受外来移民,江杜湾决定留下来,开始探索和开启新的海外谋生之路。

江杜湾保持着中国人的克勤克俭的作风,他看到很多熟人、同学到外国谋生,起初都在打工,但他有自己的想法,不打工,经营餐馆。他在当地创立了第一家比较上规模的龙江酒家,成为当地颇有名气的中国餐馆。江杜湾经营餐馆与众不同,他不以老板自居,总是亲力亲为,对同事和小工很少责备。下班后,他会与店里的小工谈心,了解他们的家庭情况和实际困难问题,总是尽力给予帮助。乡亲朋友遇到困难他也会给钱相助,因此江杜湾的人缘特好,他所开的龙江酒家生意也越来越好,江杜湾也成为当地有影响的华侨。当江杜湾的事业有了稳定的基础之后,他先后为母亲和四个弟妹办理移民到了澳大利亚。家和万事兴是江杜湾的信条,弟弟江杜潘、江杜海在大哥的支持下,也发展了自己的事业。到了20世纪90年代中,二弟江杜祥也移民澳大利亚,他们一家除了老三江杜鲁在美国,江杜湾兄弟姐妹四人在澳大利亚团聚。他们虽然各有自己的生意和家庭,但是他们联手经营,互相扶持,不分家,90多岁的母亲是他们的向心力和主心骨。江杜湾的兄弟说,母亲是一个识大体顾大局的女主人,使得一个二十多人的大家庭上下和睦,四代同堂,保持着良好家风。

三

过去,花都在澳大利亚的华侨不算多,20世纪80年代以后,国内改革开放移民潮再度兴起,不少年轻人选择到澳大利亚留学。来自家乡的青年、族人逐渐增多,新出国的

江杜湾(左五)和在澳大利亚的乡亲在一起

移民或者留学生,他们会找到在澳大利亚的老乡江杜湾。此时江杜湾总是给予帮助和接济,或给予安排工作,吃、住、生活指引。

江杜湾说:只要是黑头发黄皮肤的,都是自己的族人,都是中国人,都要互相提携。多年来,由江杜湾出面帮助过来自家乡的移民或者留学生不下百人,之后这些新移民在当地发展,或者学业有成之后在当地定居,他们有了自己的乡亲社群,人越来越多。有想通过投资移民的乡亲,但他们人生地不熟,找到江杜湾帮忙,江杜湾就直接把自己的产业转让给他们,彼此讲信誉,不担心被骗上当。然后江杜湾帮助新移民管理和熟悉生意业务。虽然是互利的,但江杜湾总是为别人想得多一些,总是想到别人有困难,要兄弟多忍让。因此,江杜湾在乡亲中拥有较高的威望。

1990年,江杜湾牵头在澳大利亚成立花县同乡会,他与花都乡亲到当地政府注册登记成立澳大利亚花县同乡会,为乡亲服务。后来江杜湾曾经一度离开墨尔本,到昆士兰发展,但他仍然关注花都乡亲共同的事业。

江正诚为澳大利亚花县同乡会题字
(左起王伯荣、江杜海、江正诚、江杜湾、江杜祥)

四

20世纪90年代,家乡的路桥公司在澳大利亚上市。公司上市,需要有一定数量的当地股东的支持。江杜湾对于家乡的事业责无旁贷,他发动旅居澳大利亚的乡亲一起抱团支持。包括接待来自故乡的工作人员,安置、协调在当地的运作,虽然此事最终因为多种原因未能取得成功,但是江杜湾从不计较得失。

现在年过八旬的江杜湾是众兄弟大家族的核心,家族在澳大利亚开有10多家餐馆,经营模式多种多样,有中式、西式、韩式、日式,有传统酒家,也有快餐连锁。更有年轻一代投入其他领域,如网络科技产业等。

现在江杜湾虽年事已高,但他还为大家着想,他说,来澳大利亚的乡亲越来越多,乡亲需要团结。他让弟弟和一些乡亲去探讨购置澳大利亚花县同乡会会址事宜,他的兄弟和晚辈乡亲也按照他的意愿选址,提出意向。江杜湾告诫乡亲:"我们在海外谋发展,设立一个同乡会所,是我们侨梓的根基。"

希望在不久的将来,江杜湾的心愿能得以实现。

亦医亦商 服务社群

——记澳大利亚花都同乡总会主席王海帆

王海帆是花东镇高溪村人，1960年出生于医学家庭，父母都是医生。1984年，王海帆从广州中医学院毕业回到家乡花县（今花都区），当时正筹建花县中医院，王海帆被分配到中医院，他参与了中医院的组建推进工作。

王海帆参加广州市侨商大会

学业对口、善于沟通的王海帆才智得到发挥，他与广州市中医院的老师、教授都有良好的关系。他帮助正在组建的花县中医院引荐广州中医学院的院长来医院讲课，多方支持推动中医院的建设发展。

1988年，从医四年的王海帆来到澳大利亚中医药研究院深造。这所中医药研究院是西方国家对中国中医中药的研究机构。王海帆以中医为基础，兼修西医，他还考取了澳大利亚国家注册医师的执业牌照。之后王海帆在澳大利亚开设诊所，结合中西医为人诊病。他在中西医结合方面颇有心得，明白中医药有些方面是西药无法比拟的，他的知名度不断提高，甚至不同城市的人也专门来找他看病，他在国内设有与相关机构合作的医疗服务诊所、药店。

澳大利亚维多利亚州在中国北京、上海、广州都设立有专业联络服务机构，以代办两地商业经济合作项目，由于王海帆社会活动活跃，还懂得医疗机构的营运管理，他被推荐为维多利亚州广州机构的法人代表兼任总经理。服务机构一方面是帮助澳大利亚商人考核中国的投资项目，通过中国相关部门进行调查核实，给出可行性意见；另一方面是帮助中国商人考察澳大利亚的投资项目，如中国工业产品出口、大集团对澳大利亚投资等。由于王海帆经常奔走于中国与澳大利亚之间，以他对中国国情的熟悉和对澳大利亚实情的通晓，他的工作达到良好的效果。王海帆经常往返中国与澳大利亚之间，他与家乡广州、花都、香港等地的乡亲和商业客户有着较多的联系，王海帆被推选为广州华商会第六届副会长。

王海帆说:"我的职业是医生,从医是我终生的事业,我走到职业经理人的地步,都是身不由己。"

20世纪90年代初,王海帆配合大洋投资集团澳大利亚有限公司董事长江杜湾牵头创立澳大利亚花县同乡会,江杜湾任会长。此时,国内进一步改革开放,各项基本建设加速发展,特别是交通的建设和发展带动经济快速增长。当时家乡路桥公司要在澳大利亚股市上市,江杜湾会长带头并发动澳大利亚的乡亲支持家乡的事业,王海帆协助花都区在澳大利亚合作项目的推进。

王海帆(右二)参加澳大利亚维多利亚晚会

几年之后江杜湾离开墨尔本到昆士兰州布里斯班(Brisbane)发展,同乡会会务工作交给王海帆,澳大利亚花县同乡在当地政府重新年审登记改名为"澳大利亚花都同乡总会",王海帆任会长。在墨尔本,花都乡亲聚集较多,他们会定时聚会联络感情。同乡总会将带动花都乡亲跟家乡进行更广泛的联系,在维护和帮助乡亲在当地事业发展、敦睦乡谊方面开拓新的工作局面。

甘为绿叶 福荫闾里
——记热心慈善公益的澳大利亚华侨陈金和

陈金和20世纪90年代移民澳大利亚。他做人低调，做事认真，每年多次往返家乡，每次回来几乎都是为了家乡的公益慈善事业。

令人唏嘘的童年

陈金和夫妇在澳大利亚

陈金和，梯面镇民安村人，1937年出生在一个华侨大家族。他的父亲陈耀池在20世纪初出洋谋生闯天下，在巴拿马创业成功。衣锦还乡后父亲在家乡建大屋，开商号做生意，改变了家族贫穷饥饿的面貌。

陈金和是父亲二房的小儿子，他出生时，家境是比较富裕的，但是好景不长。在他不到一岁的时候，抗日战争爆发了。

1938年，他家族在县城做生意的商号被炸毁，家乡陷于战争的火海之中，父亲带着一家人逃难到了香港。1941年，香港沦陷，一家人再次四散逃难，陈金和的童年在风雨飘摇中成长。父亲带着全家回到老家，送他到灯棚（私塾）读书，两年后转学到花峰小学（花城小学前身），这是他父亲和叔叔以及海外华侨乡亲共同捐资新建的小学。

或许是少年时的漂泊艰辛和家庭在社会变革中经历的风雨坎坷，陈金和从小就学会了低调做人，小心行事。1950年，陈金和考入思明中学，他在学校寄宿，一个月才回家一次，每次回家或上学，他会绕过村前走小路，避免跟人打交道。

求生亦坎坷

陈金和中学毕业后申请出国去巴拿马，获得批准。他途经香港时，被一直在香港做生意的叔叔陈汉深留住。之后，陈金和一直跟随叔父在香港做了37年生意。直到叔父陈汉深逝世后，陈金和夫妇才移民澳大利亚。陈金和说："我叔父陈汉深在世一天，我就不会离开他，也不会离开香港。"原来这其中有着一段辛酸的人生经历，也藏着感人的故事。

陈金祺夫妇（右一二）、陈金和夫妇（左二三）、陈建华夫妇（右三四）和兄弟陈建球（左一）合影

也许是后天不足，陈金和身体孱弱。叔叔不放心他的身体，出于关心和保护，便把他留在身边。后来陈金和肺病复发，病情严重，这种病在当时还是难治之症，叔叔用心帮他找医生治病，还给他房子，让他独立居住、调养身体。孤独和困扰，陈金和百般无奈，是叔父保护了他，给了他机会。

叔叔不但体谅他，还教他做人、做生意。叔叔对他说，做生意贸易如果只做单一产品，等于在弹独弦琴，难有美妙音色。他鼓励年轻人去做推销，了解市场。陈汉深是一个生意事业上的成功人士。20世纪40年代，从巴拿马转回香港，就一直做着国际贸易，可谓商贾大家。然而他慈善为怀，扶贫助弱，凡是有人有病有难，无论是亲人还是旁人，只要是他认识的，都能给予帮助，有求必应，从不计较。后来陈金和身体逐渐恢复后，叔叔还让陈金和代理了美国的多个日用产品，生意日盛。

总是故乡情

陈金和早期在陈汉深商行跟张甲修（陈汉深的下属主管）做事。陈金和的为人与工作态度，得到张甲修的好评，张甲修把女儿张慕贞嫁给了陈金和。张慕贞是马来西亚富豪、木业大王罗锦煌的外甥女。罗锦煌是广州市荣誉市民，他热心支持家乡医疗卫生教育等公益事业。罗锦煌把支持家乡的每一个项目的具体工作全盘交给外甥女婿陈金和操办。

陈金和张慕贞夫妇为了达成舅舅的心愿，总是不厌其烦、费神劳心、义无反顾地无偿效劳。他们总是把事情办得尽善尽美，一些项目，有建设过程需要跟踪的，联络汇报都是由陈金和做中间人承担。陈金和的家族在土改时，曾受到了不公平的待遇，事情过后，有些亲人对旧事放不下，不愿回乡。而陈金和心境平和，他明白时代变革肯定会有风雨，牵涉人的利益甚至是生命代价，他理解并面对现实。他回乡接受对叔公陈金楼的平反结果，接受国家落实华侨政策退还的款项。他联络各地乡亲，支持家乡重建学校、修建祠堂。他在被破坏不堪的祖屋土地上重建祖屋，尽量还原祖屋面貌；还在家乡跋山涉水，考察选定家族的墓地，把祖先安置好，让大家族的根留在了家乡。

陈金和一直深深地眷恋着这块生养他的土地，他搭起家乡与海外沟通的桥梁，传达家乡政府的声音，协调和平衡着各种关系。

落实侨房政策后，陈金和召集家族成员在重建的祖屋门前合影留念

对于马来西亚罗锦煌支持家乡的每一件公益事业，特别是捐建人民医院文坚楼、红群文坚小学秀全中学锦煌楼等，陈金和事必躬亲，尽力做到最好。从资金的调拨把关，建设过程中具体事务他都负责沟通联络，落实到位。

他回到故乡梯面民安村发动乡亲修祠堂、建学校，他都走在前面。他用平和的心态发动香港以及海外的乡亲，聚集侨力，凝聚侨心，形成合力，成就了家乡一件又一件的公益事业。凡是家乡的人有需要联络海外寻求帮助，或是要办公益事业，首先想到的就是陈金和。

陈金和虽然没有辉煌的事业，没有得到崇高的荣誉，但他默默奉献，不知疲倦，多行善事的行为，为家乡民众所称道。

心存一念 寻祖归宗

——记新西兰著名摄影家、世界旅行家周永杰

周永杰，旅行家、摄影家、记者。他游历的足迹踏遍全世界150多个国家，总旅程绕地球20多圈。他曾经是香港无线电视的节目监制和主持人。

著名旅行家摄影家

周永杰祖籍在赤坭镇蓝田村，父亲早年去香港，他在香港出生。大学主修新闻专业，曾是《星岛晚报》《工商日报》《快报》等十多份不同报刊的特约撰稿人及专栏责任编辑。周永杰曾在香港无线电视主持及制作节目，家喻户晓的有《风物志》《大江南北》《寰宇风情》《丝绸路》《生命之源》等；另为香港电台及电视部策划制作《铿锵集》《炉峰晚语》《阳光踪迹十五度》；为商业电台制作《笑傲江湖》，为亚洲电视制作《穿梭世界乐同游》……

周永杰带上全套摄影设备出发去旅行

周永杰曾出版各类书籍超过25本，包括旅游指南、专题探讨性丛书、散文集及游记等。1992年，他自创寰宇制作公司，独立制作各类型纪录片和广告。

移居新西兰后，周永杰更积极透过文字、图片、录像宣传环保意识，推广绿色旅游，后为新西兰"华人环保教育信托基金"信托人。

意外认祖寻宗

周永杰在香港出生长大，对故乡一无所知，就连他的父亲，对家乡的认识也有限。父亲是独生子，六岁丧父，弱冠之年移居香港。父亲早年曾经回乡一次，后来不再与家乡族人联系。有一次收到家乡远亲的来信，也许是因为远亲生活贫穷，来信苛索，令他们心有

周永杰和摄影爱好者朋友在等待捕捉奇观景象

不悦。但是周永杰对回邮地址印象深刻，至今仍清楚记得"广东花县赤坭乡蓝田大队"。

数年前，周永杰翻阅父亲遗物，找到两张民国三年（1914）曾祖父的田契按揭，提到他的祖父周仕柱的名字，于是周永杰带着这田契回到家乡。过去周永杰从未想过回乡寻亲，这次因好友毕金楷邀请到花都毕村拍摄大祠堂，他答应并随意带上父亲的地契回家乡看看，没有太多目的祈求。回乡之后，在区侨联会人员陪同下驱车到蓝田村。随着家乡越来越近，他对家乡有了一种特殊的亲切感，看到乡间的田地、乡道、老屋、池塘，还有柴门犬吠、鸡鸭成群，家乡还保存着乡土气色的古朴恬静，让周永杰颇感慰藉。在蓝田村，周书记细阅了周永杰带来的田契按揭副本，即证实其中所提的"上瓦瑶"确有其地，并且立契人周仕柱，即周永杰祖父与其同宗二房排名一致，而下一代为尚字辈，与周永杰父亲周尚安吻合，周永杰按族谱应为品字辈。大概是因为父亲年幼离乡，才在子女排名上未有跟循。意外寻祖归宗使周永杰十分感慨。

根在故乡

周永杰回到新西兰后，发了一篇题为《根在故乡》的散文：

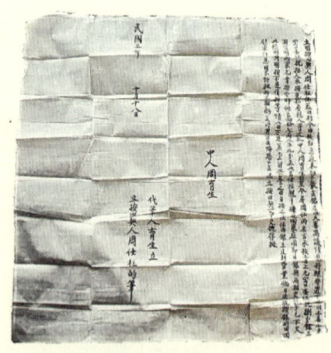

周永杰祖父民国三年（1914）的田契

　　我从小到大，举凡填表，几乎都要填上籍贯，循父系当然是其家乡"广东花县"。但我除知道花县在广州北方，洪秀全也出生那里，其他一无所知。

　　原因之一，是家父六岁时父母已俱亡，十余岁就只身离乡，到香港谋生，与母亲也在香港结婚。此外我又是家中老幺，懂事时只晓得父亲是拖船驾驶员，服务已故霍英东先生旗下的"有荣船务公司"。常要驾船到离港颇远的珠江入海口,运载海沙回来用于建筑,所以一两周才返家一次,每次留家数天。加上爸爸个性木讷寡言,兄姊亦不健谈,所以到初中时,我未从家人口中得知故乡点滴。

直至20世纪80年代,父亲忽然买了许多东西回乡探亲,大概要了还心愿。同样,因我是家中最小,对爸爸那次回乡究竟感受如何,不大清楚,但印象至今难忘的,是自此即与家乡"联系"不断。经常收到从花县寄给父亲甚至家中每一成员的信件,内容全是要求我们寄钱,和那时国内常缺的生活物资,如食油、布匹……最离谱的一次,则是一位自称表姊的,直接寄给我这从未回乡也不认识的所谓亲戚,不但用上"亲爱的永杰表弟",还要我寄一百元给她到广州游玩。

她哪晓得我们一家七口住在当时香港的公屋,我每天上学的零用钱只得五元,除学校举办到新界旅行,从未有机会外游。此尤令家母不胜其扰。也就是从那时起,不时收到有自称"蛇头"(协助偷渡者图利的贩子)的人致电我家,说家乡某亲戚在他们手里,需付钱多少,否则移交警方法办。

或许父亲自知烦由他取,从此再未回乡。我们家从母亲到兄姐共五人,亦无一到过那"故乡"。故乡既无感情于先,反有厌恶在后,所以我一直无回乡寻根的念头。唯这次蒙挚友毕金楫兄的穿针引线,花都侨联前及现任领导的支持帮助,意外地回到花都赤坭蓝田村故乡,确认了父亲和祖父辈等先祖,以及那渊源深厚源远流长的故乡,顿时亲切起来,不再像以往对故乡那样陌生冷漠,更体谅和包容当年故乡远亲们的那些苛索。

我问随同到来的19岁幼子力行,可明白什么是认祖归宗?对眼前的故乡有何想法?知否这次故乡之行有何意义?两岁已移居新西兰的他,似有所思却说不出具体的感受。那倒正常,像我一样,有天终究重新认识故乡,晓得根的重要。

陌生又亲切的家乡赤坭镇蓝田村

梓里福祉 一日未忘

——记热心家乡公益事业的马来西亚华侨罗锦煌

罗锦煌是花都人熟识的乡贤，1993年，他被广州市政府授予荣誉市民。那年他年已八旬，带着家眷从海外回来，手持龙头拐杖，精神矍铄，谈笑风生。他是一位德高望重的长者，大家都亲热地叫他"叔公"。罗锦煌是原马来西亚锦昌有限公司董事长，被称之为马来西亚木业大王，他是中国华侨在南洋奋斗拼搏成功的代表。

罗锦煌

华侨世家 少年壮志

罗锦煌的父亲罗文坚是花山建龙庄（今红群村）人，1862年生。1884年，22岁的罗文坚留下父母妻儿离乡背井，远赴美国加利福尼亚州谋生。罗文坚在美洲做劳工替人洗衣服，后来在农场采集葡萄，喂养牲口，生活清苦。罗文坚每隔两三年回乡一次，在他第四次离开家乡的时候，妻子在家病逝，留下钦忠、仕奎、德贵、继业四个孩子。1907年，45岁的罗文坚再度回到家乡，为了照顾家庭，罗文坚不再出国，续娶赖氏为妻。1914年4月14日，罗锦煌在家乡出生。罗锦煌出生的时候，父亲已经52岁了。罗锦煌自小聪明伶俐，父亲及家人对他宠爱有加。罗锦煌5岁的时候，父亲逼着他去读私塾，罗锦煌顽皮好动，读书转了几回学堂，学习并不用功，有时设法避开大人管教，干活也是想办法偷懒。后来罗锦煌到县立师范学校读书。

罗锦煌14岁的时候，听说英国温莎公爵（英女王的伯父）登基，香港非常热闹，因此他央求母亲允许他去香港。母亲同意了，他拿着24元钱独自出门，他约其他的兄弟朋友，但没有人敢跟他一起走。他徒步走了10多公里到新街火车站，坐车到广州，再转去香港。这一趟香港之行见到很多新鲜事物，增长了见识，胆量也大了。

17岁，罗锦煌在乡下结婚，不久生下一个男丁。此时，父亲为他开了一间杂货店铺，让他管理经营，希望他不要离乡出洋了。父亲告诉他，中国人去美国，只能帮人洗衣服，在农场当劳工。罗锦煌在家经营杂货店，几年下来，仍然收入微薄，感觉没有出路，于是萌发了出洋谋生的念头。

1936年年底，22岁的罗锦煌和二哥的儿子罗炳文（时年24岁）从广州到香港，通过当时穗港万安客栈，搭上英国的鸭家船去到新加坡，由新加坡经马来西亚吉隆坡到达怡保。他决定要在南洋闯出自己的人生道路。

南洋谋生 励志创业

罗锦煌被授予"广州市荣誉市民"称号后合影

在马来西亚，罗锦煌找到一家甲板厂打工。

他的工作要进入森林打点工人砍树事务，在这些日子里，罗锦煌认识了随父母从香港到南洋的黄金小姐，后来成为他在南洋的妻子，育有一群子女。但他不忘发妻，不时让她到南洋小住，共享天伦。

夹板厂老板看他熟悉做生意的门路且会打算盘，就让他做书记结算。罗锦煌要搬运木材，收点来货，兼做工头和会计。辛苦劳累不说，还被刁钻的老板层层盘剥。9个月之后，罗锦煌愤然辞职，他与一起辞职的工友合办了其昌公司。

为了创业，罗锦煌非常努力，不怕吃苦，坚忍不拔，让公司慢慢走上正轨。当他刚刚喘口气，合作者突然提出散伙，逼他在一天时间内拿出钱来抵押投标。去哪里找钱呢？当时罗锦煌不懂商业法律，本来他拥有50%的股权，对方出招等于是逼他离开。可以借钱的人，都不是熟人，借钱非常难。但他以坦诚和偿利做回报的方法说服了客户借钱给他，以高出对方一半的投标价格拿下了公司，让欺负他的人刮目相看。后来这位借钱给他的贵人生意失败，罗锦煌就想方设法借钱给他，给予厚重的回报并让他回国，这是后话。

罗锦煌闯过了一道难关，他拥有了自己的独立公司，不再任人摆布。他继续以坚韧不拔的毅力把公司经营扩大。1940年，罗锦煌将C24号山林申请转为S2号，即可从三棵树选其中一棵砍伐，而且砍伐的木材包括一等与二等的树桐。生意业务增加，他购买了一辆小型奥士汀二手车代步，同时加置一辆装有拖卡的巨型货车运载长树桐和长木材，一时生意滔滔，应接不暇。

木业王子 矿业大亨

木材的砍伐加工走上了正轨，罗锦煌转为专营伐木和木材加工。起初，他用牛、马车做运输工具，运至铁路旁边，然后用火车运至吉隆坡、新加坡等城市销售。业务发展顺利，生意越做越大。当时，世界经济衰退，许多新马侨胞失业，罗锦煌雇用了许多侨胞，使他们得以克服生活中的不少困难。

1941年12月7日，太平洋战争爆发，日军攻入马来西亚。该地区白人纷纷逃离，许多森林主恐祸及己身，急于将植林地平价出售，携款避难。罗锦煌眼光独到，坚持下来，冒风险收购了一些山林。在马来西亚遭日军侵占期间，当地民众和华侨组织抗日，有时被迫到林区躲避，他出于正义，不时接济和庇护他们。有时他也要出面与日军周旋，以保护森林和保护抗日人士。1945年8月，日本投降，第二次世界大战结束。为医治战争创伤，世界各地掀起建设高潮，对建筑材料的需求大增，木材成了抢手货。罗锦煌所有的山林都忙于开采，日产量大增。据说，单用作运输的汽车就有几百辆。伐木、锯木和运输工人合计上万人。罗锦煌一时间成为南洋的"木材大王"。

罗锦煌和他的家人合影

罗锦煌开发的森林是面积很大的原始森林。马来西亚很重视木材生产，特别是经济价值高的树木的生产，国家制定了一整套完善的保护绿化法规，包括种植和采集。多年来，木材及其制品的出口已成为马来西亚几大出口拳头产品之一。

马来西亚独立之后，社会生产秩序恢复正常，1960年罗锦煌经过与霹雳州州务大臣拿督亚末赛多次谈判，获得5万英亩山林开采权，他成立东南亚木业有限公司，制造夹板产品，销售全世界。由于业务的扩展，罗锦煌再创立一间森皋电锯板厂私人有限公司，同样得到数万亩山林开发权，工厂附设于东南亚甲板厂厂内，后来归入东南亚机构控股有限公司。

罗氏木业机构包括：森皋电锯板厂私人有限公司，锦昌私人有限公司，怡保木业出产有限公司，东南亚机构有限公司，大东方木业有限公司，吉兰丹木业有限公司，森皋公司和一些私人有限公司等。到了20世纪70年代，吉兰丹大东方木业有限公司再次获得20万英亩的森林砍伐开采权，共开伐山林面积达到30多万英亩，拥有员工2000多名。这些实业机构为木业开采、木板制造、木业深加工，创造了完整的产业链。罗氏木业机构的业务发展到了顶峰，罗锦煌转入矿业开发，他关注到，在马来西亚很多地区蕴藏着丰富的锡矿。他要开采矿产，扩展矿场，必须跟当地的私人或者是集团所有者购买矿藏山地，罗锦煌以他独特的眼光和坚定的信念，克服重重困难达到他的目的。续后他的矿业发展到孟加兰、华都牙也、双溪拿惹以及吉隆坡多地。

中国改革开放后，罗锦煌曾经邀请家乡的领导到马来西亚进行商务考察，洽谈合作项目。他带领从家乡出来的乡亲参观他正在开发的称为"山巴场"的森林工场，看见到处是参天古木，有的还是稀有古树。当时对农林业颇有研究的花县领导刘章林感触地说："真是百闻不如一见。"罗锦煌还介绍了他经营的东方木业有限公司的生产情况，那是集森林开发、木材加工为一体的颇具规模的大公司。从木材的砍伐到加工成木材制品，一条龙生产。罗锦煌说，只有综合开发、一条龙生产，才能最有效地利用资源、降低成本。罗锦煌最享盛誉的产品是"钻石牌"和"海狗牌"夹板，这两种夹板畅销东南亚及世界各地。

家乡福祉 一日不忘

罗锦煌身居异国，但心怀祖国，常念家乡。在我国解放初期和三年困难时期，罗锦煌每年都会寄钱回乡，给乡亲济贫，即使在政治运动中伤害过他家属的人，也不例外。

我国实行改革开放后，经济建设迅速发展，社会不断进步，人民生活不断改善。身为海外游子的罗锦煌，深为祖国走向富强而欢欣鼓舞，他也深切体会到游子的命运是和祖国的命运联系在一起的。十多年来，罗锦煌多次回家乡探亲访友，观光旅游，与市、镇、村领导常有联系。当他在交往中得知市、镇、村在建设上有某些需要时，他总是慷慨解囊相助。

罗锦煌（中）和广州市领导参加
人民医院文坚楼落成典礼

1986年，他向花都市人民医院捐赠26万元（人民币）；1987年捐赠一批价值55万元的医疗设备，捐资80万元兴建人民医院"文坚"楼；1989年以来，共捐资花城中学71万元，建成花城中学科学馆及修葺钟楼；1992年捐资50万元兴建秀全中学办公楼；1993年捐资价值10万元的医疗设备；1994年捐资35万元修筑乡村道路；1995年，再捐资110万元兴建红群村小学。文坚学校的前身是红群小学，简陋又拥挤，扩建学校资金缺口大，罗锦煌闻知后，慷慨解囊，不仅捐建学校，还将原校舍筹集的建设费用全部返还村委会。新建成的文坚学校占地面积22000平方米，有200米环形跑道运动场，校舍建筑面积

广州市、花都市领导参加文坚学校落成剪彩
与罗锦煌夫妇合影

3200平方米,分为两幢三层教学楼,一幢教师宿舍楼。有14个教学班,23个教职工,600多名学生。附近还有1米宽、总长2公里的水泥路,两项建设共捐出330万元。

1995年11月26日,花山镇红群村文坚学校举办落成剪彩庆典,广州市人大主任黄伟宁为新学校揭幕,给予罗锦煌高度评价。各级领导及乡亲父老热情赞扬罗锦煌的善举。文坚学校是以罗锦煌父亲的名字命名的,如今,这所学校已建成为一所教学设施齐备的乡村小学。

家国情怀 溢于言表

罗锦煌在大连市投资两个亿,共有五个项目,其中最大的项目是房地产。1996年4月底,罗锦煌回广州。此行他就投资上的一些问题向有关部门反映,还根据实际向中国政府部门提出有利于国家进一步改革开放的好建议。

罗锦煌这次回穗,了解到广州市政府正在建设大型雕塑公园,他认捐了一个大型雕塑项目——坐落于广州雕塑公园内的洪秀全塑像,造价为50万港元。他还给中国国家领导人朱镕基总理写信,赞扬祖国、支持改革、直指时弊,字里行间流露出一个海外游子对国家前途命运的关切。罗锦煌多次受到国家领导人的接见,多次应邀到北京作为国家贵宾参加国庆观礼、海外联谊交流。

1996年7月,罗锦煌再度回乡,这一次,他向在建的花山中学再度捐资25万港元。这是他继前一年为秀全中学捐资32万港元和给市师范学校捐资18.5万港元之后,再次支持家乡教育事业。当他把支票交给镇领导时,已是下午时分了,但他仍然执意回老家。他忘不了在家乡的那一排排旧房子和几位年迈的乡亲。像往常一样,他带来一些礼物,还不忘给他们留个红包。家乡的老公公、老婆婆用颤抖的手挽着罗锦煌的双手说:"叔公好,您保重啊。"

罗锦煌九旬高龄时仍然耳聪目明,思维清晰。罗锦煌2011年去世,享年97岁。罗锦煌的骨灰被送回花山老家墓地安葬。

罗锦煌八十大寿全家合影

低调做事 慈善为怀

——记马来西亚花都同乡会会长罗义彬

罗义彬是马来西亚花都同乡会(前马来西亚霹雳花县会馆)会长。他一贯务实、公正、慈善、博爱。是一位慈悲为怀的善长仁翁,他的慈爱与忠诚服务受到乡亲的赞许和推崇。

唐山烙印 记忆犹新

罗义彬祖籍花山镇红群村建龙庄,1934年在花都出生。罗义彬的爷爷罗文坚于19世纪80年代到美国"淘金",是早期出洋谋生的前辈老华侨。赚钱后衣锦还乡,买田置地建大屋。

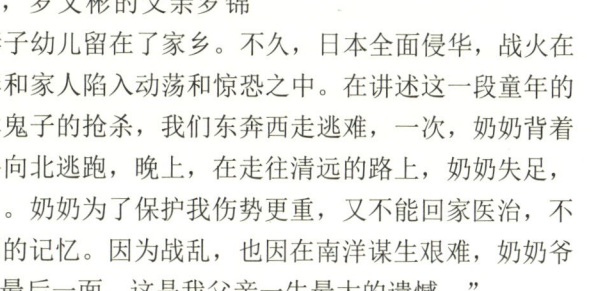

罗义彬

清朝末年,朝廷腐败,灾难深重的社会面临着重大变革,时局动荡,民众生活没有稳定保障,很多人为了生存,背井离乡,远走南洋。1936年,罗义彬的父亲罗锦煌,漂洋过海去南洋谋生,父亲把妻子幼儿留在了家乡。不久,日本全面侵华,战火在中国大地燃烧,父亲不在家,罗义彬和家人陷入动荡和惊恐之中。在讲述这一段童年的经历时,罗义彬说:"为了躲避日本鬼子的抢杀,我们东奔西走逃难,一次,奶奶背着我,和母亲及一队乡亲从梯面的山路向北逃跑,晚上,在走往清远的路上,奶奶失足,和我一起掉到山坑里,我们都受伤了。奶奶为了保护我伤势更重,又不能回家医治,不久就离开了人世,这是我童年最深刻的记忆。因为战乱,也因在南洋谋生艰难,奶奶爷爷相继去世,父亲却无法回来见亲人最后一面,这是我父亲一生最大的遗憾。"

1945年,日本人投降,这时候罗义彬的父亲从南洋寄钱回来帮助生计,加上爷爷留下的田地房产,他们家还算一个殷实的家庭。罗义彬在私塾读了两三年,1946年,罗义彬来到香港,在这里完成了小学到初中的学业。1951年,罗义彬随父亲去了马来西亚。此后他一直生活在马来西亚,跟随父亲打理生意,成就父亲事业的辉煌。罗义彬说:"我生在中国,长在家乡,我不会忘记我的祖国。马来西亚是我的第二故乡,但是我和父亲一样,忘不了我的老家,树高千丈,落叶归根,我还是会回来的!"

踏实做事 不图虚荣

罗义彬是家里的老大，他来到马来西亚后，帮助打理家族生意。父亲用自己的智慧和胆量，勇于开拓事业，独资经营其昌板厂。由于父子的勤勉克俭，生意越来越兴旺。其昌板厂后改为东南亚夹板厂。到1960年，父亲罗锦煌获得马来西亚霹雳州5万英亩森林的经营权，此大面积森林经由他们的东南亚夹板厂砍伐。为了产业配套，他的父亲设立马来西亚森皋电锯板厂私人有限公司，再获得万亩山林砍伐资格。五年之后，父亲向矿业发展，在孟加兰、华都牙也以及吉隆坡等多地开采锡矿。

罗义彬参与内部管理，平常他在工厂里做技术管工，质量监控，指导山林砍伐、运输等等，后来他的父亲投资矿产，先后在马来西亚几个州开有锡矿场，他变得更忙了，前沿事务，由他监督管理，事情多得忙不过来，但他依然任劳任怨。

后来弟弟罗亮华出来一起参与管理公司，他们分工合作，让弟弟管理上市公司，他在生产第一线管理具体事务，为父亲决策提供可靠数据。当他的家族企业在吉兰丹设立大东方木业公司，再次获得20万英亩的森林砍伐专利，他们公司拥有工人数量达到2000多人，成为马来西亚最大的私人实业机构，罗氏家族事业达到巅峰。

罗义彬做事严谨扎实，他说话不多，绝不跟人争吵。在幕后踏实地管理每一道工序，在生产第一线观察新的动向，掌握系列数据，让公司把握发展机遇。

罗氏家族企业成了大企业。家族大，兄弟姐妹多。当罗义彬被问到，作为罗锦煌的大儿子，熟悉公司运作，有没有开拓自己的产业时，罗义彬坚决地说："没有！"事实上，他真没有更多地关注自己个人的小家庭，他关注着马来西亚当地华文教育办学校和慈善团体的事业。

热心社团 心怀慈善

罗义彬在家乡和香港读书，打下了中国传统文化的基础，20世纪50年代到马来西亚，对马来文比较生疏。马来西亚比较尊重中国文化，罗义彬一直关注当地的华文教育，早在二十世纪六七十年代，他就参加马来西亚客家公会，在马来西亚霹雳州总会担任副会长；他还参加当地的华文学校的工作，担任学校董事。

马来西亚霹雳州深斋独立中学是二十世纪六七十年代创办的华文中学，有1000多名学生，罗义彬担任深斋中学副董事长10多年，每年都要出钱出力参与学校的管理工作。在马来西亚有三类学校，一类是由政府办的(官方)学校；二类是在地方私人建设的同时接受政府的资助，由政府分配师资和教育资源，课程也是完全按照政府的教育大纲设计；第三种是独立型学校，这种独立型的学校，政府不参与、不出资，建校、办学、师资等经费全部由自己筹办。在马来西亚的华文学校，大多数属于独立型的学校。这些学校的课程设计都是自主的，但他们也会按照国家统一要求的标准来参考设计课程，比如要兼顾英文和马来文的双语设计等。学生小学或者中学毕业可以参加进阶升级考试，但要按照国家统一标准招收学生，所以华人和华人企业家都热心关注教育。

罗义彬身体力行，几十年来默默地支持当地中小学华文教育，还一直担任马来西亚霹雳州罗氏公会会长职务，是一位受到尊重的善长仁翁。

责无旁贷 会馆创新

罗义彬早期一直帮助父亲打理家族事业。20世纪90年代，他的家族企业和上市公司整合之后，罗义彬稍微轻松下来，这样他就有时间可以回中国和到世界各地旅游，经常回香港看望年迈的母亲。

2005年，马来西亚霹雳花县会馆因人事交接，疏于管理，出现了一些乱象，一些乡亲要求罗义彬站出来主持大局，推举他为同乡会会长。罗义彬明白，同乡会已有大半个世纪的历史，都是本县籍乡亲在早期共同出钱出力买下物业创立而成，旨为乡亲侨梓谋福利的公益团体。看到同乡会会务不振的局面，罗义彬责无旁贷地站了出来，担任了同乡会会长。他着手整理内务及财政，团结和号召乡亲中的热心人士，并鼓励一些年轻人参与支持管理。他把同乡会已经过期的注册登记证书重新在政府登记注册完善，并且把原马来西亚霹雳花县会馆正式改名为"马来西亚花都同乡会"。他的计划和号召得到大众的响应和支持，罗义彬重振会务，在换届改选理事会时重新配备管理人员。他着手把会所的物业三个单位重新修葺，除留下一个单位作为办公和会员活动之外，将其余两个单位出租，以增加会馆的收入，并做到账目公开透明。他带头并发动同乡会理事筹集资金，举行活动，普通会员不需交会费。每逢中秋、端午和春节他们都有举行联欢活动；春秋两祭，他发动所有的花都籍的乡亲参与，举行团拜联欢，70岁以上的长者都免费吃饭，大家一起欢聚，拜祭祖先，还有分猪肉、粤剧表演等活动……

罗义彬还设立优秀学生奖学金制度，对当地优秀的花都籍学生颁发奖学金，十多年来，一直坚持，这是对年轻人的鼓励，对团结和引导下一代发扬中国的传统文化起到很好的启发作用。由于罗义彬的努力，老会馆焕发活力，成为当地有影响的华侨华人社团之一。

2011年，在罗义彬的倡议下，马来西亚花都同乡会在成立56周年纪念之际，出版了马来西亚花都同乡会特刊，刊中记录了同乡会的历史及发展过程，缅怀乡亲前贤的功绩以及在当地社会的贡献，还介绍当地有成就突出的乡贤，展示花都乡亲在将近一个世纪以来在马来西亚的奋斗创业史以及他们的成就。特刊还介绍家乡花都的新发展。

罗义彬多次回花都参加恳亲大会和庆典活动。2019年，他不顾自己八旬高龄，组织带领马来西亚花都乡亲50人回乡旅行并举行联谊和寻根活动。他们当中有些早年出洋谋生的乡亲几十年都没有回过故乡，这一次回来，有十几个老乡亲找到了自己的根，拜祭祖宗。他们深有感触地说："我们终于回到了自己日思夜想的唐山。"罗义彬还带领访问团一行去中国改革开放前沿的汕头、厦门、漳州等地旅行观光，所到之处，留下一路欢声笑语。

看到祖国的建设发展，罗义彬非常感慨，他说，我们要培养和号召更多的年轻人，一起来参加同乡会，关注祖国发展。

罗义彬和同乡会理监事合影

汗水浇灌 华文教育
——记马来西亚华文教育推行者、新山广肇会馆主席曾振强

曾振强获得马来西亚光华日报主办的孙中山精神奖

曾振强，马来西亚杰出侨领，大家称他称曾博士。他担任马来西亚新山广肇会馆会长36年，担任新山宽柔五校董事长26年。如今年逾八旬的曾振强虽已退休，但仍然以旺盛的精力在异国他乡弘扬中华文化，为马来西亚华文教育事业、为传播中华文化做贡献。

恳亲大会 乡情浓烈

1984年，马来西亚新山篮球总会到中国交流，身为会长的曾振强率团经香港返广州，那一次从广州到家乡花了两个多小时。他抽空去看了家乡的学校，此后，他一直惦记着家乡，也曾几度回乡，参与捐钱重建祠堂和修村道。他为家乡莲塘小学捐赠10万元教学基金。

2004年，家乡花都区召开恳亲大会，曾振强和马来西亚新山代表团20多位乡亲和来自世界各地的乡亲欢聚一堂，其乐融融。恳亲大会组织乡亲参观各项建设，曾振强特地回家乡看学校。

2006年，曾振强邀请国内陈家沟太极拳研究会会长陈志强参加马来西亚新山广肇会馆成立128周年纪念活动并做名家表演。陈志强曾经在曾振强的家乡莲塘村开设武馆，并在当地教授传播太极武术精神，为当地群众所欢迎。在纪念活动大会上，新山广肇会馆会长曾振强赠送陈志强"尚武精神"纪念牌。

对于家乡定期举办的海外联谊会会员大会暨海外乡亲恳亲大会，曾振强尤为赞赏。他认为，恳亲大会提供了一个很好的沟通联谊的平台。此后花都区每次举行恳亲大会，曾振强都要带领马来西亚乡亲回来，他以弘扬中华文化、发展教育为己任，坚持不懈。

中华文化 根深蒂固

曾振强祖籍在新华街莲塘村,祖父一辈就全家移居东南亚。他本人在新加坡出生,在马来西亚长大。曾振强兄弟姐妹7人,父亲在他8岁时离开人世,从此由母亲独自抚养7个孩子。为了帮助母亲维持家计,曾振强一边读书一边干活。他10岁就去割树胶、卖冰水,还学会了修车。小小年纪的他甚至做过建筑工人,赚取每天两令吉的工资。

在历尽艰辛的少年时代,他却酷爱学习。早年他在华人侨领开办的学堂读书学习中文,开始接受中国传统文化。生活的贫困以及对知识的渴求,使曾振强比同龄人多了一分成熟和责任感。他坚持半工半读,早上割树胶挣钱,下午读书,自学英文和马来文。他还关心时事政治,关注当地民生事业和华人社区的发展。曾振强在华文学校读书时非常努力,品学兼优。曾振强从少年到成年,从读书工作到创业办实业,从来没有放弃传播中华文化,他参与当地华人社团各项组织和各种社会活动,以求推动文化教育,不忘中华民族的根。

马来西亚新山广肇联合会馆为新山最早的华人社团组织,从1878年成立至今,已有140多年的历史。曾振强担任广肇联合会馆会长后,力促华人团结,致力于华人社区公众利益、文化教育会务发展。

2007年,在广肇会馆119届换届暨会馆成立129周年纪念大会上,曾振强号召董事会同仁、中坚乡亲,继续发扬大公无私精神,摒弃成见,以会馆之振兴为己任,忠诚服务,合力推动华人事业,使会员及同胞更有归属感。希望能继续沿着先贤们开拓的道路前进,并发扬光大,为华侨同乡谋福利。他呼吁新山中华公会成立"青年活动中心",使血气方刚的青少年有个健康的表现舞台,减少青少年犯罪,培养新生力量,使会馆会务后继有人。

年逾八旬的曾振强(左三)回乡看望莲塘小学师生

曾振强长期担任马来西亚中华大会堂总会顾问、马来西亚柔佛州中华总会顾问、马来西亚新山中华公会会长、马来西亚新山广肇会馆会长、马来西亚广肇联合总会前任副总会长、宽柔小学五校董事会董事长、宽柔中学副财政(财务管理负责人)、马来西亚南方学院董事等职务。

热心公益 倡办教育

20世纪60年代开始起,华人社会已达成共识:华文小学是马来西亚华文教育的重要阵地,各地华文小学的董事长则是推动华文教育事业发展的中坚力量。他们中的许多人为华文教育事业鞠躬尽瘁,奉献一生,曾振强就是其中一位。

1971年，曾振强入选宽柔五校董事会，宽柔中学被称为马来西亚的"华人文化堡垒"。他从任普通董事、总务到董事长，历时40多年。1973年，马来西亚各小学在教育部指令下成立家教协会，曾振强在众家长的推举下出任新山宽柔第二华文小学的家教协会主席。在那个年代，华裔家长争着把孩子送进华校就读，使得各华校课室不够。宽柔二小的情况尤为严重，曾振强与当时宽柔小学五校董事长及其他华人教育精英一起想方设法，以最经济的方式完成了一栋10间课室的双层教学楼，受到当地市民的好评。

为突出华校的教学特点，方便大多数华校小学生毕业后进入马来西亚国立中学就读，这里的学生必修三种语言：华语、英语、马来语。在马来西亚柔佛10间最好的小学中，宽柔五校都榜上有名，由曾振强推广的三种语言必修的教学模式得到很大的成功。在《宽柔二小纪念刊》（1986）中，编者对连任十三届家教主席的曾振强作这样的描述："从不间断的蝉联主席职务，不难看出他受到广泛的欢迎和拥戴；在他的领导下，小计划一蹴而就，大计划也能逐期实现。不止是待人随和、言论坦诚，更教人敬重的是他一贯的处事作风——明朗、稳健和充满自信。"

曾振强于1988年接任宽柔五间学校董事会的领导。其领导期间的业绩包括：在1998年让宽柔四小迁入新校舍上课；2003年，宽柔五小成功建校并迁入上课，完成董事会"一校一校园"的目标。他在任内也强调三语并重，所以宽柔五校在小六检定考试中，三语都取得优秀成绩，尤其是宽柔第二小学更被教育部评为马来西亚南部唯一最佳表现华文学校。

1975年，宽柔中学成立专科部，为高中毕业生提供求取专业知识的管道。1986年6月，为了寻求华文教育的完整体系，宽柔中学董事会正式向教育部申请在当时宽柔专科部的基础上成立一所民办学院。1988年，曾振强与王复生等侨领倡议创办南方学院，新校于1990年建成，由国家教育部正式确立为南方学院，南方学院是马来西亚第一所非盈利的华人民办教育高等学府，学院旨在为学生提供一个愉快的学习环境。南方学院带着民族使命，它是大马华族民办学院的先锋，要继承优秀的民族文化传统，又要为民族、社稷、国家乃至世界培养英才。该校设有中文专业，英文专业以及文、史、工、电、商等20多个专业学科。经过22年的经营发展，2012年马来西亚高等教育部正式批准其升格为南方大学。

2014年3月14日晚，由宽柔小学五校董事会、家教协会与全体教职员举办的"宽柔小学永久名誉董事长曾振强名誉博士"表彰大会上，为华教事业奉献了46年、刚刚卸任董事长的曾振强，又慷慨捐出13万令吉给各华校团体。

曾振强堪称马来西亚教育家，他为马来西亚柔佛州新山华人事业、华文教育奉献50年，孜孜不倦、终生不悔。

心系故乡 赤子情深

曾振强虽然生在异国他乡，但是，他对中华传统文化以及对家乡的深情溢于言表。曾振强主持的广肇会馆建立了"华人文物馆"，以缅怀早期华人迁徙的历史。

2007年,他回乡得知家乡的莲塘小学被评为广州市一级学校后,十分欣慰,当即再赠2万元(人民币)用于奖教奖学。2009年10月12日,曾振强再度回乡,向莲塘小学捐资50万元人民币作为该校修建体育馆的资金,建成面积约为800平方米的体育馆。为表扬曾振强对家乡教育的贡献,体育馆被命名为振强体育馆。2011年3月8日,体育馆落成时,曾振强回乡主持揭幕典礼。

曾振强回乡为新华莲塘小学捐赠10万元人民币教学基金

2011年7月14日,由马来西亚柔佛新山广肇会馆会长曾振强带领马来西亚青年团,与巴拿马中华文化学校的学员访问花都,三地青年交流分享服务社会、回馈社会方面的经验和体会。此次活动的倡导者曾振强在交流会上介绍了会馆在马来西亚创办中文学校的情况,鼓励年轻一代华侨面向世界,多学习掌握先进科学技术、报效祖国。三地联谊活动增进了花都与马来西亚、巴拿马华侨青年的友情和相互了解,促使更多的海外青年企业家认识花都。他们表示,希望今后三地在科技、经济、文化、慈善事业等各个领域都加强合作。

2013年1月,由曾振强牵线,新华街莲塘小学与宽柔二小缔结为姐妹学校,通过缔结姐妹学校,建立教育领域国际化交流与合作的平台,开展学校、教师、学生之间的互动。

曾振强捐建的莲塘小学振强体育馆,曾振强和乡亲一起观摩学生上体育课

踏实勇拓 专注实业
——记新加坡花县会馆前主席曾锡源的实业之路

新加坡花县同乡会馆是一个有历史的华人社团，成立至今已有100多年。曾锡源是新加坡花县会馆主席，华人实业家，2012年以来，他大力改革会务，让老会馆焕发青春，在团结乡亲、凝聚侨心、敦睦乡情方面发挥了积极的作用。

乡音不改故园情

曾锡源祖籍花山镇东湖（田螺湖）村，1944年在新加坡出生。在战争与动乱的年代，曾锡源的父亲曾焯连为了生活远走南洋到新加坡谋生。父亲是一个聪明强悍的人，有气魄，能吃苦。当时的新加坡不是很发达，曾锡源的父亲看到华人众多的牛车水蕴藏有商机，找个工作，赚钱糊口，还是比较容易。他认识的人多，信息灵通，对过关检查、入境条件以及安顿落脚等等流程，熟门熟路。后来很多人找他帮忙到南洋来谋生，他也乐意承担。

随着战争爆发，外出逃难出埠谋生的人越来越多，很多第一次外出的乡亲不懂门路，请"水客"帮忙。这样，曾锡源父亲把引领乡亲出洋作为一份工作，成为人们俗称的"水客"。他还经常帮两地乡亲带信、汇钱、带货物，也属于为乡

曾锡源

亲服务的一种职业。和平之后，家乡出洋的人少了。曾锡源的父亲改行，从事肉类熟业生意。会经营的父亲撑起一个算是殷实的家，因此曾锡源有机会中学毕业。

曾锡源兄弟姐妹11人，他排行老二，是家里的大哥。曾锡源从学校出来，他没有继承父业。开始，他到船业去做工，装铁板、烧焊、学习机械维修。因为新加坡是个国际港口，码头的船只来往特别多，因而船业运输业也比较发达。曾锡源勤奋好学，文化基础好，他在修理行业中学到技术，成为工地管工，负责承包项目。不久，他开始承接工

程，成立船业维修公司，赚了第一桶金，开启了他的事业之门。

曾锡源跟着父亲在南洋创业，父亲常常惦记故乡，有机会就带他们回家乡拜祭祖先。而他们在南洋生活，也保存着中国家庭的传统习俗，乡音不改。总想着有一日回老家建大屋光宗耀祖。

商海扬帆三十载

20世纪70年代，年轻有为的曾锡源雄心勃勃准备发展事业，这时候，遇上了世界金融风暴，经济萧条，生产停滞，货物流通少，造船厂关门，专业维修行业也倒了，曾锡源被迫改行另谋出路。

经济衰退，人们变得省吃俭用，小生意经营难以为继。曾锡源转向一些基础建设工作，从事泥水工、装修工，后做防水和地基工程。这是一项需要专业技术的工作，曾锡源开始钻研技术，他们兄弟联手，一起开拓。德国的防水材料，工程质量好，但是成本高。由此，曾锡源回到中国考察市场，他发现国内的相关企业技术落后，所生产的材料达不到国际水平，但曾锡源想中国地大物博，人多，而且还有地缘优势，语言畅通。他决定跟中国人做贸易，回到家乡，特别有亲切感。

曾锡源坦诚地向国内厂家表明他们的需求，并与他们分析了问题的所在。曾锡源把先进国家的材料样板拿来研究，提出改进措施。中国厂家高度重视曾锡源的意见，也被曾锡源的诚恳所打动。厂家专门组织技术骨干进行研究探索，他们不断实验、改造、提升，以求达到国际标准。在曾锡源的帮助下，中国的实业公司不负所望，产品一步一步提升，终于达到国际先进水平。企业从小型厂家起步，一直发展壮大，成为行业瞩目的大企业或上市公司。如顺德的科顺防水科技股份有限公司，从原来的化工实业公司发展为现在的上市公司，成为中国建筑防水协会副理事长单位，行业领军高科技企业。上海的红信公司专注于注浆技术，他们也通过曾锡源走出国门，考察了解国际上的需求，聘请高级技术人才进行研发。曾锡源与这些老客户打交道30多年，他成了这些厂家的大客户和老朋友。

每年春秋两季的交易会，曾锡源成了常客、老会员，也是采购大户，为交易会工作人员所熟悉，曾锡源所开拓的新加坡"亚洲建设私人有限公司""德基建材私人有限公司"均是新加坡的优秀品牌工程企业，受到业界瞩目。他参与建设的国家重点项目，例如地铁工程、隧道工程、机场工程，以及一些国家重点工程的项目。曾锡源的建材公司承接的项目达到优质水平为业界所公认，有良好的信誉，所以他是建材需求量的大客户。现在，曾锡源大量从中国的合作伙伴采购的建筑材料，除了应用到自己的工程，他还进行国际贸易，批发出口销售到其他的国家地区。

曾锡源说，看到合作伙伴的成长提升，看到国家的进步，心里非常高兴，曾锡源说：我愿意回来中国，与中国人打交道、做贸易，我们也真心希望与祖国同步，走上世界的领先水平。

现在曾锡源已经年逾古稀，但仍然朝气蓬勃地活跃在商海。他的小儿子接手他的事业，他一边带着儿子商海搏击，一边更多地关注公益慈善事业，他把中国人的事、家乡的事、同乡会馆的事作为自己的分内事。

百年舞台不落幕

作为花县会馆主席的曾锡源，近年来加大了对同乡会馆的参与力度，拿出时间和精力，并出钱出力，与忠诚的会馆理监事一起携手共进，大力改革会务，加强乡亲联谊，受到全体会员的称赞。

花县会馆是本邑众先贤于1919年发起组织，几经辛苦创办的新加坡同乡会馆。会馆的创办宗旨是为本邑乡亲同仁共谋长远福利。

曾锡源的父亲曾焯连早年积极参加同乡会的活动，也是会馆的理事之一。1972年曾焯连去世后，曾锡源继承父亲的遗志，参加同乡会馆，被推选为会馆理事，为会员服务。当时他是一个青年。在这数十年的会馆服务过程中，曾锡源和同乡会馆经历了风风雨雨。他回忆，20世纪70—90年代，男女会员人数约500人，会务处于高峰时期。20世纪90年代过后，会馆的部分老会员逐年枯萎，新鲜血液没有补充上来，会馆处于青黄不接期。由于入手不够，在2006—2011年间，又有不良分子舞弊，持权乱章，致使会务一蹶不振，同乡会馆在数年间的公款损失高达30多万元新币。迈入2012年，曾锡源协助同会馆元老李国威理事长联手合作，大刀阔斧改革会务，重大问题交法律程序处理。动员诚信乡亲，招募年轻人进会。在曾锡源的大力推动下，会馆重整纲纪，盘活产业，废除

联合早报报道新加坡花县会馆

敝屣。曾锡源整顿会馆，把本来两层半的楼房除了留下方便乡亲聚会娱乐的场所外，其余面积包括楼下店面以高于市场价四倍的租金出租，让会馆拥有固定经费来源。在经营得当情况下，同乡会馆每年盈余八九万元新币，会务回归正常。

薪火相传再起步

为了提升会馆的凝聚力，曾锡源本着"开源节流"不动用公款为原则，为会员谋取福利。曾锡源以身作则，凡同乡会庆典、乡亲聚会以及其他的友好社团的迎来送往，他带头出钱出力。曾锡源告诉大家会馆的租金正常收入是"阿公"的钱，把它存储起来，用在适当的时候添置物业、壮大会馆，保证会馆有更大的发展。他的主张得到大家的赞成和响应。一些从事商业公司活动的乡亲，在他的带动下积极奉献，共襄善举。

2015年，同乡会馆创立96周年，新加坡花县同乡会馆出版特刊，收集整理了会馆的历史，重新整理了先贤的功绩以激励后人，明确新的会章，提出新目标。近年来，花县会馆在弘扬会务的基础上，并着力联系、团结新的青年华裔，并在花县会馆组织成立"华侨青年委员会"，总会馆向青年人提出新的命题，让年轻人接力，打开良好的局面。

2019年，新加坡花县会馆创立100周年。会馆继续出版"薪火相传"百年纪念特刊，同时召开庆典大会。在百年纪念大会上，曾锡源致辞说："选贤励志，创立基业，为我们留下精神和物质财富。今天，我们作为炎黄的子孙，先贤的后代，我们前程远大，任重道远，需要我们全体乡亲会员携手共进，更需要我们的新一代年轻人参与同乡会馆，注入新的活力，共同创新会务。让我们的同乡会所承载优秀的中国文化把根留住，让我们海外赤子在这里联手与祖国同行，让新加坡花县同乡会馆，百年基业，薪火相传，永不落幕。"

商业巨擘 儒雅君子

——记新加坡花县会馆名誉会长卢思榜

卢思榜

新加坡华人卢思榜是新加坡花县会馆名誉会长,他是新加坡影响较大的达成纸箱厂有限(私营)公司董事长。事业上,卢思榜是一位成功的企业家;社会上,是出色的活动家;艺术上,是一位造诣颇深的摄影家。平时,卢思榜酷爱各种运动,他既是健身俱乐部的健身教练,又是有合格认证的潜水员,还是持有飞机驾驶资格的飞行员。有人说,卢思榜除了驰骋商场以外,还称得上是一个"海陆空"全方位战士。

创业艰难有担当

卢思榜祖籍狮岭镇罗洞村,20世纪50年代初在新加坡出生,由于母亲较早去世,父亲在家里经营家庭手工业,做手工纸盒,卢思榜和三个弟妹与父亲就住在跑马埔路一间小店屋里。那间店屋面积只有150平方米,既是工场又是住房,因为是小生意,每个月的收入仅够一家人糊口。卢思榜和弟妹一放学就回家帮父亲做手工纸盒,父子合力打拼,生活拮据清苦。

聪明好学的卢思榜申请奖学金读书,一直读到大学。父亲寄望于大儿子大学毕业后,可以找到工作帮助家庭改善环境。然而,当卢思榜读到大学二年级的时候,父亲就突然去世了,兄弟姐妹没有了依靠,作为大哥的卢思榜不得不辍学来继承父亲制造硬纸皮箱的生意,以照顾弟妹的生活。

20岁的卢思榜已懂得做人的道理,他知道咬紧牙关也要闯出一条路来。他刻苦耐劳、意志坚毅,他一边继承父亲的小纸盒生意,一边探索门路。他知道,父亲手工经营的纸盒生意是要被淘汰的行业,没有前景,必须要另谋出路。他分析市场,看到制衣行业迅速发展,成衣包装盒一定有非常大的需求,于是他上门招揽生意。卢思榜果然有眼光,他选对行业趋势,生意业务量迅速扩大。

奋斗路上再向前

卢思榜开始了创业之路。他在跑马埔路的小店面打拼了约10个年头,后来在新加坡注册达成纸品包装公司。公司起步时相当艰难,他省吃俭用,赚一元只能花一毛。当公司有了一些储备,他就图谋扩大生产,几易其居。

1973年,卢思榜搬迁到加冷大道设厂,扩大场地,添置机器,为了跟上现代化的发展,引入机械化,卢思榜把全部的几十万积蓄全部投下拓展公司。然而,因为缺乏技术人员,公司没有会操作新机械的员工,生产线出了问题,情形紧急,影响到公司财务,银行又不肯贷款。卢思榜日夜鏖战,想方设法,一边聘请技术人员解决工厂技术问题,一边四方筹款,多方努力,终于渡过了难关,避免了银行查封厂房的危机。

卢思榜在视察工地

吃一堑长一智,他领导达成纸品包装公司迅速培养技术骨干,从观念、人才、技术上更新,让公司生产回归正常化,并且提升了一个现代化生产的管理格局,业务又重新上了台阶。卢思榜的事业进入高速发展期,他在加冷大道的厂房已经不够用,他不接受环境场地的掣肘,决定再选场地。后来他又将公司从加冷大道搬到圣诺哥通道。场地从原来1000多平方米增加到2万多平方米,员工也大幅增加。

此时卢思榜积累了经验,懂得了市场拓展的门路,他学会了用发展的眼光分析市场,总是先走一步。进入20世纪70年代以后,亚洲四小龙之一的新加坡进入一个经济迅速发展时期。他看到电子科技时代的来临,非常多的电子产品开始应用于社会,同时有非常多的电子产品加工企业开始涌入中国内陆,这些产品都需要包装,这是一个潜力无限的商机。终于在大趋势到来之前,他又一次成功嵌入,先走一步,拿到订单,再次大获成功。在卢思榜用心主导下,达成纸品包装公司迅速扩大,订单源源不断,业务蒸蒸日上。随着生意业务量的迅速扩大,卢思榜除了在新加坡的工厂扩大生产,还到马来西亚、中国内地等地投资设厂。在中国内地投资的达成包装制品(苏州)有限公司,是生产瓦楞纸板、纸箱的专业化大型企业,投资规模在整个华东地区名列前茅,1997年6月建成投产,公司股票在新加坡上市。

才艺超群实儒雅

卢思榜聪明睿智、刻苦勤勉、乐观豁达、心怀慈善、热爱生活。他还有读书的情怀和对艺术的追求,他希望可以创造绚丽多彩、挑战极限的人生。

他对生活有独到见解，坚信生命在于日常运动，所以他坚持有规律地做滑水运动。他说，玩归玩，事业归事业。玩的时候就是放松和"充电"，过后就要专注事业发展。这样才能两者平衡。他说，做事业要有前瞻性，这就像他驾驶小快艇一样，必须要看得远，哪怕前面有一个小小的浮动垃圾都足以构成威胁。卢思榜除了包装纸品领域的事业，还开拓了酒店、房地产等不同领域的事业。

卢思榜潜水已挑战到35米深度，这相当于十多层楼的高度。潜水运动带给他无比的刺激和挑战。他认为商海就像潜水，要大胆，要克服困难才能完成挑战。

除了运动，他还酷爱摄影，执着的艺术追求使他在繁忙的商务活动之余，仍时时不忘捕捉生活中的真善美。他说，摄影是一个非常耗时耗钱的兴趣，为的是留住一刹那的精彩。为了摄影，卢思榜足迹踏遍了七大洲。他潜入深海拍摄影海底珊瑚，又冒着生命危险到非洲肯尼亚大草原拍摄各种奇珍异兽。欣赏卢思榜的诸多摄影作品，宛如游走在大观园里，为它们的精彩和神奇而惊叹不已。

卢思榜曾经带着"长枪短炮"回乡，随时捕捉各处奇景，也曾经在家乡的侨刊《花都乡音》发表了他的作品。有时候，卢思榜会邀请他的一班好友坐上他的游艇，出海冲浪，谈艺术、谈生活。他热情随和的言谈举止，让人可以感受到这位商业巨子的谦虚儒雅。

卢思榜作为一个跨国大企业的董事长，面对进入电子科技与知识经济的新时代，他从不落伍，微信、WhatsApp和电脑等都驾轻就熟。

收放自如再登攀

卢思榜与时俱进的创新思维让他的事业进入全新的发展期。在2005年，卢思榜将已上市的达成包装公司转手他人。刚开始做出这一决策时，还是颇为不舍。在他看来，易

卢思榜在滑水（朱启明提供）

手盈利的达成包装公司,犹如把襁褓中健康成长的孩子转手他人。但是卢思榜明白事物的发展总会出现变化,把握机遇,可以实现人生价值的再提升。易手达成包装公司后,卢思榜顺势而为,极有眼光地进入中国,开发新市场,涉足精品酒店和房地产等事业。2018年,位于麦波申Tannery Rd的七层永久新大厦总部——达成大厦落成开幕了,这是卢思榜达成集团迈向新里程的标志。除了这栋总部大楼,他还规划进军投资建设十栋大楼,并且规划未来五年再上市。

看到卢思榜一路走来,跨越一个又一个事业高峰,有朋友对他说,该休息一下,不要累着。卢思榜说,人生旅途精彩不绝,生命有限,价值无顶,在生命休止之前,没有句号。从他的事业轨迹到他的艺术追求,让人们领略到了卢思榜的人格魅力。

卢思榜事业成功了,但他耿耿于怀当年大学未念完,"没有戴上方帽子(学位毕业照)",至今仍存遗憾。"我已经计划好了,再过几年,等我退休之后,我准备到澳大利亚念大学,这次一定要完成学业。"卢思榜这样说。

卢思榜虽然已年逾花甲,但斗志昂然,比许多年轻人更朝气蓬勃,在空余时间常常从事各种运动,包括:潜水、滑水、骑马、射击、飞行。他说,很喜欢挑战自己的能力极限。

在谈到创新与发展的时候,卢思榜说,他喜欢"创造困难",然后想办法去"解决困难"。就像他当年在事业步入轨道之后,并没有满足于现状,而是执意接二连三地搬到新的大的工厂,直至后来把公司上市。对他来说这不是虚荣,而是挑战人生新高度。

在问及卢思榜成功的感悟时,他说:"事业有成,有三样东西必不可少——IQ(智力),EQ(情商),CQ(判断力)。这是让我们可以确定目标、努力奋斗、坚持不懈、超越自己的内驱力。"卢思榜做到收放自如,挑战自己,攀登巅峰,正是源于这种原驱动力。

(本文与庾潍城合写)

心有千结 故里寻根
——记新加坡花县会馆副主席、哲学博士庾潍诚

庾潍诚是新加坡国立大学哲学博士，专研中国历史以及《易经》之学，现为新加坡花县会馆副主席。一个出生、成长在海外的华裔青年却有着浓厚的中国情结。

三个心愿 系着中国的情结

庾潍诚

庾潍诚祖籍炭步镇唐美村，1976年在马来西亚彭亨州加叻出生，他是第三代华裔。庾潍诚一家八兄弟，他排行老幺。爷爷庾永芬在民国八年（1919）到东南亚谋生，他的父亲庾新明在马来西亚从事藤、竹原产品事业。一般情况下，大多数生长在海外的第二代或者第三代华裔，都会被当地或者西方文化同化，对中国比较陌生。然而，庾潍诚却要回中国读书，而且要读中国历史，还要研究《易经》，这是为什么呢？

事情有缘由，庾潍诚小时候，爷爷和父亲常跟他说起家乡，那里土地肥沃水源充足，是鱼米之乡。但是国家贫弱，社会落后，人们为了生存，被迫出洋谋生。他们不会忘记自己的根，想着有一天能回家光宗耀祖落叶归根。他想亲自看一下他爷爷经常怀念，也常常提起的故乡。

他当年选择去中国心中有三个心愿：第一个心愿，是想回中国看看爷爷的老屋，知道自己的根在哪；第二个心愿，是想找回与母亲谢秀娣离别了60年、在中国台山生活的亲妈谢保蓉；第三个心愿，是寻找马来西亚外婆苏亚娥的亲弟弟苏木林，他当年从印度回迁中国内地英德茶场。这三个愿望凝聚着中国传统的朴实情感。

庾潍诚开始关注中国。对于亲外婆的了解，他只知道外公陈氏是台山人，亲外婆30多岁的时候，带着她的几个子女追随老公回到台山。当时因为外婆的哥哥谢森林没有孩子，外婆就把母亲谢秀娣过继给她在马来西亚的哥哥当女儿。在马来西亚的妈妈谢秀

娣常常想念她的生母，由于战乱与时代的变迁种种原因，母亲跟外婆断了联系。而马来西亚外婆苏亚娥有个弟弟苏木林，从印度回到中国也失联多年，只知道他居住地在英德茶场一带，但是素未谋面。

三个心愿产生了强大的驱动力，让他选择了踏足祖国，到吉林大学专修中国历史。在6年的国内大学学习生活中，他不止一次地回到花都炭步唐美村。1995年，他找到了马来西亚外婆在英德茶场的亲弟弟苏木林。2001年，庾潍诚再带着他的母亲千里迢迢从马来西亚回到台山，见到了亲外婆。阔别60年的母女终于重逢，解了多年的思念之苦。

2008年，庾潍诚还把亲外婆从台山接到马来西亚，与所有亲人相见，圆了外婆重回马来西亚的梦。他非常感慨地说，幸好那时一切都还来得及，要是再过上几年，这个愿望就达不成了，因为年迈的外婆，在和他们相聚后，没几年就离开了人世。

读中国历史 研究中国易经

在小学和中学的时候，庾潍诚在马来西亚读中文学校，因此他对中国有初步的了解，对中国文化也有一定的认识。1994年，他18岁高中毕业，想到中国读大学，但他并不了解中国的地理位置。东西南北中，哪里经济发达，哪里落后，什么大学好，他完全没有概念。他向西藏大学、西北大学、吉林大学等发了几份求学申请。后来，长春吉林大学给他发来了一份录取通知书，庾潍诚义无反顾打起背包，踏上了中国求学之路。

庾潍诚本来是个理科生，但他对文科更有兴趣，尤其喜欢中国的历史和文化。到了中国后，吉林大学让他自由选择专业科目，他选择了最冷门的"中国历史"系。四年之后他顺利获得大学本科文凭，到2000年，他又在吉林大学古籍研究所获得了硕士学位。

庾潍诚说，在中国读大学和研究生的6年时间，他重新认识了中国，不但了解中国的现状，也了解中国的历史，他爱中国，更爱中国悠久的历史和优秀的传统文化。6年时间，他抽时间走南闯北，跨越中国大地，他看长城，游长江，心中总是有一种喜悦和激动。当他谈到中国的发展与进步的时候，庾潍诚总是激动得赞叹不已。

庾潍诚爱中国，爱他的故乡，2001年6月20日是他结婚的日子，他提前回炭步老家拜祖，然后在家里住了三天。他笑称自己见证了中国改革开放经济发展，盛赞家乡的发展变化。他说，1995年他回家的时候，先坐公交车，再坐摩托车，中间要搭渡船，最后坐手扶拖拉机才能回到老家唐美村。2001年他与新婚妻子回家的时候，出租车一直把他送到家门口。

对祖国灿烂的历史文化，庾潍诚更是如痴如醉，他选择的课题是"易经研究"。2000年硕士毕业后，他辗转来到新加坡国立大学，继续追求和完成他的博士研究课题。他的第一部专著是《胡煦易学研究》（马来西亚南大基金会赞助），该专著是第一部挖掘和研究清初胡煦（1655—1736）《易》学理论思想，以及胡煦生平背景的学术著作。该书的研究材料，不仅引据许多一手材料，同时结合传世以及出土文献，进行详细的研究和论述。在学术方面，庾潍诚还发表了多篇研究论文，经常和国内外学术圈进行互动和交流。

看百年沧桑　毛遂自荐

庾潍诚在中国完成了他的学士、硕士学业，到了新加坡完成了他的博士学业，毕业之后，他在新加坡教育界任教。他任教的学校包括中学、初级学院、理工学院以及新加坡新跃社科大学。

由于中国情结，以及他对中华历史文化的热爱，庾潍诚关注到了新加坡的花县同乡会。庾潍诚说，小时候爷爷带他去"拜山（扫墓）"时，常常讲起花都家乡的历史，基于这种乡情的牵引，2015年，他在机缘巧合之下加入新加坡花县会馆，主动参加花县会馆的工作。这一年是新加坡花县会馆创会96周年，花县会馆的元老、会长们有意编撰一本会刊，希望能收集、记录、整理新加坡花县会馆的历史。

当时苦于没有找到合适的人选从事文字编辑工作，庾潍诚刚刚进入同乡会，人们对他并不十分了解。庾潍诚听了前辈的叙述，知道了会馆的基本情况。这一次他毛遂自荐，承担了新加坡花县会馆特刊的编辑任务。庾潍诚年轻，懂得使用现代化电子工具，懂历史并从事历史研究，业务上驾轻就熟，得心应手。有96年历史的老会馆，虽然有一些陈旧的资料保存，然而年深日久有些已经遗漏，同时由于时代的更替等等原因，收集、查阅、核对、补充、完善材料不是一件容易的事。庾潍诚以自己的专业知识与技术，加上恭敬、谦虚、严谨的态度，在会馆长辈诸贤的支持协助下，把工作尽量做到最好。2015年，《花县会馆成立96周年特刊》正式出版了，这一成果得到会长、理监事们以及花都乡亲一致好评。

2019年，新加坡花县会馆迎来了成立一百周年大庆，这无论是对会馆还是对新加坡当地社团来说，都标志着一个重要的发展里程碑。因此，出版100周年纪念特刊也是有特殊意义的大事。

在会馆诸贤的鼓励和指导下，庾潍诚再次毛遂自荐，义务编辑了100周年纪念特刊。在会馆的成立历史方面，该刊更详尽搜寻旧时报刊史料，补苴罅漏，事无巨细一并收录。除了会馆历史，该特刊还适当穿插"蓝头巾"口述历史、乡贤专访、青年团活动等等内容。

庾潍诚自觉作为会馆一分子，担当起"继往开来"的义务，也是一种使命感的驱使。他为此感到自豪。庾潍诚的奉献精神以及他出色的工作成效，受到花县会馆全体理监事和乡亲们的肯定和大力赞扬。新加坡花县会馆迎来100周年大庆，庾潍诚有感而发撰一对联：

花枝叶绿朝朝展

县邑情浓世世扬

以此祝愿花县会馆继往开来，更上一层楼！

回望故乡 反哺桑梓
——记新加坡花县会馆元老邝宗佑、邝正广父子

邝宗佑是新加坡花县会馆元老,他1971年开始担任理事长,长期担任会馆产业信托人、会馆财政主管等职务,忠诚为社团和乡亲服务,是花县会馆的好管家,也是新加坡会馆受尊敬的元老之一。

故乡一别几时回

邝宗佑的祖籍是花山镇花城象湖村,邝宗佑1918年在家乡出生,祖父早年去新加坡谋生,父母也在20年代中期去了新加坡,把仅有七八岁的儿子放在家乡,由祖母带着。十岁那一年,邝宗佑被同宗的二婶带到了新加坡与父母团聚。

邝宗佑在新加坡读书,十几岁出来一边打工一边上夜校。他勤奋好学,不怕脏,不怕苦,什么活都干。之后他还学会了简单的机械维修和电器维修。成家之后,开始做一些小维修手艺,赚钱维持生活。1946年,邝宗佑开了一间电器维修公司,靠这个小生意维持家计,供养孩子读书。邝宗佑生了二子六女。他知道要让孩子有出息,必须让他们读书,所以他克勤克俭,哪怕节衣缩食也要供养孩子读书。

早年在新加坡创业打拼,白手起家,非常艰苦。邝宗佑在20世纪60年代加入了新加坡花县会馆。1971年,邝宗佑被推选为花县会馆的理事长,他做事认真,积极参与花县会馆的各项公益服务工作,此后20多年他一直担任花县会馆的产业信托人,财政主管,真正成为花县会馆的好管家,他的忠诚服务,受到乡亲的好评,颇有威望。

邝宗佑夫妇

1984年,他受到家乡县长卢湖海的邀请,回到阔别半个多世纪的家乡,正是少小离家老大回,乡音不改鬓毛衰。邝宗佑非常感慨。他从10岁离开家乡,对故乡只是留下朦

胧的印象。当他亲近家乡的时候，感到特别亲切，虽然家乡还相对落后，但中国改革的春风给乡村带来勃勃生机。他告诉他的子女，故乡在花县（花都），以后有机会要回去看看。1994年，邝宗佑因病在新加坡去世。

读书创业第二代

邝正广是邝宗佑的长子，1943年在新加坡出生，他上面有两个姐姐。邝正广自小聪明伶俐，活跃好学，12岁就开始帮助父亲做机电维修。中学毕业之后直接考取新加坡工艺学院。这是当时新加坡唯一的技能学习学校，他学业出类拔萃。经过5年的专业技术训练，邝正广子承父业，毕业后直接接管了父亲的公司。那时，只有三个小工帮忙做事，业务量非常有限，很难发展。二十世纪六七十年代，处于发展时期的新加坡，由于国际港口的便利，水上运输产业发展特别兴旺，进出港口的大小船只也特别多。有一次，邝正广看到包玉刚的货船发生火情，烧坏了电机，整个大船没有电源，所有的运作被迫停止。邝正广想到发电机非常重要，特别是中大型的发电机，在船业吞吐量特别大的新加坡有着潜在的市场需求。眼光和胆量使他明确了目标，邝正广开始从事发电机的制造，他以自己所掌握的知识进行试验，开始只做比较小一点的发电机。他把一些用过的旧电机买下来，自己把发动机进行翻新改造，他研发改装，精益求精，所做出来的发电机质量好，性能稳定。他把发电机提供给客户租赁使用，受到用户的好评，信誉颇高。

邝正广

1970年世界油价暴涨，如果海上来往的船只在船上发电，成本会很高，大多船只就采用租发电机供整船照明和日常供电，所以邝正广发电机的租赁生意越来越好。随着市场需求的扩大，发电机生意也越做越大，几十万吨的货船，也要租赁他们的发电机。公司有几十个技术工人，拥有几百台发电机提供给来往的船只和当地的酒店等使用单位。还有一些机构的大型庆典活动，都需要租赁他公司的发电机，客户称他为发电机大王，受到业界青睐。

邝正广的生意上了轨道，事业越做越大，原来他的父辈认为不能做到的事，他都做成功了。1989年，当邝正广的公司做到最红火的时候，一家英国人的大公司注意到他们的公司产品，主动

邝正广制造的发电机
广泛运用于大型海运船只

找邝正广，出高价把公司买下来，他们签订的协议，要求邝正广在两年之内不能另起炉灶开同类的公司，另外委任邝正广为公司CEO，任期7年。他也是该公司的特别工程师顾问。

因为邝正广所做出来的发电机质量有保证，是行业佼佼者，在1997年香港回归中国大型庆典时，在海边和船上，用了原邝正广公司三台发电机组，邝正广也作为特殊技术顾问直接参与给香港回归庆典提供电源。

邝正广所从事的发电机制造和服务，核心技术是在自己的手上，后来邝正广又与友好人士合作继续从事发电机研发与供应服务，直到2003年邝正广退休，业务转给他的合作人。

寻找故乡的路

退休后的邝正广，有了更多的自由和时间，他除了到世界各地旅游观光之外，还关注社会公益事业。2012年他参加新加坡花县会馆，担任荣誉会长职务。

2002年，一次他和朋友去旅行并去到朋友的家乡，看到朋友在家乡做公益慈善，他觉得非常有意义，由此也想回自己家乡看看。但他还没有回过老家，不知道路怎么走。热心的朋友陪着他找到了花都，侨务部门根据他的姓氏，很快帮他找到了他的祖籍花山镇花城象湖村。从家乡亲人的口述以及他们宗族的族谱上，他寻到了自己的根。当时回家乡的路并不好走，那个时候正是家乡深入改革，农村面貌发生深刻变化的时候，政府提出要村村通水泥路，改变农村交通落后的面貌。邝正广实地考察后，提出要捐钱给家乡修路。从花城小镇到老家的路有好几公里，第一次回家乡，他捐赠了50万元作为建路的资金，第二期又捐了50万元，他两次共捐赠100万元建了一条通向家乡的路，家乡人将该条路命名为"邝宗佑纪念大道"。此后，邝正广对家乡的感情加深了，他说："我特别喜欢回来吃家乡菜，这些花县的味道，自从我的阿嫲（奶奶）去世之后，几十年也没有吃过了。"从此之后，邝正广每年几度回家乡，在华侨中学，邝正广伉俪捐4万元建了学生课室；看到在建中的马鞍山公园，他们又捐建了一个凤凰亭。邝正广认为，要改变落后的面貌，改善交通提升教育非常重要。

邝正广夫妇走在家乡的路上，特别感慨："我终于找到了回家乡的路！"

邝正广捐建的邝宗佑纪念大道

征战沙场 手足有情
——记菲律宾华侨抗日战士黄世燿和他的兄弟

黄世燿,祖籍新华街四和村,1924年在广州出生。抗战时期,黄世燿去了菲律宾,参加了马尼拉华人抗日游击队,后来成为菲律宾华侨中有影响的媒体人。

黄世燿生于商贾之家,曾祖父黄安早已迁居广州,祖上做生意,置买物业,都颇为成功。黄安有四个儿子:焕铃、焕铿、焕镜、焕榜,他们分别经商、从政或从文,都各有所成。黄安于20世纪初回家乡新街四和村建了四座青砖大屋,留给四个儿子一人一座,并建有公共厅堂设施,供本村公众喜庆宴席之用。然而四个儿子均在外谋业,少有回乡长住。到了孙子这一代,已在外开枝散叶,各奔前程。一个家族的人,大有相见不相识之感,甚至有的同辈名字竟然完全重复。

黄世燿的同辈兄弟姐妹均在广州居住读书,兄弟们除了只记得小时候随长辈回乡认祖归宗之外,基本上没有回过家乡居住,他们对家乡的印象也只是在朦胧之中。

参加菲律宾抗日游击队的黄世燿(左五)

黄世燿自幼聪慧，性情活泼，他就读于广州中山大学附属中学。中学还没有毕业，日本侵华战争就爆发了。时局战乱，黄世燿三位兄长和一位堂兄先后投军入伍，他们分别进入海军、空军和陆军。1938年，战火燃烧到了广州，黄世燿离开学校，随友人一起去了菲律宾，开始了闯荡南洋的生涯。本来想找一安身之处继续求学，但为了生存，黄世燿必须找工作。他卖过面包，当过打字员、印刷工人，因他文化基础比较好，很快熟悉排版印刷技术，在工作之余还自学英语，颇得主顾赏识。

民国三十一年（1942），日军进犯东南亚，菲律宾陷入战火之中，菲律宾人民不愿忍受屈辱，奋起反抗。为了保卫菲律宾人民和侨民的生命财产，旅菲华侨于1942年5月19日成立了菲律宾华侨抗日游击队，成为当时的重要抗日力量。黄世燿毅然加入了这个队伍，和菲律宾人民并肩作战，打击侵略者。黄世燿成为战地记者，他积极宣传抗日主张，写文章报道游击队的战斗事迹，控诉侵略者的罪恶行径，黄世燿和菲律宾华人抗战志士每日关注中国战情，支持中国抗日。

民国三十四年（1945），第二次世界大战结束，黄世燿复员后在菲律宾投身报业。他是一名出色的新闻工作者，懂得印刷技术及报业管理，后来他担任了马尼拉华人报纸《东方日报》（该报后来停刊）社长兼总编辑，成为当地颇有名望的华侨人物。

由于时局动荡，黄世燿多年不能与分散于各地的兄长取得联系。

1977年后，中国社会趋向稳定，百废待兴，黄世燿回国。当时广东省统战部有关领导陪同他回到花县探访家乡，但是，他当时只记得花县，而说不出具体的村名。时任花县县委领导（罗杰书记）接待了他，却无法及时为他寻访故乡。黄世燿返广州后，竟意外寻访到阔别多年的长兄黄世炎（黄严）。

黄世炎当时为广东省航空联谊会常务理事、航空杂志编辑部主任。兄弟相会，来去匆匆，百感交集，他们在简短交流后又握手道别。黄世燿临行时对大哥说："大哥，我明年或者后年再回来，我想在广州投资兴办冷藏库和引进印刷机械，希望可以为祖国建设添砖加瓦，还我报国之心愿。"但世事无常，1979年，黄世燿在菲律宾因心脏病突发去世，终年55岁，壮志未酬。

黄世燿的大哥黄世炎（黄严）、二哥黄世钺（黄思研），三哥黄世业，在20世纪30年代先后在国内从戎，均为军界人士。大哥世炎20岁参军，是广东航空学校第三期学员。他学习战机机械和飞行，后来在广西宜山空军基地工作。接受训练后成为空军教员、教官，抗战胜利前退役。

在空军服役时的黄世炎

中华人民共和国成立之后，黄世炎被重新安排到广州市第六橡胶厂，从事机械工程师及管理工作。三年困难时期，黄世炎到了香港，家人孩子都留在广州。几年后，他觉得新中国建设需要人才，于是他动员说服了当时在香港作为工程技术人才的内弟潘其适回来，并通过关系把内弟安排到江西九江造船厂工作。"文革"期间，黄世炎因为曾经

前海军上校参谋黄世钺

在国民党空军做事，被指"残渣余孽"。晚年，他从事广东省空军历史研究，是广东省空军联谊会组织者之一，任广东省空军历史研究副会长。

中国航空研究会副理事长关中人在《中国航空第一市》一书中有对黄世炎的介绍："《五邑近代航空人物辑录》作者黄严先生，原名黄世炎，字亚炎。1912年生，广东花县人，广东航空学校第三期乙班毕业。现任（2003年逝世前）中国·航空史研究会顾问、广东航空联谊会副会长，著有《航空学教程》《广东近代航空大事记》（与黄汉纲合撰）、《广东航空英烈录》（稿）、《近代广东航空概述》《近代广东航空事业》《广东航空学校简史》《孙中山航空议论辑录》《孙中山伟大的航空救国思想》，以及一批航空人物小传、航空小品等等。黄严先生治学严谨，主持正义，乐于助人。"黄世炎于2003年1月24日在广州病逝。

黄世燿的二哥黄世钺（黄思研），据台湾1999年麦田出版社出版的《四海同心话黄埔》和福建人民出版社出版的《中国近代海军职官表》记载，黄世钺是1934年7月进入黄埔海军学校第二十二期的学员，在战事中辗转学习训练长达5年时间，民国二十八年（1939）毕业受职，曾任国防部俞大维部长办公室海军上校参谋主任。

黄世钺后被派去美国继续学海军军事，两年后回国服务海军。黄世钺退役后定居美国度过晚年，终生未娶。1994年花都市领导、时任副县长麦忠民和黄世炎（黄严）的儿子黄介然（时任花都西城房地产开发公司经理）出访美国，拜访了黄世钺。2006年，黄世钺在美国去世。

黄世燿的三哥黄世业是陆军，1949年去了香港，2004年在香港去世。

黄世燿的堂兄弟黄世昌也为海军，军衔至海军大副，1949年随国民党军往台湾，1998年回祖国大陆探亲并回到祖籍新街四和村，看望家乡唯一亲人——叔父遗孀常有。黄世昌及家人现居台湾。

黄世昌（右三）从台湾回家乡探望亲人

公益广泽 造福后世

——记毕生致力于家乡革新建设者徐茂均

花都，今天的广州经济发展新星，新华街又是花都区经济文化的中心。人们不会忘记当年紧挨着粤汉铁路的新街小商埠——新民埠，新民埠的开创者就是徐茂均。

徐茂均是新华街公益村人，1860年生，早年家贫，但他天资聪颖，勤奋好学，敢想敢为。早年他和村中父老下南洋到越南谋生，几年后回家结婚，不久又先后到美国、加拿大、中国香港，他为生存发展而奋斗。走出国门，他痛感祖国积弱贫穷，萌发出强烈的爱国革新思想。回国后建起青砖大屋，买置田地。他关心家乡乃至国家民族的大业。积极从事家乡公益事业，辟商埠、兴教育、办交通、开工厂、组农团，全身投入，不遗余力，在群众中享有崇高威望。徐茂

徐茂均

均积极支持及参与当时还处于萌芽状态的农民革命运动，因为他清楚，这是推动革新进步的巨大力量。

摈弃封建 创新办学

20世纪初的清朝末年，徐茂均从国外回来，他在民众中传播新鲜的科学文化知识，提倡变革创新，摈弃封建愚昧，废除腐朽的旧体制。他带头剪去辫子，因此村民称他为"百知均""大胆均""无辫均"。

徐茂均明白，要让村民觉醒，改变自己的命运，就要从教育开始。徐茂均生有十个儿女，八个长大成才。他教诲他的儿女：立志做人，但不要立志当官。理由是：清官难当不好当，贪官害人不能当。他让他的儿女从医，直接救死扶伤，为人解除病苦。因此，徐茂均的子女成才后均从事医学或与医学有关的科学领域。三个儿子和儿媳妇都是博士，大儿徐日新留学日本，后留学德国，成为医学博士。回国后开办医院，特别是抗战期间为国家做出卓越贡献。二儿徐日华为留美工学博士，从事国防科学研究工作。三

儿徐日光为留美医学科学博士，曾任中国医学科学院教授，从事微生物研究工作二十余年。日华、日光均在美国，五个女儿都学医，先后在新民埠、两龙、平山、花城、冯村、龙归和广州开过诊所。

为了教育和感召村民，徐茂均致力兴办新学。20世纪初，刚从国外回来的徐茂均，在村中办起两间学堂，一间日新男校，一间月新女校，分别招收男、女生数十人，低廉学费让穷苦村民的子女有受教育机会。学校采用西方教育制度，提倡新思想，宣传"世界大同"。他还把注音字母带回来传授给青少年一代，使该村成为改革文化教育较早的地方。徐茂均在国外曾加入基督教会，受其影响，公益村在公共场所设有教堂，不时有国外传教士来讲道。公益新村建立后，学堂改为"公益小学"，该名称一直沿用到中华人民共和国成立后，直到20世纪90年代被圆玄小学取代。

开辟商埠　促贸易往来

1911年，徐茂均发动三华乡、大塘边、布心塘、横潭街、石岗头等村筹集合股基金，在粤汉铁路新街站南较剪口附近，也是今天的新民路（土名叫大臂街），创建新民埠，成立新民埠大安公司（即管理公司），他被选为大安公司经理。

新民埠统一规划、统一布置集市街道、统一建造楼房店铺，设有明渠暗沟、厕所等卫生公共设施，还建有新民电影院，供居民娱乐之用。新民埠比当时其他墟集文明先进，并定三、八两天为每旬"墟日"，进行物资交流，互通有无。创建不久，新民埠很快发展为附近农民（包括郊区农村）最大的经济贸易中心。到日寇侵华时，新民埠被夷为废墟。抗战胜利不久又获重建，改名为新华市。

徐茂均选择新民埠地址，是因为这里有粤汉铁路新街站，同时南面有新街河可以通水路。徐茂均又在新民埠倡导建设"义祠"，顾名思义就是道义的公祠。因为当时公益村乃至新华地区，几乎每家都有人出南洋到越南、新加坡、马来西亚等地谋生。义祠就是为华侨仙逝骸骨运抵家乡而设，也有用于财物托转，这就是早期的华侨服务机构。

义祠建设是20世纪20年代由越南华侨花县同乡会发动华侨合力捐建。当时主要是为旅越侨胞先人骸骨运回故乡安葬服务。据说每隔两年运送一次，每次数百具，每具骸骨由精致长形木箱装载停放祠内。义祠建筑是一座二层楼房，面积约200平方米，全座钢筋混凝土结构，坚固异常。曾经几次战乱摧残，弹痕累累，但整座楼房巍然屹立。义祠有专职两人，负责通知县内各地死者亲属前来认领，并付给安葬费，使死者骸骨得以落叶归根。徐茂均同时还倡建华侨义冢，冢地选于三华乡蛤蟆窝。凡本县由外洋运回之华侨骸骨，无亲属承领者葬于此地。此举深得华侨侨眷称许，深得民心。

第二次世界大战爆发后，海外交通梗塞，骸骨运载中断。新民埠为花县交通要道，日寇入侵后，曾占领义祠作为驻军之用，并在附近架设铁线网，设封锁线，以控制抗日游击队的活动。抗日战争胜利后，义祠曾一度更新恢复使用。后又为国民党"清花指挥部"所占用，义祠服务又中断。

中华人民共和国成立初期，义祠曾作为南下大军物资供应站，又转为三区人民政府所在地和新华店员工会活动场所。后经改建、扩建，改革开放后仍为县供销社社址。

新民埠的开埠创办、发展兴衰与祖国和民族的命运紧紧相连。今天，花都区成为广州北面的重要城镇，花都空前繁荣与发展。

发展交通　兴修水利

发展交通，兴修水利，是徐茂均革新进步，改变家乡面貌蓝图计划之一，民国三年（1914），徐茂均在开辟了新民埠后，又协助当时政府建花县县城（即今花城）至新民埠的交通公路，这是花县第一条公路，长达20公里，从而使新民埠具有成为铁路及公路交通运输中心的条件，为日后的发展打下良好的基础。

革新进步，造福民众，这是徐茂均的宗旨。在他的家乡公益村、三华村一带是干旱地区，农民耕种，望天打卦。因为缺水，所以农民都在农田里深挖井，竖起桅杆，把水一桶一桶提上来灌溉田地，俗称为"称水"。徐茂均想：能否通过水利减少农民的负担，让更多的田地可以耕种？民国十三年（1924），徐茂均亲自主持成立"水陂委员会"，他身体力行，筹措资金，在附近的沙岭海（土名，即由狮岭石岗村顺流而下的河溪），建筑一道水陂，拦水筑坝，建渠挖圳，引水至该处灌溉田地，受益面积达400多亩，大大减轻群众常年车水、"秤水"的负担，发展了农业。

公益村原来是几个比较分散的村落，有东城里、长安里、沙埗庄、向北庄，还有大坳庄等，徐茂均把这几个村庄联合起来叫"公益新村"。据村民徐则铎回忆，他当年在小学读书，教师江汉如读《花县乡村历史地理》时说："公益新村建于中华民国九年，实行社会主义也！创建者为徐茂均先生。"这就是后来公益村以及今天公益路的命名所在。

和睦安居　福利共享

在公共福利方面，徐茂均兴建了两间凉亭。一间是公益村进村路口的"茶亭"。因为没有交通工具，往新民埠赶集的乡民当时均为步行或者手推"公鸡车"（独轮车），茶亭就是供经过路途劳累的老百姓作歇息之用。茶亭设有茶点小卖，久而久之，茶亭便成了这个地方的名称，一直沿用下来。另一间凉亭在公益村中心，是专门给村民喜庆聚会、娱乐逍遣所用。在凉亭，有欢声笑语，有天伦之乐，也成了村民的凝聚中心。几经沧桑，这个名字一直沿至今。

在徐茂均的新思想启发下，当地乡贤思维活跃，同心同德，他们形成共识：要使村民团结和睦，安居乐业。村民徐广信、徐绩铎、徐玉湖等是积极拥护者，徐广信后来是公益小学第一任校长。为了更好地治理乡村建设，徐广信等带头组建"公益村建设委员会"，委员会成员由若干热心乡贤组成，负责主持指导村内公益事业的建设，帮助调解村民之间的矛盾纠纷。

委员会设立基金，一是号召村民自愿捐款，得到村民热心支持；同时委员会与越南华侨联系，也得到华侨热情支持。由徐树玖、徐永提等负责联系海外乡亲，每年都筹集一批资金，支持委员会公益事业。委员会和海外华侨紧密联络，交流情况，并常征求他们对家乡建设的意见。

因为早期公益村是由几个零星村落组成,东城里和长安里村庄均在长岭山脚,下雨时,山泥倾泻,造成水土流失,道路泥泞。20世纪30年代开始,"建设委员会"主持在村中筑建了"沙路圳"(村中心的河涌),从长安里和东城里村庄引接山水,经过向北庄、沙铘庄村中心至大水圳(今田美河)。全长有一公里多,"沙路圳"两边由山上取下的沙谷石(山石)砌成,圳渠宽约两米,沙路圳在各过路口处建起了十多道水泥石桥,这样村面可以免受山水冲刷,不再泥泞,同时可以清洁排污,村貌焕然一新。之后,沿着沙路圳及村庄主要路段竖起十条水泥杆,安装了十盏大煤油街灯,方便村人晚上行走。

"公益村建设委员会"还主持在村中心增建娱乐场。设有篮球场一个、乒乓球台两张、棋台、石凳等一批,购置了各种球类等。这样,凉亭、球场成了村民聚会运动的好地方,冷落了当时村中的烟馆和赌场。

委员会还在村北扩挖了一口六亩多的大鱼塘。每年收成可观,为改善村民生活提供了物质基础。

"公益村建设委员会"还又创办了一份《公益新村建设月刊》。当时在公益小学任教的徐广信担任编辑,内容以反映家乡(包括外乡情况)建设为主,也有对当时贪污行为的检举。除此之外,刊物还以一定的版面刊登海外来鸿,反映华侨的信息。发行到越南华侨有160份。经费也由越南华侨捐集寄回来,此是花县早期的侨刊之一。

在徐茂均倡导、主持和参与下,公益新村可谓名副其实的"公益村",徐茂均的思想和事业在他离世后仍然发扬光大。

共产农团　大胆尝试

徐茂均还在村中大胆开创"共产农团"和兴办工厂。他热心于各种新的试验,他曾经积极引进种苗,带进新的作物种子,如武汉南瓜、马铃薯等回乡种植。帮助农民发展种桑养蚕。他亲自主持组建了一个蚕业公司,在村里办了一间缫丝厂,买了三台织机,请了三四个人,进行种桑、养蚕、缫丝。企图通过发展手工业和轻工业,继而发展商业贸易。一两年后,因桑叶受污染,种桑、养蚕试验失败,缫丝厂未能成功。

民国十年(1921),徐茂均在公益村倡导建立"共产农团",发展集体农场。苏联十月革命后,徐茂均受到马克思主义的影响。1921年2月,他倡办广东省花县共产农团,提倡联络贫富,立为一团。耕种田禾,纺织自为。农隙暇时,兼习手工,改良耕

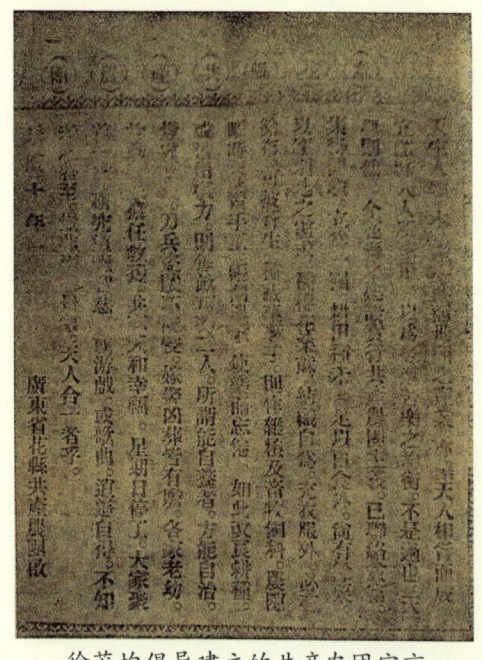

徐茂均倡导建立的共产农团宣言

种，或借用机力，自养自治。嫁娶丧葬皆有赠，各家老幼，均归公家担任教养，共享天年和幸福。旧历新年，有人请他代写春联，他说："写'不做工，不得食；无乞儿，无盗贼'就行了。"徐茂均这一实验性社会主义的农团成立时，全村群众来参加，省方还派人送来一面锦旗，上书"公益新村，共产新声"八个字。会上号召全村不论公田、私田，一律归集体所有。徐茂均自己献出全部土地办了一个"公共农场"，又将同德会（即教会）所有十多亩荔枝园办了一个"公益工场"，共组织了六个人经营。他本人参加劳动，也要求子女在寒暑假日回家参加劳动。这个农团，终因地主反对，农民怀疑，大气未成，不久就散了。共产农团，因严重脱离社会现实而失败了。

农民运动　星火燎原

徐茂均始终立身于人民群众之中，胸怀理想，致力改革创新。

据徐维扬的《辛亥革命广州起义花县十八烈士殉难志》：1909年为推翻满清统治，在花县成立了番花同盟分会，会址在三华乡。徐茂均是同盟会会员，他参与1911年"三二九"广州起义的战斗。他们进攻督署，抗击观音山之敌，在小北一带进行巷战。徐茂均等被敌围困于二牌楼之华庆里，后越檐而奔，始得幸免。

徐茂均对军阀混战非常痛恨，他在新民埠对来往的军阀军队宣传："顺天者存、逆天者亡。"劝他们不要同人民作对。1921年粤桂军阀交战，桂军败退广西，经新民埠时纵火抢掠。徐茂均组织群众武装，赶跑溃军，并俘虏了一个军官就地枪毙。

20世纪20年代中期，农民革命运动风起云涌，徐茂均赞成和支持农民运动，他主张不搞温情的改良。他觉悟到投身农民运动，以求推动社会变革，实现进步与大同的理想。

1925年，徐茂均的家乡公益村成立了农民协会，这是花县中区最早的农民协会，大家选举徐茂均为村农会的委员长。共产党人多次到公益村宣传革命道理，公益村80%青壮年参加农会，还组成农民自卫军一小队30多人。省农运特派员来帮助农军进行训练，县农会负责人刘绥华经常为公益平民夜校义务上课。在党组织领导下，公益村成立共产主义青年团小组，1926年成立共产党小组，这也是花县第一次共产党代表大会所在地。徐茂均敏锐地看到：这是新的革命潮流涌动，他给以大力的支持，献出自家十亩水田给当时的三华乡农会，将收入所得作为开展工作的活动经费，使三华乡公益村的农会成为当时有人缘和地缘基础的农会，这也是后来的革命老区之一。

在公益村农会成立后，徐茂均和农会中坚分子积极发动联络中区的三华、横潭、石岗、石陂、㘵心、莲塘、罗洞等村成立农会。接下来影响全县成立农会协会如火如荼。农民运动声势浩大。为了支持农民运动，徐茂均不惜破家资助。县农会成立时，徐茂均给到会的会员以大饼当餐。公益村农会会员去广州参加"五一"游行，徐茂均请全体会员到西华路吃饭。

1927年，农民运动遭受挫折，大革命运动终因敌我势力悬殊和缺乏组织领导经验而失败。徐茂均在新民埠恳亲会上公开表示：支持共产党，支持农民革命！有人家劝他："现在清党（大革命失败），你发表这样的演说，还不快逃？"但他并不惧怕。

1927年5月，徐茂均曾代表广东前往武汉参加全国工人代表大会，被选为大会主席团成员。

1927年蒋介石叛变革命大搞"清党"后，花县农运遭到反动势力的疯狂镇压，县农会先在九湖，后转上古岭再移花城，但这些地方都被反动派占领了。后党组织转移到公益村，继续从事地下活动。在广州公社起义前夕，花县农军在党领导下北上清远，一度攻占县城，随后参加了广州公社起义。公益村农军在黄伯华、徐树贵带领下，破坏大迳河桥，拆毁铁路轨道数十丈，使敌军列车受阻于军田达一天之久，为广州起义的部队赢得了时间。

1928年罗洞乡农会会员卢炽林（又名卢翰）私吞公款潜逃，被县委审讯处理后，他叛变革命，带领广州一营保警，于1928年正月28日晚半夜包围公益教堂（中共花县县委所在地）。县委成员及省特派员陈汉元均被捕，农历2月2日牺牲于黄花岗。当敌人围捕县委时，徐茂均就在隔壁，他机智地从屋顶逃脱，妻子、女儿被捕。徐茂均脱难后，国民党政府悬红通缉，他知国内难以立足，便再次出走到越南，并在西贡办了一家女校，请一位信仰基督教的女教师任教。他还带上自己编著的一本"易学、易查、易解"的《华文字典》，供教学使用。兴教办学、宣传革命成了他的职业。后徐茂均因病回到广州，1933年在广州病逝。

徐茂均一生追求理想，从辛亥革命到实验性共产农团，他和共产党人一起，积极投身农民运动和工人运动。徐茂均与海外有多方联系，与广东省革命党人的早期领导人也都熟悉，在民众中享有很高的威望，是值得花都人民永远景仰的改革创新先驱。

（原文于1981年采访公益村徐广松、三华村徐泽农、徐茂均小女儿徐美珍等写成，并曾发表于《花县文史》第四辑。2019年综合改写时增加"农民运动"章节，参考李雨文发表于《花县文史》第六辑的《农民运动主要人物简介·徐茂均》）

一腔热血 谱写春秋

——记越南华侨申公实走上革命道路的事迹

申公实（原名徐梓材）是新华镇公益乡（新华街公益村）人。他早年出国谋生，旅居越南。后来受进步思想的影响，在国难当头的日子里，他为了抗日救国、寻求真理，从越南西贡回国投奔延安参加革命。南征北战，几十年如一日，为了党的事业赤胆忠心，勤勤恳恳，受人敬重。

一

1921年，申公实出生在中国南方一个普通农民家庭。20世纪30年代的中国，多重灾难波及每个乡村。1932年，祖父的家业破产，父辈兄弟分家，母亲得病，小妹妹先天不足，为了母亲和妹妹，家里只得借钱求医。不久，母亲病逝，日子一天比一天艰难。父亲出国谋生，把兄妹五人托付给祖母。1935年春，家中老大申公实14岁，他不能再读书了，不得不走上为生存而拼搏的道路。他跟随同乡父老离开家乡，过早地踏上漂泊海外的人生旅途。

申公实（原名徐梓材）

来到越南后，申公实在一家米铺当杂工，每月有2元工钱的报酬。他喜欢学习，爷爷在世时，他曾分别在公益小学和晨光小学读过几年书。辛亥革命和"五四运动"的进步思想在乡村有识之士中传播，以徐茂均为首的开明父老，积极从事家乡公益事业建设并鼓励青少年读书，这使他懂得了只有读书才有前途。他渴求能多读书，有学问，成为有用的人才。他常利用工余和夜晚的时间找些报刊书籍来看，有时也翻翻随身带来的《富林克兰自传》和《辞海》，因此常遭老板的白眼和责骂。受不了这种待遇的他终于离开了这家米铺，到一位世伯开的工厂做杂工。申公实起早摸黑，每天工作十多个小时，但为了生活，他只好咬牙挺过去。他体味了人间冷暖，深切感受到社会不公道，人与人之间的不平等。

在举目无亲、生活困苦中,他寄托神灵,一个人在深夜到后花园烧香,求母亲显灵保佑自己。多次失败后,他终于明白了死人不会显灵,生活仍需靠自己拼搏。后来,他找到了在越南的一位远房姨妈,在一间杂货店打杂工,每月8元钱。在这一段漂泊生涯中,申公实饱尝了人间的辛酸苦楚,却增强了自强的信心。

二

一个有志青年,当他选定了一个目标,无论有多大的困难,都会义无反顾顽强地走下去。申公实在不满18周岁的时候,长途跋涉,从越南奔向延安,参加了革命。

那时,申公实在伯父的一间杂货铺当杂工,邻近有一所华侨学校——新民小学。当时学校正开办国语夜校,华侨子弟可免费就读。申公实在这间夜校学习,并认识了国语教员徐国伦和骆浪萍,同时还有机会结识了一些进步青年。骆浪萍老师对他的启发帮助,对他后来走上革命道路起过重要的作用。那时,马列主义在全世界广泛传播,不少马列著作和进步书刊在西贡和堤岸公开发行。申公实节衣缩食,如饥似渴地阅读了邹韬奋主编的《抗战》《抵抗》《全民抗战》等刊物和马列主义书籍,这使他茅塞顿开。他知道了毛泽东领导工农红军长征胜利到达陕北,了解了中国抗战前线新形势,他受到巨大的鼓舞。他通常是白天做工,晚上到学校去读书,还常和骆浪萍一起谈论人生,讨论形势。

骆浪萍是北方人,他热情平易近人。一次,他向申公实提出几个问题:"你看书的目的是什么?你想过做人的意义吗?怎样才能做一个有用的人?"第一个问题申公实很快回答了。因为他早就知道读书可以使人有学问,有本事,可以摆脱饥饿和贫困,找到生活的出路。可是,"做人有什么意义"的问题,他没有想过。从这开始,他学会了思索。在骆浪萍的鼓励和帮助下,申公实和王法铎等进步青年一起组成了"华侨青年读书会"。他们常常在深夜点起煤油灯读书,一起讨论和分析国内形势,交流读书心得。书读多了,视野开阔了,思想觉悟提高了。

在越南,他们亲眼看到了华侨同胞及其组织纷纷捐资支援国内抗日的盛况,于是读书会也开展了"国难当头,我该怎么办"的讨论和探索。他们认识到祖国的前途就是自己的前途。当听到家乡和亲人在日本法西斯的铁蹄下被践踏、被蹂躏的消息时,年轻的申公实再也按捺不住了,他说:"我要回国,我要抗日。"他拿起笔,给延安的抗日军政大学写了信,表示了要回国参加抗日救国队伍的决心。

要革命、回国去,要抗日、上延安。申公实决心已定,他找到了最信赖的骆浪萍商量。在骆先生的引导下,他和新民小学教员徐国伦(到延安"陕北公学"之后,改名徐良)去与当时从陕北来越南西贡工作的"陕北公学"学生会晤。陕公学生告诉他,抗战的队伍生活非常艰苦,吃的是小米,住的是窑洞,还要南征北战。可这一切,难不住一个热血青年,但他的行动遭到伯父的反对。他思考再三,只得瞒着伯父,自己筹备了些盘缠,终于在1939年3月8日夜晚,和徐国伦秘密离开了越南,踏上通向中国革命圣地延安的征途。

三

  从越南西贡到延安，并不是一条平坦道途。为了避免危险和减少路上的麻烦，申公实他们没有回广东老家，而是取道云南昆明。到贵阳的八路军办事处办理接头手续后，他们的盘缠已所剩无几，再也不能坐车北上了。三月的天气，越往北走，天气越冷，两人在贵阳买了一件旧大衣（既作大衣也作被子），继续上路。申公实和徐国伦从贵阳开始步行向北走，两个多月来，他们晓行夜宿，忍饥受寒，互相照顾。遇上乡村小镇，就到小店或老百姓家借宿，弄点吃的第二天又继续赶路。有时候在半路上遇到河涌就抓点小鱼虾，到间歇时或留宿处请老百姓或小食店加工煮熟吃。1939年5月下旬，终于到达陕北。

  申公实和徐国伦来到西安，由西安八路军办事处安排到陕北公学学习（在陕北枸邑），开始了新的战斗生活。

  "陕北公学的主要任务是为了满足抗战形势下及将来的需要，培养行政、民运及文化工作较高级的干部……它开设的课目有：政治经济学、中国革命运动史、哲学、科学社会主义、三民主义研究、中国革命的基本问题、世界政治、战区政治工作等。"（引自成仿吾《陕北公学的新阶段》）在那里，申公实接受了一个革命战士第一步的训练和革命理论的武装。陕北公学学习的条件十分艰苦，学员们在风雪交加的野外听课，吃在山地，住在窑洞。可是，大家都有一个共同的信仰，为了一个共同的目标而努力学习，努力工作。这年的七月份，党中央决定把抗大（一部分）、陕公、鲁迅艺术学院、青训班、工大等校合并成立"华北联合大学"。申公实随陕北公学的学员回到延安，在华北联合大学接受了党的教育，他还听过毛泽东、周恩来讲课。这所与抗战息息相关，随着抗战的进步而进步的华北联合大学，在抗战建国的伟业中贡献了自己的力量。（摘自成仿吾《华北联大三年的回顾和展望》）

  1939年冬季，由当时在华北联合大学社会科学系第一队队长刘星华和政治指导员余一红介绍，年仅18岁的申公实光荣地加入了中国共产党。之后，申公实被分配到晋察冀边区政府财政处担任科员。这时，他公开使用申公实这个名字。

  1941年7月，申公实又进入华北联大高中班继续攻读，这又是一段令人难以忘怀的经历。那时候，他们一边学习，一边生产，个个晒得黑黝黝的，手上长满了硬硬的老茧，申公实还是纺纱织布的能手。

  1944年7月，申公实又进入延安大学行政系学习。他们这一批作为抗战干部和新中国建设预备人才，经过多方面培养训练，随时准备着奔赴祖国最需要的地方。

  抗战胜利后，申公实前往东北局工作。在东北辽西行署和辽北行署任社会科科长，后任辽宁民主学院法政系主任。这期间，他曾作为华侨受党委派回南方开展秘密工作。在南下途经大连时，形势发生变化，途中接令再回到东北局，在东北开展土改。他先后担任宽甸地委土改队队长、政策研究员、赛马区委书记（参加县委）。1948年底，中央组织部集中华侨干部回北京。后来申公实随解放大军南下，广州解放后，他留在广州军事管制委员会负责接管交通工作。

四

1949年中华人民共和国成立，申公实在南海县（当时包括佛山市）任县委副书记兼组织部长。1951年调到广东省政府办公厅政策调研室工作，后任省府乳源、乐昌土改团团长，进入乳源、乐昌进行土地改革，并担任乐昌县委书记。1953年9月开始，在广东专事制糖工业工作，达八年之久。先后担任顺德糖厂厂长、南海糖厂筹建处主任、轻工部广东制糖工业公司调研室主任、紫泥糖厂党委书记等职务。

1958年，申公实再次受党委的派遣到天津大学学习。他在化工系正式攻读了四年大学的课程，学习了高分子合成专业。1962年，申公实从天津大学毕业，正准备为建设祖国发展新兴工业大显身手的时候，苏联撕毁合同，撤走专家，破坏和中断了建设项目，高分子合成材料的老化研究就是与苏联签订合同的140个重点建设项目之一。在这种情况下，申公实担任了国务院化工部广州老化研究所所长的职务，他和工人、技术人员一起闯出一条自己的路，不但解决了民用的橡胶、涂料、塑料纤维等合成材料在生产中遇到的问题，还承担了我国军工材料的研究项目，成效卓著。

"文革"期间，申公实离开工作岗位达八年之久，其被毁掉和失散的资料书籍有64套之多。1974年申公实恢复工作，任广州市业余科技学院办公室主任。1979年落实政策之后，调任广州市化工局党委常委、副局长及市化工总公司顾问等职务。1990年，申公实在广州病逝。

（本文1985年采访申公实写成并发布于《花县文史》和《花都乡音》）

毕生情怀 复兴之梦
——记爱国爱乡的越南华侨邓学如

横潭村在历史上不失为兴盛之地，人杰地灵。横潭村曾有一条东西走向的横潭街，街道宽且直，两旁楼宇整齐，村前有口"眼镜塘"，倒影清澈，特别是在中秋之夜，一轮圆月空中高挂，景色蔚为壮观。当年的横潭大街在花县辉煌一时，建县之初首任知县王永名主持评选花都八景，"横潭夜月"被评选为花县八景之一。

这里就是邓学如的家乡。

横潭街牌坊

"广东先生"的来由

邓学如，原名泮辉，1891年生。父亲邓裕贵及母亲均以医为业，他家世代从医，专治跌打外伤，上下三村无人不知。学如从小随父母学医，深得家传歧黄之术。他聪明好学，学业之余，也帮助父母行医上药，不日便粗通医技，常有贫穷老人求医问药，邓学如会体恤减免药费，对有需求者送医上门。

清朝末年，国家积弱、外强入侵、百业凋零。不少有识之士寻求救国之路，辛亥革命前，邓学如和几个志同道合的同村青年眼见前途晦暗，便一道远赴越南谋生，期望能闯出人生新路，积聚振业兴邦之本。

初到越南，这里地处热带，土地肥沃，可谓鱼米之乡。但是要在异国他乡创业谋生谈何容易，那时出国谋生的多为年轻人，大多既无文化又无技术，只好去做苦力。开始邓学如去一个大米加工作坊打工，作坊老板想多赚钱，人停机不停，邓学如和另一名工人24小时轮班加工大米，工作既辛苦又枯燥，由于每天睡眠不足，休息不好，经常腰酸背痛。

邓学如想创业，便萌发了办医馆的念头。他在越南首府西贡堤岸水兵街开了个远东药房，以医治中医跌打为主，兼卖传统自酿白酒。邓学如人缘颇好，慢慢地，跟他来往以及买药的华人越来越多。初出南洋谋生的华人创业艰难，遇到本县乡亲倍感亲切。邓学如的远东药房便成了花县人在越南谋生的第一个落脚点，成为不挂牌的同乡会。

后来邓学如在西贡堤岸又开了美利坚酒庄，并设立邓学如药房，一边经商，一边行医，生意日渐兴盛。邓学如性情豪爽，除经常赠医赠药给穷人外，还好酒好饭招待，几年后，他在当地结交了一大批朋友，大家背后叫他"广东先生"。

"愉庐"居所的来历

邓学如的叔父邓裕贤是一个普通农民，他为人正直，有正义感，在村里颇有威望，他没有儿子，邓学如过房继承。因而邓学如跟叔叔（养父）一起，也与革命党人相识交往，公益村的徐茂均、徐广松和邓学如、邓仲亨等都是较早受孙中山"三民主义"思想影响的青年人。

辛亥革命时期，邓学如在越南发起组织"缩食救国委员会"，发动募捐，支持孙中山民主革命。邓学如是中国国民党越南堤岸支部执委，民国十九年（1930）他代表堤岸支部回南京出席国民代表大会，曾与当时的党政要人林森、蒋中正、于右任、戴季陶、邹鲁等会晤，并合影题词留念。挂在横潭祖屋的"愉庐"二字就是民国四大书法家之一的于右任先生题写的。

孙中山的民主革命，主要依靠华侨的力量。在辛亥革命前，曾到海外募集革命经费，前来工作的革命志士和邓学如长谈了三天三夜，除了动员和策划工作外，鼓励他积极和侨居地群众搞好关系，支持国民革命，并向他描述了革命成功后的建国蓝图。邓学如还了解到当时在海外（印尼）的陈嘉庚等爱国华侨为支持孙中山革命筹款之事。

民国二十一年(1932)，邓学如因病回乡疗养，在横潭大街中建了一座中西合璧的住宅，楼房坐北向南，他请人把"愉庐"二字刻在红木匾上，挂在祖屋大门前，成了当时横潭村的一段佳话。"愉庐"日后就成为横潭村民自娱自乐的免费俱乐部，横潭早年喜欢拉弹说跳唱的私伙局就在这里展开。

桑梓情深兴教育

邓学如在南洋创业成功，他心胸开阔，目光远大且桑梓情深。1930年去南京参加国民大会后，邓学如在家乡小住了几个月，他梦想在家乡建立一个文明和谐的新农村。目睹村童挤在"袁氏祠堂"上私塾课，他有了一个更大胆的想法，回越南在华侨中募集资金回家乡建一所标准的国民小学。

20世纪30年代以前，乡村教育只有私塾，一般都办在村里的祠堂，横潭是个杂姓村，共有54个姓聚居在这里，袁氏祠堂场地狭小，加上学生年龄参差不齐，师资奇缺，学生要读复读班（一个老师要教育几个不同年龄段的学生）。他与众人商议设立"横潭乡乡政委员会"，民主选举正副乡长及理财、调解委员会等，处理办学及学校的招生、收支等日常事务。邓学如请人在村前眼镜塘之北面（现在新华中学的校址）上设计了一座占地30亩的现代学校的规划图。

为建学校，邓学如几次带病往返越南、港澳等地发动乡亲们为家乡建校筹款。至民国二十四年（1935）四月，筹款达到预期，建校开始动工，同年11月学校竣工，定名为"横潭乡乡立小学"，次年正月正式上课。又将学校北面的荒地垦辟为果园区，栽种荔枝、龙眼、杨桃等树，并派专人管理，计划以日后的收益作为办学经费。

新建成的横潭学校教育设施完备，校内辟有操场，有十二间教室，有大礼堂，音乐室等。使用国民政府教育厅统编的教材，男女同校接受教育，体现男女平等的民主思想。每周星期一举行升旗仪式，并诵读《总理遗嘱》。学校落成时，四乡舞狮队前来助兴，好不热闹。1938年日军进犯花县，新建成的校园仅使用了三年时间，便被日军占据作为驻军营地，后来被日军摧毁。一生寄望故乡文明发达的梦想被葬送火海，邓学如耿耿于怀，回越南不到两年就抱憾离世了，终年不到50岁。

邓学如有四子二女，除长女秀雯已故外，其余均侨居国外。长子绍康在越南统一前乘木船离开，以难民身份进入台湾，后又转赴美国。绍康的女儿邓冠英和一个利比亚工程师结婚，生活美满幸福。绍康的儿子1948年出生，绍康关注时政，当年国民政府颁布了第一部宪法，所以把儿子的名字取为宪生。儿子邓宪生现在美国，其余子女较少和亲友联系，近况不详。

看今日的横潭村，宜商宜居，其乐融融。横潭街的牌坊上有一对藏头联可见证。上联是：横瞻昔日大街夜月荣登华邑八景；下联是：潭映今朝群星璀璨彰显人杰地灵。邓学如的美丽家乡梦在新时代终于实现了。

（本文参阅《花县华侨史》人物资料，采访邓学如后人邓无量写成）

初心不改　坚如磐石
——记徐安如身赴南洋的革命事迹

徐安如（1911—1994），又名徐磐石，是花都早年旅越华侨文化界知名人士、革命老前辈。归国后，在全国政协任职，他曾写《南洋流亡记》，记录他和爱国华侨志士在南洋各地二十多年来从事革命活动的经历，是一位值得后人敬重的前辈。

徐安如

颠沛流离下南洋

徐安如的父亲徐应航（字济川），是花县三华店村新庄（现为新华街大华村）人。1925年以前，徐应航曾在香港九龙接办过一位同乡开设的"昭昭学校"，安如兄弟在该校就读。1925年6月，省港工人大罢工，抗议英帝制造"五卅惨案"暴行。香港工人不但罢工，还大批回到广州，参加由国共两党发动的大革命。而香港百业停顿，徐应航携一家大小，回到花县老家。

第二年（1926），曾经率队参加过黄花岗起义的三华村徐维扬，向广州革命政府领到一笔办学经费，在三华村新庄开办了一所花县十八烈士子弟学校（参加黄花岗起义的花县烈士共18人，徐姓的占16人，故该校设在三华店新庄大华村），徐应航被聘任为教员，徐安如兄弟有机会随父亲再读书。

该校除了教授由小学到初中的常设课程外，还讲授《三民主义》以及有关黄花岗起义和辛亥革命等革命事迹。当年，中国第一次大革命运动正在迅猛发展，农民运动如火如荼，花县的所有乡村，大都建立了农民协会和农民自卫军，三华村也不例外。徐应航是知识分子，自然就义不容辞地担任了农会的文书和宣传工作。不料，花县十八烈士子弟学校只办了一年便停办，徐安如辍学了。

1927年5月，蒋介石策动了湖南的"马日事变"，破坏农运，攻击农会，屠杀革命群众。到了同年6月，这一暴行也蔓延到花县。当时，由广州派来的反革命联军，配合当地的地主武装，攻打农民运动根据地，大肆烧抢、杀害农运领导人，一场轰轰烈烈的农民运动便被镇压下去了。

反动联军对凡是参加过农运的负责人都不放过。徐应航的名字也被排在黑名单上。为了逃难，徐应航向亲友筹借一笔路费，决定先带徐安如出走南洋。为了瞒过敌人，他还在书馆前，贴出继续招生广告（他当时已回大华庄教书）。1928年春节过后，徐应航父子到新街站搭上火车去广州，并转往香港，再搭上"大利华"客货轮，经过三四天的颠簸，到了越南的西贡（今为胡志明市）。

南洋求生办学校

徐应航父子到越南后，暂住在一位亲戚家里。徐应航是个教书先生，打工，他没有气力，做生意，又没有资本。经过考虑，决定还是重操旧业，他向亲友们借了一点钱，在西贡附近的堤岸，租了一间房子，开办了济川学校。

堤岸是旅越华侨的聚居区，当时已有八万多人口，被称为华人城。这里的侨校私办的很少。所以，学校刚一开办，就有五六十名学生。徐安如开始在同乡的杂货铺当杂工，因为学生多，父亲便叫他回去当助教。从此，徐安如也开始了他的教学生涯。这期间，一些之前参加农运受通缉的难友也先后流亡到越南来。有徐茂均、徐广松、卢克文、张耀东、黄伯华、刘炎光、何乃光、王洛峰等人。他们到西贡后，也大多数是重操旧业教书。

1930年以后，逃亡来越的文教人士越来越多，私立学校也就多起来了。受大环境影响，越南经济不景气，华侨的工商业大批倒闭，失业人数增多，学生无钱交学费，大批退学。私立学校的教师们生活艰难，花县来的难友们相聚，除了谈国内的时局和各自的生活情况外，就是哀叹生活的艰辛。

抗日救亡办报纸

1931年9月18日，日本侵略者悍然出兵侵占我国东北三省，到次年的1月28日，又在上海挑衅，企图侵占上海。

消息震动了整个侨社，侨胞们奔走相告，一些爱国华侨青年更是义愤填膺，国土沦丧，匹夫有责。一些志同道合的华侨组成一些半公开的救亡团体，以隐蔽的方式进行活动。有些叫书报社，有些叫读书会，有些叫救灾会，等等。

在这些团体中，有一个叫"进德书报社"的组织，是由几位在祖国大革命失败后流亡到越南来的共产党人发动组织起来的。该社公开提倡：团结青年，购书共读；交流思想，增进知识。但实际工作是团结和组织各界华侨青年，向他们宣传灌输爱国进步思想，并推动他们参加爱国救亡运动。

经过友人介绍，徐安如参加了进德书报社，并被选为该社的理事。徐安如在书报社学习、进修，接受爱国救亡思想，成为进步青年的中坚力量。

"七七"事变后，抗战全面爆发，中国人民的抗战决心唤醒了，同时也推进了海外侨胞的爱国救亡运动。身在海外的志士们，组成了统一的组织战线，有些叫抗敌后援会，有些叫救国会，有些叫筹赈祖国难民会等。

进德书报社经过几年的活动，吸收了不少爱国进步青年参加，成为当地救亡组织最大和最有影响的一个。进德社于1937年底，推举该社的几位负责人陈炳叔、张广标和徐安如，以及在泰国从事爱国救亡活动被驱逐出境来到越南的吴敬业，分别与各救亡组织联系，继续组织华侨救国会，并征得侨社中一些上层人士的同意，组成筹委会，进行筹备工作。经过各方的共同努力，"越南华侨救国会"便于1938年初成立了。

"救国总会"，除经常募集义款，汇回祖国支援抗战外，还经常利用节日、纪念日或其他集会，进行抗日救亡的宣传。我国的一些知名人士，在路经西贡时，"救国总会"也利用他们暂时停留期间，邀请他们到会演讲有关抗日救亡的道理和抗日斗争的事迹。如国内知名教育家陶行知由印度回国经西贡时，曾来救国总会讲述抗日战争取得胜利的必要条件。不少侨胞还当场捐献义款，以支援东北义勇军的抗日斗争。

为扩大宣传抗日救亡运动，救国总会倡议创办《全民日报》，大家行动起来，多方筹集经费。不到两个月，便募足了办报资金，同年秋，《全民日报》出版了。该报的言论主张是：拥护国共合作，反对分裂；坚持抗战到底，反对投降妥协。

徐安如任当地新闻的采访和编辑，在编辑部还有文教界的爱国进步人士张易、陶亦夫、陈子彰、陈健中、许侠等。《全民日报》是无党无派的报纸，不论是国民党或是共产党，只要拥护团结合作、支持抗战到底的就赞成，因而该报得到当地侨胞的欢迎。《全民日报》除在当地销售外，还销往河内、芽庄、藩切、柬埔寨的金边等地，成为当地销量最大的报纸。

1939年战火继续燃烧，法西斯执行"南进"计划，进犯东南亚，军事小组进驻河内，禁止旅越华侨的爱国救亡运动，越南华侨救国总会和《全民日报》被逼停止活动和出版。为继续宣传抗日救亡运动，《全民日报》编辑部同仁把报纸易名改版，以《华商日报》和《中山晚报》的报名在1940年初先后出版。然而出版不到三个月，又被勒令停版。此时主张抗日的志士名单已被日军拉入黑名单，随时有被捕危险。

当时报社中的几个主要负责人：陈炳权、吴敬业、张广标、刘行之和徐安如等五人，经过认真商讨，认为祖国处在生死存亡之际，救亡工作不能停，这里既已无法工作，可以易地再战。经过反复考虑，他们认为缅甸的仰光已成为我国与国外联系的唯一港口，人员来往，物资出入，都要经过那里，而且该处华侨也不少。大家确定，把工作据点转移到缅甸。然而在白色恐怖下，他们所办的《全民日报》在缅甸复刊后不久再一次受到破坏。同行的几个进步人士遭到逮捕，剩下人员被迫向新加坡转移。徐安如接受任务先行到新加坡重新组织力量，计划购买设备自行印刷出版《全民日报》。

历尽沧桑回归路

1941年4月底，徐安如只身到了新加坡。战友被捕、人手短缺、白色恐怖、环境险恶，《全民日报》复版无望，于是徐安如留下在《南洋商报》工作，这是南洋有名的主张抗敌救亡的大报。

当时，担任《南洋商报》总编辑的是国内有名的国际问题专家、新闻出版界的老前辈胡愈之。他南下主持该报工作，是经过周恩来副主席推荐的。他的任务是联络发动爱国力量，扩大该报影响，以支持和帮助陈嘉庚先生和"南洋华侨筹赈祖国难民总会"，促进南洋各地华侨的团结进步和爱国救亡运动。

1942年1月，日军紧逼新加坡，政局动荡。1月30日，爱国侨领陈嘉庚探望新加坡总督汤姆斯探询情况，从其吞吐其辞中断定有守土之责的英殖民当局已准备投降，陈先生非常愤慨。为免遭日寇的残酷报复，陈嘉庚于2月3日凌晨与几位侨领乘一条运载木材的小火轮，悄悄转移。2月8日，日军大举进犯新加坡。随后，胡愈之召集了文化界战时工作团的负责人开紧急会议，转达了陈嘉庚意见，大家决定迅速撤离，这是徐安如和20多位爱国文化人士第三次逃亡。在他们离开三日后，新加坡全面沦陷。

他们从新加坡撤离到苏门答腊岛附近的石叻班让岛。不久，日寇很快占领了整个印尼，石叻班让这个小镇也驻扎了几名日军。为掩护，也为了度日，这班文化人办了一个手工卷烟小工厂。不久，又用土方法研究成功用草木灰制造肥皂的方法，当时徐安如与难友蔡馥生（后来回广州任暨南大学教授），集资开办了"协兴肥皂厂"，制造肥皂出售。徐安如在该处居住了3年零8个月，直到日寇投降。

民国三十四年（1945）八月，日本投降，徐安如又重返新闻岗位，任《民主日报》中文要闻版编辑。民国三十五年（1946）四月，中国民主同盟苏门答腊支部成立，徐安如受邀请参加，并被选为支部委员兼任秘书，参与领导宣传工作，他带领歌咏戏剧队巡回演出，颇受侨胞欢迎。

民国三十五年（1946）八月，徐安如回到越南，参与中国民主同盟西贡支部的筹备工作。同年底，该支部正式成立，徐安如任组织委员，并任《时代报》的"时事述评""国际问题讲座"特约撰述员。其时，徐安如与越南人民一道，参与反对殖民主义的斗争。民国三十七年（1948）十月，《时代报》被法殖民当局勒令停刊，他又创办《南亚日报》，自任主编。民国三十八年（1949）七月，该报又被勒令停刊。此时，他们知道全国即将解放，便动身回国。徐安如等在回国途中被逮捕入狱，他们被拳打脚踢、灌凉水、电戳等酷刑审讯，但他们正气凛然，严辞痛斥狱官，后经同事亲友多方奔走营救，于1950年4月被解救回国。同年8月到北京，后徐安如在全国政协华侨组任秘书，全国政协文史办副主任，1985年离休。徐安如于1994年10月14日在京病逝，其骨灰安放在八宝山。

悬壶济世 造福于民

——记德国医学博士徐日新和他的兄弟姐妹

徐日新弟弟徐日光和乡亲欢聚

徐日新于1903年出生在原新华街公益村,其父徐茂均是一个热心家乡公益事业并致力于社会革新的有识之士,对徐日新的成长、教育影响很大。

在徐茂均的10个子女中,徐日新是长子。徐茂均不赞成子女从政,他认为当官不好,还会祸害民众,他鼓励所有的子女学医、学科学技术,这样可以直接造福人民大众。徐日新少时,在父亲在家乡创办的"日新学堂"读完初小,15岁到广州培英学校读了两年高小,17岁遵循父亲"立志从医,造福人民"的意愿转到公医院校学医。他先后读了一年预科,五年本科,学习成绩优良。1926年毕业后,在广州北伐军医院工作。

徐日新两个弟弟徐日华和徐日光均遵照父亲的意愿选学与医学有关的专业,后来他们在美国从事微生物研究和生物科技方面的研究,成为有成就的科学家。

北伐战争时期,徐日新随军队医院北上,转战于江西、湖南等省。1927年离开北伐军回广州转赴日本留学一年。1928年得到广州医师邝磐石资助,偕同未婚妻邝丽琛(邝磐石之女)到德国,双双在德国学医。求学三年期间,他们学习勤奋,成绩优秀,也双双获德国医学博士学位。

1931年,徐日新夫妇学成回国,先在邝磐石医院(即原广州东山区第一人民医院)从业两年,后在广州沙面自办日新医务所。

抗日战争爆发后,徐日新全家迁往抗战后方连县,他承接了连县的县立医院,当时医院为支援前线抗日服务。徐日新任院长兼内、外科主治医生,其妻子邝丽琛为妇产科主治医生。四个妹妹焕珍、瑞珍、秀珍、美珍分别担任该医院主要医务工作。在这期间，徐日新把这间原来是一座古庙的县立医院改建，使之通光透气。扩建了外科手术室、住院部，病房可以住一二百名患者。原来该院没有条件做外科手术，后来能做剖腹产、切除子宫瘤、淋巴腺、甲状腺等大小手术。这也是当地人民医院的前身。

除此以外，医院还根据当时战争的形势，建立了支前救护队，以抢救受伤的士兵和老百姓。另外，医院还吸收了一批有文化的青年人，举办医务、护士培训班。每期学习六个月，授课和实习均由徐日新的妹妹们负责。经培训后的医务人员多留在医院工作，也有在就近医务单位服务。几年来，连县县立医院在医疗技术、医疗设备等方面迅速发展起来，大大地方便了当地人民。

抗日战争胜利后，徐日新又回到广州续办"日新医务所"。他被推选为广州市医师西医公会理事长。中华人民共和国成立后，他先后在河南第二纺织厂医院、中山大学医院工作，后因心脏病和高血压而退职。1961年迁往香港，1964年在港病逝。

公益村教堂、日新学校旧址

徐日新有一个姐姐徐和珍和4个妹妹，中华人民共和国成立前和中华人民共和国成立后均在国内从事医务工作。徐和珍在新民埠开设妇产科医务所，抗日战争中新民埠被日寇炸成废墟。1944年新华市建立后，继续开设徐和珍妇产科医务所。20世纪50年代，她因年纪关系，返回广州定居，妇产科医务所结束。

徐日新和他的兄弟姐妹均遵循父亲的意愿，学医从医，选择直接为人民解除痛苦的职业并忠诚服务。现在徐日华、徐日光家庭以及徐茂均的孙辈、曾孙辈大多数侨居国外。改革开放之初，徐茂均的孙子徐天恩是第一个回家乡办"三来一补"企业开制衣厂的外商，他是推动花县在20世纪80年代成为织造之乡的先行者。

（原文1981年在广州采访徐美珍并发布于《花县文史》第四期）

"一带一路" 倾情中非

——记肯尼亚广东经济贸易代表处首席代表刘燕镁

2019年6月6日,肯尼亚中国广东省经贸处首席代表收到肯尼亚国会秘书处发来的总统感谢信,信中感谢刘燕镁先生在组织"肯尼亚-中国经贸洽谈会"中发挥了关键作用。肯尼亚总统参加在北京举行的第二次国际合作一带一路峰会期间,同时在北京主办了肯尼亚商贸论坛发布会,这为肯尼亚代表团与参加此次峰会的其他投资者会面提供了更友好的交流良机。

刘燕镁(右)与肯尼亚驻华大使塞拉姆女士

作为肯尼亚广东经贸代表处首席代表的刘燕镁,在肯尼亚乃至整个非洲的经贸活动中都非常活跃,他的出色表现,加强和推动了中非两地经济贸易,在"一带一路"发展国际友好经贸合作中,发挥了积极的作用。

游历与积累

刘燕镁是花山镇红群村人,1974年在家乡出生。1988年,14岁的刘燕镁小学毕业,此时正是中国深入推进改革开放的时候,不少人移民出国。刘燕镁跟很多乡亲一样,随着这个移民大潮离开家乡去了巴拿马。

刘燕镁的家乡是侨乡,早年,他的祖辈已有几代人出洋到巴拿马谋生,刘燕镁的爷爷刘昌作及父兄先后到巴拿马谋生,在早期出国的家族叔伯兄弟帮助下,在那里经营伙食铺,即经营杂货超市,他们同宗兄弟抱团合作,互相照顾,赚了钱就回家买田地。中华人民共和国成立后,土地改革时房产被分给农民,1985年落实华侨房屋政策,他们的房产被退回并给予补偿。因为有爷爷和父亲在当地的基础和产业,刘燕镁去到巴拿马不需要像其他新移民一样白手起家。他继续读书，后来转到西班牙。在西班牙，他一边学习西班牙文，一边做自己喜欢的事，结交了一些志同道合的朋友。毕业后，刘燕镁没有回巴拿马接手父辈的生意。刘燕镁谦虚地说："30岁之前都是东游西荡，没有什么事业成就。"性格开朗、善交朋友的刘燕镁已开始了他的事业开拓。通过这段时间的游历，走过多个国家，见过各种大小世面，他的西班牙文学得好，英文也不错，游历的积累为他后来的生意和事业奠定了基础。

机遇与眼光

1996年，刘燕镁在西班牙认识了祖籍顺德的女子冯美京，结婚后刘燕镁和妻子回到香港和朋友做贸易。中国的小商品制造业非常发达，物质丰富。2000年之后，刘燕镁和一些朋友策划着把贸易做大，他们到相对贫穷落后的非洲考察，发现与日益发展的世界发达经济形成对比，非洲大多数国家严重缺乏制造业，他们开始尝试把中国内地制造的产品输出到非洲去，结果产品适销对路，非常受欢迎，他的生意一下子红火起来。2003年到2004年间，刘燕镁的国际贸易公司把大量的中国产品输出到非洲。就这样，刘燕镁一次又一次地往返于非洲与中国内地。在有大港口水路交通非常方便的肯尼亚，他成了活跃在当地的中国商人。刘燕镁熟悉当地的风土人情，有良好的经贸合作伙伴，他开始转型，关注当地的基础建设。在全世界地产业风云再起的时候，他在肯尼亚购买了商业地皮，用于房地产开发。刘燕镁说，我不是技术型人才，我不懂得建房子，但是我跟朋友一起合作。他与德国地产商合作，在肯尼亚开发了第一期房地产，获得了成功。

近年来，中国"一带一路"的推进，让他们看到了更大的发展机遇。中国人的友好以及物质丰富，与期待发展的非洲大陆，正好找到了共赢的契机。中国领导人习近平到

刘燕镁（右二）与广东省代表团出席广东省驻肯尼亚经贸代表处揭牌仪式

非洲访问，使整个非洲如春风扑面。刘燕镁作为当地的侨民和商人，为非洲大陆获得新的发展机遇而高兴，也为祖国的经济实力感到骄傲。凭着他对中国国情以及对当地社会的了解，凭着良好的人脉关系及娴熟的多国语言优势，他以丰富的资历和很高的威望，在肯尼亚创立了第一个肯尼亚华人总商会。这是在非洲大陆的第一个华人商业社团组织——肯尼亚广东省华人总商会，他成为创会会长。随着中国与肯尼亚经济贸易的扩大来往，广东省政府在肯尼亚设立第一个商贸组织办事处——广东省驻肯尼亚经贸代表处，刘燕镁受聘为首席代表。

情系"一带一路"

作为发展中国家最集中的大陆，非洲一直是中国外交"基础中的基础"。

2000年，在非洲国家的提议下，双方成立了机制化的"中非合作论坛"。每三年召开一次的论坛会议，这不仅是中非领导人之间集体对话的战略平台，而且会推出指导未来三年中非合作发展的具体措施和蓝图。肯尼亚是撒哈拉以南地区经济基础最好的非洲国家之一，也是非洲最大的贸易市场之一，是非洲的门户和运输枢纽，其港口对邻国的贸易能力相当强。因此，肯尼亚成为"一带一路"战略在非洲的一个重要支点，也是获得中国投资最多的国家之一。

作为发展中的非洲国家肯尼亚，获得前所未有的机遇。刘燕镁，这位活跃在非洲大陆的中国商人，也遇到了前所未有的机遇。他在中间充当了纽带与桥梁的作用，他积极参与国家、广东省与肯尼亚多项经济合作战略，成为中坚人物。

肯尼亚蒙巴萨——内罗毕标轨铁路（蒙内铁路）全长约480公里，这是中国帮助肯尼亚修建的一条全线采用中国标准的标轨铁路，是肯尼亚独立以来最大的基础设施建设项目。在中资投资肯尼亚蒙内铁路上，刘燕镁直接参与部分基建工程。此项重大交通工程是肯尼亚实现2030年国家发展愿景的"旗舰工程"，于2014年9月开工，2017年5月31日建成通车，广东省驻肯尼亚经贸代表处刘燕镁首席代表受邀参加了通车庆典仪式。

2019年10月18日，作为肯尼亚"世纪铁路"蒙内铁路的延长线，同样是"中国标准中国制造"的内马铁路一期正式建成通车，这是和蒙内铁路合力拉动肯尼亚乃至东非的经济和社会发展干线。近2000名肯尼亚各界人士欢庆内马铁路一期的通车，肯尼亚广东经贸代表处刘燕镁也参加了内马铁路一期通车仪式。

2017年中肯两国关系提升为全面战略合作

刘燕镁（左二）参加
内马铁路一期通车仪式

伙伴关系，中肯合作进入了蓬勃发展的"黄金时代"。广东省作为改革开放的先行者、试验区，一直积极参与"一带一路"建设。

2019年9月上旬，应肯尼亚、尼日利亚、塞拉利昂多国政府邀请，习近平主席特别代表、中央外事工作委员会办公室主任杨洁篪对上述三国进行正式访问，就推进双边关系以及共同关心的国际和地区问题交换意见。这一年来，习近平主席先后三次会见肯尼亚总统肯雅塔，把中国与非洲经贸合作以及肯尼亚全面经济合作伙伴推向一个新的高度。

刘燕镁的工作更忙，更踏实了。2016年9月2日，广东省经贸代表处在肯尼亚首都内罗毕成立，刘燕镁被任命为首席代表。刘燕镁汇报了该商会2015年6月在广东省贸促会的推动下成立以来的工作开展情况。中国广东省驻肯尼亚经贸代表处是广东省贸促会根据省政府赋予的职能，在境外设立的第18个境外经贸代表处，是继南非之后，在非洲设立的第2个境外经贸代表处。在短短的时间里，8个合作项目和协议在交流会上现场签约，130多家中方企业和超过250家肯尼亚企业进行了深入的对接和洽谈，交流会期间共签订各类贸易投资协议金额2.4亿美元。

2017年12月5日，中国国际贸易促进委员会（中国国际商会）培训中心联合工作组赴驻肯尼亚经商处举行工作交流会。刘燕镁等人出席了交流会，介绍了广东企业在肯尼亚发展现状，并就中资企业的培训需求等议题进行了充分的沟通与交流。

2018年8月3日下午，由广东省贸促会、惠州市人民政府与肯尼亚投资促进局共同主办，广东省驻肯尼亚经贸代表处承办的"中国（广东）—肯尼亚经贸合作交流会"在肯尼亚内罗毕举行。

2019年4月，中国"一带一路"研讨峰会在北京举行，刘燕镁积极向肯尼亚国家传递信息，协助国会及经贸部门做大量准备工作。刘燕镁与肯尼亚国会商务部共同组织，在"一带一路"峰会之前，主办了一个肯尼亚商贸发展论坛报告会。会议之后，肯尼亚国家商贸部给刘燕镁发来热情洋溢的感谢信，感谢刘燕镁为这次非常成功的商业论坛所做的不懈努力以及刘燕镁先生在组织"肯尼亚-中国经贸洽谈会"中发挥了关键作用。

2019年10月19日至21日，应肯尼亚投资促进局邀请，中国国际贸易促进委员会张慎峰副会长率经贸代表团访问肯尼亚，刘燕镁和他的助手积极协助筹备此次访问。多次与肯尼亚出口加工区、在肯尼亚中资企业对接代表团公务活动安排，并全程陪同代表团在肯尼亚开展工作。

不忘中国心

肯尼亚广东省经贸代表处，是国内第一个在肯尼亚正式注册成立的商贸机构，2019年"一带一路"峰会以来，中国与非洲大陆的经济贸易合作，已经到了一个新的发展时期。作为广东省经贸代表处首席代表的刘燕镁，工作越来越繁忙，他除了顾及自己一些生意之外，80%的时间会留在肯尼亚，为了两国的经贸发展，业务频繁，他成了空中飞人。

2019年9月30日—10月1日,广东省人民政府副秘书长任小铁率代表团访问肯尼亚。刘燕镁陪同代表团拜会了肯尼亚贸工部部长穆雅、常务副部长法兰斯、肯尼亚投资促进局局长莫斯、肯尼亚国家工商联合会主席理查德·恩加蒂亚、肯尼亚出口加工区管理局代理首席执行官乔治·马卡特托等,商谈加强中小企业合作发展,促进贸易投资便利和支持。代表团希望刘燕镁帮助中小企业开拓肯尼亚市场,为在肯尼亚发展的广东企业做好服务,为广东的经贸发展做出更大的贡献。

刘燕镁已经成为"一带一路"前沿工作人员,他说这是时代给予他的机会,他乐于承担。现在他更多关心国家层面的经贸合作,帮助中国企业找准机会布局行动,合作发展共赢。他说:"对比较贫穷落后的非洲地区,我们首先是要帮他们通路、通水、通电,然后才是货物的流通,还有联系当地政府制定政策,管理好金融、资金的到位。在这些工作的基础上,进而是一种文化的交流。"

前不久马云到了非洲,他要布局网络在非洲的发展,刘燕镁跟马云愉快地交流了当地的情况与发展的共识。随着国家层面的合作交往越来越密切,刘燕镁以及他所在的经贸代表处配合中国的一些大型企业和国有企业,为技术与产品的输出开展工作,还着眼帮助当地发展农业、牧业、制造业的发展等等。当有人问刘燕镁,你这么年轻,留在非洲有什么计划和想法时,刘燕镁乐呵呵地说:"我想我的生命和事业会交给中国的'一带一路',无论是我们的国家还是我个人,在这里都是可以大有作为的。"他非常感激命运给予他机会,感激祖国,感激各级领导对他的信任,他还感激家乡的父老乡亲以及亲朋好友的支持。刘燕镁认为中国是现代发展最有潜力的国家,也是最安全、最有前景的国家。他说准备让孩子回国内读书,接受我们中国的传统教育,希望他们将来成为一个对国家有用的人。一个游子的中国心溢于言表。

真知灼见 铸就辉煌
——记香港合和实业董事长、花都乡贤胡应湘

胡应湘

　　胡应湘，香港合和实业有限公司①董事局主席，历任五届全国政协委员、国家港澳事务顾问、广东省中华文化促进会名誉会长、广州市教育基金会名誉副会长等职。1991年，胡应湘跻身香港十大富豪金榜，被香港《亚洲周刊》选为"亚洲公司领袖"。2004年，香港政府为其颁发金紫荆勋章。2010年胡应湘荣获澳门科技大学荣誉博士学位。

　　2019年2月，胡应湘以16.5亿美元的总资产在福布斯中国香港富豪榜中排名第43位。

　　他眼光独到，胆识过人，把全部的精力投入粤港两地的建设和发展，为香港和内地经济的繁荣、科教事业的发展做出了卓越贡献。

眼光独到成为业界翘楚

　　胡应湘，原籍花东镇阳升村，1935年12月出生于香港，毕业于美国普林斯顿大学土木工程系。胡应湘长期受传统文化的影响，具有较强烈的民族意识。他从小就有一个想法："我是中国人，要把学到的知识用在中国。"他在美国普林斯顿大学毕业时，美国方面看见他成绩优异，想留住他，但他却决定回香港办实业。他说"我是中国人，根在中国"。

　　1958年胡应湘学成归来的时候，父亲胡忠已是香港的"的士大王"，手握行业一半的市场份额。胡应湘协助父亲营运，父亲所创的事业得到进一步的发展。然而他没有忘记自己是一名班科出身的土木建筑工程师，他的知识、眼光和胆量，让他看到香港更多土地的发展潜力。

　　当时大量内地民众涌入香港，香港住房需求迅速加大，而胡应湘此时已是香港享有

---

①香港合和实业有限公司，又称"合和实业""合和""合和公司"。

盛誉的建筑设计专家，他了解建筑与房地产行业，父子二人便开始将胡氏家族的事业由出租车队转向地产投资。1963年，合和建筑有限公司（合和实业前身）成立。胡应湘既是地产商又是建筑师，他亲任董事总经理掌管业务。1972年，合和实业有限公司在香港联合交易所上市，成为香港五大地产商之一，与李嘉诚的长江实业同处一个梯队。合和实业的主要业务是基建项目投资、物业租赁、代理及管理酒店营运、食品经营、建筑及项目管理。1969年，港府计划兴建香港第一条海底隧道，胡应湘一眼看出湾仔地区的发展潜力，很快他就成为湾仔区拥有商业发展用地最多的开发商。

20世纪80年代初，胡应湘大胆创新，亲自设计建成全港驰名的合和中心，这栋坐落于皇后大道东的高66层的圆柱形大楼，在1980年建成时为亚洲最高楼宇。这座"亚洲之巅"建成后成为合和实业的总部，在此后十年间也

香港合和中心

一直是香港的城市地标，成为香港重要景观之一。

在改革开放之初的1978年，胡应湘应邀回内地参观，亲眼看到十一届三中全会后，中国的政治局势稳定，对外开放政策深得人心。他对中国的改革开放充满信心，决定把主要力量投入内地建设，因为香港的前途是和中国的前途是紧密相连的。那时候，港澳许多工商业人士对中国内地的政策还存在疑虑，不大放心回内地投资，而胡应湘表达了他对中国内地改革开放的信心及强烈的爱国精神。

在中英谈判解决香港回归问题的日子里，香港不少人纷纷将资金转移国外，有的人还申请移民。在这一关键时刻，胡应湘不止一次向媒体发表谈话，表示对香港前景充满信心。他对《大公报》《文汇报》和《瞭望》周刊海外版的记者都说过，他要把主要精力投放到中国内地，毫不动摇。他对如何保持香港的繁荣稳定，还提出了不少有见地的建议。

胆识过人进军内地市场

中国改革开放之时，胡应湘年届知天命，正是年富力强的年纪。这位香港实业家，胸怀抱负，脚踏实地，他进入内地投资，全力支持内地的改革开放。在胡应湘看来，一个国家经济要发展，一定要有三个前提，即通信、能源和交通。

胡应湘是带头把外资和先进技术带回内地的香港人。为了解实情和考察项目，胡应湘无数次往返香港和内地之间，他深感能源缺乏，这是沿海各地建设发展的一个严重障碍。

贵州的煤炭蕴藏量十分丰富，怎样才能把贵州的煤运到沿海各地作燃料和出口创

汇？胡应湘主动要求国务院安排他到贵州考察。他不怕艰苦，深入贵州、广西进行调查，发现贵州的北盘江、红水河，都注入西江，经珠江出海。他联想起和广东省省长叶选平一次到联邦德国参观考察高速公路时，了解到欧洲莱茵河和多瑙河沿岸的国家，利用船闸分级升降，建造吃水浅、船身长、载量大的铁驳船等办法，解决水浅滩多难以航行的困难，大胆地提出利用水路把贵州的煤炭和其他矿产资源经广西运到广东深圳的构想，并写成万言书供有关方面参考。

胡应湘将他参观考察所得，写成长约10万字的《中国一些地区交通事业发展之我见》一书，对国内交通事业如何实现现代化，提出了自己的见解供国家参考。此外，他对上海和北京一些地方的交通事业的发展和改进，也提出了宝贵的意见，北京市一位副市长对他的合理化建议表示十分感谢。

胡应湘是中国改革开放后第一批进入内地投资的香港实业家，有人议论他回内地投资是为了赚大钱。对于这个问题，胡应湘曾公开对媒体说：“我是实业家，做生意当然要赚钱，但合和赚一块钱，国家可以赚五块。如果不干，谁也得不到好处。"事实上胡应湘对内地的投资很多都是大项目，回收期比较长，甚至有些投资多年还没开始赚钱。胡应湘表示，如果只看一个企业赚多少钱，这是不公平的。要看投资总额的比率，同时要看投资项目的社会效益，这才是公平的。

胡应湘当时看见广州高级宾馆严重缺乏，不能适应对外开放的新形势，便与香港地产界的多位知名人士共同集资，不需内地任何经济担保，投资1.2亿美元兴建中国大酒店，并把滑模施工等先进技术带回内地。

按内地规定，新建筑物的设计费应占工程费的5%。大酒店的总设计是胡应湘，但他却提出和内地的设计院共同设计，不仅帮助内地设计人员掌握先进技术，而且只收设计费1%，让内地收4%。胡应湘科学设置，节省用地，采用国际新技术施工管理，节约成本，减少工期。原来10多天才能建一层的工期缩短到三至四天完成。仅仅用了28个月的时间，便在1.9万平方米的土地上，建起一座建筑面积达16.8万平方米的高级宾馆。他多次往返港穗，还发现内地交通阻塞问题相当严重。于是，他敏锐地意识到：能源和交通的落后，已成为制约内地经济发展的严重障碍。他确定自己的定位，要帮助中国内地发展经济，首先要解决能源交通落后的局面。

当时，在深圳曾有人邀请胡应湘投资办游乐场，说游乐场利润高，资金回收快。胡应湘认为这并不是国家所急需的，只有把精力和巨额资金投入在能源、交通的基本建设上，对中国四个现代化建设才有帮助。帮助国家搞大型和急需的项目，与个人赚钱两者结合起来，这对国家、对自己都有利。

1981年，中央领导在第一次会见胡应湘时，就称赞他有远见、有胆略，支持他把资金投放到祖国四化建设中来的爱国行动，鼓励他闯出一条新路来。

胸怀大局成就辉煌事业

在改革开放之初，港资不少企业家进入内地投资，大多数人从三来一补企业开始，他们利用内地廉价的厂房和充裕的劳动力来降低生产成本，达到赚钱的目的。唯有胡应湘把投资重点放在交通、能源两大基础设施建设上。胡应湘开创了以BOT方式投资能源、交通等大型基建项目的先河（BOT融资是指政府与私营财团的项目公司签订的特许权协议，由项目公司筹集资金和建设公共基础设施，即建设—经营—转让）。他在内地的投资主要包括：广州中国大酒店、广深高速公路、广珠高速公路、广州东南西环高速公路、顺德路桥系统工程、虎门大桥、沙角B电厂（2×35万千瓦）、沙角C电厂（3×66万千瓦）及深圳皇岗边检综合检查站等项目。

　　1987年3月，胡应湘与中央政治局委员习仲勋在广州中国大酒店见面。胡应湘向习仲勋谈了他在国内交通、能源事业的一些设想，当胡应湘问到改革开放政策会不会有变动时，习仲勋明确地回答：开放改革的政策是中央集体决定的，不会因中央个别人事变动而改变。这次会晤，他们重点谈及深圳火力发电厂B厂的工程问题。深圳火力发电厂分AB两厂，A厂是广东省电业局建造的，B厂是深圳市同胡应湘等合作向国际银团借33亿多港元项目贷款兴建的。在胡应湘的奔走斡旋下，有46家外国银行联合参与融资，很快就筹集了40亿港元资金。深圳火力发电B厂对缓解深圳地区和附近县、市电力紧张状况有很大的作用。当时，在施工中有道难题，怎样架设过江的50万伏高压输电缆。原计划是要在河床底下建地下室，把钢塔稳住。但是这样做工期长，会延误发电日期。胡应湘听后，毫不犹豫地提出："用沉箱法把钢塔固定在江中，简单实用，可以缩短工期，早日发电。"一语惊四座，知识和胆量解决了大问题。

　　发电机是电厂的心脏，胡应湘订购发电机组时，不但货比三家，而且在洽谈中一再和外商讨价还价，力争少花钱。然而在深圳有人微词：合和公司购买发电机组，报大价格5亿港元，从中赚了国家一大笔钱。这一流言蜚语，几乎使发电工程陷于中断。与此同时，在香港市场上，也谣言四起，说合和在内地投资失败，损失惨重，合和的股票急剧下跌。胡应湘面对此种情况十分气愤，也感到委屈。但他相信政府，相信中央和省的领导，相信真理。他一方面将兴建发电厂的经过和报价情况，写成详细的书面报告送给省和中央，并数度进京申述。几经周折，事实才得以澄清。事后，广东省电力勘测设计院经过调查比较，证实合和公司所报的价格比内地其他地方购买的同类产品还低907万美元。就这样，经过22个月的奋战，1987年4月，发电量达35万千瓦的第一台机组进入商业性运行，第二台35万千瓦机组也相继并网投产。

　　他为了帮助内地进一步解决电力不足的困难，又和沙角电厂洽商增建第三及第四台发电机组事宜。

为祖国的发展建设提速

　　胡应湘报效祖国的愿望初步实现了，然而他的脚步并没有停下来，他转入广深珠高速公路的投资，这条耗资80亿港元、长240公里、有600座桥墩、六车并行的高速公路。经过七年的酝酿、协商和准备，终于破土动工了。

　　胡应湘认为，每个国家和地区都要预见到未来交通的发展，才能有效地解决交通挤塞的问题。他举例，香港隧道公司原来预测港九两地每天有3万5千辆汽车要走隧道，但是这个目标在隧道启用两年后就轻易地达到，十年后每天经隧道过海的车辆增加到10万

8千辆。他说:"中国内地是香港最大的市场,香港从内地进口的物品比世界上任何地方都多,其60%来自世界人口最稠密的珠江三角洲。这条高速公路恰恰是为提升这个富饶地区服务的。而珠三角的经济已开始向外向型经济发展,与港澳地区交往日益密切,发展高速公路势在必行。"所以,他对建设这条高速公路的前景非常乐观。

为了兴建这条高速公路,首先要解决人的认识和观念问题。为了帮助有关干部开阔视野,胡应湘邀请交通部和省、市一些领导人以及一些技术人员到欧洲和日本考察,大家亲眼看到:年运输量千万吨级的铁路运输已跟不上经济发展的要求,当今世界上的发达国家,都改向运输量以亿吨计的高速公路和以10亿吨计的水运发展。胡应湘1953年在美国普林斯顿大学就读时,他熟悉的那条泽西公路是6车道,当他20年后回母校访问时,那条公路已变成12车道。有人说,广深珠高速公路这个合作项目要到10年以后才有可能赚钱,胡应湘则表示:"我已是50多岁的人了,后半生愿意为国家修建高速公路尽力,个人得失都是小事。"

30多年来,胡应湘在内地总投资逾510亿元人民币,投资兴建公路371公里,电厂388万千瓦。国外媒体评说胡应湘自中国改革开放以来,凡是涉及内地和香港合作的主要发展计划,胡应湘以及他的合和实业集团均参与其中。胡应湘在内地创造他人生第二阶段辉煌过程的每一个步骤,无不和改革开放的每一步进程密切相关。

2018年10月24日,港珠澳大桥正式全线通车。这是一项由粤港澳三地政府斥巨资完成的巨大工程,终于圆了胡应湘追逐了30年的梦。港珠澳大桥的建成通车,作为连接粤港澳三地的跨境大通道,极大缩短香港、珠海和澳门三地间的时空距离,成为中国从桥梁大国走向桥梁强国的里程碑。

35年前,港珠澳大桥建成前还有另外两个名字:"内伶仃洋大桥"和"粤港澳大桥",这座连接珠海与香港的跨海大桥,书写着胡应湘的智慧、坚持与知识贡献。

胡应湘会见克罗地亚官员

胡应湘早在1983年首次提出了粤港澳大桥具体的修建计划，1988年提出综合开发内伶仃岛的方案。这一方案当时得到广东省领导的大力支持和中央领导人的肯定。胡应湘依据经济发展阶段的规律，借鉴世界发达国家地区的发展经验，他认为修建连接粤港澳湾区的伶仃洋跨海大桥是中国经济未来发展的大势所趋。为了这个判断和建桥的选项，他花了30年的时间推动建设此跨海大桥的计划。一次又一次，从来没有放弃，无论是面对港英政府与内地隔离时期政策的拒绝，还是在香港回归后特区政府时期，他向行政长官力荐，用真实数据向中央政府申述。胡应湘坚信，修建这座经济与人心融合的大桥，是经济发展与时代发展的必然。

通车之日，83岁的胡应湘走上港珠澳大桥，他的欢愉与激动无法抑制，他再一次表示港珠澳大桥开通让他"圆了心愿"。胡应湘大赞港珠澳大桥建得有水准，在设计和施工上都做得好漂亮。此时，胡应湘已经把眼光投入大湾区发展建设。胡应湘更进一步提出：香港和珠江三角洲各有优势，只有紧密联系，发挥两地的优势，香港才能如虎添翼，突飞猛进。他表示，他大力支持特区政府"明日大屿"的计划，让香港与珠江三角洲比翼齐飞。

心有大爱泽被乡梓

胡应湘夫妇在授荣仪式上接受花都市荣誉市民称号

胡应湘是大企业家，也是大慈善家。他的足迹踏遍全世界，然而他和兄长胡文瀚一样，情系粤港两地，报效祖国、回馈家乡、报答母校。

胡应湘于1996年一次性向普林斯顿大学捐款一亿美元，这是当时美国有史以来对母校私人捐赠数额的第二名。胡应湘情牵花都学子，他认为培养人才非常重要。胡应湘曾在温尼伯学习一年，为纪念他的父亲，他认捐了100万元加元（折合人民币698万元）成立胡忠奖学金基金，并以此成立基金帮助花都区学子赴加拿大留学，专门资助来自家乡广东花都成绩优异并具有领导潜质的学生。该奖学金是在100万加元基金每年的盈利中拨发，预计每年可供4名花都区学子在加拿大留学的学杂费和生活费。另外，还设立了香港合和慈善基金会，向香港岭南大学和香港教育学院捐赠留学教育基金。这两个基金分别用于帮助花都区学生和有潜质的青年教师赴香港深造。

胡应湘高度关注国内的科教事业。他支持他的父亲在家乡捐建顺天小学，完善教学硬件设施与教学设备，还先后捐款350万港元兴建广州培正中学胡忠实验楼，捐资1000万元人民币给广州科技进步基金会，捐资1000万元人民币作为花都市教育基金，为华南振灾捐资1000万元人民币。对区、镇、村的经济也较为关心，先后引进机电设备，改善交通，捐建胡忠医院，襄助家乡各项事业发展。

为使邻近白云国际机场的家乡花都区公路建设跟上发展的需要，他还考察规划兴修横贯花都的旅游公路，关注联通国际机场的城轨交通网络。2004年8月，胡应湘在内地投资的首个大型房地产综合项目合和新城在家乡奠基。该大型地产项目在白云国际机场辐射的空港经济开发区，取得了瞩目的成就。由于胡应湘本身是土木工程专家和建筑师，合和的许多工程都经由他亲自审定。

胡应湘及胡氏家族对香港地区的大学也作出了巨大捐献，捐助对象包括香港中文大学、香港大学、香港城市大学、岭南大学、香港浸会大学及香港教育学院等。2005年，香港城市大学计划兴建四幢教学大楼，以配合将在2012年时实行"三三四"学制的发展，虽然城大获得港府拨款及贷款，但仍需自行筹款5亿～6亿元以实现有关计划。为支持香港城市大学未来十年的校园发展，城大校董会主席胡应湘宣布捐款2500万元港元给城市大学，作为发展校园及支持教育之用。

胡应湘多年捐款予不同的院校及教育机构：捐款600万元人民币予岭南大学，捐赠300万元予香港教育学院以设立奖学金，2003年他出任香港理工大学校董会主席时，也曾捐出1500万元港元给香港理工大学。

知识、远见、格局让他无往而不胜。

（本文部分数据参阅网上资料，并经过合和实业有限公司执行董事王永霖修改，得到胡应湘先生认可）

寸草春晖 涌泉相报
——记邝维煜纪念中学创办人邝肖卿、邝准姐弟

邝肖卿，祖籍花山镇象湖村，1929年生于花县（今花都区）。祖父外出经商，在广州开办大东亚织造厂，父亲邝维煜及叔父在家乡花县花城墟经营染房。

邝肖卿姐弟五人，她是大姐，弟弟邝准排行第二，还有三个妹妹。姐弟们在家乡花县花城接受启蒙。后来，邝肖卿与弟弟邝准在广州读书，殷实的家境，让姐弟都接受了良好的教育。学习之余，邝肖卿在家族的针织厂工作，因生意上的缘故，认识了后为新鸿基地产主席的郭得胜。不久，邝肖卿与郭得胜结婚并移居香港。

邝肖卿虽身在香港，但一直心系故乡。她认为要发展家乡的经济、改善乡亲的生活，必须从办好教育、提高青年一代的文化素质入手，所以决心创办一所一流的中学，为家乡造就人才。

邝肖卿邝准回乡参加邝维煜中学落成庆典时签到

1995年，邝肖卿以郭得胜基金名义斥资4000万港元，助建一所完全中学，学校以她父亲邝维煜的名字命名。从该校的选址到兴建，她和弟弟邝准都亲自过问，并先后多次亲临现场，提出许多具体意见。在建设上，要求高标准、高起点、高质量。校园分三大区域：行政教学区、生活区、运动区。校园注重整体布局和绿化设计，注重立体线条和颜色的搭配，使学校向现代化一流学校看齐。如今，广州市花都区邝维煜纪念中学设施日臻完美，已成为花都乃至广州地区一所设施一流、功能齐全的重点中学，每年都有大批学生考进全国各地的大学。

2000—2001年间，邝肖卿又先后捐资共200万港元支持花都区邝维煜小学校园建设工程。家乡的人民、学校的师生不会忘记邝肖卿的大爱精神，感谢这位花都的女儿。为

表彰邝肖卿的贡献，花都市政府、广州市政府分别授予她"荣誉市民"称号。

邝准是香港新鸿基地产集团执行董事，1933年生于花山镇，后移迁广州。曾就读于中山大学财政系，后随院系调整，于武汉中南财经学院毕业后回广州，在银行工作。1962年移居香港，加盟姐夫郭得胜的永业有限公司，从最底层的见习售楼员做起。1967年，邝准创立康业服务有限公司，1972年转入新鸿基地产集团，1992年被集团委任为执行董事，现为康业控股有限公司主席及旗下十多间附属公司董事。

邝准善于观察及分析社会需求，从中寻找发展空间。他于1967年创办康业服务有限公司，专责物业出售后的管理工作，为本地的物业管理行业建立雏型。康业自创立以来，一直立足服务，锐意创新，全力推动本地物业管理朝专业化及国际化发展，屡获业户及专业团体认同及嘉许，至今已发展成为香港最具规模的物业及设施管理公司之一，是有口皆碑的致尚品牌。

1995年，邝准开始协助集团开拓内地房地产市场，主要负责华南地区的房地产项目开发，包括花都凯旋门、花都狮岭御华园、中山奕翠园及东莞珑汇等，均为当地瞩目的优质楼盘。

邝准一方面为事业打拼，一方面热心家乡公益事业。20世纪90年代，邝准与姐姐邝肖卿先后合捐60万元扩建花山敬老院，又促成郭得胜基金捐资4000万港元助建广州市花都区邝维煜纪念中学。邝准作为新地郭氏基金董事，协助基金成立多项助学金，并致力保育文物及赈灾扶危，捐赠总额数以亿元计，为花都乃至祖国内地的经济建设、慈善公益及教育事业做出贡献。

邝准先后获花都市、广州市及东莞市授予"荣誉市民"称号，亦是中华海外联谊会名誉理事。

邝维煜中学全景

双城情结 见证奇迹

——记香港太平绅士、实业家胡文瀚

胡文瀚在"广州市荣誉市民"授荣仪式上致辞

香港太平绅士胡文瀚是一位德高望重的长者。在二十世纪六七十年代,曾先后担任香港立法局议员、香港市政局议员、香港工业总会主席等职务。还曾任香港贸易发展局委员、香港经济多元化咨询委员会委员、香港大学及香港中文大学校董、香港工业训练委员会副主席等职务。

胡文瀚在"广州市荣誉市民"授荣仪式上,有感而发讲述了"双城记"的故事。他说:"就以我胡氏家族来说,先祖父社生公,由广州市北郊移居香港,先父胡忠府君、本人各弟妹及儿女辈都是香港出生。抗日战争胜利后数月,我曾在广州工作,甚至拍拖、蜜月期间,大部分在这云山珠海极之罗曼蒂克和无限温馨气氛下进行。所以,我们的'双城记',就是'广州-香港'的故事。"

我们可以通过"双城记"的故事来了解香港实业家胡文瀚对香港发展的重大建树,同时了解他对家乡,对广州倾注的拳拳赤子之心。

不解的汽车之缘

胡文瀚祖籍花东镇阳升村,1920年生于香港,早年他与父亲经营的士汽车业,还涉足酒店、电影、房地产和机械制造等。

胡文瀚在香港大学和战时粤北中山大学就读时,学的都是机械工程,其父在香港经营的士车行,培养了他对汽车的兴趣。读中学的时候,他就帮助父亲管理的士。当他考试第一的时候,父亲就给他奖励单车,再考第一就奖励电单车。有了驾驶执照后,周末就要出来帮手,开车接载乘客。

胡文瀚20岁开始帮父亲打理车行生意,1941年底,日军占领香港,家里的60部车全部被抢掠一空。胡文瀚和母亲带着八个弟妹离开香港到粤北韶关避难,其间胡文瀚在韶

关从事修理汽车、售换零件及开车等工作，一家人不至于挨饿。也因为胡文瀚熟悉汽车、机械和通晓英文，后来被广东省政府聘任为设计考核专员，胡文瀚也是从这个时候开始涉猎社会政事。其间，他在国立中山大学继续完成学业。

胡文瀚也是一个爱读书的人，他特别喜欢读古诗文，说中国的古书有很多哲理。对胡文瀚来说，英文是作为他寻找新知识的桥梁。求索路上，他学以致用，工作时也要拎着本字典在身边。读课外书让他增长知识，开阔视野。他还喜欢中国对联，逢年过节，他还为公司撰写对联。胡文瀚特别喜欢看《资治通鉴》《左传》这类书籍。有空也会写写毛笔字，家里四壁挂的，都是他的旧迹墨宝。胡文瀚对艺术的兴趣也很浓，喜欢古典音乐和唐诗宋词。

胡文瀚伉俪接受荣誉市民证书

感恩并回报社会

抗战时，胡文瀚是最早一批进入内地避难的香港大学生。在粤北中大借读入学后，他还照顾其他避难的香港学生。那时，胡文瀚身兼港大粤北同学会义务秘书，由他经手将国民政府、英政府的经济补贴（贷金）协助转交到有需要的同学手中。返回香港后找他出任公职的部门不少，像立法局议员、市政局议员、香港工商业咨委会委员等，他都很有兴趣并用心做好。他自己认为做得最满意的，还是与工业、教育、科技培训方面有关的职位。

20世纪60至70年代，是香港社会起步发展的时候，胡文瀚被推举出来担任社会职务。家族的业务不能全力打理，对个人经济上讲是个损失，但胡文瀚觉得这是应该的，生于斯，长于斯，香港给他很多，他对这块土地有浓厚的感情。

20世纪80年代初，香港贸易发展局组织了一个香港日本经济合作委员会，胡文瀚担任工业发展小组主席。当时对香港经济发展最重要的是增加工业投资，引进新的科技，这需要国际上的援助。胡文瀚提出日本输入香港的产品十倍于香港输往日本的产品，故日本工业界有责任帮助香港进行技术教育和人才培训。当时日方的代表同意胡文瀚的看法，经过与日本政府的交涉，获拨款3800多万港元，在香港设置高精度生产模具的设备，日本方面同时派人来香港职业训练中心指导，这项培训计划维持了四年，直到完成，日本技师才离任回国。

对于内地改革开放，香港的工业迁往内地，胡文瀚认为这是一件好事，香港可以做吸收外来科技、研究工业发展的工作，而实际的生产基地则应在内地。内地土地便宜，工人易找，他也曾在家乡花东镇投资创办利威机电科技有限公司，旨在培养机械技术专业人才，带动地方工业发展。

割不断的家国情怀

"国家国家,有国才有家。一个繁荣的祖国是港澳台同胞和海外华侨的强大靠山。"多年来,胡文瀚除了为香港源源捐输,也为家乡投资或捐资发展生产和支持公益事业。

胡文瀚重视教育,重视技术人才,重视基础建设,反对浮夸。胡文瀚和他的家族对香港和内地几间大学都有捐赠,他在香港中文大学捐了一座胡忠图书馆,帮助广州华南工学院(现华南理工大学)添置测试汽车发动机及冷气机性能的仪器。胡文瀚以香港多年发展的经验来看,人才是最重要的。他曾经给国内政府进言:香港有很多熟悉科技、工商管理的人才,特别是工商界多年来积累的经验。从今日国内的情形来看,十年、二十年,训练一大批科技和工商管理的人才,仍很艰巨。"百年树人",中国要拨出大量资金,促进教育,培训人才,引进科技。胡文瀚的建言献策得到内地政府官员的重视。1994年,胡文瀚回家乡参加邝维煜纪念中学落成剪彩时,建议花都政府要认真考虑师资配备问题,管理好教学,造就人才,他还希望不久的将来,能看到家乡有一所培养高级职员的学府。

胡文瀚在家乡建了一座胡忠大厦,这是以他父亲胡忠的名字命名的花都第一幢有电梯的高层(16层)建筑;还建立了胡忠医院(牙科和妇儿科),这是对家乡医疗方面的一大贡献,他还亲自带领医护人员去香港深圳参观学习,力图提升医疗技术水平。现在胡忠医院已发展成为地方的一间有特色的专门医院,有牙科专科和妇儿科,真正造福了家乡人民。

胡文瀚还回到他的故居阳升村,他关注家乡经济振兴,帮助家乡发展乡村工业。他亲自做示范,在花东镇办了利威机电科技有限公司,生产冷气机、汽车零部件等,他把先进的设备送回内地,他觉得中国改革开放需要提升生产力,技术人才的需求是很重要的。他旨在培养和推动地方经济发展,以此进一步加强香港与广州、家乡的经济、文化交流和合作,共同推动社会的进步。他还关心家乡教育、卫生事业,出资兴建学校、图书馆,改造村容村貌,设立顺天学校教育基金、胡忠基金会等。

1988年胡文瀚回家乡

在谈到工业发展时,他说花都是个非常好的中转站,如果利用得好,这是本地区经济的杠杆,但必须把基础打好。香港有不少发展经验值得内地借鉴,如人才培养与使用、工业管理、税收等方面。

胡文瀚对1997年香港回归持乐观态度。他说,照我的观察,中国内地这么大地方,管理当然不是易事,特别是经过邓小平1978年以来倡导改革开放政策,内地人对共产主义、社会主义有了新的认识,中国今后的道路,不会与以往一样。从这些年我在内地与人接触的经验看,不管科技上,还是社会上的问题,我提出的意见内地官员都很尊重,也很感兴趣,我认为,香港与中国内地可以联手共同发展。

2006年,胡文瀚在香港去世。

大德有爱 造福乡梓

——记广州市荣誉市民、香港杰出实业家胡忠

怀念胡忠先生,终观其生平奋斗创业史,家族事业百年昌荣,功成名就;所生儿女九人各得其成;胡忠先生夫妇寿享天年。

"忠伯"是人们对香港杰出实业家及慈善家胡忠的称呼。20世纪80年代中国内地改革开放,胡忠回到家乡,当时,花县(花都)领导、家乡的父老乡亲,就是这样称呼他的。

逆境拼搏 创办实业

胡忠1902年生于香港,其父社生公及母刘洁太夫人于19世纪80年代末,由广州北郊花县,移居香港薄扶林村,早年以养猪种菜为生。胡忠幼年就学书塾,读中文及经史,入育才书社数月,稍习英文,因生活所逼,学业不深。1919年,胡忠奉母命娶妻江氏素琛,此后一生恩爱,夫唱妇和,成就家业。

弱冠之年的胡忠觉得胼手胝足、辛勤垦殖并非本

胡忠(中)和花县县委书记及县长在一起

志,于是在1922年转习驾驶,他克勤克俭、用心经营,逐步扩展的士行业,经过四十余年的拼搏,胡氏的士公司拥车辆达五百辆之多,成为香港该行业的大哥。

胡忠伉俪共育有五子四女,长子胡应湘(文瀚)于战前就读香港英皇书院及香港大学,学业期间(1938年)考取司机执照后,课余即开展驾驶、维修及协助父亲管理的士业务。胡太夫人江氏相夫教子治家有方,料理多个子女读书兼操持家务,还要协助监理财务收支,使家族事业不断进步。

1941年冬,日军侵入,香港沦陷,胡氏所营的士生意及其设备均受破坏、无一幸

免。长子胡文瀚伴侍母亲,同弟妹八人,避难粤北韶关。在粤北临时居留的日子,胡文瀚亦工亦学,除了帮助父母和兄弟姐妹扶持家庭生计,还在内地国有中山大学完成了学士学业。其间,胡忠奉母命还乡花县。

1945年日本投降,家人回港团聚,胡忠在长子胡文瀚的协助下,重整旗鼓。战后百废待举,奈何资金短缺。幸得胡氏信誉犹在,父子同心。仅三五年时间,的士生意得以恢复并增扩业务范围。因业务扩展需要,胡文瀚放弃英国工业联会考选的留英进修深造机会,留在香港协助父亲发展,同时策划分散扩大投资。自20世纪50年代起兼营地产、酒店、戏院、冷房及冷气家电制造工业,至大型楼宇屋邨及基本建设工程,颇见成果,这使胡氏家族在香港跻身于主流经济,为工商界所瞩目。

积善之家 教子有方

胡忠所养子女均受到良好教育,长子胡文瀚完成大学学业后,被委任香港工商、贸易、职业教育等部门担任要职。胡文瀚对本港工商业,对外贸易之促进做出重要贡献,获英廷及港府颁授英国最优秀勋章(OBE)及太平绅士荣衔;获香港理工学院选为荣誉工学博士。

二子胡应洲,1949年赴美就读约翰斯·霍普金斯大学及哥伦比亚大学,得医学博士学位,为心脏病知名专家,他以家族名义捐赠香港大学百万元作为医学访问教授及留学研究生基金,用以延聘海外著名资深医学专家来港讲学、派遣专才旅外进修研究,作学术交流。应邀到访学者有世界知名的医学科技专家多人(包括诺贝尔得奖者一人),成效显著。

三子胡应湘,1958年毕业于美国普林斯顿大学土木工程系,胡应湘学成之后回到香港,他的关注点指向香港的建筑业和地产,在合和实业担任总经理。自20世纪70年代中胡应湘在香港湾仔区策划兴建了66层高,以圆柱形建筑著称的合和中心,把胡氏家族事业推向巅峰。胡应湘在中国内地也有多项交通、能源、酒店等方面的大项目的投资,业绩显赫。胡应湘任中国全国政协委员及其他社团要职,被中国政府国务院港澳办公室聘为香港事务顾问。

四子胡应洸在美国宾州大学毕业,电机硕士,从业后因业务时常往返港美,多有建树。不幸于1988年在美驾私人小飞机失事去世。

五子胡应滨,毕业于美国加州理工学院,获建筑硕士学位,为注册建筑师,在香港及海外皆有投资经营,为商界活跃人士。

胡忠的长女慧贞、次女慧芳,战后出嫁移居美国旧金山,慧贞与丈夫刘轩利全力料理家族在美物业,慧芳夫妇亦同力协助。慧芳于1988年病逝。三女慧英、四女慧彤早年赴美留学,进修医药专业,均先后获得理学学士学位,成为美国注册药剂师。慧英继进修文学,再获文学硕士学位,她的丈夫韦国仕是律师,居美国;慧彤除获得美国注册药剂师外,还兼营地产业,同时从事当地社会福利工作,她的丈夫李煜端为化工硕士,侨居美国。胡忠儿孙满堂,分布国内外。胡氏,家训严明,后辈皆勤奋攻读,良好教育使他们皆得好业绩,可谓教育支撑繁荣昌盛百年基业。

慈善为怀 厚德载物

胡忠是实业家,也是慈善家,其家族多年来慷慨捐献,资助香港及花县(花都)故乡所办教育、医疗及其他公益事业。在香港先后捐款薄扶林小学、香港中文大学胡忠图书馆、保良局胡忠中学、仁济医院护士宿舍等。

胡忠也在家乡捐建了顺天学校,家乡五公里长的桑梓道,扶持村镇办企业,兴建家乡县城首座16层商住楼宇胡忠大厦,投资胡忠新村民宅社区,投资兴建胡忠医院专科妇儿、牙科医院。此外,胡忠还亲自签署成立胡忠基金以资助花县公益建设。首创花县(花都)以个人名义成立基金会,兴办社会福利事业。胡忠基金会以500万港元为基础资金,用于投资房地产、置办实业,经营生息。将所得利润或息金,除一成留作胡氏宗亲集体活动经费外,其余用于资助区内教育、卫生和社会福利事业。基金会设理事会,委托三位热心公益之乡贤管理。每年书面总结收支情况向主席汇报。

基金会惠及部门主要是中小学教育、医疗卫生、扶贫济困、残疾儿童以及胡氏宗亲公益事业等。

大德圆满 福寿双全

1987年胡忠先生回家乡

胡忠20世纪初叶白手起家,经营汽车行业,成为香港了不起的实业家,历史转入21世纪,胡氏家族事业进入稳定收成期。中国大酒店经营20年之后无偿交给国家,沙角B电厂和沙角C电厂在收益了十年之后,也无偿交给国家。港珠高速公路、虎门大桥、深圳罗湖皇岗口岸工程等投入使用,为中国内地40年改革开放建设做出了巨大的贡献。

胡忠担任合和实业有限公司董事长直到退休交给儿子胡文瀚,胡文瀚之后由胡应湘担任和合实业公司董事局主席。胡忠曾任仁济医院主席、东华三院总理、胡氏宗亲会创会会长、花县同乡会创会会长、胡忠基金会主席等。1988年被广州市市长颁授广州市荣誉市民称号。胡文瀚、胡应湘亦于1991年成为广州市荣誉市民,胡氏家族对祖国和家乡贡献有目共睹。胡氏一门三杰之美谈也在家乡有口皆碑。胡忠福德圆满,积寿近九旬,他的福德荫庇后人。

胡忠于1991年6月19日去世,享年89岁。

宏基伟业 实至名归

——记香港太平绅士、康业控股有限公司行政总裁邝正炜

邝正炜是香港康业控股有限公司副主席及行政总裁、新鸿基地产(中国)有限公司广东项目执行董事，是新鸿基地产在花都投资凯旋门项目和御华园项目的主要负责人。邝正炜多年来活跃在广东大地，踏实工作，砥砺前行，创下佳绩，光荣载誉，实至名归。

铭记家训 不负众望

邝正炜祖籍花山镇象湖村，20世纪60年代初随父亲移居香港。中学毕业后到加拿大读大学，专修土木工程。学成返港工作，后成为香港注册结构工程师。

邝正炜的父亲邝准对子女教育严格，常常训导他们要踏实做人，有知识才能有远见，有梦想才能把事业做大，谦虚谨慎，懂得感恩。邝正炜谨记父亲的教诲与期望，毕业后在世界知名的奥雅纳工程顾问公司任职，曾参与当年全球造价最高的建筑物——汇丰银行中环总行的设计。之后进入香港屋宇署，他投入极大的热情，积极上进，虚心学习，做事严谨，工作负责。所在部门的工作，包括审批结构工程图、监管建筑工程质量和地质工程施工、验楼审查等等，必须确保符合法例，同时协调规划一些政府和民生的重大项目。例如，1997年上半年，外交部驻港特派员公署办公大楼还未通过审批，而大楼要赶在香港回归日使用，为争取时间，他主动协调各职能部门，在保证工程质量的同时，以最快速度完成了审批，使项目及时完成，受到部门以及时任外交部部长钱其琛的称赞。

邝正炜努力工作，无论是在香港政府屋宇署，还是参与其他社会事务，都有出色的表现。在私人机构及政府多年的工作经验，使他成为业界和政府认可的专业人士。

加入新地 新星闪亮

邝正炜2001年离开屋宇署进入新鸿基地产（简称"新地"）。很快地，他以其专业

邝正炜

的知识、积累多年的丰富经验和对地产行业的深刻理解，成为行业内举足轻重的人物。

作为新鸿基地产（中国）有限公司执行董事，邝正炜具体负责广州花都、东莞以及中山的项目。项目所在的珠三角紧邻香港，两地文化十分相近，市民对住宅和房屋的要求亦跟香港相近，香港房地产管理的模式，被当地居民所认同。

新鸿基地产在花都区开发的首个地产项目——花都凯旋门，位于花都三东大道，在"花都中轴线"上，紧邻花都区政府，占地6万多平方米。第二个地产项目是御华园，项目紧邻洪秀全水库，交通方便，山清水秀，风景优美，是一个不可多得的宜居地。邝正炜十分看好花都房地产市场，且认为珠三角及大湾区的发展潜力巨大，有信心把新鸿基地产"以质量取胜"的品牌战略推向市场，打动消费者。

邝正炜自从2001年加入新鸿基地产，便协助父亲邝准打理集团全资附属的康业控股有限公司（简称"康业"），专责物业管理及相关的售后服务。

邝正炜说，项目的售后服务一直是新鸿基地产的重点关注对象。康业目前参与的国内项目包括花都凯旋门、花都狮岭御华园、中山奕翠园以及东莞珑汇等，这些日趋成熟的地产物业均为当地优质住宅楼盘，深受买家及业户赞誉。

除了积极投入物业管理行业的发展工作，邝正炜亦致力提升行业专业水平，曾任香港地产行政师学会会长及香港物业管理公司协会会长。他身兼教育局辖下物业管理行业培训咨询委员会主席，倾力为业界订定《能力标准说明》的工作提供宝贵意见，鼓励物业管理从业人员终身学习，帮助提升行业整体的人力资源质素。

邝正炜出席新鸿基康业控股有限公司迎春宴会

光荣载誉 实至名归

邝正炜还是热心的社会活动家，经常奔忙于公益社会活动中。他以专业及诚信服务香港社会，受到人们的称赞。2010年，香港特别行政区政府授予他太平绅士头衔。

邝正炜自2005年起，担任香港职业训练局房地产服务业训练委员会委员，2011年担任主席。职业训练局是香港最具规模的职业专才教育机构，每年为约20万名学生提供全面的职前和在职训练，颁发国际认可的学历资格。多年来，邝正炜持续参与职训局的工作，成绩斐然。2011年度，他在职训局毕业典礼上，获荣誉院士，以此表彰他在社会职业培训事业上所做的贡献。2019年，邝正炜获选为香港雇主联合会主席。香港雇主联合会是香港雇主在雇佣事宜上具代表性的倡议者，致力为雇主成功营商及香港长远繁荣做出贡献。

邝正炜还是花都区政协委员和花都海外联谊会理事，他作为政协委员积极参政议政，提出建设性的意见。邝正炜平时爱好唱歌和写诗，在公司或商务联谊中，经常以歌会友，赋诗赠庆，还会参与慈善歌唱晚会的演出，多年来服务社会，成绩卓著。

影视大侠 风靡香江
——记香港武侠影片奠基人和开拓者徐小明

从20世纪中叶到21世纪初，历时整整半个世纪，从一个5岁的"童星"发展到上市公司执行董事及行政总裁，他始终如一，执着追求奋斗，不怕艰辛勇于攀登，风风雨雨，一路走来。他就是香港影视全才，武侠影片一代宗师徐小明。

徐小明是演员、歌星、编导、作家、武术指导、影视特效师，几乎涵盖影视行业所有的行当，他成就了一系列的武侠影视精品。

徐小明2006年在中国暨南大学取得硕士学位，2013年获美国北方大学荣誉博士，2018年5月5日获中国香港社会企业研究院颁授资深荣誉院士名衔，以此表彰他在行业以及社会经济文化方面做出的贡献。徐小明表示："我一生只做一件事，就是影视工作。"

纵横江湖五十载，写就一代宗师的风流传奇。

2017年首届中美电视节颁奖典礼在洛杉矶举行，徐小明获得"年度杰出成就"大奖

艺术世家艺超群

徐小明祖籍新华街三华村，父母均是粤剧红伶，在中国香港、新加坡、马来西亚颇有名气。母亲是新加坡人，1953年，徐小明在香港出生，在兄弟中排行老四，小名"四牛"。徐小明从小在剧团的氛围下成长，在父母的指导下学习粤剧，早早打下了很好的戏剧及表演根基，也为后来习武打下了很好的基础。

徐小明5岁开始参演第一部电影，并迅速成为当时一颗耀眼的童星。七八岁时，徐小明对武术产生了浓厚的兴趣，开始正式习武学功夫。9岁拜师学习咏春拳，11岁学习螳螂拳，并习洪拳、蔡李佛拳、形意拳等。他曾经在武行当过武师，16岁就开始做武行替身。父母是粤剧艺人，家境贫寒，徐小明懂事又勤奋，他性格较为内向，不惹是生非。练武之人总要和人比试，他都是先和对方写好"战书"，再到武馆里切磋过招。成长的道路有时也会曲折离奇，徐小明也曾透露在行业萧条时，他会到工厂打

工、熨衣服，当电子接焊员等杂工。他爱看书，为了省钱买书，便去书店当兼职售货员。中学期间到夜总会做武术表演，到武行去做武师，17岁成为电影武术指导。不论是回忆当年艰辛的生活，还是讲到现在辉煌的成就，徐小明都十分坦然。

20世纪70年代，这位影视天才崭露头角。他加入丽的电视台（亚视前身）做演员，先后在《龙盘虎踞》《家春秋》《鬼马神偷》等电视剧中饰演重要角色，与刘松仁、罗石青一起并称丽视三小生。徐小明凭着他的真功夫，以及不同寻常的拼搏精神，出演了几十部电影，创造了许多堪称经典的舞台形象，给人们留下了深刻的印象。1976年，徐小明与汪明荃、郑少秋、周润发等一起当选《华侨晚报》评选的十大电视明星，成为电视界红人。就在这段

青年练武

时期，徐小明与House唱片有限公司签约，首张专辑一鸣惊人，《斑马线》《七弦琴》销量惊人，更夺得流行榜冠军歌曲，徐小明凭此勇夺新晋歌手"银星奖"，开始其演唱生涯。1977年签约文志唱片公司，陆续出版《草原英雄》《渔歌》《青春豆》《新变色龙》，随后与永恒唱片公司合作，灌录多张专辑，继有《大侠霍元甲（万里长城永不倒）》《霍东阁》《柳叶船》等多首名曲，同时个人在词曲创作上也有所建树。

徐小明更大的志愿是做幕后的导演及监制工作，"有创新才是自己的目标"，这是徐小明一贯坚持的态度。正当名声鹊起，星途坦荡的时候，徐小明毅然做出从电视界的前台走到幕后的选择，这样的急流勇退，估计许多做明星梦的人无法做到。当回忆起这段经历时，徐小明非常感谢黄锡照先生，他说黄锡照先生是他走电视发展的恩师。徐小明也感谢他的母亲，因为这意味着他的事业差不多从头再来，而且收入减少。而他的母亲没有任何怨言且默默地支持他。

徐小明武术指导的第一部武侠电影是与成龙、袁奎合作的《四皇一后》，后来，徐小明执导的《霍元甲》及后续《陈真》都获得成功。徐小明还执导了大量反映社会生活题材的影视作品，如现代片《变色龙》、乡土戏《大地恩情》等，这些都使徐小明"红透"东南亚。

当年从台前转向幕后做导演及监制的徐小明，除了勤奋而专注外，还把握机会，进行学习和深造。1998年，徐小明重返亚洲电视，任职高级副总裁，掌管节目及制作两大部门，突破丽的亚洲电视32年来最高收视。徐小明策划引进香港的内地电视剧《雍正王朝》《还珠格格》，更是一举打破香港电视剧竞争的垄断格局，广受欢迎。

家国情深出力作

20世纪70年中后期，徐小明成为电视界的编导，他专注投入，才华横溢，艺高胆大。1979年，徐小明为和平电影制片公司拍摄创作《佛掌罗汉拳》，担任导演及第二男主角。

有徐小明的坚持，才有《霍元甲》，当年丽的电视一批拍武侠剧的编导被无线电视

挖角，由于徐小明是电影中老大，有武术指导经验，是拍武侠剧不二人选，因此电视台领导便力推徐小明挑起武侠剧重担。拍惯武侠电影的徐小明明白，电视剧不能与电影相比，如何能保住收视率，给徐小明莫大的压力。因此，他向电视台提出的条件是"题材自己定"。他挑选的第一个片子就是《霍元甲》，此举遭到公司上下一致反对，理由是关于霍元甲的电影、电视片以前没少拍，可没有一部受到欢迎，且谁拍谁亏得一塌糊涂。但徐小明坚持着"题材自己定"的原则，力陈见解，公司实在没办法，只得由他。徐小明自己重写剧本，导演、监制、主唱一身挑。片中"独臂老人"原定由《卧虎藏龙》的武术导演袁和平的父亲出演，但由于袁和平的父亲生病，徐小明等不及了，决定亲自上场，虽然只有三集演出，却给观众留下了深刻的印象。演"独臂老人"这一年，徐小明27岁。

从《霍元甲》开始，徐小明开创了虚实兼备的武术风格，改写了传统武打片格调缺失的历史。徐小明说："电视连续剧《霍元甲》的成功就在于宣传了中华民族真诚、勇敢、善良的品质，而以前拍摄霍元甲的作品往往都忽略了这一点。"结果，《霍元甲》一鸣惊人，在香港掀起了疯狂的收视率，席卷了广东、中国台湾、马来西亚、新加坡甚至欧美，成为中国内地电视史上的划时代作品。在那个电视机还没有普及的年代，看《霍元甲》可谓万人空巷。大家争看一部戏，同唱一首歌："万里长城永不倒，千里黄河水滔滔……"

徐小明用他的真情实感、家国情怀、尚武精神，激起了中华儿女强烈的爱国热情。

演艺全才奠基业

20世纪80年代至90年代初，是香港影坛的黄金时期，徐小明是第一批走进内地合作拍摄影片的电影导演，在他的引荐支持下，香港与内地掀起合作拍片的风尚潮流。业内人士称这是属于徐小明的独特佳绩。

由徐小明在亚视监制和导演的《变色龙》《天蚕变》《陈真》《霍东阁》《再向虎山行》等风靡全国的电影作品延续了他在电视界的成功。接下来《少林寺》更是刮起了巨大旋风。1983年香港嘉民影业有限公司与中国福建电影制片厂合拍电影《木棉袈裟》，徐小明为编导兼武术指导，在内地拍摄了6个月时间。1985年于香港及国内发行上映，获得票房巨大成功。由于主题鲜明向上，该片还被中华人民共和国文化部、电影局和福建人民政府特别授予"优秀故事片奖"。

1986年，徐小明电影公司成立。拍摄巨制《海市蜃楼》时，徐小明依旧集编、导、演、武术指导、特技指导于一身，影片全部在中国西部的古丝绸之路等地拍摄。该片在内地及香港上映后，好评如潮，再创高峰，次年《海市蜃楼》入选第七届香港电影金像奖"最佳动作设计"提名奖。1986年加入无线电视(TVB)任监制，制作了两部电视连续剧《杜心五》和《无名火》；此后，徐小明由电视制作重心转向电影界发展，接下来两年徐小明又拍了一部《乌龙贼替身》（又名《强盗贵族》）的港片。这期间，徐小明不断总结经验，推陈出新，继续酝酿他的倾心巨作。

1990年，由宝禾出品、徐小明制作公司拍摄的《卫斯理之霸王卸甲》横空出世。这是时装动作电影，该片制作极为精良，外景分别在中国香港、内地和美国洛杉矶拍摄。

影片内容改自倪匡小说卫斯理系列故事，影片制作极为出色。1993年，徐小明制作公司参与王家卫电影《东邪西毒》的制作，他同样作为总策划，负责全片制作及组织协调和管理工作。

20世纪90年代中期，因影视界萧条形势，徐小明的工作重心再次向电视转移，先后在亚视、阳光卫视高层任职，并于2001年7月加盟香港有线卫星电视有限公司担任营运总裁，随后被提升为执行董事及总裁，数年内为有线电视拓展影视业务，成绩斐然。他创办了全球第一个24小时粤语播报娱乐新闻的频道——娱乐新闻台，还创办了骄阳电影公司、骄阳经纪人公司、骄阳影视发行公司等等，打造了香港有线电视娱乐事业的辉煌时代。徐小明还积极开拓及发展中国内地卫星电视业务，创办有线卫视新知台。2003年10月，徐小明发起成立香港首个电视行业组织——香港电视专业人员协会，并担任会长一职。至今，徐小明的事业，已成为了香港最具活力的和不可或缺的力量。

笑傲江湖行走间

徐小明是香港影坛的传奇人物，他与李小龙、成龙是同一时代的人，他们见证了香港武侠电影的兴衰。回忆往昔，徐小明感慨良多，正是这份经历与感悟，使他的人生显得真实和丰满。

徐小明诚恳待人，做事认真，他重视发现人才，爱惜培养人才。在他的手下就有几大高徒，他们现在有的是国际名武导，有的是武林中坚力量。2008年，徐小明在新片《夺标》之中坚持起用新人，培养接班人。

自从李安的《卧虎藏龙》在好莱坞一炮打响后，中国导演一窝蜂拍起了功夫片，连好莱坞导演也纷纷拍摄起《功夫之王》《功夫熊猫》。但徐小明作为中国近代功夫片的宗师级人物，对此平淡地评论："这是一个美丽的误会。"

徐小明觉得，功夫片要雅俗共赏，要有扎实的剧本、完整的架构，有血有肉的人物，这些点点滴滴汇聚成的才是功夫电影。"我们只有拥有了这些东西，才能够培养新一代的功夫片影迷，教他们懂得中国功夫片里那种精气神。这种教育可不是说教式的，而是要用好看的电影故事、人物来告诉他们。"

在香港以往的功夫片中，演员们都身怀真功夫，几乎所有的镜头都需要演员们真实对打。在充斥特效的今天，徐小明依旧保持着这样的习惯。"我自己就是螳螂拳的第九代传人。我拍功夫片以真功夫为主，有70%的比例是真功夫，只有30%才会做适当的夸张。同时，我的影片中，每个动作都经过推敲，要符合逻辑，我这一拳打出去，你那边的招式必须能招架。"

在执导了《木棉袈裟》等颇有影响的影片后，徐小明有18年没有做导演，但他一直没有离开影视行业，反而从导演工作扩展到电影制片人、监制、投资人。2008年中国举办奥运会，他认为这是一个宣传中国武术最好机会。于是酝酿了20多年的《夺标》终于可以和观众见面。

数典寻宗归故里

徐小明的《霍元甲》《大地恩情》先后播放,家喻户晓,人们开始认识并尊敬这位年轻而才华横溢的大导演,家乡人期待一睹风采。

有一天,徐小明从好友手中接到一封几经周折才到他面前的厚厚的信件,内有他爷爷和父亲叔伯的陈年老照片和一盘录音磁带。这是他在家乡的十叔(兄弟中排行第十)徐木基寄来的。十叔知道徐小明是他的亲侄子,有兄弟多人,但都没有回过家乡,对"家"没有印象,之前他曾多次写信想联络,但没有成功。这一次,十叔徐木基用心良苦,亲口录制了家世和村史,告诉徐小明和他的兄弟,呼唤他们回家乡走走。

这份"家书"由《花都乡音》社工作人员交到乡贤袁树荣手上,袁树荣把"家书"带回香港,几经周折,由香港演艺界的胡枫先生转交给徐小明。徐小明接到"家书"后,播放录音带,听到了深沉凝重的乡音,那一字一句撞击着他的心房,徐小明主意已定,一定要回去看看父老乡亲和自己的祖屋。

1990年,花都(当时为花县)将要庆祝十二项工程落成暨海外联谊会成立庆典,邀请全球乡亲回来。徐小明找到契机,他和袁先生带着家眷和花都籍的香港乡贤一起回乡,这是他第一次回家乡,家乡人民欢天喜地,敲锣打鼓列队欢迎。在三华村,十叔徐木基拉着徐小明的双手,热泪盈眶,百感交集……

1990年,徐小明夫妇第一次回乡与亲人合影

徐小明带着家眷,走在窄小的小巷里,走进破旧的祖屋,摸着挂在泥砖墙壁上的家族老照片,深情地说:"我回来了!"知书识礼的太太李凤鸣掏出红包送给长辈十叔,祝愿他身体健康,晚年幸福。徐小明回乡省亲有一重要行程,那就是拜祭祖宗。在家乡的荒野山地上,徐小明率领全家点燃纸钱明烛,跪地叩拜,告慰祖先在天之灵——儿孙回来了。此后,徐小明多次带他的兄弟姐妹回乡省亲。

徐小明后来曾担任花都区政协第五至第八届、第十届委员。

我为家乡唱首歌

作为影视明星的徐小明回到家乡后,乡亲最感兴趣的是他的武艺和豪迈奔放的歌。在参加家乡的庆典活动之后,徐小明愉快地和家乡朋友相聚。在海外联谊会成立大会上,大家都因香港大明星徐小明的参与而特别兴奋。徐小明走上舞台高兴地说:"我来为家乡唱首歌。"一下就把晚会再次推向高潮。一曲《恰似你的温柔》,那么深情,那么陶醉,令人难忘。

家乡的庆典盛事,也令徐小明异常兴奋,在胡忠新村幼儿园,他张开宽阔的臂膀,揽着手拿鲜花欢迎他的小朋友合影。在鞋业有限公司剪彩庆典，醒狮起舞间，徐小明情绪激昂，大步走上前去，接过乡亲手中的鼓槌，站稳马步，用力擂响了家乡的大鼓。雄浑的鼓点，激越的锣声，威武的醒狮，吸引了周围的人群，大家都一睹香港武术影片导演和大明星的风采，并拍下精彩的镜头。

在家乡，哪里都是新鲜事，在活动间隙，徐小明还专门到广场上，看武术爱好者练武。见到大明星徐小明过来，大家乐极了，都围上来要求徐小明表演武术，徐小明也不谦让，为大家表演了太极拳和少林拳，博得热烈掌声。

此后，徐小明在拍戏之余，多了一项安排，即在适当的时候回乡联络乡情。蝉鸣荔熟时节，他曾偕同兄弟姐妹和家眷到家乡的荔枝园品尝香荔，到山清水秀的芙蓉度假村登上芙蓉峰，饱览魅力河山……

徐小明在花都广场看望少年武术小队员

1993年，花县撤县建市，举办的典礼盛况空前，徐小明、刘德华等一批香港明星前来助兴，在一个临时搭建的露天剧场举办演唱会。当天下着雨，明星们冒雨演唱，徐小明上台演唱《霍元甲》主题歌《万里长城永不倒》时，已是倾盆大雨，他在风雨中越唱越激昂，他脱下身上的湿西装，抹抹脸上的雨水，理理被雨水打湿的头发，双脚踏起水花片片，风度卓然。几万观众同样忘情地拍着手，和着唱，台上台下融为一体，歌声、掌声、哨声、呼叫声汇成一片欢乐的海洋，这样的演唱会令花都人无法忘怀。

爱己及人性情中

徐小明之所以能取得辉煌成就，离不开他那位贤淑大度的贤内助李凤鸣。这一对鸳鸯，曾经为多少人羡慕嫉妒。

1970年，已辍学参加工作的徐小明在一次小学同学聚会时，认识了当时在中学读二年级的李凤鸣。李凤鸣娇美活泼、天真烂漫，对中国传统的文化艺术有着浓厚的笃意情感，特别对中国传统舞蹈、武术有兴趣。她参加了当时学校举办的"中国舞蹈培训班"，这令徐小明刮目相看。从那以后，中国舞蹈艺术这座"鹊桥"使他们彼此走进了对方的情感世界。中学毕业后，李凤鸣又在香港商科学校攻读"秘书和商业训练"专业课，毕业后在香港菲利普公司任总裁秘书，一干就是十个年头。这期间，他们互相支持，互相鼓励，在各自的人生道路上开始了执着的探索与追求。1979年10月，徐小明和李凤鸣走进婚姻殿堂，当时成龙和洪金宝等影视界名人，都参加了他们的婚礼。

由于事业繁忙，徐小明和李凤鸣直到1985年才有了第一个孩子——徐沅潼。女儿呱呱坠地，初为人父的徐小明高兴得手舞足蹈。1988年，太太生下个男孩，徐小明高兴地说："我们家有女儿又有儿子，品种齐全，是个幸福的家庭。"他给儿子取名沅潚，乃君子朗朗、浩瀚如水之意。此时，正是徐小明演艺事业发展如日中天的时期，他努力工作，经常废寝忘食。但性情中人的徐小明在家里总是乐观殷勤，为家庭带来欢乐。他经常抱着太太说："你好伟大，辛苦了。"然后，踱着阳刚之气十足的步子说："今后，我知道我的责任更大了！"

2019年9月，徐小明一家在中国西藏羊卓雍湖

徐小明重视家庭生活，尽管工作很忙，还是保证安排一定的时间陪伴夫人、孩子，带他们去野游，共度美好时光。在对孩子的家庭教育上，徐小明说："虽然我对孩子的期望值很高，但决不强求，一切顺其自然。我只希望他们做一个实实在在的人，对社会对国家能有所贡献，我就知足了。"

为了更好地照顾两个孩子，已在菲利普公司干了十年总裁秘书的李凤鸣辞了工作，在家中真正做起"贤妻良母"。同时，这位有能耐的妻子还在帮助丈夫策划与营运。当徐小明创办的"徐小明有限公司"和"影运制作有限公司"日益发展壮大，拍片的工作量也相对增多时，她又义不容辞地重新出山，去当徐先生的大秘。徐小明白天在公司的时间很少，夫人便到公司办公楼处理各种行政事务，晚上回家向先生汇报。李凤鸣除了在公司搞一些海报宣传、整理有关材料以及和记者打交道外，这位双重身份的经理人还常常要代表丈夫去欧洲和东南亚等许多国家与外商谈判。有时，他们分别外出执行工作，完成工作之余，都会给对方捎上特产或者对方喜欢的礼物，这样的家庭生活在香港娱乐圈内并不多见。

有容乃大人敬重

徐小明从艺50年，他熟练太极拳、蔡李佛、洪拳与各门拳术，又是螳螂拳第九代传人，能文能武，身怀绝技。他对武艺始终精益求精，在他接手每一次编导制作时，都会想到观众的期待、制作的艰难、耗资的巨大，所以他说自己做事从不敢有半点松懈，每走一步如履薄冰。

2009年4月，武打片《叶问》问世后，各大媒体转发报道。当时作为青年武打演员的吴京，在一个场合上说了一句"未知这叶问是何方神圣？"一语既出，得罪了"叶问"门人，咏春拳的弟子认为吴京这话是对咏春一代宗师的轻蔑和不敬，于是向吴京下了战书，想要按江湖规矩一比高低。在外面工作的徐小明知道这事，开始以为是媒体的宣传炒作，后来他闻到了火药味，打电话回香港查问情况，发现情况不对，弄不好要酿成一场恶斗，便马上从外地赶回香港，从中周旋，还摆设了"和头酒"，两边做工作，终于化解了一场不断升级的武林之争。之前吴京曾与徐小明在电影《双子神偷》中有合作之缘，甚得徐导看重。此时徐小明让武林大家走到一起、成为朋友、团结共勉、互相学习，出现"和气生财"的局面，一时成为佳话。

壮心不已有骄阳

20世纪90年代后期，香港电影业进入低谷，徐小明的工作重心再次向电视转移。1998年，他重返亚洲电视，以突破性业绩盖过了无线电视收视率。1999年，他担任英皇电影集团的行政总裁，负责集团的影视发展，又在仅半年多的时间就创造了良好的效益。这些年，从制作到管理，致力于创新的徐小明从未放弃或者离开过心中执着追求的那份对影视事业的钟情。

在影视创作发展上，徐小明没有少跟一些公司谈合作，但如果不能坚持自己的目标和原则，他宁愿放弃。用他自己的话说"我到底是个电视人"。徐小明在有线电视工作中告诉记者，自己非常喜欢创作，常常因为太忙，大部分时间都与同事在一起，每天只能休息3个小时，目的是使节目有个大的改变，"制作本土节目多一点"。

半个世纪以来，徐小明走了很远的路，然而他从来没有偏离自己的生命轨迹，他对影视事业的热切追求，并未有随年龄的增长而降温，而是"总有骄阳——壮志在我胸"。2005年3月，骄阳电影有限公司成立了，徐小明担任执行总裁。此刻，徐小明心中还在燃烧着他的大屏幕之梦，于是，徐小明再执导的《夺标》让我们眼前一亮。

回头看骄阳电影近两年投资出品的影片就有：《犀照》《情意拳拳》《墨攻》《双子神偷》《跟踪》《李米的猜想》《蝴蝶飞》等等。其中《犀照》《双子神偷》的内容均是徐小明故事创意，题材不错，但并非徐小明执导。据评说，如果用心挖掘可以拍得更好，表现出更多东西。

2011年，徐小明拍摄了一部反映忽必烈波澜壮阔一生的史诗巨作——《忽必烈传奇》（又名《建元风云》）。在此之前，徐小明只专注于电影作品，眼下却又破例接受制片方阳光盛通的邀请执导《忽必烈传奇》。据知情人士透露，《忽必烈传奇》的题材优势加上剧中忽必烈的人格魅力，吸引了阔别荧屏将近十年之久的徐小明，让他决定复出重新回到电视市场。徐小明本人也不隐瞒地说：早在二十多年前，他就曾准备拍摄一部与忽必烈相关的电影，并邀请成龙担纲男一号，而成龙在倾听了他的设想后当即表示大力支持，但因为档期问题，成龙版忽必烈无缘与观众见面。徐小明感叹说，时过二十多年，终于要在他的手中把忽必烈搬上荧屏，算是了结了一个心愿。

大侠徐小明，从《霍元甲》《木棉袈裟》到《夺标》，再到2013年首播的《忽必烈传奇》，所到之处，旌旗招展，成绩斐然，他的作品给观众一次次心灵的震撼和视角上强烈的冲击，他的人生也波澜壮阔。徐小明缔造了属于自己的事业王国，写就了从艺50年的人生传奇。花都著名诗翁黄倚云赋诗一首：

赠徐小明
日对银屏笑脸开，忘餐废寝万千回。
编成闹剧超寰宇，引导群星耀舞台。
演技英姿奔猛虎，歌声浩气响惊雷。
弹九小邑多佳士，又见三华树栋材。

乡情乡韵 心中萦绕

——记香港侨港花都同乡会主席卢耀河

卢耀河

卢耀河是狮岭镇罗仙村人,香港旺记饮食有限公司董事长。现任香港侨港花都同乡会主席,原花都区政协委员,花都区侨联副主席。

回家的感觉真好

1940年9月,卢耀河在香港出生,并在香港读书、就业、发展。父兄等亲属在香港经营烧腊美食远近驰名,受其影响,卢耀河年轻时就在香港美孚和沙田等地开设了海洋肉食中心、海港肉食中心等食品店。

卢耀河性格腼腆,做事务实能吃苦,生意日益发展。父辈以及同乡一直以来都很关心支持家乡的教育及公益,他很乐意和他们一起参与。他的家乡罗仙村和长岗村旅居海外乡亲甚多,他们身居海外,对家乡一往情深。罗仙小学、罗洞小学均因海外华侨和香港同胞的捐款才得以搬迁扩建。此外,村中修建祠堂、筑桥、修路方面,旅外乡亲都慷慨解囊、鼎力相助。

改革开放以后,为了进一步改善交通、发展本村经济,旅外乡亲又捐资十万元修建了从长岗圩到东边村委会的路段,其中新加坡卢思榜捐助人民币六万元,香港卢文煊、卢永森、卢耀河、周启英各捐助人民币一万元。看到家乡民风淳朴,人才辈出,回家乡做好事,参加家乡的建设是一件快乐的事。

卢耀河除了热心关心家乡的教育与公益事业之外,还是改革开放以来较早回家乡投资的香港同胞之一。他与最早一批回内地投资的梁国梓是亲密的兄弟伙伴,梁国梓是香港烧腊协会会长,他们经常共同进退,同谋发展。20世纪90年代初,卢耀河回家乡投资,当时他与朋友合资回乡开发房地产,在狮岭镇兴建金狮花园。适逢国家进行经济宏观调控,效益并不理想,但他们没有气馁,继续进行他内行的美食餐馆投资。

特色美食传佳话

经营特色美食,是卢耀河的绝技。香港旺记是香港渣甸街上数一数二的大众酒家。《香港成报》刊登过旺记最负盛名的招牌菜清汤脯。据美食馆的负责人介绍,清汤脯的制作十分费功夫,从午夜准备材料到第二天中午出炉,需要十多个小时炖焖,制出的清汤脯入口软绵不黏牙,而且汤清而不浊,脯的味道十分独特,大家都说香港旺记美食馆最能体现香港饮食的大众风味文化。

1996年,卢耀河在花都新世纪广场附近的丽苑大厦开设了旺记茶餐厅,这是花都第一家港式茶餐厅。精美的糕点、优质的服务很受乡亲的喜爱,卢耀河稳中求发展,不久又在新华和狮岭开了第二、第三、第四家分店。旺记品牌连锁店在花都无人不晓,生意蒸蒸日上。很多常到香港旺记的人都知道,要想吃上招牌清汤脯要在中午之前来,到了下午就会卖光,想一饱口福又要等第二天了。旺记菜色品种除了清汤脯,还有银丝面、虾仁云吞、特色奶菜。讲起旺记的银丝面,它是用大碌竹弹压而成,入口爽、韧、滑,不粘糊,这种古老的制面方法现在已很少见了。虾仁云吞更是真材实料,吃一顿简单、快捷、方便、实惠,不少上班一族还拿它当工作餐呢。

香港旺记十分注重特色饮食文化,整个美食馆,服务员不多,但着装整齐,每有客人到,都主动热情地招呼。在繁忙时经理会亲自招呼客人,为客人斟茶送菜,让客人有老朋友的感觉。独具特色的室内装潢设计显出旺记的古朴、典雅。红色琉璃瓦屋檐的窗式厨房,精工细作的红木圆桌椅,白色天花板上吊着古色古香的风扇,全都体现出中国传统文化。香港旺记在家乡花都走过20多年历程,旺记美食也是花都人尽皆知脍炙人口之美谈。

侨港乡亲须振奋

2011年,卢耀河当选为香港侨港花都同乡会主席。

20世纪50年代,旅港乡贤徐富嘉、刘立根、卢广传诸人有鉴于居港乡亲日众,为联络乡谊,赖以声气相求,不废春秋之祀,遂发起组织花县同乡会。经奔走号召,1954年终于将有近百年历史的"公礼堂"改组为侨港花县同乡会(后改名为"侨港花都同乡会")。在居港乡亲和美国、加拿大、巴拿马、秘鲁、大溪地、越

卢耀河回乡参加庆典

南、马来西亚等海外侨梓的支持下,踊跃捐输,先后购置九龙地士道17号二楼全层、

大角嘴利得街4号千岁大厦11楼K座全层和九龙钵兰街289号天成大厦5楼(现会址)共三处会所物业。

香港侨港花都同乡会设名誉会长、会长、主席、董事，还设置总务、组织、学务、宣传、交际、康乐、妇女、财务、福利、调查、稽核等部门。董事会每两年一届。历任会长有徐亨、胡忠、杜湛津、胡文瀚、钟荣光、高焕民、邓仲亨、杨章瑛、钟子桥等；历任主席有徐富嘉、利树宗、胡忠、江剑凌、张荫浓、汤鉴尧、杨章瑛、刘驹明、钟子桥等。

纵观历史，香港侨港花都同乡会大半个世纪先贤者均为海外商界英杰贤达，他们为维护侨亲利益，扶持乡亲发展，团结一致，并持之付出辛勤汗水。同乡会也曾经为联络乡情，沟通海外与家乡的联络发挥积极作用。

2011年，黄信驱主席任期满，全体理事会成员以100%支持率一致推荐卢耀河担任新一届主席，之后连任。当选同乡会主席，卢耀河深感责任重大，面对新时代同乡会如何与时俱进，发挥积极的作用，卢耀河有临危受命之感。但他不能退却，他想起当年仅14岁的时候，父亲卢广传带他加入同乡会的情景，他是当时最年轻的会员之一。

受任之后，卢耀河觉得不能辜负众乡亲的期望。他开始盘点整理家业，面临的最大问题就是资金不足。同乡会每年的收入10万元左右，维持运作困难重重。会址陈旧需要翻新装修，每年正月十五上元节庆灯敬老暨会员联欢大会不能冷落。资金不够，他要想方设法解决问题。

卢耀河在花都政协港澳委员小组把他的困难摆出来，一向以公益为己任的政协委员及各位乡亲、朋友都纷纷慷慨解囊。主持同乡会会务出钱出力都是大事，盘活资金也是大事。卢耀河把筹集的资金约100万元，一部分用来装修会址，一部分当作储备金。

为了进一步搞好同乡会会务，特别是把每年最隆重的会员联欢会搞好，他整顿会务，并先后两次提升了同乡会外租会址租金，对会员会费和开展文体娱乐活动的收入精打细算，保证会务正常运转。

花都区领导每年率队来香港联欢，还大力赞助，在联欢会上投灯、送贺礼。会员们参加联欢除70岁以上的不用认领酒席券，其余会员都要适当认领一定数额的酒席券。由于香港侨港花都同乡会理事会团结一致，增强了凝聚力，得到乡亲会员的认同和理解，会务与经费进入良性周转。该同乡会联欢会也办得有声有色，每年超过800人参加，人气聚集，同声同气。

香港侨港花都同乡会重振活力，会员活动丰富了，同乡会的形象和知名度提高了。为改变会员老龄化严重的问题，需要吸引更多年轻人入会。卢耀河带头并要求老会员带动子女积极入会。他重视孩子的培养，不但要求他们爱自己的家，还要求他们参与家乡公益事业，把一些主要工作交给年轻一代。他的儿子卢宝林不但关心香港侨港同乡会的事业，还是花都区政协委员、香港花都乡亲联合会青委会主任，他理解并继承了父亲的事业。

香港侨港花都同乡会开展广泛联谊，联络知名人士、成功企业家赞助或成为同乡会会员，以此壮大同乡会的力量。另外，同乡会横向联谊与兄弟社团之间保持联系，如番禺、顺德同乡会等，还有香港退休警察协会之间的交流。在卢耀河的努力下，目前香港侨港花都同乡会拥有会员600多人，会务运作秩序井然，活动开展得有声有色。

为了适应新时期乡亲的联谊工作，卢耀河又亲自带领发动了香港花都乡亲，组织成立"花都乡亲联合会"。2015年1月8日，花都乡亲联合会正式挂牌成立，花都乡亲联合会得到香港知名人士胡应湘的大力支持，朱树昌、梁志杰等也作为花都乡亲联合会的骨干出钱出力，大力襄助，花都乡亲联合会选举卢耀河为主席，朱树昌为会长，会务迅速发展。

家的维系见精神

卢耀河有一个幸福的家庭。他的太太江玉婵在越南出生，1968年与卢耀河结婚，一直是他的好帮手、贤内助。他们彼此理解、相互关爱，几十年来相濡以沫，他们爱自己的家、爱香港、爱故乡。家庭和睦带来事业的兴旺，人们会常看到卢耀河和他的

卢耀河和香港乡亲在国庆70周年庆典晚会上

太太双双走进旺记美食馆，卢耀河应酬着客人，处理着外界各种事务，他的太太就把内务管理做得有条不紊。他们有四个孩子，两男两女，孩子在国外接受教育，学成回港，现在均事业有成。大儿子在香港做生意；小儿子从事西药销售；两个女儿在加拿大硕士毕业回到香港，大女儿在政府开设的职业学校当老师，教授旅游酒店管理；小女儿是个爱心女孩，四川地震时，她报名到灾区现场做义工。

四个子女都没有接手父亲经营了大半生的饮食业，而是做起了自己喜欢的事。对此，慈爱的父亲表示没有遗憾，他认为对于每个人来说，找到自己的人生价值才是最重要的。而投资花都、回报家乡、服务社群使卢耀河也找到了自己的人生价值。

卢耀河要求子女们每个周末都必须回家团聚吃饭，这利于维护家庭幸福。在生活节奏加快的时代，很多家庭都难以做到像他们那样。

晚年，卢耀河虽已年逾古稀，但还总是往返香港和花都，每个月都要在花都呆上两个星期。省港两地的走动，并不完全是为了生意，还是因为无法割舍对家乡的深情厚谊。作为花都区政协委员，他为家乡建言献策；作为香港侨港花都同乡会主席，他扩大会员规模、提高同乡会的工作能力和知名度，为家乡和在港乡亲竭尽所能。

善行义举 回馈社会
——记香港创业地基集团有限公司董事局主席朱树昌

朱树昌

朱树昌是秀全街朱村人，1960年出生，他在广州长大。朱树昌的父亲是个建筑工程师，参与过人民桥、珠江大桥的扩展设计施工等工作。朱树昌有兄弟姐妹7人，他排行老七。

1977年中学毕业后，年仅17岁的朱树昌从广州移居香港，那时的香港正处在发展阶段，最容易找到的工作就是建筑工。1979年，朱树昌开始切入地基工程，很快就熟悉了工程的流程和运营。从管理到进入工程承包商，他稳抓质量，开拓市场，业务不断拓展。1996年，朱树昌创立"创业工程"，并于1999年收购创业地基。2014年，创业地基集团在香港创业主板成功上市，54岁的朱树昌为集团创始人、董事局主席兼执行董事、控股股东。朱树昌说，花都是我的故乡，广州十六中是我的母校，香港是我创业成长的地方。

心怀慈善 回报社会

在一次朋友聚会中，朱树昌了解到，希望工程是帮助发展贫困地区教育一项重要举措，中国正在号召和发动各种社会力量支持西部建设，重点扶持教育。他说："我们赚的钱要回报社会，跟着政府走，一定没错。"于是，朱树昌通过中国希望工程基金会在陕西、黑龙江等地捐建了两所希望工程学校。2016年，朱树昌通过"侨爱工程"助力黑龙江齐齐哈尔农村建设，为甘南县朱树昌学校捐赠助学、奖学、奖教资金1.8万元，为依安县第四小学捐赠助学资金20万元。

2000年，朱树昌成为中国星火基金会名誉会长，2011年成为从化市政协委员、广州市政协委员，也是香港从化联合会（联谊会）的主要成员之一。朱树昌因做善事与从化结缘，位于从化市街口镇从化中学内的学宫大成殿是重点文物保护单位，始建于明弘治八年（1495），这座规模宏大的明代风格建筑群的大部分设施在战乱年代被破坏，

1992年，当地政府曾经耗资60万元重修，但还有不少设施有待进一步修缮。2012年，朱树昌、郑克和两位政协委员在广州市政协会议上了解到该古建筑的情况后，立即通过中国星火基金会捐资37万元港币，重修了学宫内的棂星门、泮池、状元桥等工程，让从化学宫重现往日辉煌。2017年7月8日，朱树昌随联谊会一行到从化区开展"品红荔、献爱心、叙乡情"参观考察活动。本次活动中，朱树昌和杨志宏各为从化区教育基金会捐赠人民币100万元。据介绍，这两笔款项分别用于改善神岗第二中学和良口镇第二幼儿园的办学条件。

情牵母校　助力创新

2017年11月，朱树昌在与校长交流中了解到"广州市第十六中学与微软（中国）共同打造科技创新实验室"的重点项目。此项目是微软（中国）与中国基础教育的学校直接签订战略合作，旨在培养中学生的创新思维。听完介绍，朱树昌当即表示捐出300万港元支持母校。

2018年5月18日上午，广州市第十六中学与微软（中国）共同打造的科技创新实验室举行了落成典礼。

实验室引入了微软HoloLens全息成像眼镜、Surface Pro手写平板电脑、3D扫描成像等设备，全面部署微软Win Server数据中心，连接微软公有云Azure平台，建立人工智能Workshop（工作室），利用

朱树昌向母校广州市十六中学捐款

微软的云计算、大数据、混合现实技术构建学习空间与互动平台等，在创新教育教学、3D建模与成像、STEAM课程、VR/AR混合现实、AI人工智能等多个领域，进行教育教学应用的深入探索研究。

承担责任　使命在肩

作为广州市港澳政协会员，朱树昌不但发挥联系乡情、沟通信息的优势，而且还关注广州的社会进步、经济民生问题。

朱树昌认为，随着网络订餐业务的发展，在广州每日都见到不少骑着自行车或电动车的快递小哥把各种餐食快速地送递给客户。这种互联网即时配送的订餐业务，把分散的美食以及零散人力资源有机地整合起来，使食品选择多样方便快捷，企业生产成本下降，社会效益凸显，但也面临着缺乏强有力的品质控制，食品安全难以保障的风险。为此，政府应加强对这方面的管理，防止因食物不洁引发中毒事件，以利该新业务能有序健康地发展。他在广州市人大、政协两会提出"关于加强网络订餐速递业

务食品安全管理的建议",提出具体制定和完善该行业的监管制度及操作流程与规范标准的建议,他的建议得到政府相关部门的重视与采纳。

朱树昌过去跟家乡联络不多,到了香港之后,联系到家乡的乡亲,倍感亲切。他表示会积极参与同乡会的活动。他大力支持香港侨港同乡会主席卢耀河对香港侨港花都同乡会进行改革会务,整顿和装修会址,让香港侨港花都同乡会和香港上水同花县乡会团结起来,携手合作。在香港侨港花都同乡会的改组、创新以及新的"花都乡亲联合会"的组建以及联谊活动中,乡亲们非常踊跃,有钱出钱,有力出力,形成了空前的团结的局面。"花都乡亲联合会"成立,朱树昌先后捐赠了超过300万元,他被推选为第一任会长。"广州乡亲联谊会"(非花都)成立后,朱树昌再次捐赠50万元支持,作为购置会址之经费。朱树昌还参与广佛肇联谊总会的活动,关注广东地区广佛肇大区的建设发展。

朱树昌务实谦逊、平和低调,把握了良好的人脉与机缘;他眼光独到、果敢睿智、敢于创新,事业稳定发展。国家提出大湾区建设的蓝图后,朱树昌把眼光投得更远,他的集团公司参与了港珠澳大桥基地与中国港湾发展地基建设工程项目。今天,他站在自己曾参与建设的港珠澳大桥上,展望香港与大湾区的发展机遇,内心充满希望与骄傲。

沐风栉雨 香江创业

——记香港花都乡亲联合会会长梁志杰

梁志杰

梁志杰是香港花都乡亲联合会会长,香港社会企业研究院荣誉院士。他积极参与社会公益,热心慈善活动。

香江创业

梁志杰是花城街三东村人,1959年出生,中学毕业之后曾经与父兄在家乡从事建筑行业。1978年,梁志杰移居香港,此时香港正处于高速发展时期。

在香港,他在多家建筑公司打工。梁志杰是个有恒心有毅力的人,积极上进,勤劳好学,熟悉每个环节,关注行业的发展变化与需求。他的脚步跟随着香港的快速发展,迅速完成了原始积累。

1981年,梁志杰开始独立创业,他察觉到建筑行业的产业规模非常大,在技术、设备、人才、材料、配件与配套设施等各方面都有很大的发展空间。怎样跻身这个行业发挥所长呢?他决定抓住一个大产业的中间环节,创办了梁杯板模工程有限公司,定位在经营建筑板模业务,主攻板模供应。他的业务很快进入香港一些知名建筑商的产业链、住宅以及大型项目。凭着良好的信誉与服务,公司的业务迅速发展,承包客户工程部分项目,计有香港国际金融中心第二期、香港迪士尼乐园、诺亚方舟、新世界中心二期和酒店重建、香港一些学校和医院以及地铁上盖大型商场工程等等。

由于公司的业务迅速发展,梁志杰成了大忙人,他把个人问题搁在一边。一直等到1992年,33岁的梁志杰才找到生命中的另一半,出生在华侨之家的曹玉清成为他的贤内助。香江创业,梁志杰走出一条自己的人生路。

务实创新

对事业的执着追求让梁志杰成为行业的领头羊,成为新鸿基地产、恒基、长江实业等大发展商旗下的合作伙伴。由于工程技术过硬与服务质量提升,公司信誉良好,梁志杰公司在香港经常承接大型项目。九龙湾的一个项目数月内完成三十多层主楼，以三日一层的时间完成，创下优良工程业绩。梁志杰从板模铝模铁模工程扩展项目至实施泥水装修承包工程。

1997年前后，香港建筑业出现极大波动，劳力短缺，劳工工资成倍上浮，工程成本飙升，企业压力巨大。在公司面临极大困难之下，新鸿基地产建筑公司体谅合作方的实际情况，在他公司出现延误工期等情况时给予补贴，使其渡过难关。梁志杰深有感触地说，新鸿基公司真是大哥大，公平公正，宽宏大度，富有人情味。因此，梁志杰心怀感恩，他的梁杯板模工程公司把好质量服务，成为新鸿基稳定的合作伙伴。

如今，梁志杰的板模工程在香港市场占有率约10%。2017年，梁志杰创立的建成控股有限公司在香港上市，编号为01630。梁志杰任执行董事兼董事会主席。

梁志杰创办的多家公司纳入了集团管理公司，集团聘用工人约1200人。集团公司屡获多间上市建筑主判公司嘉许并颁授"良好表现承判商""最佳工程地盘分包商""最佳安全表现分包商""长期合作伙伴"及香港房屋协会颁授"优质工序铭谢状"等，专注务实，诚信合作，开拓创新是他的经营本色。

携手扶弱

10多年前，一次偶然的机会，梁志杰了解到香港名人汪明荃所倡导的"乐施会"，

梁志杰(右)和香港乡亲在广州社团总会周年晚宴上

并引起他的关注。他非常赞成乐施会"消除一切贫穷,让每一个人都能享有幸福的权利"的口号。梁志杰主动提出参与并通过乐施会助养贫困儿童,十多年来坚持在国内及国外扶助贫苦儿童,此后他一直没有停止过慈善活动。2016年梁志杰获得香港社会福利署颁授的参与携手扶弱基金嘉许状。

  对于社会公益、民间社团,梁志杰也是给予关注。梁志杰早在20多年前已经是香港上水花县同乡会董事,后来香港上水花县会馆因为其他原因而令会务停顿了好几年,近年乡亲重新选举梁志杰为同乡会会长。梁志杰身体力行,团结乡亲,会务得到进一步的恢复发展。梁志杰不久后了解到香港侨港花都同乡会也同样遇上了运作上的困难,他认为两个同乡会都是花都乡亲的社团组织乡亲,必须要团结协作,拓展会务,服务众乡亲,于是他在2017年先后捐出30万港元支持香港侨港花都同乡会及香港上水花县会馆会务经费。梁志杰2018年获选任第二届乡亲联合会会长,同时赞助了20万元。随着珠三角与穗港两地的政治经济文化交流合作进一步推进,为适应形势发展,在香港的花都乡亲决定再成立一个"广州花都乡亲联合会",以团结更多的乡亲、商界精英,梁志杰又慷慨捐出50万港元支持香港广州社团总会新会址挂牌。

  2017年,梁志杰探访花都区花城街石岗小学,他和香港侨港花都同乡会主席卢耀河分别捐出5万元,支持及鼓励该小学在国际跳绳比赛项目中获得优异成绩的学生以及该校体育发展。

承先启后

  梁志杰在业务繁忙当中,仍然挤出时间关注社团发展和社会公益事业,也乐意承担一些社会职务。他故乡情深,爱国爱港,坚决反对"港独""台独"。他说,香港回归20多年平稳发展,我为香港的稳定繁荣感到自豪。梁志杰协助爱国爱港人士参与香港立法会及区议会选举,亲自上街派传单。他还发动乡亲,协助安排家人、企业员工和朋友支持区议会选举助选。

  随着参加社会团体活动越来越多,在2018年5月,梁志杰被香港社会企业研究院授予荣誉院士职衔,他还担任了香港广州社团总会副会长兼常务会董、香港花都乡亲联合会第二届会长、香港侨港花都同乡会永远荣誉会长及副主席、香港上水花县会馆永远荣誉会长及主席、广州市侨联会常务副会长、花都区侨联会常委、香港华商慈善基金会副主席、香港华商会副会长、香港警察员佐级协会创建人暨退役同僚联会名誉会长、香港新界古洞联凤互助福利会名誉会长等职务。

  梁志杰谦虚地说:"我个人做了一点工作,比起成功人士,真的不算什么。香港同胞要和祖国人民一起,团结一致,爱港爱国,把穗港两地、大湾区建设好是我的责任,也是我的机遇。"

赤子情怀 永系花都

——记广州市荣誉市民、香港同胞梁国梓

2002年3月28日,花都侨联举行大厦落成暨花都大酒店开业典礼,这是广州市荣誉市民梁国梓投资1300多万元装修开办的集饮食、客住、商务、娱乐为一体的三星级酒店,也是花都侨联及政府部门接待海外侨胞的重要场所。

花都饮食业竞争激烈,在花都经济中心逐渐向新区转移的情况下,仍然在老城区的侨联大厦斥巨资开办大酒店,是要冒风险的。然而,了解梁国梓的人都知道,这恰恰是他的情结所在。

梁国梓在政协会议上发言

乡村阿牛

1942年,梁国梓出生在花山镇平山村一个普通农民的家庭。时世动荡,出生后,父母给他取了个小名叫"阿牛",希望他在苦难的环境下,能平安长大。以至后来他事业成功,家乡人仍然亲切地叫他"牛哥"。

梁国梓父亲早逝,留下两个孩子与母亲相依为命,懂事的梁国梓早早就学会下田插秧、赶牛犁耙。让他刻骨铭心的是舂米碓,那是孩提时候超负荷的粗重活,他咬着牙拉碓绳舂米,汗水和泪水湿透了全身,生活的重担过早地压在还是个孩子的梁国梓身上。正是那艰难的岁月,培养了他刻苦耐劳、不屈不挠的性格。

1956年,14岁的梁国梓为求生计到香港投靠舅父,半工半读地念了几年书后,便开始学做肉食生意。几年之后,稍有积蓄,与堂兄弟梁国章于1965年开办烧腊店,从烧腊店到开餐厅,生意蒸蒸日上,在香港连续开了8间分店,他的成功为当时香港饮食界所瞩目,他被行内一致推举为港九烧腊总会会长。

最早回家乡投资

1979年,中国内地改革开放,梁国梓是第一批回家乡投资的香港实业家。当他回到家乡

投资时,感慨地说:"我是个放牛仔,在这片乡村土地长大,还是离不开这个'家'呀。"

他动员他的同伴一起将香港的长江电子厂引进当时的新华镇(今新华街),并与花县对外经济委员会合办花县电子厂,该厂成为花都最早的"三来一补"企业和外向型企业之一。当时作为新兴的高科技电子产品工厂进入内地,他们走过了艰难的岁月和辉煌时期。后来,梁国梓又引进瑞士一家生产手表的公司,成立广州宝花电子有限公司,出产新兴的石英表,建起了4500平方米的五层工厂大楼。该企业成为花县的明星企业,曾为花县创造了良好的经济效益和社会效益。梁国梓像一头老牛,为家乡的事业辛勤耕耘。

梁国梓把自己的感情和事业与家乡的父老乡亲连在一起,他不但关注家乡的发展变化,还身体力行,处处给予关心支持和帮助。1984年,他看到母校观明小学年久失修,当即向学校捐资,用于修建和扩建校舍,增添教学设备。后来他又再捐资支持观明小学的办学经费和奖教奖学。对家乡平山村,他多次捐资改善村道建设和村委会办公条件。20世纪80年代,花山镇筹建敬老院,梁国梓捐款购物。每到新春,他回到家乡一定到敬老院慰问老人。1984年,他出钱组织全村60岁以上的老人逛羊城,这对于长期生活在乡村的老人来说可是稀罕事,梁国梓带他们到省城参观乡亲胡应湘建设的中国大酒店、白天鹅宾馆等大型建筑和珠江新气象,并请他们吃饭话家常。赤子情深,由此可见。

1986年,家乡进一步改革开放,华侨回乡和回国投资的商务往来日益增多,家乡的环境需要改善,梁国梓再次捐资20万港元,添置空调设备、床上用品、清洁用具给侨联会华侨招待所和当时的县委招待所改善接待条件。此时是改革开放的早期,万元户属于稀有成功者,梁国梓给家乡捐资累计已上百万元。1994年花都区举行第一次教育基金万人行,梁国梓代表港澳乡亲发言,号召华侨港澳同胞团结一心,共同为家乡的教育事业出钱出力。那天,他又捐出10万元给花都教育基金会,再次表达了他对家乡人民的热忱。

创花都美食品牌

1986年,梁国梓把生意扩展到加拿大,先后在加拿大蒙地利尔、多伦多等地开办中餐馆。身处异国他乡的他感到不习惯,当他看到家乡改革开放后,面貌日新月异,感到由衷喜悦。于是他从加拿大再返回家乡,参与到家乡的建设行列。他在新华城区中心新落成的当时最高建筑胡忠大厦购买了3层楼,在14至16层开办了独具特色的高层饮食"花都大酒楼"。1992年,花都大酒楼正式开业,成为全县(花县于1993年撤县建市改为花都)"最高食府"。花都大酒楼的成功,带动了花县饮食服务业的改革、进步和发展,推动了第三产业的兴旺发达。花都大酒楼也由此创出"花都口味"的美食品牌。

1984年,梁国梓被推举为当时花县第二届政协委员,此后,他一直致力于联络和团结花都的旅外乡亲,推介花都,引导海外乡亲回乡投资、兴办公益,以务实

花都大酒楼

的态度,沟通信息、知情出力,做政府与海外乡亲的桥梁。

梁国梓作为政协港澳小组的组长,与副组长黄苏紧密配合,提议将港澳政委员发展到各镇,这样和乡亲的联系会更加广泛。他又亲力亲为组织港澳委员座谈、收集意见,向政协提供信息和反映情况,提出合理建议。他以花都大酒楼为基地,领头组织港澳委员乡亲"大食会",这就是他最初提议并积极推进组织的,这也是花县港澳乡亲联谊会前身。梁国梓和其他的港澳委员一起,真正以主人翁的态度,积极参政议政,他的表率行为受到各方面的好评。

情怀依旧

梁国梓(左)支持花都侨联扶贫济困献爱心

1994年,梁国梓被授予"花都市荣誉市民"称号,后来又荣膺广州市荣誉市民。随着国内改革和建设事业的发展,梁国梓的生意逐渐向内地发展。他到南京开发房地产,并先后在南京、福州和北京开办酒楼。由于精心管理、经营有道,均取得成功。然而他还是思考着一个问题:我还要为花都人民再做点什么呢?

原来胡忠大厦内的花都大酒楼经过多年的营业之后,因为要加强消防等原因,已经停办。而花都老百姓对花都大酒楼的高度认可和怀念之情,使梁国梓深刻地感受到家乡人民的情谊,他决定重振花都大酒楼的风采。

2000年,花都新侨联大厦十层大楼落成剪彩,这是在侨联会旧址上重建的。这块地早期由海外华侨捐钱购买,它凝聚了花都老华侨和历届侨联委员的深情和心血。作为花都侨联的老朋友,梁国梓与花都侨联早就结下不解的情缘。他了解到花都侨联要在新落成的侨联大厦开办一个有一定档次的酒店,使之成为花都侨联乃至花都区联络接待侨胞的基地,但招商难度大。梁国梓说:"侨联大厦建起来不容易,应该把它办好。"但是要办好一个上档次的酒店,又受周围环境和停车场的条件制约,实在不容易。梁国梓经过综合考察,咬咬牙承接了这个项目,一签15年。梁国梓经过半年多的协调,理顺关系,克服困难,租赁停车场……斥巨资1300万元装修,在2001年新春到来之际,这座按照三星级酒店标准装修的花都大酒店开业了。试业期间,老顾客、新朋友纷纷登门贺喜,再一次品尝花都大酒楼的美食美味。

花都大酒店自2001年开业以来,一直是花都侨联以及花都海外联谊会的接待基地,迎来送往的华侨、港澳同胞把这里当成是自己的家,花都美食、喜庆筵席、宾客盈门,为花都的饮食旅游业和经济发展做出重大贡献。

2008年,梁国梓因心脏病突发去世,他为家乡所做的贡献将永远被花都人民铭记。

(本文2002年与王伯荣合写并发表于《广东侨报》)

造福桑梓 情满巴江

——记花都市荣誉市民、香港同胞袁树荣

袁树荣，曾是花县工商联合会副主席，连续两届花县政协委员，花都市荣誉市民。他不但事业成功，还支持家乡建设发展，热心捐资赠物，谱写了一曲爱国爱乡的篇章。

袁树荣

寒门少年 不屈不挠

袁树荣祖籍赤坭镇黄沙塘村，1928年在香港出生。袁树荣的父亲袁社鸿是最底层的打工族清洁工，生养有十个儿女，树荣排行老三。一家人生活的担子压在父亲肩上，母亲外出帮人做工，以帮补维持家计。因此，袁树荣在12岁那年小学毕业后，便辍学回家，过早地走向社会，与父母共同挑起家庭的重担。

1941年，香港沦陷。为避战乱，父母携兄弟姐妹一家返回赤坭镇黄沙塘村老家，一家人又转回靠种田为生，收成只能望天打卦。遇上天灾横祸，农作失收，连煲粥糊口都成问题。一次父亲在农活中被洪水冲走受伤，几乎失明，全家生活陷入困境。于是，十几岁的袁树荣开始跟着大人走三墟（做异地小买卖），从清远民安、石角、兴仁等地采购松香脂及面粉之类的杂货，回家乡设档摆卖，以维持一家人的生计。

1945年，日本战败，香港劫后余生，袁树荣随父母在乡下经营了几个春秋后，重回香港。面对战后的残局，香港行业萧条，百废待兴。何以生存？年轻的袁树荣心里琢磨：深造不成，高就不得，芸芸众生，没有一技之长，难以立足。于是他开始了学徒生涯。当他回想起少年时的艰辛与磨难，袁树荣感慨万千说："少年时期的艰苦磨砺，成就了我的意志，为后来打下了事业的根基。"

德遇贵人 事业启航

机会是留给有想法和有准备的人。开始，他跟小姨学做小生意，无论是再苦再脏的活儿，他都力接不拒。从早到晚，没有假日，有时候同时干着几种不同的行业，以搏升斗。不久，又跟随叔伯兄弟一起做起了单车租赁和兼营修理的摆摊生意。袁树荣刻苦勤勉、不怕吃亏的好品质，给同在摊档旁开设小食店的店家老板娘看在眼里，喜在心上，常常对袁树荣赞不绝口。这位店老板娘启发袁树荣自己创业，给他指点。当她了解到袁树荣家穷，拿不出本钱的时候，她问袁树荣要多少钱，袁树荣说要1000多元。老板娘二话没说，当即表示愿意资助他1500元经费给他做生意。这位店家老板娘后来成了袁树荣的契娘（干妈）。从此，袁树荣开始了他的小本生意业务——荣利车店，当了个小老板。

袁树荣利用契娘资助的本钱购买了近10部单车，独自干起了租赁单车并经营维修的生意。得到朋友相助，袁树荣生意顺利又租了间小商铺，兼营杂货士多店。自己又考取了小车驾照。他把生意交给家人管理，每天起早摸黑开"的士"，月薪可达300元。1954年他又考取了大货车驾驶牌照，和朋友合伙开了一间运输公司，承接货运业务，从此，事业蒸蒸日上。袁树荣并没有因此而满足现状，1958年，袁树荣又考取教练执照，教人驾驶汽车。1959年，袁树荣被介绍到一家代理英国汽车的公司，从事推销外国汽车业务，他的事业空间更大了。在此期间，他在日本丰田汽车公司推销汽车业务中，由于诚实经营，讲求信誉，被丰田汽车公司吸收为协会会员，并授予纪念金牌。

情深义重 美满姻缘

袁树荣凭着他真诚的品格与良好的心态，遇朋友投缘，贵人相助，不但让他的事业一步步走向成功，还以人格魅力获得良缘。胡继德小姐出身名门，家族是古董世家，生意遍及香港乃至上海、北京、广州等地。由于未及门当户对，爱情在濡忍中慢跑。他们互相鼓励，对袁树荣来讲，这更是一种巨大的动力。由于他的坚忍不拔，加上女朋友的支持鼓励，终于，在袁树荣成为日本丰田汽车会员成员这一年，他与胡继德结成连理。

身边有这样一位知书识礼的名门淑女，袁树荣觉得自己是世界上最幸福的男人，感恩上天对他不薄，爱情事业，福喜临门，更激励了袁树荣的奋发向上的精神。1974年，正当他一手创办的适行汽车服务公司成立不久，碰上了全港经济衰退，受金融灾难影响，本来顺景的事业顿时陷入

袁树荣夫妇

低谷。经营二手汽车业务受到巨大冲击，经济损失惨重。面对挫折，袁树荣没有气馁，而是迎难而上，密切与供货方联系调整经营策略，稳步投入，使生意从低谷中走出来。1980年，内地全面改革开放政策也给香港带来机遇，袁树荣审时度势，及时向日本大量购进质优价廉的二手汽车推进国内市场，还经营全新汽车。他的生意再次进入了一个新的里程。袁树荣夫妇有三个子女，均成家立业，生活幸福。

袁树荣待人真诚乐观，重乡情。1987年，有一次袁树荣从家乡侨务工作人员手上接过一份礼物，那是一盒包裹严实的录音磁带。细问，才搞清楚原来这是一份乡人的家书，是香港演艺名人徐小明的家人所托付的特殊的家信。原来徐小明也是花都同乡，他的老家就在三华村，因为历史的原因，徐小明和他的兄弟一直没有取得和家乡的联系。在家乡三华村，徐小明还有一位年逾古稀的叔叔徐木基以及他的家乡亲人。徐木基曾多次写信联络，但是没有结果。这一次徐木基使用录音磁带亲口录制家世和村史，并附上珍贵老照片，告诉徐小明和他的兄弟，呼唤他们回家乡走走。袁树荣接过这份厚重的家书，深有感触。回到香港之后，袁树荣和妻子胡继德商量，想办法联络到香港演艺名人胡枫，几经周折把家书转交到徐小明的手上。随后袁树荣跟徐小明成了好朋友，也出现了1990年徐小明第一次带着家眷回家乡的动人情景。后来徐小明又带着兄弟姐妹回家乡寻根，多次参加家乡的大型庆典活动，在花都撤县建市参加演唱会等，徐小明后来还成为花都区政协委员，这都是因为袁树荣的牵线搭桥。

还有一次，袁树荣得知香港女督察宋丽芬在家乡赤坭镇设立奖学金的事迹，但由于宋丽芬很少与家乡联络，对家乡并不了解，于是他主动打电话联系宋丽芬，向她介绍家乡的情况，并介绍宋丽芬加入花都侨港同乡会。宋丽芬退休后担任同乡会董事并成为骨干，她把剑岭小学奖学金制度坚持30年。

造福桑梓　大爱无边

1991年，袁树荣回家乡探亲，当他走进赤坭医院时，面对日久失修的低矮诊室、残旧不堪的住院部以及落后的医疗设备，他非常感慨：赤坭镇有六万多常住人口，简陋的医疗条件不能解决家乡人诊病难的问题。袁树荣返港后，和妻子胡继德以及子女商量帮助家乡建医院的事。胡继德在香港读书时曾在圣约翰救护队工作（当时称社会义务救生队），当她听到丈夫说要帮助家乡建医院，当即表示支持，并很快商定了捐资150多万元的计划。

经过两年多的筹备，医院大楼终于破土动工。为了医院大楼早日落成，袁树荣夫妇及其子女不辞劳苦，坚持每月数次返乡协助解决在建中的各种问题。1996年2月，建筑面积5500平方米的医疗大楼落成了，医疗大楼以其父亲名字命名为"社鸿楼"。"社鸿楼"落成之后，袁树荣对医院更加关注，一次，袁树荣与胡继德进医院，了解到一些病房没有空调设备，看到病人在摇扇子，他笑着对夫人说："这些你来帮助搞掂好不好？"不久，妻子便向医院送来了三台空调机。

为了进一步改善和提升医疗条件。袁树荣夫妇返港后联络发动香港乡亲为家乡医疗事业出力。他还穿针引线发动港商及乡亲50多人，为医院捐款14万元，捐赠美式不锈钢

袁树荣1993年捐建的赤坭镇卫生院（社鸿楼），2017年外墙经过翻新装修

病床12张（套）。在袁树荣夫妇带动和影响下，香港浸信会医院捐赠了病床80张及一批餐台、床头柜、X光机等。据统计，袁树荣对花都资助过的单位有侨联会、统战部、公安局、工商联、市儿童福利会、黄沙塘村、敬老院、学校等，累计金额超过200万元人民币。他是第一个为花都捐汽车的港商，先后捐赠各种汽车15辆。他的长子袁启仁在家乡举行婚宴，把全部礼金捐助给花都儿童福利会。1989年，袁树荣当选为花县工商联合会副主席，1990年起又连续两届被推选为花县政协委员，1993年起任赤坭医院名誉院长。1996年，花都市人民政府授予他为荣誉市民称号。

2019年3月20日，袁树荣因病去世，享年91岁。

梦呓乡语 仍是故土
——记花都市荣誉市民、香港同胞黄苏

黄苏是花都市政协港澳委员,他真诚豪爽,待人友善。他关注花都经济发展、社会民生。他不但提出好的建议和意见,还身体力行参与支持家乡建设,是助力家乡发展的热心人。

少年艰辛 香港起步

黄苏,炭步镇坳头村人,1933年出生于广州。在九兄妹中黄苏排行第八,因此大家亲切地叫他"八叔"。黄苏的父亲早年在广州海珠市场经营鱼档小本生意维持家计。1937年日军全面侵华,次年广州沦陷,父亲被迫带着全家返乡,再度靠农耕种养维持生活。黄苏七岁时,进一私塾读书,几年后,由于家境困难而辍学。12岁到广州一间鞋厂当学徒,后又转回海珠市场当鱼档杂工,以微利补贴家用。小小年纪,就饱尝人生的种种辛酸苦辣。

黄苏1955年到香港谋生,从家乡出发时,他身上只带了四元钱,在购买车票及途中吃饭后,到达香港时只剩九毛钱。他起初在香港,举目无亲,全凭勤奋努力、诚实好学,有了立足之地,尽管每天只能赚两元钱。

他在耀昌肉食公司打工,很快就熟悉了鱼档的业务,第三年,他被提升为"买手",即采购员,他积累了丰富的鱼类商品购销业务经验,还积蓄了事业的起步资金。1961年,黄苏与人合股在香港九龙油麻地开办了一个鱼档,由于他勤奋和诚信,事必躬亲,赢得顾客信赖,他开办的鱼类水产批发市场越做越旺,不断扩大。

经过十年积聚,黄苏从小规模合作经营,发展到独资经营,并开办了颇具实力的鱼货批发市场,成为业内的佼佼者,他因此被推选为九龙鱼业商会会长、香港水产商会理事长和会长。

家乡进步 是我的满足

黄苏说:"树高千丈,落叶归根,能为家乡做点事,是我的满足。"

黄苏是最早一批回乡投资建设的香港同胞。1979年,他回乡看到破旧落后的村庄

后，主动向村镇干部提出，要资助家乡坳头村改善村容村貌。他先后两次捐资修筑村边水渠、村前牌楼、铺道路、建凉亭，还帮助村兴建自来水工程。为活跃乡村的文化生活，他还捐赠了一台当时农村稀缺的二十寸彩色电视机。在黄苏的关心下，坳头村的面貌发生了很大的变化。

黄苏关注炭步镇卫生院的建设。1987年，他了解到卫生院缺乏必要的医疗设备时，向卫生院捐赠了一台超声波仪。1990年，他又发动旅港同胞，一起合资为卫生院购置了一台B型超声波仪。当他听说卫生院急需购买一辆救护车时，他又四处奔波，联系有关部门，搞批文、办手续，及时从香港为卫生院购进了一部救护车。卫生院易地重建后，住院部病房少、地方窄，远不能满足乡亲住院看病的需求。1992年，他又慷慨解囊15万元人民币，资助卫生院兴建了一幢高两层、建筑面积为492平方米的宽敞明亮的住院楼，并定名为永福楼。1989年为筹建胡忠医院，他捐资三万港元。20世纪80年代初，黄苏为炭步镇政府和县侨务部门捐赠工作用车各一部。1990年捐资二万元人民币改建炭步敬老院，随后又捐资三万元人民币给炭步镇政府兴办其他福利事业。1989年，黄苏向炭步镇政府建议，在炭步镇建一座华侨大厦。为此，他首先带头捐资八万港元，并主动联络旅港同胞，为兴建华侨大厦集资15万元人民币。他还先后两次捐款数万元，与其他港胞一道为花都市政协购置工作用车和空调设备。1994年5月，花都市举行首届教育基金万人行活动，他分别以个人名义和永福房地产开发有限公司的名义向市教育基金捐资共24万元人民币。十几年来，黄苏为家乡捐资捐物达100多万元人民币。

黄苏带领广州醒狮团回乡贺岁

心之归属　还是家乡

看到家乡各项事业发展，黄苏有了在家乡投资房地产的想法。他以占三分之二的股份与花都永发综合开发公司合作，经过几年的努力，他成功了。

永福大厦，是建设北路一幢高17层的建筑，总投资4000万元人民币。大厦占地七亩，建筑面积28000平方米，是集住宿、办公、娱乐、购物为一体的综合性大楼。

永福大厦的建成，标志着黄苏在房地产经营上有了一个成功的开始。黄苏推出永福大厦楼房的方法有别于其他的地产商：大厦将近落成时才发售。他说："回乡投资我一定要重信誉，整座大厦建起来了，才能让客户购买时更有信心，自己心里也踏实。"黄苏还与花都经协发展总公司合资，在原公益村附近开发占地四十多亩的锦绣花园生活小区。

多年来，黄苏用心做事，用心爱家乡，他常年往返于家乡与香港之间。为了家乡的发展，他积极发挥牵线搭桥、联络港胞的作用。他深知，个人的力量毕竟是有限的，建设家乡，必须要靠海内外广大同胞的齐心协力。他多次邀请家乡各级政府有关部门组织人员到香港，到先进企业去参观考察；主动与乡亲和各界友好联络乡谊，增进了解。一些以往疑虑较深的同胞，在黄苏的努力下，也纷纷回乡探亲访友和考察，他们都为家乡的教育、卫生、敬老、修路等公益事业捐资出力。

黄苏在家乡兴建的永福大厦

1984年6月，黄苏被推选为花县政协委员，1993年又被选为花都市政协常委，他还是花都市政协港澳组联络人、花都市海外联谊会副会长。他尽心尽力，尽职尽责，积极发挥参政议政的作用。十多年来，他为家乡的建设和发展提出了不少建设性的意见和建议。1992年初，在县政协会议召开期间，他向县政府提出建议：大力发展房地产业，投资兴建娱乐设施，加快第三产业的发展，以改善花县的投资环境，加速花县的经济发展。他的建议引起了县领导的高度重视，实践证明，该建议确实对花都经济的腾飞起到了积极的作用。为了表彰黄苏对家乡所作的突出贡献，1996年6月，花都市人民政府授予他"花都市荣誉市民"称号。面对荣誉，黄苏表示：将一如既往，竭尽全力，积极支持家乡的经济建设，为花都各项事业的发展做出新的贡献。

1998年，黄苏去世，花都人不会忘记这位赤子，不会忘记他的家乡情怀，不会忘记他对家乡所做的贡献。

魂牵梦绕 梓里情深
——记香港实业慈善家、花都市荣誉市民利坚

利坚

1996年，利坚被推选为花都市荣誉市民。花山人说："坚叔当选荣誉市民，当之无愧。"为表彰利坚热心家乡教育的事迹，1993年2月，在广州第三次华侨港澳同胞捐资办学表彰会上，黎子流市长向他颁发了"兴学育才，情满桑梓"的牌匾。由此，人们看到了一个奋斗、践行、慈善、大爱的利坚人生。

自强不息 创业维艰

利坚是花山镇新和村人，1923年出生，早年因生活贫困随父母远渡南洋谋生，抗战前夕回国读书。抗日战争爆发后，利坚和沦陷区的少年儿童一样，被迫转移到抗战后方，就读于曲江第三中学。他目睹日本帝国主义对中国人民的残害，家乡亲人妻离子散、民不聊生。他义愤填膺，发誓要奋发图强、报效祖国、造福人民。

抗战胜利后，利坚到香港谋生，他当过搬运工，做过小商贩，妻子在工厂当绣花工，夫妻俩省吃俭用小有积蓄。1947年，夫妻俩合力创办了一间小型制衣厂，这是香港制衣业发展的早期，工厂由无到有，从小到大。敏锐的利坚看到了服装行业的发展对绣花工艺的需求越来越大，他决定把制衣厂转营车花工艺，创办了"知行车花厂"，专营手动车花业务。由于香港几十年稳定发展，经济日益繁荣，而制衣绣花业亦为适销对路行业，因此，知行企业亦不断发展，形成规模，在行业中奋进，在商海中挺立30年。

20世纪70年代，是香港工业高速发展时期，富有车花经验的利坚把眼光放得更远，他预测，随着社会的变革和发展，社会生产各行业的机械化、自动化程度不断提高，向高新科技进军是必然出路，于是他更新设备、改良技术、扩大发展。

1977年，利坚经营的"知行车花厂"从日本引进了百灵达电脑绣花机，手动车花厂被改造成"电脑绣花厂"，从此，生产规模和产品质量成倍提高。1979年，利坚获得日本百灵达电脑刺绣机在中国内地、香港、澳门的总代理权，为其以后事业的继续发展奠定了基础。

1980年，利坚创立知行机绣厂有限公司，随后在澳门创办凌玉电脑机绣厂。内地实行改革开放后，利坚看到国门打开，他深知祖国是个农业大国，其工业科技亟待发展。他觉得，除了开辟中国市场外，作为一个中国实业家，有责任把世界高新科技引入内地。当时，广东珠江三角洲地区制衣业蓬勃发展，已成为一个支柱性产业，于是1984年，利坚在广州组织了一次高新科技电脑绣花机械展销会，在会上，他极力向国企推介高新科技及其生产设备，为全面进入中国市场奠定了基石。1989年，利坚再创办百灵达电脑机械（中国）有限公司，该公司同时兼办代理从中国台湾引进"骏隆"圆筒针织机业务，公司业务在当年迅速遍及中国多个主要大城市，广州、上海、北京、沈阳、福建、青岛等地都设立了办事处和维修中心。

利坚在香港知行公司接待花都乡亲

慈善为怀 泽被耆老

利坚脚踏实地、经营实业，又慈善为怀，时时关注着老百姓，热心各项社会公益事业。20世纪80年代，他加入香港钟声慈善社，并担任该社副社长12年之久，1995年任社长。

钟声慈善社始建于1915年，至今已有上百年的悠久历史，成立初期，以兴办义学、设立泳场、振灾恤难、救济贫困、赠医赠药等为主要工作，随着时代的转变和环境需求，发展成为一所具规模、服务多元化的慈善团体。该社团大力推广安老服务，开办有三间老人中心，一间安老护理院及两间老人日间护理中心。为数以千计的老人提供住宿、医疗护理及文娱康乐等服务，使其得以安享晚年。其中，该社的颜刘比珠老人中心于1986年成立，到20世纪90年代有60岁以上普老会员600多位，该社为香港的稳定和文明作出较大的贡献。1991年至1996年，钟声慈善社为中国华中、华东水灾、华南水灾、云南地震共筹集40多万港元善款，而利坚个人捐出8万港元作赈灾善款。

除此之外，利坚还兼任香港智健游泳会第九届主席，他热爱多项体育活动，尤其是游泳。认识他的人都称赞说：利坚是位冬泳好手，不愧是体育老将。"智健游泳会"创办近30年，每年均组织举办多项体育运动，开展竞赛，利坚是热心的组织者和支持者。

故园情深 匡扶教育

利坚一向宽厚待人，乐善好施，而且对家乡一往情深。1985年，利坚回到阔别几十年的故乡，眼前的一切，旧貌新颜，使他感触良多。由于历史上的原因，利坚过去很少回家，尽管历史经历了风风雨雨，然而，利坚深明大义、不计前嫌，他说："过去的事情已经过去，需要的是现在，国家改革开放了，要国富民强，才有将来。"

利坚与家乡的关系拉近了，此后常来常往。当他了解到家乡经济落后、教育落后的情况后，深感不安，他曾经向村干部详细了解家乡经济发展及办学政策等情况，目睹残旧的校舍和简陋的教学设备，他在酝酿着改造家乡教育的计划。

体校班学生在利坚游泳池训练

1990年，利坚再度回乡，他和村干部及学校校长联系，提出了自己捐资重建新校的计划。利坚首先捐出37万元人民币，并积极联络动员各海外乡亲共同支持家乡建校，经多方努力协作，新和小学一幢标准化的三层教学大楼和教师宿舍楼顺利落成。

利坚青年时是一位优秀的运动员，他一向关注青少年的体育运动。在完善了学校运动场及环境设施外，利坚再次捐资23万元在学校西侧兴建了一个游泳池，并有专用水井和水塔，池水全部由专用水井供应，泳池内设不锈钢扶手，一应按高标准建成。此外，利坚还为全校学生添置了游泳衣，聘请了一名专职体育教师。当利坚看到孩子们在泳池舒展畅游时，他说："让孩子们都学会游泳的同时，要争取培养一批游泳健儿。"这个游泳池被命名为"利坚游泳池"。

1994年，利坚回乡与师生座谈，当他了解到乡村小学没开设英语课时，利坚说：现在国内开放了，世界经济互相影响，英语是一种国际通用语言，很重要，培养人才，让孩子们掌握英语要从小学开始。他建议新和小学试行从三年级开始开设英语课，并主动提出由他出资长年聘请英语教师。由于教学环境大大改善，新和小学教学质量不断提高，连年被市评为"优秀学校"和"教学质量一等奖"。

新校建起来，有了运动场，又有游泳池，又增开了英语课，学校还缺什么？利坚想得十分周到：学校设施要逐步完善，还要维修，要奖教奖学，鼓励师生。于是他又在新和村出资36.5万元兴建了一幢"教育基金大楼"，该大楼面积600多平方米，作为厂房出租和开设商场，所得租金，全部用于改善教学环境，添置设备和奖教奖学，此大楼1995年建成投入使用。

1996年，利坚再次捐资30万元在新和小学旁边兴建一座儿童乐园，为家乡幼儿教育提供优越环境。据不完全统计，利坚为家乡教育事业捐资达130万元，他的义举，为家乡人民和社会各界所景仰。

2000年7月1日，利坚在香港去世，享年77岁。

（本文与刘泳创合写）

爱心助学 传为佳话

——记香港高级女督察宋丽芬在家乡设立奖学金事迹

在香港警署,有一位高级女督察,名叫宋丽芬。宋丽芬是现任花都侨港同乡会董事,她在家乡赤坭剑岭村小学,设有一个"宋丽芬奖教奖学基金会"。近30年来,该基金会一直支持鼓励学子成才,其诚可嘉,其心可鉴。如果是财力雄厚的老板,这样做并不少见,然而,一个普通公职人员能持续不断奉献做好事,那就难能可贵了。

意义不只基金本身

赤坭镇剑岭村有200多户人家,他们大多是客家人,村里有一所剑岭小学,学校有200多名学生、20多位老师。该村民风淳朴,学习风气好。1994年9月5日上午,赤坭镇剑岭小学全体师生隆重集会,举行"宋丽芬奖教奖学基金"第一届颁奖会。宋丽芬专程回到家乡,亲自为1993学年第二学期末考试取得优异成绩的22名优秀学生颁发了奖学金和一批学习用具。在首届颁奖会上,宋丽芬以亲身经历,说明学好文化知识的重要性,使全体师生深受鼓舞。这一年,宋丽芬才38岁,是香港的一位公职人员。

宋丽芬

自1992年设立剑岭小学奖学基金以来,每一年秋季开学的时候,宋丽芬都会跟剑岭学校的师生团聚,为优秀学生颁发奖学金,每年的奖学金额都在一万元以上。另外宋丽芬还给每位老师发过年慰问金,请全体老师吃饭交流。

毕业于华南理工大学的硕士研究生黄志安说:"2001年,我在剑岭小学就读四年级。那一年我得到了宋丽芬奖教奖学基金会的一等奖,这是我人生中第一笔奖学金,也是最难忘的一笔。这种鼓励给我巨大的精神力量,在之后多年的学习工作生涯中,我一直保持这种向上的心态,顺利读完中学、大学、研究生,直到现在在企业工作……"

徐伟新也是在剑岭小学第一届奖学金获奖的学生,他家境困难,收到奖学金后,他更加努力学习,之后他在中学、大学都拿到了奖学金。徐伟新2000年考入兰州大学。2006—2011年留学美国犹他大学,获大气科学博士学位,先后在美国宇航局和科罗拉多州立大学任研究员,并在本领域国际权威杂志发表了20余篇论文。2018年12月回国,在中山大学任教授,主要从事遥感和热带气象方面研究,并教授卫星气象和灾害天气等课程。

从小学生到教授,多年来,徐伟新和宋丽芬一直保持联系。徐伟新说宋丽芬是他的贵人,宋丽芬奖学金对他的影响是深刻的。宋丽芬把香港的先进教育理念带回家乡,她的精神一直鼓舞他和他家乡的莘莘学子。能为家乡做点力所能及的事,是宋丽芬的心愿。

与家乡的不解之缘

宋丽芬的父母早年从家乡来到香港,父亲是机械工程的总工程师(Chief Engineer),宋丽芬有兄弟姐妹六人。

在良好的家庭环境影响下,宋丽芬性格活泼,有正义感。学校毕业后,她有两个选择,当小学老师或当警察。她报考了警察,直接进入警员训练队。天资聪颖的宋丽芬文化基础好,责任心强、工作出色,经过四年的警员历练后,她以良好的工作表现以及优秀的工作业绩,跳过了警长和警署警长,直接考核晋升为督察。五年之后又晋升到高级督察。她说:"我真幸运,是一个命运的宠儿。"宋丽芬在社会服务上声誉良好,受到多项嘉奖。

宋丽芬和剑岭小学学生在一起

20世纪50年代中叶出生在香港的宋丽芬，在20世纪90年代之前，对家乡赤坭剑岭村没有任何认识，从童年到工作，她没有回过家乡。工作多年之后，中国内地改革开放，从媒体和传闻中，她想象家乡的模样，仍然无法形成体实体概念。

有一次，来自家乡的政府官员组团到香港举行招商和联谊活动。这个访问团当中有她的一个堂哥，于是她来到现场，第一次认识了堂哥，这也是她第一次听堂哥描述家乡的情况。她向堂哥提出，我可以回去探望你们吗？作为领导的堂哥笑哈哈地说，当然可以，欢迎欢迎。

宋丽芬真的回家乡了。当时她还在忐忑中拿着回乡证，第一次离开香港踏进广州，她的堂哥来接她，车站见面的一刻，他们热泪盈眶，这是一种亲情的使然。宋丽芬感到自己进入了家乡母亲的怀抱。

堂哥载着她在回乡路上行驶着，树林、竹园、菜地、泥土，一切都很新鲜，转过一处村道，她听到孩子们的读书声。堂哥告诉她，这是村里的学校。宋丽芬问哥哥，我能为家乡的孩子做点什么吗？就这样，在堂哥的引导帮助下，她在家乡的学校设立了一个奖学基金"宋丽芬奖学基金"，这个名字是堂哥帮她命名的。当时，宋丽芬回到香港，想办法筹集了四万港元作为第一期基金的本金，利息用来奖励剑岭小学成绩优秀的学生。

自从奖学基金建立之后，宋丽芬常常惦记着家乡，惦记着家乡的孩子，因此她每年都会回来，家乡慢慢地在宋丽芬眼里清晰起来，她感觉到家乡的淳朴、安静，还有改革开放带来的勃勃生机。

宋丽芬不仅关注孩子的教育，村里改建祠堂和其他的公益事业，她也主动捐赠，并且动员她的兄弟回家乡支持家乡建设。她说：家乡就是我们的根，我们有责任把它建设好。2014年，剑岭小学学生徐剑文患上了淋巴瘤，需要巨额的手术费，原本并不富裕的家庭因为前期治疗已经花费了大量的金钱，已经承担不起手术费用。剑岭小学校长联系上热心慈善事业、支持家乡教育建设的宋丽芬寻求帮助，她详细询问了情况后，立刻在香港帮这个学生筹集了二万多港元治病。

近30年来，剑岭小学获得宋丽芬奖学金的学生已经超过千人。剑岭小学的学生，送走了一批又一批。每一年都有20%~30%的优秀学生拿到宋丽芬奖学基金的奖励，出了不少栋梁之材，宋丽芬为此感到欣慰。宋丽芬赤诚大爱支持家乡教育事业也传为佳话。

慈悲低调 爱心无垠

——记热心扶困助学的香港同胞茹耀荣

茹耀荣

茹耀荣，原新鸿基房地产实业公司的总管。新鸿基在香港地产界有着良好的信誉，郭氏家族从郭得胜开始就信任他、重用他。茹耀荣说："能和他们一起共谋事业，是我一生的荣幸。"

宠辱不惊 率性忠诚

茹耀荣是花东镇竹湖村人，1935年出生。1961年之前，茹耀荣在广州五眼桥一间鞋厂当工人，还在南海橡胶厂当过团支部书记、工会主席。

1961年，茹耀荣约上两个乡亲到香港谋生。他们都在郭得胜旗下的公司打工。茹耀荣从郭得胜所经营的鸿昌百货商行、永业公司做起，一直跟随郭氏家族的新鸿基集团整整50年，直到76岁才正式退休。20世纪60年代，是郭得胜事业开始切入房地产发展的时候。茹耀荣负责公司工程管理，他做事认真、大胆负责、一丝不苟。从材料、钢架、运输、水电、施工、质监，事无巨细，面面俱到。后来他成为工程技术总监，深得郭得胜信任。

1979年，茹耀荣在离开家乡18年之后第一次回到中国内地。当时新鸿基集团参与了广州花园酒店和广州中国大酒店的建设。郭得胜派他回中国，参与恰谈工程项目，曾多次接触叶选平、梁湘等省市领导人，并且成了好朋友。

1988年，茹耀荣一家人移民加拿大，当时新鸿基在多伦多有公司业务，他本想向新鸿基集团请求退休，或者在新鸿基加拿大公司内当顾问，淡出江湖。然而，新鸿基事业高速发展需要人手，就这样，他一直留用到76岁才被允许退休。几十年人生、风风雨雨、起落沉浮。其间，茹耀荣也接触过不少达官贵人、名人巨匠。他不为利益而折腰，不为权贵所动摇，踏踏实实服务半个世纪，可谓宠辱不惊、豁达人生。

慈怀低调　树益乡群

改革开放以后，茹耀荣经常回家乡走走，但是他低调行事，一般不惊扰别人。有一次，茹耀荣走进村里的一所中华人民共和国成立初期建造的老学校，发现学校教学楼经过40多年的风雨侵蚀，早已成为危房。茹耀荣认为培养人才发展教育，必须要有一个良好的教学环境，当时他了解到村里的经济还比较困难时。于是提出，由他出资重新建一座学校。

1988年，茹耀荣捐资34万元重建竹湖小学。当时村干部与茹耀荣商量，想以他的名字命名。但茹耀荣说，不用了，用"竹湖学校"的名字就可以了。当学校落成剪彩的时候，区教育界、侨务部门等各级领导到会祝贺。师生们敲锣打鼓，迎接茹耀荣一行。大会上，茹耀荣鼓励学生好好学习，努力拼搏，将来成为有用的人才，为国家、为人民服务。当电视台、报纸媒体要报道他事迹的时候，茹耀荣说不要见报、不要宣扬，能为家乡人民做点事是应该的。新建起来的竹湖学校占地面积2500平方米，建筑面积820平方米，户外活动场地1600平方米。校内绿树成荫，并有凉亭假石山，篮球场等设施，环境清静优雅，村民弟子从此有了一个安适的环境读书。

为了鼓励子弟上进，茹耀荣再捐出12万元人民币作为学校的奖教奖学基金。学校根据茹耀荣的意愿制定奖教奖学的具体方案，形成教学激励机制，学生的综合素质和个性特长得到了全面的发展。此后多年，茹耀荣还为竹湖学校的师生订制校服。

茹耀荣退休后，回乡的次数越来越多。早些年，茹耀荣回家乡参与敬老活动，他拿出30万元交给村干部，让他们给老人发红包。一开始村里上报长者人数有七八十人，后来放宽年龄下限到60岁，上报人数增加到200多人。茹耀荣爽朗地说："没有问题，你们看着办吧，你们可以定一个标准，不够就告诉我。"村干部带他去见村里的老人们，想让茹耀荣发表讲话，他说："话就不讲了，我唱首歌吧。"

扶困助学　笃力前行

一天，茹耀荣在报纸上看到"兴宁小彩金撑起一个苦难的家"的报道。

1992年秋，出生才30多天的彭彩金被养父母抱养。养母是个残疾人，全家靠养父耕种几分责任田、干些修锁等杂活挣钱养家。2003年，养父不慎摔成重伤瘫痪在床。家里除了当地政府每月40元特困补贴外，几乎没有其他经济来源。老两口担心小彩金以后无人照顾，托人找来小彩金的亲生父母，让他们将女儿领回去。但是小彩金放心不下残疾的养母、瘫痪的养父，她选择留在养父母身边。从此，年仅11岁的小彩金成了这个家庭的顶梁柱，她在养父的指导下学会了配制药水和肌肉注射，每天把一日三餐做好端到二老床前。晚上，为父母烧好洗澡水。上午乘课间操这个空隙，她匆匆跑回家为养父倒屎倒尿、打针、喂药。下午放学后，还要浇菜、挑水、捡柴、做饭、替养父擦身、洗衣服。每天从早上5点干到深夜甚至凌晨。虽然家务繁重，小彩金却从未放松过学业，她从不迟到或早退，学习成绩总是在班上名列前茅。

茹耀荣看了这个报道非常感动，决定帮助这个彭彩金。他说："这么小的孩子能这么懂事,我要资助她,我愿意提供她的全部学费和生活费。"他邀约一些香港的朋友一起,找到了小彩金,看望了她的家。承诺提供她所有的学费,直至到小彩金完成学业为止。

2006年春,小彩金的养父去世,2007年底,养母又辞世。

彭彩金自强不息、尽孝膝前的故事经媒体连续报道后,茹耀荣再次邀约朋友一起来看望小彩金。他们还为小彩金送来衣服、鞋、生活费,还为她所在学校做校服,送各类科技读物的书籍。

《广州日报》2009年8月11日"真情十年系列"回访彭彩金,得知彩金将到兴宁最好的中学上高中的消息,茹耀荣很高兴,跟香港朋友互相约定回内地看望以示祝贺。从2005年至今,他已经七次到兴宁市看望彭彩金了。为了让在山里长大的彩金多见识外面的世界,他们出路费专门托人将彩金接到惠州见面。香港同胞陈俊怀80多岁的老母亲听说他要回内地看望彭彩金,专门拿出5000元托他带给小彩金;爱心读者秦爱华和孙逢亮因故不能前来,每人也拿出5000元托他们带给小彩金。为了鼓励彩金,他们专门在香港做了一个写着"好好学习,天天向上"的励志牌,勉励她早日成才。

看到彩金完全走出了生活的阴霾,健康成长。茹耀荣还提议,他愿意捐助并请求当地政府为彭彩金建一座房子。他捐赠了九万元人民币,在当地政府的协助下,以13万元资金为彭彩金建了新房。

作为团长的茹耀荣(前中)与冬泳团团员合影

彭彩金知恩图报、刻苦勤勉、学习成绩优秀。获得的荣誉有:第十六届亚运会第70棒火炬手;第十一届广东青年五四奖章;2008年广东十大新闻人物;首届广东省十佳自强好少年;全国孝老爱亲模范候选人;广东省道德模范提名奖;感动兴宁十大道德楷模;首届感动梅州十大道德楷模候选人等。彭彩金的故事被拍成电影《孝女彩金》。

看到彩金的成长,茹耀荣感觉自己参与了"授人以渔"的事情,非常开心。

随遇而安 乐享天年

茹耀荣性格直爽、乐观豁达、做事严谨、是非分明。曾经有一位年轻人,应聘到他下属工作。有人告诉这年轻人:"茹耀荣是一个非常严厉的上司，你做不了多久的。"工作后她发现茹耀荣要求果然严格，但是她觉得也学到不少东西，当有一个秘书位置空缺的时候，她向茹耀荣毛遂自荐，没想到茹耀荣一口答应并提拔了她。这位下属说："我跟随茹先生工作多年，非常感谢茹先生让我学到不少为人做事的道理。"

茹耀荣拍着胸部说："我这里放了十几个'架子'，还有一个起搏器。"然而，茹耀荣还坚持游泳，从1965年开始，他一直是冬泳团的勇士，从来没有停止过。多年来他一直担任丽都湾冬泳团团长、冬泳协会的会长。直至现在，84岁高龄、戴着起搏器的茹耀荣仍然是冬泳的老将，从不缺席。

茹耀荣（右）和他养的马

茹耀荣兴趣广泛，有时候他喜欢到马场上走走，还养了一匹高头大马，这也成为他生活中的一种乐趣。茹耀荣的三个儿子，都已经从加拿大回到香港发展，茹耀荣经常和子孙共享天伦之乐。

乡情未了 故土难忘
——记花都市荣誉市民梁荣热心家乡的事迹

梁荣（右）和北兴医院院长在住院大楼合影

"无论时间有多久，无论走到哪里，故乡都是我的梦。"现年85岁的梁荣如是说。梁荣对家乡一往情深，低调行事，不求名利，他对家乡的奉献在家乡人民中有口皆碑。

一

梁荣1936年在家乡花东镇京塘村出生，家有兄弟姐妹5人，父亲在香港做小生意供养家庭。当时家乡没有学校，梁荣要去钟落潭读书。1949年，人民解放军南下广州，侦察队为大部队入广州探路，梁荣主动为这些穿便衣的解放军带路。他带着解放军小部队经过流溪河，绕过当时还有残余势力的敌人控制区。他的行为受到解放军的夸奖，梁荣以此为荣，受到鼓舞。他觉得解放军到来，全国要解放，是件值得向往的新鲜事。不久，广州解放，农村土地改革，梁荣看到乡村的变化，感到好奇而兴奋。

二

1952年，父亲把梁荣带到香港，梁荣没有继续读书，父亲想带着他学做生意，可梁荣对父亲做的小生意不感兴趣，于是另找工作。开始他在一些贸易港口做散工，后来去了一个纺织厂打工。梁荣喜欢玩电器，凭着兴趣，他对这个行业特别关注，后来就开始售卖电器，居然也走出了门路，开始了他的独立创业之路。到二十世纪六七十年代，电器大量进入百姓家，他也从小家电产品逐渐扩大到做大电器、家电经营。他不但熟悉各种家电的性能、维修，还搞好了售后服务，生意越做越旺。

20世纪60年代以后，日本电器进入中国香港，梁荣所创办的电气商行公司成了日本电器的代理。梁荣还到中国台湾、韩国等地考察许多类似的电器工厂，代理相关业务，他的电器商行也不断扩大，从一间到两间、三间、七八间连锁营业，成为行业中有影响的商家。当有了资本的积累之后,梁荣从1972年开始购买物业,同时进入地产买卖的生意。梁荣说:"我不贪心,不冒进,所以生意一直平稳发展。20世纪70年代的金融风暴和90年代的东南亚金融危机对我的生意影响也不是很大,我很知足,也很开心。一年向政府纳税上百万,也可以了。"

三

1978年,中国内地刚刚开始改革开放,梁荣是第一批频繁往返家乡的香港同胞。当时从香港坐车回广州,然后转回县城新华镇,再回家乡北兴镇京塘村,可谓长途颠簸,但梁荣不在乎劳累,他觉得亲近故乡的泥土会觉得踏实。每年清明,梁荣都会带着家人孩子回乡拜祖,每年春节或者敬老节都要回家乡请60岁以上的老人吃团年饭。

梁荣不但对家乡人情深意重,而且真心想帮助家乡改变落后的面貌。20世纪80年代初,他给当时的北兴镇政府捐赠了面包车、摩托车,给村捐赠了一辆五十铃货车,捐赠电视机给村文化室。20世纪90年代初,不少三来一补加工企业进入内地,梁荣在北兴镇投资200万元开办织造厂,生产布匹,带动家乡的经济发展。梁荣被聘为花都工商联合会名誉会长,他为花都经济发展牵线搭桥、不遗余力。他引导香港宜泰有限公司董事长梁明基博士到花都投资2500万元开发火车站商业广场,推动商业贸易和服务业的发展,为花都经济注入活力。

梁荣的家乡京塘村有一个约20亩的莲藕塘,产藕的历史已有200年。京塘莲藕是当地特产(其他地方种不了),每年可挖藕一两万斤,京塘莲藕其貌不扬,又细又长,像树根一样,但十分爽甜,熟食松化香滑,还有药用价值,远近闻名。梁荣回乡,如遇上挖藕的季节,他必定带上一些京塘莲藕回香港作为家乡土特产馈赠好友。

1993年,梁荣回到家乡,看到藕塘塘基破烂而且受污染严重,他十分着急,当即拿出3000元作为挽救京塘莲藕的经费,重修藕塘,修整好的莲藕塘又成了村里的美丽风景。

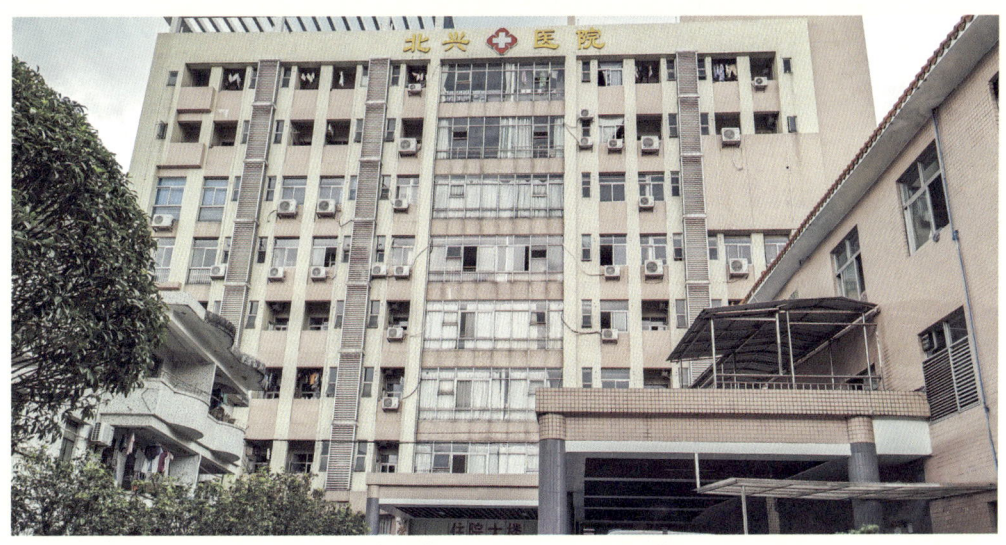

梁荣捐建的北兴医院住院大楼

四

1986年,梁荣看到家乡的小学校舍破旧、窄小,这还是中华人民共和国成立初期村民建起来的村办学校,校舍和设备简陋破落,梁荣深感教育的重要,他亲自到学校了解情况,当他目睹学校课室多有疏风漏雨后,便向村提议学校迁址,并表示愿为重建学校做工作,他带头捐赠五万元人民币。当地政府号召有识之士、企业成功人士共同集资,扶持京塘小学新校重建。

梁荣就学校的选址、设计、布局等问题多次回乡与乡亲们商议。1986年9月,京塘小学新校破土动工,经过一年多的建设,一间校园雅静、教室宽敞的新学校建成了。学校总面积从原来2000平方米增加到7000多平方米,学校建有二层的教学楼、办公楼和附属建筑,开设12个教学班,两个幼儿学前班,可容纳500名学生。

1988年3月28日,北兴镇京塘小学落成。花县各级领导以及教育相关部门、十多位旅港乡亲专程回来参加落成典礼。之后,梁荣还捐赠其他的教学设备,如钢琴等。梁荣在1994年为花都区教育基金捐赠六万元人民币。后来梁荣了解到,本村有困难的孩子不能上学,他又主动捐资5000元用于资助京塘村困难学生读书,减免补贴学生学费。为长久地支持教育,他于1996年与家乡的政府领导磋商,再捐资102万元在北兴镇设立荣业教育基金会。1998年,随着教育事业的发展,梁荣了解到北兴镇要建一所中心小学。于是,富有爱心的梁荣太太谢女士也主动捐出40万元,这样他们用142万元在中心小学建了一栋综合教学大楼荣群楼。在梁荣的带动下,当地企业、社会各界人士踊跃捐输,共筹集420多万元。在1999年,建成设施完善的省级学校北兴中心小学。

梁荣虽然人在香港做生意,但心里装着家乡。梁荣关注到,当时北兴镇的卫生院只有两座危房,他再次捐资100多万元建设北兴医院住院大楼荣群楼。多年来,梁荣在家乡多方捐赠超过400万元人民币。1996年,梁荣被授予花都市荣誉市民称号。

梁荣已经80多岁高龄,但仍然念念不忘家乡,还是每年多次往返香港与家乡之间,他说现在交通环境条件改善了,有直通车,回来一趟比较方便。梁荣有四个儿女,五个孙辈,一家其乐融融。

梁荣捐建的北兴中心小学
教学综合大楼荣群楼

春风化雨 杏檀芬芳

——记杨章瑛秉文经武兴教育事略

杨章瑛（前台就坐者）参加杨屋小学落成典礼

　　杨章瑛，狮岭杨屋村人，民国三年（1914）在家乡出生。其父杨侣瀛是晚清秀才，在乡中任教。杨章瑛童年在本村家塾学堂就学，受父亲影响，饱读四书五经。后至广州读书，考入广东体育专门学校师范专业，毕业后曾任教师。师范班科出身的杨章瑛深知教育的重要性，与教育结下不解之缘。

　　抗日战争爆发后，为保家卫国，杨章瑛投笔从戎。年轻威武、血气方刚的杨章瑛资质良好，行事干练，不久在广东省税警团担任排长。军中服务，纲纪严明，杨章瑛志气高昂，聪明能干，深得上司领导赏识。继而被选送考入中央军校西安分校，学习炮兵军事。民国三十一年（1942）毕业，杨章瑛被派往当时驻昆明的第五军（军长邱清泉）第九十六师第二八六团第三迫击炮营任排长，后被选送美军驻滇干部训练团受训一年，结业后升任连长、营长。杨章瑛曾领兵参加滇缅保卫战,战绩可嘉,升任第十五炮兵团上校团长。

抗战胜利,杨章瑛解甲回乡,曾任花县中学教员,又担任过花县警备大队副队长。杨章瑛秉文经武、忠诚卫国,虽然时局风云变幻,他仍乐观豁达、刚直不阿、情系教育。1945年,杨章瑛看到本村学童仍就读私塾中,感觉十分落后,于是在村中办了两间国民小学,当时学堂就设在宗祠内。第一间在宣义祠,第二间在宣礼祠,学生人数约有500余人,是为村中教育之鼎盛时期。学堂聘请新师资,采用新教材,完全改变了旧私塾教育"卜卜斋"的局面,为大众拥护和称许。

之所以同时开办两间学堂,实是因为杨屋村是个大村,地域广阔、人口众多。追溯杨屋村历史,前名是黄竹坑,较早时此地原是百家姓,后杨氏盛发,始祖杨大庭,宋分四房,有宣礼祖、宣义祖定居本地。旺地家兴,子孙繁衍,人口众多,各姓自行奔远离散,归于本村一姓杨氏,遂得名为杨屋村。杨屋村纵横十余里,至明清时代,人丁兴旺,同气相求,族风淳朴。杨屋村民世代勤劳,又因当时本村地理适当,水源充足,耕种容易谋生,所以大多数人均以务农为本。

其时,杨屋村用于教育子弟的只有二三间私塾,师资不足,教育滞后。当时私塾每间有学生百余人,学生稍长就要出外就读求学。而能创造条件把子女送出去求学者不多。能外出求学的都是父辈财力殷实且有眼光者,这样全村万人之众,除几位学者及大学毕业生之外,好学之士屈指可数。教育资源不足严重制约了村民求学之需求,也制约了人才的发掘。

心怀抱负的杨章瑛继承父辈重教育之传统,开动脑筋,发动老同学等旅外乡亲共谋事业,祈求改变家乡教育落后的局面,因时局动乱不安,事业未果而搁置。

1949年,杨章瑛移居香港,到港后他再次考入葛量洪师范学院继续深造两年,毕业后就任粉岭公立小学校长,直至1977年退休。杨章瑛为人师表,热心公益,一贯乐群服务。20世纪50年代,杨章瑛联合花县旅港邑贤,他们团结一致,在香港组织成立侨港花县同乡会,改组"礼公堂",设立同乡会会所会址,购买物业以求生存发展。杨章瑛任侨港花县同乡会主席,离任后聘为永远会长,同时兼任宗亲组织侨港花县杨大庭有限公司董事长。杨章瑛从事各业,行礼教中庸,秉公办事,有口皆碑。

20世纪80年代,中国内地实行改革,地处

杨章瑛(左四)和乡亲在杨屋第一小学合影

祖国南大门的广州与香港接壤,是改革开放的前沿,大门打开,两地经济文化交往迅速发展。一贯钟情于教育事业的杨章瑛初心不改,去香港30多年,他仍然惦记着家乡的莘莘学子。此时杨章英已年逾古稀,仍然矢志不渝,继续他在家乡的兴教之梦。他想到当年儿童时代,在家乡祯明学校(杨屋第一小学的前身)读书的情景。祯明学校是早期本村旅美殷商乡亲杨祯明先生倡导兴办,杨祯明建好学校后,他把自己的几个儿子杨槎正、杨活正、杨文正、杨嘉正先后送回家乡读书,目的是让他们接受中华文化的传统礼教教育。因此杨章瑛与他们成为同窗好友,结下了深厚的情谊。长大后虽各奔前程,仍鸿雁不断。至此,杨章瑛书信给杨活正兄弟,直陈胸臆说明原委,要求同心协力襄助重振家乡教育,杨氏兄弟见信后立刻大力支持。在美国加州中部中华文化中心任职理事的杨文正还将此事通报文化中心理事,大家纷纷支持,共同为家乡教育献爱心。

杨章瑛回到家乡,与杨屋村委会领导杨千根等策划大事,共同商议成立杨屋村学校建校委员会。杨章瑛全身投入筹备建设学校事业,及至建校委员会诸位委员,皆尽心尽力,苦心筹策,杨章瑛主持建校事宜。开始,建校委员会欲建一所能容纳全村学童就读之大规模学校,可是难择适中校址位置,且村之四周来往过远,儿童上学,走动不便,几经磋商,决定分建两间学校:杨屋村第一小学和杨屋村第二小学,并分步实施。1989年,杨文正与杨氏兄弟捐赠人民币360多万元,用以在家乡塘社垱建杨屋第一小学。

1990年,杨屋村第一小学落成,学校环境设备改善、师资提升、教育成绩斐然。1995年该校被评为花都区一级学校,2001年4月成为全国小学语文"发展与创新教育"课题首批实验学校,2005年通过省一级学校评估。后来杨氏兄弟继续捐资在杨屋一小建设体育馆,分别在长岗中学和杨屋一小建设电化教室,完善学校图书馆等各种设施。杨氏兄弟又捐赠30万元,建设杨屋第二小学。杨屋第二小学也被评为花都区一级学校,杨屋第一小学2018年被评为广州市书香校园和广东省书香校园种子学校。兄弟二校,比翼齐飞。杨氏兄弟捐资建校总金额达到600万元。

杨章瑛一生勤劳,在家乡倡办教育、兴教育才的心愿达成后,晚年的他回乡居住,经常到学校看望故乡的莘莘学子,为学校教学所取得的成绩深表欣慰。

杨章瑛于2003年在家乡去世,享年89岁。

春蚕丝尽 桃李天下
——记澳门女教育家毕漪汶

东南学校毕漪汶铜像

毕漪汶是广东省第六至第八届人大代表；澳门基本法起草委员会委员，澳门基本法协进会理事；第二届澳门特别行政区行政长官选举委员会委员。1988年6月10日获澳门总督颁授劳绩勋章。2003年获得澳门特区政府颁发教育功绩勋章。毕漪汶是澳门东南学校创办人，半个多世纪以来，她辛勤耕耘，默默奉献，像蜡烛燃烧照亮别人，与日同辉为澳门教育事业做出贡献。她同时是广东私立华联大学奖学基金的缔造者之一。

深邃凝思 蕴藏坚毅

毕漪汶，祖籍狮岭镇紫石岗。1924年出生于香港，中小学在澳门就读。曾祖父早年经营玉石发家，后在澳门开办银号、酒店，同时参与娱乐业。父亲毕侣俭是澳门三四十年代巨贾，属于当时数一数二的富豪，毕漪汶的母亲莫翰声毕业于香港懿德师范，自小受到良好教育的毕漪汶温柔善良却不懦弱，这位毕家四姑娘（毕漪汶排行第四）没有按照富豪千金的人生剧本来演绎，她选择了一条独立而艰辛的人生路。

青少年时期的毕漪汶性格开朗活泼，刚上中学时，有件事对她影响很大。有一次，她与一群同学争抢乒乓球桌，结果毕漪汶和她的女同学赢了。输了的男同学愤愤不平地说："你很厉害吗？你老爸是卖鸦片的。"当时毕漪汶听了，心里一直憋着气，在当时的澳门，只要给政府交税，卖鸦片也是合法的。但鸦片毕竟是害人的东西，毕漪汶心里难过，后来她暗暗告诉自己：这辈子不能再向爸爸要钱，一生都要做好人、做好事。

毕漪汶从来不以"大小姐"自居，从此之后，她讨厌人家叫她"小姐"，她会与家里的佣人一起干活。因为她家的水井深，绳子长且粗，打水很费力，她天天帮佣人打水，因此，毕漪汶的手臂锻炼得很有力，甚至后来学校里的茅厕堵塞了，她也亲自去疏通。

毕漪汶读中学期间，深受她尊敬的廖奉基校长的影响。廖奉基（1894—1957），是澳门女教育家,美国麻省大学硕士。1925年在广州创办粤华中学任校长,1927年把粤华中学迁到澳门。抗战时期领导学生教工参加救济工作,推动澳门妇女抗日救亡运动。她一生致力于澳门教育事业,是爱国爱澳的女中豪杰。毕漪汶参加了群学社读书会,接触进步人士和进步书籍,懂得了国家、民族,更了解到教育救国、农业兴国的道理。上大学时,她选择了广东岭南大学农学院园艺系,她勤奋读书,憧憬当一个好园丁。大学毕业后,毕漪汶觉得育人比育园更重要。于是,她毅然改行从事教育,成为培育人类灵魂的"园丁"。

沙漠绿洲 克尽劬劳

1949年,毕漪汶回到澳门,她踌躇满志,准备策划一个实业报国的蓝图。适逢筹办不到两个月的东南学校处于经费拮据而面临倒闭,在母亲的支持下,毕漪汶毅然接手东南学校,任东南学校校长,从此迈入她一生教育报国的道路。1949年10月1日,中华人民共和国诞生,她领导的东南学校,成为澳门葡占时期第一批升起五星红旗的教育机构。

澳门东南学校中学部(左)、小学及幼儿园部(右)

东南学校创立之初,面临诸多困难,首先是办学资金短缺陷入困境,1950年,东南学校财政开支遇到困难,连教室和租金都无法交付。虽然每个学生收费32元,但环境很差,很多学生都交不起学费。毕漪汶卖掉首饰用于支撑财务。母亲知道后,主动腾出位于贾伯乐提督街136号的毕家花园作校舍(即现在的消防队巷8号),并免于交租,以缓解学校资金困难。母亲的这一义举使得东南学校得以继续生存发展。学校财政困难时,毕漪汶将自己到蔡高中学兼职课程的月薪120元和担任家庭补习教师的月薪40元,全部捐献给学校做办学经费,在东南学校开班的前10年,她没有领过一份薪金。

在办学的过程中,毕漪汶特别注重言传身教、以德树人。她刚接管东南学校之时,全校仅有60名学生,学校设有小学课程、预备班、初中速成班,同时亦设免费夜校。由于学生人数少,只得将相近年级的学生合并,采"复式班"教学。1951年毕漪汶得到母亲莫翰声的支持,将毕家后花园(私家地)作为校舍,学校结束初中速成班和夜校,开设幼儿园,集中发展小学教育,"东南中学"更名为东南学校。在老师紧缺的情况下,为了不影响学生学习,毕漪汶以身作则,既任校长,又当老师,她才艺出众,为人师表,亲自担任语文、历史、英语、数学、家政、体育等科目的老师。

东南学校在毕家后花园度过了32年的历程。在学校里,毕漪汶常常带着高年级的学生在花园内种玉米、花生、番茄、蔬菜等,培养学生的劳动习惯,既学农艺,还可以帮补学校的伙食生活。毕漪汶是东南学校的校长,但她像个校工,打钟也是她,任课老师也是她。到了20世纪80年代,学生的人数增多,场地明显不够用,这时候,在澳门从事地产开发的弟弟毕泽驳,在毕家后花园的土地上设计建筑了一栋5层大楼,作为东南学校的新教学大楼。

在毕漪汶的倡导下,东南学校学生德智体群美全面发展。在办学过程中,注重训练学生的动手能力,体验耕耘的艰辛和收获的喜悦。她还带领学生编排演出《果园姐妹》歌剧,在澳门引起轰动。连学生表演的服装,都是由毕漪汶亲自设计和缝制。毕漪汶注重培养学生们的社会责任感。东南学校的老师都以校长为榜样,爱岗敬业;东南学校的学生都像校长一样,爱学习、爱劳动,健康活泼地成长。

博爱施仁 匡扶教育

东南学校自毕漪汶创办以来,笃行慈善,定位为非牟利学校。其校训为:求真,向善,创美,贵和。

在办学之初的20世纪50年代,澳门受到战争余波影响,经济萧条、人气不旺、经济相对落后,东南学校经历前所未有的艰难。入读东南学校的学生大多数来自普通平民家庭,当时有不少学生因为家庭生活困难,交不起学费,对于每一位学生的情况,毕漪汶都认真分析放在心上。她经常去探访学生家长,对于困难的学生家庭,免除学费,以解后顾之忧。自东南学校创办以来,毕漪汶对贫困学生实行免交或者代缴学费的措施。曾经有一姓邓的贫穷人家,四个儿子读书,交不起学费,毕漪汶不收学费让他们完成小学学业。后来其中一位兄弟长大后学有所成,曾担任某世界名牌运动鞋总裁,先后向母校东南学

毕漪汶慰问山区儿童

校捐赠了50万元。毕漪汶说:"他是一位非常热心的校友,我帮他们的时候也没有想过有什么回报,现在他何止是加倍奉还呢。我们现在先把资金存起来,打算在建高中部的时候再使用。"

东南学校从办学之初的60名学生发展到1000多名学生。2001年，东南学校用多年来积累的1000多万元收购位于白鸽巢公园旁的励群学校，成立了东南学校中学部。学校增设了多媒体教室、实验室、图书馆等，为学校创造了良好的学习环境和条件，使东南学校真正完成从幼儿园到高中的十五年一贯制学校。有一位家乡人从内地到澳门，走过贾伯乐提督街，想看看东南学校，跟一位老伯提起东南学校校长，老伯肃然起敬，接着便滔滔不绝地讲起了他自己的故事："我的儿子是毕校长的学生，如今在香港当教员；我的孙子也是毕校长的学生，如今在澳大利亚当记者；现在我的曾孙也在这所学校读书。毕校长为我培养了儿子、孙子、曾孙三代人啊！在这附近有人不知道澳门总督的名字，但是很少有人不认识毕漪汶……"

由此可见，她那半个世纪的心血，从事的事业对当地产生的影响之深。

沧海横流 明月入怀

毕漪汶自创办东南学校，全身投入教育事业。1949年她加入澳门中华教育会任监事，1951年起任理事，初期担任联络员。她不辞辛劳，奔走于澳门每间学校，推动沟通，增进交往，扩大了教育会与会员或非会员学校之联系，增加了中华教育会的影响力。此后毕漪汶被选为中华教育会监事，并于1982年到1994年期间，担任了12年的理事长。在担任理事长期间，毕校长与理事成员一道，团结带领广大教职员工克服各种困难，做了大量的工作，为澳门教育建树良多。1985年毕漪汶理事长代表澳门中华教育会接受"文化功绩"勋章。

2003年获澳门特区政府颁授教育功绩勋章

1997年，毕漪汶把以自己名义注册成立的，她苦心经营50年的东南学校所有财产捐献给社会，交由"澳门东南教育促进会"管理，成为真正的社会财产。毕漪汶一生淡泊名利、乐于奉献、潜心教育、惠泽桑梓的感人义举为世人所景仰。毕漪汶却平静地说：我老了，所有的东西我都不能带走，但可以留给社会，留给后人。

1988年获澳葡政府颁授教育劳绩勋章

57年来，毕漪汶可谓桃李天下，然而她"行好事，办教育"的理念一直没有改变，她培养学生要忠诚、自强、有理想、有技能，还要爱祖国、爱澳门、爱家乡。为了办好中学部，毕漪汶推迟因外伤而导致的股骨坏死手术，坚持每天到中学部新校区视察。每当看到这位行动不便的老人一步一步艰难地爬上楼梯的时候，东南师生便会感到身上充满暖流。毕漪汶以80岁高龄，亲自主持了中学部教师大楼重建的动工奠基典礼。东南学校中学部创立后，她邀请侄子毕子融（前理工艺术高等学院院长）出任中学部副校长。把新的教学理念、文化艺术、创意环保带给了东南学校。

毕漪汶曾为广东省第六至第八届人大代表，每次参加人大会议时，会以主人翁的态度发表参政意见，并受到重视，人大会议结束后会到内地参观考察学习。毕漪汶还先后担任多种社会职务，如澳门中华教育会副会长、澳门教育委员会委员、澳门语言状况关注委员会委员、澳门大专教育基金会总监事长、澳门中华总商会教育顾问、澳门镜湖慈善会董事、中山大学澳门校友会永远名誉会长、澳门花都同乡会副会长等。毕漪汶曾经当选为第二届澳门特别行政区行政长官选举委员会委员、澳门特别行政区基本法起草委员会委员。毕漪汶是最早提出将莲花作为澳门特别行政区区旗、区徽设计理念的人之一，在澳门回归祖国前的过渡期，她以国家主人翁的姿态，积极参与过渡期的事务，行使公民的权利，致力于促进澳门与内地教育界的合作与交流。

春蚕丝尽　感动人寰

毕漪汶不但是卓越而务实的教育家，也是一位慈善家，深受澳门各界人士的尊敬。

毕漪汶曾经和胞弟毕泽驳（澳门花都同乡会常务副会长）一起寻找家乡。后来他们才知道家乡不是毕村，而是狮岭镇合成紫石岗村。毕氏兄弟姐妹在澳门出生，之前从来没有回过家乡。当毕漪汶姐弟在村里的宗祠找到慈父的名字时，他们热泪盈眶：终于找到自己的根了。第一次回来，他们为家乡合成学校捐赠五万元资金，后来又多次回乡捐输，给学校教学环境和设备、学生奖学金等方面给予支持。毕漪汶姐弟对家乡的关心与支持受到家乡父老乡亲的称赞。

1993年12月，毕漪汶向广州私立华联大学捐赠港币11万元，设立"毕漪汶家乡奖学

年逾古稀的毕漪汶（前右二）拄着拐杖和澳门花都同乡会理事慰问花都北兴敬老院

金",奖励私立华联大学中来自花都的品学兼优的学生,以表达她对家乡的一片赤诚。

毕漪汶在命名仪式上讲话说,她设立的奖学基金,不仅要用于奖励品学兼优、有志服务乡梓的学生,还要扶助家境清贫而无力上大学的学生,使乡村的农民子弟能获得接受高等教育的机会,让他们在大学期间学好本领、完善自己,学成之后返回家乡,为家乡建设发挥才智。毕漪汶热切希望她设立的奖学基金能起到抛砖引玉的作用,促使社会贤达、工商巨子关心和支持教育事业,集腋成裘、聚沙成塔。

由于她乡梓情深、德高望重,被推选为澳门花都市同乡会名誉会长、花都市海外联谊会名誉会长。每一年,花都澳门同乡会组织回乡团拜,到敬老院慰问时,毕漪汶都随行而来。甚至她在几乎走不动时,仍然拄着拐杖和大家一起同行。见到乡亲和敬老院的老人,她总是和蔼可亲、笑容可掬,亲自给每位老人送上红包。毕漪汶在教坛上勤勤恳恳,默默耕耘了57年,她终身没有建立家庭,没有子女。

2006年6月7日,毕漪汶在澳门逝世,她走了,走得那么仓促,走得那么平静。没有留下一句话,但是她留下了东南学校,留下了她一生光明磊落的高尚情操,留下了她扶贫济困的博爱美德、淡泊明志的精神世界,留下胸怀坦荡、爱国爱乡的家国情怀。

2006年年底,在毕漪汶离世半年后,东南学校中学部大楼落成剪彩,从此,东南学校迈入一个新的发展里程。为了不忘先贤,纪念毕漪汶校长的丰功伟绩,以励后人,东南学校为毕校长铸了一座铜像。2007年4月24日,澳门行政长官何厚铧和中央人民政府驻澳门特别行政区联络办公室主任白志健亲自主持毕漪汶铜像揭幕仪式。同时何厚铧行政长官还到东南小学小幼部观摩"中英双语,智力三促进"教学改革的回报课。

澳门首任行政长官何厚铧(左二)为毕漪汶铜像揭幕

大半个世纪,东南学校誉满濠江,桃李遍天下。

怀念毕漪汶校长

投身教育在江湾,半世耕耘历万艰,
沥血求真思锦绣,披肝务实见斑斓。
澳门回返终圆梦,议会担当不改颜,
巾帼熙柔行大道,春蚕丝尽感人寰。

初心不改 百折不挠
——记澳门花县同乡会创会会长毕根

毕根祖籍狮岭镇，20世纪70年代，毕根从柬埔寨回到澳门，40多年来，他艰辛创业、务实开拓，在澳门的建筑、装修、地产业创立了澳门"永艺"品牌。澳门对于中国内地来讲，被称为弹丸之地。不少商家觉得这个地方小，没什么大发展，所以他们选择离开这里，到香港或者其他地方。但毕根并不这样认为，在他看来，澳门就是他的第二故乡。

海外漂泊 白手起家

毕根（左）和澳门前财政厅长李慕士（花都籍）
参加花都庆典活动

毕根1942年出生于柬埔寨，兄弟姐妹八人，毕根是大哥，由于兄弟姐妹多，父亲又沾染了酗酒的不良习气，全家靠母亲辛勤劳作养家糊口。

毕根十多岁就打工赚钱，帮补家庭开销，帮助减轻母亲的负担。他开始学习手工铁业，当时柬埔寨正值经济初级发展时期，铁业是经济建设的主流行业之一。毕根勤恳专注，不见异思迁，学得一身好手艺。后来开始接工程、发展业务。不久，弟弟毕明也弃学回家帮助家庭。兄弟联手，挑起家庭重担，让母亲颇感欣慰。他们的家庭与大多数的东南亚华侨一样，期望有一天出人头地、光宗耀祖。

20世纪60年代初，毕根兄弟联手，在柬埔寨创立了铁业品牌"永艺铁业"，家境日益兴旺。1963年，该公司先后参与了金边坡士东机场、国家戏剧院、中法美三国大使馆、湄公河大桥、皇族别墅、捷克援柬发电厂等大小项目的修建。毕根兄弟的生意也越做越大，步入小康生活。但是好景不长，柬埔寨政治动乱，华侨的事业无法开拓。毕氏家族和众多的华侨华人一样选择离开，他们变卖所有的家产，决定又一次漂泊他乡。毕根作为家庭的主心骨，为了探路，先行一步离开柬埔寨，但他也不知道下一步会流落在何方。

幸运濠江 二次创业

1970年8月，毕根只身来到新加坡，三个月后，在国际难侨安置组织协助下，他从新加坡去到澳门。他初来伊始、举目无亲，为了生活，他找了一间平民客栈住下，第二天就出来找工作。因为他有手艺，一天10元钱工资，慢慢地稳定下来，然后把父母及弟弟妹妹分步接到澳门。

毕根兄弟因年轻，且能吃苦耐劳，原有的铁业手艺使他们得以维持生计。在马场街坊会社团组织帮助下，毕根买了一间木屋，让家人平安团聚。

在澳门，毕根从打工到自谋生意，亲力亲为，所做工程有口皆碑。此时正值澳门地区经济迅速崛起，比邻澳门的珠海市市政建设规模发展，建筑材料的更新与需求在不断增加，原来使用铁材料，后都改成用铝合金。铝合金作为建筑业的主材，门窗大量使用，毕根的生意很快转型到铝合金型材上。他成立了永艺铝铁工程有限公司，并且在中山投资兴建了永艺铝铁制造厂。先后创办了永艺建筑置业有限公司、永艺铝铁工程公司、永艺铝质材料公司、永昌玻璃公司等实业。

20世纪80年代，毕根大胆从香港引进外来的先进生产设备，使安装工程效率多倍提升。他还研发创立了自己的关键技术，比如在铝材铝窗拐弯结合最容易出问题的地方，他通过反复实践，以特别技术，做到衔接合缝绝不漏水。为了把这个特殊的技术专利投入批量生产，他让模具工厂按照他的设计制造出特殊模具，并打上永艺的专号。这个产品涉及售后服务维修，必须要找到永艺牌子的材料才能与之吻合。这个技术的推广，使得工程质量好、进度快。不少建筑商、承包商会主动找永艺合作，永艺品牌的铝材成品迅速占领市场份额，在同行中遥遥领先，形成了良好的产业链。

毕氏兄弟的业务不仅仅在建筑和装修上，还涉及到地产行业的经营与开发。家业大了，兄弟也各有所长、各有侧重，他们分家经营、抱团发展。毕根承建工程，兼营日本、欧洲、新西兰、中国台湾各地建材，参与承建了包括澳门葡京娱乐场、东亚大学、中国银行澳门分行、澳门电视台、仁伯爵综合医院、总统酒店、御景花园等相关业务，在澳门实业界有一定信誉。

他先后在国内组建了南澳铝铁工程有限公司、珠海新艺铝铁工程公司等机构，利用澳门对外的窗口，从海外进口新型铝材，业务走出澳门，走进珠海，进入到广州、惠州，后又到了杭州、上海设立了分公司。就这样，毕根从建筑材料转向地产行业，在澳门从地产销售代理到建筑商进入房地产开发。进入内地先后参与承建了拱北海关大楼、日本珍珠乐园、深圳云南大厦、杭州花家山宾馆、江门东湖宾馆等工程，均以质量可靠、服务优质取胜。

澳门是个小地方，然而也同样跟随着世界经济的脉搏跳动。20世纪90年代，东南亚金融风暴、经济危机、国内宏观经济调控等等，都直接影响他们的项目投资。受东南亚金融风暴和中国内地宏观经济调控影响，澳门房地产业迅速下滑到历史低谷，一些经营中的项目下马。但是，毕根以商人的独到眼光，敏锐地注意到世界电子科技发展的动态，他开始关注高科技电子产品行业，在珠海斗门设立永艺电子科技有限公司，与国外索尼、诺基亚等当时的主流行业合作，与国际接轨。毕根花重金在德国买来机器用于加工生产，所以，他们加工生产的电子产品质量好，生意也越做越旺。

2000年之后，毕根又在珠海斗门成立永艺五金贸易公司、永艺科技发展有限公司。随着国内进一步改革开放，澳门和内地的城市建设在不断推进，毕根涉猎的地产行业也在珠海和中山等新兴城市扎根。

毕根的业务多元化，而且不少项目扩展到国内，两个弟弟一个着力房地产业，一个主管相关工程，三兄弟共享永艺品牌。

团结乡亲　敦睦乡谊

毕根（中）和澳门乡亲参加恳亲大会

1974年，毕根第一次回到家乡，目睹家乡的一草一木，他非常感慨，虽然这时候的家乡还不富裕，但他知道这是他一直以来的梦中家园。他希望为家乡的繁荣进步献出一份微薄的力量。

20世纪90年代，毕根跟越来越多的花县人熟悉了，他们想在澳门组建一个花县同乡会。于是，他联络了澳门的花县乡亲，如梁怀、宋厚章、毕泽驳等一批乡贤，一起商讨建立花都同乡会事宜，他们的想法得到了家乡人民的理解并大力支持。1990年澳门花县同乡会正式成立了，毕根为创会会长。此后，澳门乡亲跟家乡的联络越来越多。

1990年，毕根带领澳门同乡会的乡亲回到家乡，这距他第一次回家乡已有16年。他们亲眼目睹家乡的建设成就，在与家乡领导交谈中，他了解到家乡花县有丰富的建材资源，生产的水泥是全国乡镇企业中的名优产品，他还了解到花县众多产业的发展，共同探讨建材产品出口的可行性。此后，澳门同乡会与家乡越来越密切，花县撤县建市后，澳门花县同乡会改名花都同乡会。每年新春团拜，花都与澳门开展两地交流；蝉鸣荔熟的季节，澳门乡亲会组团回来品尝荔枝；中秋佳节敬老活动，澳门同乡会到花都各镇的敬老院探望老人，为老人送去礼物和慰问金。毕根作为同乡会会长，每次都尽量抽时间参加，或者委托同乡会理事长具体操办。花都澳门同乡会还穿针引线进行两地文化交流。为庆祝澳门回归祖国,花都文化艺术界去澳门开办书画展,产生了很好的影响。

1994年花都举行第一次教育基金万人行。毕根身体力行,带头组织了29位乡亲回家乡参加万人行,大家积极为教育基金捐输。毕根历任花都政协第四至第六届委员,广州市政协第八、第九届委员。他每年都回家乡参加两会,了解花都的大政方针和发展建设,为花都的发展建言献策。

毕根(右二)和港澳乡亲回乡参加庆典

情怀不减 寄望晚辈

毕根从柬埔寨回到澳门创业发展半个世纪,澳门回归祖国怀抱20多年。他们亲历、见证了澳门的回归与发展。现在的毕根已是年逾古稀,他除了照顾自己的生意外,还把更多的精力转移到扶持乡亲联谊会和扶持年轻人的工作上来。

近年来,毕根再次担任澳门广州花都同乡联谊会会长。在过去的几年里,原澳门花都同乡会的元老有不少已被更替,同乡会会务一度低落,毕根再次召集乡亲,共同改组原同乡会为广州花都乡亲联谊会,带领和培养年轻人,配合家乡组织发展青年委员会,让年轻人一起来参与公益事业。

毕根热心社区工作,现为国际(澳门)狮子会理事、澳门广州地区同乡联谊会会董、澳门经济总会顾问、澳门气功太极拳学会名誉会长、澳门花县同乡会创会会长,事务繁多,但家乡情怀不减。

胆识兼备 所向披靡

——记澳门房地产商会会长毕明

毕明

20世纪80年代初,毕明与同行好友一起创立澳门地产协会,现为澳门房地产商会永久名誉会长。毕明在澳门房地产事业上奋斗40多年,事业成功,热心公益事业,是澳门地产界的知名人士。

澳门创业怀感恩

毕明(又名李玉),1949年2月3日出生于柬埔寨,祖籍花都狮岭镇。家人祖辈世居柬埔寨,由于柬埔寨政局动荡,外战内乱,华侨的生存与事业发展受到影响。为了逃离战火,毕明的长兄毕根几经坎坷来到澳门。随后,毕明和家人在1971年举家迁往澳门。兄弟重操旧业,经营装修、铁器工程。他们吃苦耐劳勤勤恳恳工作,让一家人生活有了着落。

毕明在黑沙环开设永艺工程公司。当时正值佑汉新村在黑沙湾兴建,在机缘巧合之下,毕明得以承接了大部分北区之铁闸、花笼、屋邨80%的装修工程,由于服务周到,深得各街坊信赖。其间有大量港客到澳门投资置业,佑汉新村处于新发展区,楼价十分便宜,两房一厅约400港元一呎,售价为15000港元左右,对于港客非常有吸引力。不少人到澳门投资购置物业以求保值,因此带动了建材装修产业链。

参与建设澳门第一个较大规模的屋村,这是毕明走向建筑地产界的第一步。不久,受东南亚及世界金融风暴影响,港澳地产业陷于低潮,楼市下跌,佑汉新村二房一厅的楼价由20000多元下滑至10000多元,甚至跌破万元。毕明在这时候改变了投资策略,变投资开发为选择收购。他果断购进了十多个单位作为收租之用,随后楼价急剧上升,就这样,在市场的变化中毕明又一次成了资本的赢家。

毕明自从柬埔寨到澳门,就再没有离开澳门,他把事业的根基深深地扎在澳门,他爱澳门,就像爱自己的家。

行业领先有担当

毕明立足澳门房地产业经营,从出租、转让、拆旧改建到房地产的开发,一步一个脚印,成长为地产发展商。毕明是个务实肯干,重视细节的人,他关注行业发展,审时度势,稳步推进。

还在工薪阶层努力工作的毕明开始关注地产业的销售,他分析形势的发展,开始尝试进行房地产投资,1975年,毕明在澳门成立永艺地产发展有限公司。

1983年,永艺地产发展有限公司获得南方建筑置业有限公司的信赖,他们合作兴建楼宇"南艺阁",此项目也是当时澳门地产发展的一个较大的项目,开发楼宇有几十栋。毕明凭着他的聪明才智、眼光与胆量,成为楼宇洽购总代理,办理所在项目一切楼宇合约、立契等手续,两个公司合作至2006年。

1982年,毕明与同业陈心雄、林伟等六位同仁,为保障业主与租客权益,规范澳门房地产市场,商会促使政府当局修改租务法,保护房地产业的健康发展,筹备组成澳门地产交易会(后改为澳门房地产商会),毕明任理事长。澳门房地产商会还把行业发展商联合起来,配合澳门娱乐业的扩张发展,开拓澳门本土的房地产业。发展商互相支持,商会代表行业向当地政府提出合理化建议。毕明担任澳门房地产商会会长20多年。

20世纪80年代中,毕明再以合资形式成立恒通置业有限公司、恒益建筑置业有限公司,使房地产业形成开发、置业、服务一条龙的形式。运用该形式投入"帝景苑"的开发建设项目后,果然获得成功。

在经济高速发展时期,房地产业成为市场的主导产业。至1993年,澳门的地产商号500家左右。毕明又联合几位同行,创立澳门房地产联合商会并任会长。该会成立期间,地产业受世界经济危机和国内宏观经济调控影响进入低潮。面对这些困难,毕明和行业领军人士上下团结、适度调整、互相帮助,顺势而为、进退有度,做了大量工作,深得业内认同和社会的赞许。

为宣传澳门,吸引四面八方人士来澳门定居、置业和投资,毕明与香港《星岛日报》在香港会议展览中心联合举办"九八房地产博览会"。随着经济的复苏,来澳人员包括定居人员越来越多,再加上澳门传统娱乐业加大发展,一些大型国际投资集团进入澳门,澳门凼仔桥的开通和澳门凼仔区的开发给澳门发展带来一个全盛的发展时期,毕明再一次抓住了发展的机遇。

毕明先后创建了永艺地产、恒通置业有限公司、恒益建筑置业有限公司、潮州城酒楼(澳门)实业有限公司、永恒物业管理有限公司,亲任董事长总经理。毕明还是澳门地产联合商会首届会长、澳门地产交易会创办人之一。

热心公益献爱心

毕明事业成功,还关注社会公益事业,也担当多种社会团体职务。毕明事业有成、不忘公益。他除了担任三巴门坊众互助会及澳门健步会名誉会长、澳门柬埔寨华侨联谊会副会长、澳门日报读者公益基金会和澳门长虹音乐会顾问等社团职衔外,他还关心社会公益慈善事业，在乡亲中树立了良好的威信。

1995年，他被推选为澳门花都同乡会会长，连任多届。无论是对澳门社团公益或者是对家乡公益慈善事业，毕明总是带头慷慨解囊。在毕根毕明兄弟的大力支持下，澳门花都同乡会的会务得到蓬勃发展，每年组织同乡会到家乡各镇敬老院敬老，慰问孤寡老人，扶贫助困。毕明身体力行，有时候因为事务繁忙，不能亲自回来，他会把资金落实分配好，委托副会长、理事长等代为办理。加强沟通，敦睦乡谊。在花都乡亲中有良好的声誉和影响。

在担任澳门花都市同乡会会长期间，毕明组织实业界回乡参观考察，带领优秀艺术团体回乡义演，丰富桑梓文化生活，支持市侨联会为经济服务。担任花都区政协委员以后，毕明对家乡的事业更为关注，他每年回乡参加人大政协会议，以主人翁的精神建言献策，提出宝贵意见。毕明还重视年轻人的培养，他说，我们年纪大了，要把事业交给年轻人。毕明大儿子毕志健19岁到加拿大读书深造，完成学业之后，回到澳门发展。年轻人有新的思路，面对知识经济时代的到来，毕志健进入广告传播业，毕明接受年轻一代的新思维，让儿子参与策划房地产预售、推广，通过新媒体发挥了极佳的作用。他以实际行动支持侨青会和澳门青年委员会的工作，鼓励后代参与社团，服务社会。

毕明在澳门创业奋斗半生，事业成功，积极参与社会各项事务，成为澳门社会贤达。毕明说，他感谢澳门，感谢家乡，感谢伟大的祖国。

花都市领导向毕根毕明兄弟赠送纪念品

毕明会长（前右）带领同乡会慰问养老院

澳门之鹰 翱翔蓝天

——记"澳门之鹰"的制造者毕泽驳

2010年11月,第8届中国珠海国际航空航天博览会吸引了来自世界35个国家和地区的近600家航空航天厂商携70多架飞机前来参展,其国际化和专业化不容置疑,澳门本土人制造的飞机首度在航展亮相展示,吸引了无数人士驻足观赏,并获得了百名国内外专家、观众好评。这架被称为"澳门之鹰"的轻型飞机的制造者,就是毕泽驳。

祖国感召思报国

毕泽驳是土生土长的澳门人,祖籍花都狮岭合成村。1933年毕泽驳在澳门出生,从祖辈开始,他的家族就是澳门的大富之家。曾祖父是华侨,早年去缅甸做玉石生意发家,回澳门后开了一家银庄,传到父亲手上时,父亲把银号关闭,改开了一家利为酒店,向澳门娱乐业进军,20世纪50年代后转到香港做生意。

毕泽驳在澳门长大,先后在澳门培正中学、岭南中学毕业。1949年,毕泽驳执着自己的志向爱好,去香港远东航空学校读航空工程专业两年。1951年,在新中国的感召下,毕泽驳回内地考大学,到广州的南方大学读书,他是第4期俄文班学员。毕泽驳回忆,当时他们的校长是叶剑英,这是新中国培养国家干部的学校,该大学从第4期开始分科。1951年,中国农村土地改革,毕泽驳的大多数同学去了农村进行土地改革。他是个积极向上的青年,也想去农村工作,但因为毕泽驳是大专学历,在航空学校学过机械工程,有一定的专业技能,因此被安排留校任教。后来解放军中南军区政治部到学校招收军事干部学员,毕泽驳应征入伍,进入中南军区政治部。

按照组织分配,毕泽驳去了河南,这是中南军区最北的一个省,他担任教员教授数理化文化课。当时抗美援朝战争刚刚开始,毕泽驳所在的部队负责招募新兵,并由他们进行训练培养后送往朝鲜参战。抗美援朝战争结束后,在部队任教4年的毕泽驳转业到地方,在信阳地区工业处当行政干部,负责管理信阳地区的工业。1957年,河南省委要在信阳地区建信阳钢铁厂,毕泽驳被抽调去参与筹建工作。这个钢铁厂后来发展到拥有8座炼铁高炉、6000多工人的规模,毕泽驳是工厂的技术骨干。两年后,工厂减员,毕泽驳申请调到广东中山,因为毕泽驳的太太是他南方大学的同学,在中山电影队工作。毕泽驳到中山后,被分配到电影部门的机械修配厂。此后他一直在中山工作,直到1978年举家返回澳门。

这时,距他离开澳门老家,已过了近30年,他在澳门没有任何事业基础,一切从头开始。他凭着自己的技术到电气工程公司打工两年,后来他又开了自己的地产公司,从事拆旧屋、建新房、买卖楼房的生意,他也由此赚到第一桶金,并开始进军房地产开发事业。

青年志向飞机梦

毕泽驳的飞机梦要追索到他的童年。还是在读小学的时候,有一次参与学校的节目表演,毕泽驳的节目获奖,学校奖给他一架手控模型飞机。他对这架飞机爱不释手、玩完又拆、拆完又装。12岁的他开始自己动手做飞机模型,1948年,15岁的毕泽驳曾经代表澳门,去南京参加全国模型飞机比赛,他的模型飞机从发动机、计时器、动力时间计算等均由自己设计制作,获得大家好评,从那时起,他就一直沉醉于飞机制造。所以,1949年,他坚定地来到香港远东航空学校读航空工程专业。

毕泽驳对理工科有偏好,对工程技术也是孜孜不倦。70年来毕泽驳从来没有停止过他的飞机梦。毕泽驳说:"我非常希望能在澳门建一间飞机工厂,别人出钱,我出技术,但是无人理我。澳门是个小地方,不注重工业,澳门以娱乐业为主,可以赚快钱。"对此,毕泽驳并不气馁。20世纪90年代,毕泽驳随子女移民加拿大,他还是无法忘怀飞机梦,于是,他在加拿大考取了私人飞机驾驶执照,数年后回到澳门定居。

毕泽驳感觉澳门的航空航天事业尚处在空白的阶段,于是他像个老顽童,又钻进了他的飞机梦。房地产业是他的工作,不是他的爱好。他在工作之余,腾出很多时间进行

毕泽驳制造的轻型飞机"澳门之鹰",型号CH-701

飞机的研发,他就是想要做出真正能飞上天的飞机。他自己有设计数据、有蓝图、有技术,但是他没有制造飞机的工厂,他到处找人合作。2005年,毕泽驳与志同道合的航空爱好者潘晓雷一起创办了澳门普飞科技有限公司,建立了工场,着手研发小型涡轮喷气式发动机。两年后,成功研发了一台推力6~7公斤的罩轴一级涡轮喷气式发动机,其转速每分钟高达15万转,是当时每分钟只有2万转的小型涡轮喷气式发动机转速的7倍多,他们还解决了发动机在高速运转下的气体力学、主轴转速、动力平衡及主轴轴承材料的耐高温等难题。

该项目成功通过国内外专家鉴定,并获得了澳门科技发展基金资助,成为澳门获该基金资助项目中少见的科技研发产品。毕泽驳透露,至今已收到不少来自内地的订单,他希望有朝一日,这项小涡轮喷气式发动机能够成为被广泛使用的飞机部件。

澳门之鹰飞蓝天

成功研发小涡轮喷气式发动机后,毕泽驳觉得他的飞机梦一定可以实现,于是开始策划整机生产。

2009年初,毕泽驳筹划设计制造一架轻型飞机,他的计划实施得到澳门科技发展基金的鼎力资助。据毕泽驳介绍,他所制造的轻型飞机,发动机由奥地利引入,轮胎及部分零配件购自美国,他本人及助手负责整机设计和机件的制造。但是他在澳门找不到合适的制造工厂

毕泽驳和同事潘晓雷在"澳门之鹰"前合影

和相关的技术工人,也没有飞机制造场地。于是,他到处奔走,在国内同业朋友的介绍下,毕泽驳的普飞科技有限公司得以与珠海雁洲轻型飞机制造公司合作。毕泽驳提供技术,雁州轻型飞机厂提供场地,毕泽驳亲自教授航空工程技术,训练该厂的工人。经过一年多的努力,2010年9月,"澳门之鹰"成功诞生。"澳门之鹰"飞机身长6.4米,高2.6米,内设双座位。作为轻型飞机,以全金属结构的机身制造难度最大,毕泽驳在参考美国相关图纸后,在其主翼缝翼,使飞机的升力得到大幅加强,也使飞机的短距离升降能力大为提升,其最大亮点是无需要机场或者跑道。飞机在起飞降落的时候若是单人乘坐机舱,仅需20米距离的场地,双人乘坐也仅需30米,所以只要有一块较大的平整的空地、沙地或者草坪,飞机就可以安全起降。

毕泽驳介绍,他所制造的这架CH-701型轻型飞机驾驶操作简便、性能良好,最大速度可达180公里,留空能力超过4小时,最大航程超过560公里,最高升限为3500米左右,飞机成本仅相当于国内一辆进口汽车,约50万元,耗油量也与其差不多。

在同期参加中国珠海国际航空航天博览会航展的小型飞机有10架,"澳门之鹰"是唯一一架澳门制造的,它成本低、性能佳、材料好,因而受到高度的关注,航展期间,

每天都吸引数百名来自新疆、内蒙古、东北、山东等地的观众前来咨询洽谈,一位来自四川的金矿矿主更是兴奋不已,说:"这飞机很实用,我想买。"

毕泽驳说,"澳门之鹰"适合很多行业,堪称天空"越野车",是中国内地农林牧业管理、航测、航拍、飞机训练、短程交通、海岸巡防或者医疗救护等的理想机型。他相信,不久的将来,只要内地政府放宽境内1千米以下空域限制,这一类轻型飞机市场必然充满商机。目前这一架"澳门之鹰"轻型飞机在中国内地一个航空俱乐部作为教学训练之用。

现在澳门政府科技发展基金正全力支持筹备两个项目,一是要在澳门再制造一架"澳门之鹰"飞机,由澳门政府科技发展基金收藏;二是要再制造三台模拟飞行器,一架将送往澳门科技馆投入使用,其余两架送往两所学校作为教学活动之用。所以八旬高龄的毕泽驳现在仍然在忙碌着。

家国情怀在心中

87岁的毕泽驳老人,头发雪白,却仍然步履轻盈、耳聪目明、精神矍铄。他还在为澳门的航空航天事业奔走,他不为名不为利,只愿为澳门航空航天科普事业发挥余热。

毕泽驳的心愿是希望澳门青少年明白,澳门人也可以制造飞机。他希望澳门政府能更好地提供条件,引导澳门更多的青少年学习航空航天技术,投身航天事业,成就孩子们的蓝天梦。

毕泽驳的家国情怀不仅仅表现在他对飞机制造的热情上。他是技术型人才,心胸广阔、慈善为怀,他关注航天事业,关注澳门的教育事业,也关注社会公益。

毕泽驳年轻的时候,从澳门回内地读书,参军工作,从来没有回过家乡。毕泽驳提出要去寻根访祖,以前他听说"花县一支笔(毕)",以为自己

毕泽驳带领澳门同乡会
慰问芙蓉敬老院

是毕村人,后来侨务部门干部根据他提供的父辈资料,协同新华镇、狮岭镇进行追踪查证,最后查实他应是狮岭镇合成紫石岗村人。毕泽驳回到家乡和村干部见面,并拜谒毕氏祖祠。在祖祠高挂的楹联的署名上,毕泽驳看到了父亲的名字,他还仔细地查阅了乡亲保存的宗亲族谱。他高兴地说:"我总算找到自己的根了!"

在村里,毕泽驳会见了素未谋面的亲人,和侄子毕耀全一家见了面。这是毕泽驳第一次回到紫石岗,他为找到祖辈生息的故里而十分兴奋,他不但知道自己是毕氏宗族的第31代传人,还能清晰说出他们家族的五代辈分的排列。

毕泽驳还参观了正在改建的合成小学,并捐赠50000元作为建校经费,后来为了给学校添置教学设备又捐赠2.3万元。他的善举,受到乡亲的称赞。

追求艺术 永不疲倦
——记港澳著名艺术家毕子融

2000年，澳门回归的第一年，在意大利举办的"第31届阿西亚戈国际集邮评奖活动"中，由澳门本土设计师毕子融设计的《中葡陶瓷》小型张的圆形邮票获"最佳文化题材邮票奖"。比赛评判团当场赞赏"见证了中葡文化交融，缔造出新文化的丰硕成果"。同年，在法国巴黎Timbres杂志举办的"第6届邮票世界杯"中，这套邮票再次获得"亚洲区最漂亮邮票"的美誉。

此外，澳门设计师林子恩2001年设计的《传统工具》小型张邮票夺得"世界最漂亮小型张"桂冠。毕子融与林子恩设计的这两套小邮票，使世人再次聚焦澳门。

毕子融祖籍狮岭镇合成村，1949年生于澳门，五岁时全家移居香港。1966年，毕子融毕业于香港罗富国教育学院，

毕子融和他的作品

1973年再入葛亮洪教育学院，先后主修体育及美术，成绩优异，取得专业教师资格。

自1970年，毕子融以榕树的树干和气根盘缠的局部作为灵感，创作一系列《天榕》素描和水墨作品。1987年的《天榕之七》是碳笔素描，与香港艺术馆收藏的水墨作品《天榕之二》可谓一脉相承。他以碳笔素描的细腻肌理，并利用留白和光影分割，在画面上创造出神秘迷幻、微妙变化的灰褐调子。将原本宜于表现强烈光影明暗效果的素描，转化成水墨般的灵动，构建出恢宏壮阔的幻觉效果。素描与水墨相参，奠定毕子融独特的艺术风格。

1977年，毕子融获得中英交流基金奖学金，前往英国伦敦大学进修美术教育，获美术教育研究院文凭。1979年，他的素描作品获"市政局艺术奖"。1980年毕子融到美国

毕子融名作品《天榕》

英国女王在参观毕子融的艺术工作室

纽约Bank Street教育学院进修美术行政硕士课程，1983年毕业，为该院香港首位硕士毕业生。攻读硕士课程时，毕子融亦在香港理工学院设计系任教。1988年，毕子融被晋升为设计系高级讲师，任教艺术设计课程。1992年，因全家移民悉尼而离任。

1993年，毕子融回澳门发展美术设计与教育事业。同年被澳门理工学院聘为新成立的设计系的系主任。后来他成为澳门首间设计学院的院长，对当地的设计教育做出贡献。由他主持创办首个平面设计的大学课程，后升为该院教授，主持澳门理工学院的高等学校艺术教育专业的设计及音乐课程。他亦活跃于本土艺坛，参与创立"香港视觉艺术协会"，曾担任会长。

2000年底，毕子融出任东南学校副校长，东南学校是他姑姑毕漪汶女士于1949年创办的私立学校。此次入主东南学校，一为帮助年迈的姑姑管理学校，二为筹办东南学校中学部，提升该校的学术门类。之后，东南学校成为澳门首间注重美术教育的中学，有口皆碑。

在东南学校，有艺术馆、陶艺室，毕子融特意向来访者展示东南学校学生的艺术作品。他说，文化与艺术属于同一载体，艺术教育要从孩子做起，学校要有对学生艺术素质培养的规划。

毕子融涉猎的艺术门类比较广，绘画、陶艺、邮展设计等，艺术水准都为业内所瞩目。毕子融所获得的艺术奖项有：香港市政局艺术年奖（素描，1979年）、香港设计年展铜奖（1990年）、包括法国之洲际设计奖以及意大利文化奖邮票设计奖项等。

毕子融在1999年澳门回归期间，举办了祖国大型图片展览、邓小平图片展及其与回归有关的活动。此外，他也为澳门设计了四款邮票。其作品为：名篇"心"（1999年）；"中国书法"（2000年）；"中葡陶瓷"（2000年）；"街选小食"（2002

年）。毕子融还担任2000年底北京世纪坛开幕展览之"澳门早期中西文化交流文物展"美术顾问。2001年，油画《香港澳门双城记》为北京人民大会堂港澳厅收藏。毕子融作品除私人收藏外，亦由香港艺术馆及澳门赛车博物馆所收藏。

毕子融为香港康乐文化事务署博物馆事务顾问、香港视觉艺术协会前任会长、香港杰出青年协会会员、美国平面设计师协会会员、澳门数码摄影学会监事长、澳门现代陶艺学会理事长、香港雕塑研究组组长、子融设计公司创作顾问、澳门东南学校副校长、澳门石莲仓库研究员。

毕子融于1982至1995年间，出版有关现代绘画、设计及香港艺术家等著作共九册，亦是香港星岛日报、文汇报艺术及设计专栏的撰稿人。

毕子融曾为澳门花都同乡会名誉顾问，2002年，毕子融受聘为澳门花都同乡会会长。晚年留

毕子融设计获奖的澳门邮票

居香港的毕子融从没有停止过他的创作与教育，他在香港举行了师生画展、艺术画展，还出版了《香港童年》等书籍。

毕子融于2019年12月27日在香港病逝。

收藏于北京人民大会堂、政协港澳厅的《香港澳门双城记》大型油画

视野开阔　成就新业

——记澳门青年联合会副会长毕志健

他是新时代的年轻人，他的思维与眼光有别于传统，面临巨大挑战与机遇，朝气蓬勃，挺立潮头，毕志健（又名李志健）就是这样的弄潮儿。他认为澳门对于他来说，就是"一个温暖的存在"。

揭开面纱看澳门

在很多人看来，澳门只是一个娱乐博彩业的花花世界，除此没有别的。20世纪70年代初，刚刚来到这个世界的毕志健，跟随着父辈，从柬埔寨举家移民来到澳门。毕志健的童年在澳门度过，后来他又跟随父母移民到加拿大，在加拿大完成了他的学业。本来性格开朗的毕志健凭着良好的语言天赋，可以在当地谋到一份不错的工作，也可以选择在传统生意领域发展。然而毕志

毕志健在粤港澳大湾区互联网创新论坛上发言

健跟他的父亲一样，在海外闯荡一番后，仍然回到他热爱的澳门这块土地。

澳门确实小，面积仅30多平方公里，加上外来人口不到70万人。澳门社会是一个社团文化浓厚的社区，有着上万个非盈利社会团体。澳门特区政府从博彩税中拿出资金，成立不同的基金会来赞助这些团体活动。虽然钱不一定很多，但却可以让人付诸行动。所以，一些进入内地的，关于宣传澳门的大型文化或者商业活动，也可以得到澳门基金会的支持。

澳门是中国内地通向世界的一个窗口，这也是澳门的魅力所在。毕志健认为澳门可以起到一个桥梁的作用。他选择立足澳门创业，开启了他的广告传播事业，一个知识经济的前沿阵地。

尊重传统创新业

毕志健的父亲在澳门从事地产业,属于传统行业。1994年,毕志健从加拿大学成归来,本来他也想着子承父业,然而他接触了新经济领域的网络信息后有了更深层次的思考。适逢当时澳门的经济受到东南亚金融风暴的影响,加上国内实行宏观经济调控,澳门地产呈下滑势头。

澳门回归之前,社会治安很不稳定,新闻时有报道绑架、抢劫、斗殴等恶劣事件,对旅游业产生了十分消极的影响。澳门当地的房价也下滑到历史低谷,4000澳门元/平方米的房价,根本无法平衡地价加建筑费用的成本。毕志健没有选择子承父业,而是另辟新途。他利用自己的广告设计专长,先从房地产市场推广、设计做起。刚开始创业的时候,公司只有两个人,从设计到制作图纸再到销售策略及定价等,他都要亲力亲为。而他的推广效应不仅大大降低了楼宇销售书的成本,而且传播效果可观,这也成为毕志健创业生涯中成功的第一步。

当毕志健从广告传播业进入一个新的领域,让他眼界开阔。他发现澳门是信息组合交会的一个中枢,地理上它是中国内地的一个窗口,可起到一个中转和桥梁的作用,而澳门有着发达的博彩娱乐业,可以借势把会展、传播业做大,以增加信息量的聚集和辐射的作用。毕志健稳稳地盯住澳门会展产业的发展,觉得大有文章可做。1999年,由毕志健创办的澳门广告商会成立。商会的成立为澳门会议展览行业的发展奠定了基础,也让毕志健从此进入创业的新阶段。

毕志健为推广他的事业,每组织一次大型的广告展览,他要全世界跑,约见客户,约定名师。推广澳门,传播新思路。他就是要让客户、讲师成为他的朋友。毕志健说:我们要力图创新,没有创新就没有发展,我们要搭建好中国澳门的交流平台,促进澳门与世界的更多的交融,让传播推动创新,注入新元素。毕志健已经成为业界的引领者。

让创意改变生活

毕志健常问自己,你的设计是否有创意?你富有创意的设计,是否可以引领潮流?注重细节的毕志健认为,做广告传播业是一个推广、整合、搭建平台的工作。他说:澳门虽然是小地方,但是我们要建立大平台、大网络。未来澳门的年轻人一定要有国际视野,不论是办展览、做广告业还是科技行业,拥有国际化的视野才能与全球顶级圈子的人交流,才能站在风口的位置,获得比其他人更多的信息和机会。

澳门的博彩业闻名世界,但实际上很多中小企业发展举步维艰。1999年澳门回归祖国后,澳门政府进一步开放博彩业,随着世界上更多类型公司的涌入,不少中小企业意识到,会展业发展潜力巨大。

发展会展行业是澳门产业多元化发展的一个方向,可以为澳门发展提供新的平台,房地产业、汽车、创意产业等等都可以通过会议和展览得到推动。由于澳门之前并无会展行业的根基,而他所从事的广告商会恰好集合了各种服务的供应商,包括公关公司、搭建公司、媒体公司、设计公司,政府对会展行业的大力推动又为广告商会的会员提供了转型机会。

从2002年开始，毕志健所在的澳门广告商会就开始操办起会展培训，他们邀请到新加坡等国家和地区的优秀讲师为企业进行业务培训。会展业不仅能够为澳门收集信息、吸引游客、扩大人流、拉动消费，还可以让更多国家的人群了解澳门，认识澳门的经济社会形态、自由贸易市场，同时展示热情好客的澳门人和善良淳朴的民风。

新领域新机遇

毕志健以新文化人的眼光看到，澳门是一个磁场很好的地方，很有吸引力。因为它具有东西文化交融长达400多年的历史，全中国最早的灯塔在澳门，之前的海上丝绸之路也是从澳门通往内地的。

根据《珠江三角洲地区改革发展规划纲要（2008—2020年）》提出，"建设世界旅游休闲中心"被定位为澳门的长期发展战略。澳门在打造成为世界旅游休闲中心的同时，更加注重拓展和保持内地旅游市场，同时也要注重对海外市场的拓展。尽管效益不是立竿见影，但现在政府资金充足，开拓新市场正当其时。

除此之外，澳门与内地市场的联系越来越密切，带动了不少澳门青年回流发展。这些青年把之前在内地积累的人脉网络带回澳门，成为澳门参与"一带一路"建设的重要资源，也是澳门青年融入"一带一路"的优势所在。再加上近两年粤港澳经济紧密合作，开发横琴岛，设立自贸区，澳珠两地通关便利化以及中国政府支持澳门发展特色金融业务等，内地和特区政府一系列政策的鼓励，为澳门青年投资和就业提供了良好的发展机会。毕志健认为，所有这些，不仅为澳门带来机遇，也为澳门的年轻人创业带来前所未有的机遇，澳门的传播业，也可以乐观面向世界。

如今，毕志健已成长为澳门青年协会会长、澳门归侨总会副理事长、中国广告协会副会长、澳门房地产联合商会副会长、中国澳门广告展览有限公司董事总经理，还兼任中华全国归国华侨联合会委员、中国侨联青年委员会副会长、贵州省归国华侨联合会副主席、四川省侨联青年委员会委员、广州市花都区政协常委、吉林省青年联合会常委、澳门青年联合会副会长、澳门广告商会副主席、澳门电子商务协会会长、澳门中华总商会策略研究委员会委员、2021亚洲广告大会项目统筹、澳门国际创新节主席、澳门国际广告节主席等职务，诸多头衔让毕志健忙得不亦乐乎。

毕志健参加深圳时尚家居设计大型会展

体坛巨人 名将风范

——记国际奥委会委员、花都乡贤徐亨

徐亨（1912—2009），国际奥委会终生荣誉委员。年轻时为杰出运动员，1934年参加第十届远东运动会，获得足球金牌与排球银牌。1949年移迁台湾从海军退役之后，致力于推广体育运动。在1970年至1988年担任国际奥委会委员，1988年后任国际奥委会终身荣誉委员。

被称为体坛巨人的徐亨，不仅仅在推动国际体育运动做出杰出贡献，

徐亨

他还是军人，后来又是商界能人。晚年他行走于台湾和祖国大陆之间，为推动体育运动和海峡两岸的交流做出了不可替代的贡献，并且为体育发展事业以及家乡的教育、公益事业多有捐资。2006年被授予广州市荣誉市民称号。

书香世家出少年

徐亨是赤坭镇荷塘村人，1912年12月6日在广州出生。父亲徐甘澍留美学医，归国后任岭南大学、中山医学院、公道大学三间大学的解剖学教授，母亲黄玉英为西医产科医师，夫妇俩还在广州西关第十甫开设医务所，后父亲与继室符翠莲医生在长寿西路开设保生产科医院并经营佐生药房，悬壶济世，曾创制徐甘澍痔疮膏、眼药水、发冷丸、癣药膏，风行全国各地，妇孺皆知。伯父徐甘棠，毕业于美国西南大学获硕士学位，是著名数学家、教育家、藏书家，曾任广东省中山大学教务长、广州市教育局局长、广州工务局局长并曾赴南京国民政府立法院任院长秘书，是广州市第二中学创校校长。他们昆仲俩生前认定"教育才能兴国"，故在20世纪30年代回乡兴办"棠澍小学"，村民子弟免费入学，扶持桑梓，有口皆碑。该校20世纪50年代改名为"荷塘小学"，1979年恢复原校，2003年由徐亨捐资200万元，该校迁址到花都区新华镇易地重建，成为政府公立学校，保留"棠澍小学"之校名。新校开办三年就被评为省一级学校。徐亨为棠澍小

学先后捐资约450万元。

徐亨自小在家教甚严的基督教家庭长大，接受岭南历史文化的熏陶。1918年，徐亨入岭南大学附小就读，品学兼优。具有运动天赋的徐亨，体质强壮，身材修长，酷爱体育，尤喜足球、篮球、排球和游泳。在岭南大学附中（上海）念中学时，他是学校排球、篮球队主力。1930年，时年19岁还在读中学的他，入选国家排球队、足球队，以其独特的"梳头式"扣球姿势成为球队主力。他参加了在日本举行的第九届远东运动会排球赛。此赛事，中国排球队击败了日本队，摘取桂冠，徐亨作为主力队员功不可没。

徐亨在上海参加东华体育会足球队，被誉为百无一失的守门名将。该足球队与20世纪30年代的香港的南华足球队并立华夏，被誉为中国的"足球两雄"。在第二、第三、第五、第八届的远东运动会上，中国足球队皆夺得金牌，徐亨以其出色的球艺，把守住了中国队的大门，为中国队的胜利立下了汗马功劳。少壮时，以其赫赫战绩，蜚声海外。

体育健儿从军旅

原本徐亨志向习医，以传承父母志业。后因感怀国事纷争，民族多难，徐亨投笔从戎。1932年，徐亨报考并就读于黄埔海军军官学校，学习航海专业。就学期间，徐亨参加广东省运动会，获得足球、篮球、排球及游泳冠军。1932年海军学校毕业后，广东省政局逆转，徐亨随陈策将军转移至上海。上海暨南大学悉闻徐亨体育才华，破格插班录入上海暨南大学法学系。就学期间，1934年，徐亨又被选为第十届远东运动会的足球、排球队队员，成为"双料选手"，且都获得冠军。后来他在香港水球队当前锋，有"水球准星"之称。在各类国际体育赛事中，徐亨共荣获八枚金牌。1935年获法学学士学位。

大学毕业后，徐亨先后在浙江省民政厅、上海市教育局任公职。徐亨曾回到广州广雅中学任体育教师，其间倡建"广雅游泳池"。当年师生情谊，至今仍念念不忘。在1992年广雅校友聚会，曾有冯剑文纪念诗刊登于羊城晚报："泳池依旧绿涓涓，忆自徐师建创先，培育健儿纷夺锦，弘扬传统创新篇。"

1937年，抗日战争全面爆发，徐亨返回海军，开始了军旅生涯。同年，海军名将陈策任虎门要塞司令，徐亨追随陈策，任虎门要塞司令部参谋。1938年，陈策在战斗中被日军炮火击中，左腿被迫截肢，成了"独脚将军"，以木质假脚代步，徐亨则作为他的副官，服侍左右。1939年，陈策到香港，出任国民政府驻港全权联络代表，兼任国民党港澳总支部主委。徐亨作为海军少校跟随陈策。

1941年12月，太平洋战争爆发，日军进攻香港，英军不敌弃守，香港沦陷。陈策、徐亨等驻港

担任永宁号军舰舰长的徐亨

官员俱被围困。香港总督杨慕琦投降前通知陈策,陈率部众突围途中,遭日寇的枪林弹雨追击,所乘的鱼雷艇被击中,陈策本人也负伤落水。徐亨入水奋力营救,背着陈策泅水三个多小时,率军官和战士数十人冒险排难,冲破封锁线。几经周折,突围成功。此成为抗战史上之美谈,后被英国国王乔治六世授予OBE勋衔。

1942年,徐亨随陈策将军抵达重庆,在司令部服务。其间,仍然兼任两所学校之游泳教练,工余之中不忘运动健身。

1944年徐亨考取海军军官赴美国受训,当时中美双方协定,由美国赠送我国的驱逐舰两艘、扫雷舰六艘,由我国派员到美接收。徐亨在迈阿密海军训练中心接受八个月密集体能及水上救生等各种基础和专业的技能训练,之后曾到古巴之美军基地服务。1946年,经重庆"军委会"批准,徐亨担任永宁舰舰长。同年4月,中国正式接收美赠"永宁""泰康""太平""永胜""永盛""永泰""永兴""永定"这八艘军舰。徐亨等奉命自古巴回航途经巴拿马运河、夏威夷、关岛、琉球、东京、上海返回南京。

之后,重庆"国防部"还委任徐亨为海军上校主任参谋,并晋升他为海军少将顾问。直至1968年,徐亨以海军少将军衔退役。

退役从商成大业

1947年,徐亨转任上海中央航空公司总务处长,中央航空公司顾问。

1949年,全国解放之际,徐亨随国民党政府迁驻台湾。到台湾后,徐亨继续投身于体育事业和商业。

1949年,中央航空公司解散后,徐亨与友人合资组建台湾复兴航空公司。开始在香港、台湾开创旅游事业。之后,徐亨在香港设立国际贸易公司、华夏国际投资公司等机构,他亲任董事长兼总经理。

1950年起,他历任香港游泳、排球、篮球总会会长及名誉会长,中国台湾省体育协进会副理事长、中国台湾奥林匹克委员会主席等职。另一方面,徐亨开拓商业到香港发展,先后从事国际旅行社、房地产、进出口贸易及旅馆业的经营。1964年,他在香港弥敦道开设富都大酒店。1983年,他又在台湾开设了富都大酒店。而到了1992年,他收购了位于美国洛杉矶机场口的希尔顿大饭店,这是当时全世界规模最大的机场饭店,后来这间饭店交由儿子和小女儿经营打理至今。

体育勋章未了情

1970年,徐亨当选为国际奥委会委员,任职到1988年。在任期间,他捐赠1000万元台币,建立"徐亨体育基金会",扶持体育事业发展,并为中国申奥、广

国际奥委会主席萨马兰奇
为徐亨佩戴勋章

州申亚奔波努力。

1972—1986年,为台湾侨选立法委员。

1975年,徐亨被授予韩国庆熙大学荣誉法学博士。

1976年,任台湾"国民党中央委员",《香港时报》《台湾日报》董事长。

1982年,徐亨七十诞辰,台湾当局要人、体坛精英及社会名流为徐亨夫妇祝寿,他被授予"足球寿星"殊荣,仍聘为体育顾问。

1987—2000年,任台湾当局政策顾问、评议委员。

1988年,徐亨在国际奥委会退休,时任国际奥林匹克委员会主席的萨马兰奇先生授予徐亨奥林匹克勋章及终生荣誉委员称号,以表彰他对奥运会的贡献。同年徐亨担任台湾红十字会总会会长。

1994年,美国麻省春田学院还授予徐亨名誉人文博士学位,以肯定他对社会服务及对体育事业的贡献。1995年5月,徐亨前往美国接受荣誉时还专程拜会美国旧金山花县总会馆,与花县乡亲聚旧一番。2000年,徐亨任中国台北奥委会顾问。2001年,被辅仁大学授予名誉文学博士学位。

十字慈善通两岸

徐亨(右二)迎接大陆红十字会副会长来台访问

1988年,徐亨担任台湾红十字会总会会长。1990年3月,上海华东体育会足球队应香港南华体育会邀请,赴港祝贺"南华八十大寿",并参加第二届亚洲区"长青杯"元老足球赛。当徐亨得知华东代表团顾问徐日懋先生是中国红十字会理事时,格外高兴,遂委托代表团团长谭敬,向中国红十字会名誉会长朱学范转赠台湾红十字会的纪念品,并表示争取第三届"长青杯"足球赛在台湾举行,欢迎大陆球员到台湾参赛。

1990年5月24日,徐亨应中国红十字会总会的邀请访问北京。中共中央书记处、统战部、国务院台湾事务办、中顾委、国家体委等有关领导人在人民大会堂接见了徐亨,并就如何加强联系、促进海峡两岸双向交流与祖国的和平统一等彼此关心的问题进行交谈。会后,在中国红十字会副会长曲析的陪同下,徐亨飞赴上海,参加华东体育会60周年纪念活动,并到杭州访问。6月6日抵达广州,做为期五天的访问。广东省副省长王屏山以及省统战部、省政协的主要领导接见了徐亨,家乡的亲朋好友热情接待了徐亨。王屏山还陪同徐亨访问了中山市,到翠亨村瞻仰了孙中山先生的故居。徐亨对祖国内地的改革变化,表示认同和赞许。

家国情怀怡晚年

2001年春，徐亨应邀来广州参加九运会开幕式，其间特意回花都荷塘村看了祖屋和棠澍小学。他了解到，村民生活逐渐富裕，迁往城区的人多了，而棠澍小学地理位置偏僻，发展受制。于是徐亨决定捐资200万元将棠澍小学易地重建，并当即邀约前来的香港著名教育家、慈善家田家炳一起，在花都区政府有关人员的陪同下，为新校选址，并参加学校奠基典礼。2003年3月，在花都区易地重建的棠澍小学新校落成，徐亨再捐资50万元设立棠澍小学董事会基金会，用于鼓励学习优秀的学生和资助特困学生完成学业。棠澍小学于2005年12月被评为省一级学校，徐亨先后六次来到学校参加学校的毕业生典礼。

2006年，徐亨被授予广州市荣誉市民称号，参加授荣仪式后徐亨又回到家乡。在家乡停留的日子里，花都台办主任、台联会长及理事专门拜访了徐亨。当见到熟人台办主任时，坐在轮椅上的他高兴得像个小孩，拉着台办主任的手十分亲热并要拍照。时年95岁的徐亨谈吐清晰，快乐而诙谐。共同展望海峡两岸政通人和，携手发展的前景。

花都台办和台联会领导拜访95岁高龄的徐亨

2008年7月初，棠澍小学二期工程动工，他第七次来到学校参加开工典礼，同时参加学生毕业典礼，再次捐资30万美元，折合人民币230多万元，这是他最后一次回家乡。

德范楷模励后人

徐亨在任职台湾红十字会总会会长的12年里，对祖国大陆发生的各种重大灾害，号召台胞共捐资2768万元人民币、77.35万元港币、9.08亿元台币及救灾物资一大批。作为国际奥委会的终身名誉委员，时年94岁高龄的徐亨在行动极为不便的情况下，依然奔走世界各地并为协助中国成功申办2008年奥运会、广州市申办2010年亚运会努力奔波，终获成功。徐亨致力于两岸交流，为两岸首次通邮、通信，推动两岸红十字会的会务开展都做出了重要贡献。

徐亨2008年7月参加完棠澍学校学生毕业典礼后，同年8月1日到北京参加奥运会前的七天国际奥委会年会，8月8日参加奥运会开幕式。8月23日徐亨在北京中风，经北京人民医院抢救六天后，返回台北荣誉军人总医院治疗。

2009年2月3日下午5时30分，台湾体坛巨人、国际奥委会荣誉委员徐亨因肾衰竭，病逝于台北，享年98岁。

徐亨一生不但在国际体坛写下重彩一笔，被誉为"不老的勇士"，还为后人留下丰富的精神与物质财富。

统一大业 没齿不忘

——记致力两岸和平统一的台湾老兵黄广海

黄广海在塱头村祖屋门口
与亲人们忆述往事

黄广海，1922年出生，在战争年代，义无反顾地踏上征程，浴血沙场，保家卫国。

黄广海祖籍炭步镇塱头村。少年时期，黄广海读了几年私塾，深谙乡俗文化底蕴。1937年抗日战争爆发，日本侵略者的铁蹄蹂躏着贫瘠的国土，人民陷入战火的深渊。为了驱逐倭寇，18岁那年，血气方刚的黄广海惜别新婚妻子，义无反顾地加入到抗战的军队。当时他在抗日游击队，主要任务是配合主力军作战，干扰、牵制并打击敌人，保证主力部队的战略进攻。然而，命运捉弄人，他随波逐流，漂流到台湾，一去就是40多年。

无端入狱

到了台湾后，黄广海被调到空军部队负责管理飞机场的自来水系统，由于工作相对轻松，他常常跑到图书馆借书学习，他读《资本论》，也读一些进步书籍。黄广海认为腐败无能的国民党不能救中国，事实告诉他中国的出路在共产党。

受马列主义思想影响的黄广海和很多去台老兵一起，他们揭露国民党内部的黑暗和腐化，力驳国民党当局对共产党的恶意诋毁和抹黑。黄广海与激进老兵成了台湾国民党当局的眼中钉。1954年，黄广海被国民党政府以莫须有的罪名抓进监狱，并被判无期徒刑。尽管身陷冤狱，但黄广海从未放弃过祖国统一、与家人团聚的信念。他的一些难友由于无法经受住如此深重的打击，在极度绝望中轻生或精神失常了，但黄广海在狱中坚持读书学习、习武强身，坚信风雨过后一定会见彩虹。

黄广海作为政治犯身陷牢狱21载,直到蒋介石去世后,1975年4月台湾大赦,所有被长期关押的政治犯终于被无罪释放。出狱后,他倍加珍惜自由的时光,为了让所有蒙冤受难的难友们沉冤得雪、获得平反和赔偿,他几经努力,发动成立了"台湾地区政治受难人互助会"并任会长,亲笔撰写了《白色恐怖受难者投诉书》,当面提交给当时作为台湾当局领导人之一的宋楚瑜,进行血泪控诉。在黄广海等受难老兵的不断推动和争取下,最终国民党政府给所有政治受难者进行了平反并给予了应有的赔偿。此外,为了在茫茫人海中找到受害同乡兼好友、曾担任过电白县县长的谢富礼的后人,黄广海不辞劳苦,想尽一切办法寻找他的后人。最后,在炭步镇政府以及当地派出所的大力协助下,终于打听到他的后人定居于佛山的详细情况,当时已经70多岁的黄广海不顾年事已高,在祖国大陆和台湾之间多方奔走,历经两年多的时间,最终为谢富礼争取到了相应的赔偿金,并送到他的后人手上。

心愿已偿

1987年4月,黄广海号召并组织老兵成立了"外省人返乡探亲促进会",老兵们穿着白色衬衣,衣服的正面印有鲜红色的"想家"两字,背面印着"妈妈我好想你",走上街头散发8万多张传单,并多次举行游行示威抗议。那一年的母亲节,成千上万的老兵们以"母亲节遥祝母亲"的名义在台北"国父"纪念馆门前举行大集会,强烈要求国民党政府开放探亲,让离别故乡近半个世纪的老兵们重回祖国的怀抱,最终促使国民党政府同意开放探亲。之后,出现了动人的一幕:

那一天,当汽车快到家乡塱头村时,黄广海目不转睛地望着窗外,晃过眼前的一草一木、房屋田地,都让他感到熟悉而陌生,近乡情更怯。家乡40多年的变化,使他感慨万分。车到家门时,早已经翘首盼望多时的弟弟黄广灶快步走上前,无限深情地呼一声"阿哥",两人紧紧拥抱在一起,百感交集、抱头痛哭,在场的亲人和乡亲无不动容。

"返乡探亲团"备受社会各界的欢迎和关注,家乡的镇政府、村政府尤为重视,为他特别举行了欢迎宴和座谈会,进行了亲切的交流。回到阔别多年的祖国大陆,他们先后到西安、北京、武汉、广州等地观光,后又回各自的故乡探亲,他们在祖国大陆的每个行程,备受香港《文汇报》、广州《南方日报》《广州日报》以及广东电视台等各大主流媒体的广泛关注,尤其是香港《文汇报》的记者张景宁,与黄广海在家乡同吃同住,贴身跟踪报道他们首次回祖国大陆家乡的真实生动情况。黄广海激动地说:"我十三岁丧母,十六岁丧父,跟弟弟黄广灶感情最深;两个姐妹虽不是同胞,但她俩都是我父亲一手抚养大的,情同骨肉。我在台湾孑然一身,逢年过节,想亲人都把我想疯了。骨肉分离,真是人生最大的痛苦。"此时,多年返乡梦终圆,赤子爱国心不变。

花都诗坛老人黄绮云得知黄广海从台湾回来,驱车前往拜见这位比他小10岁的同村兄弟。当年他们在家乡分别,各奔前程,几十年中历尽坎坷,他们在故乡重逢,执手凝视,百感交集,竟然说不出话来。世事沧桑,无不感慨万千,他们在悲喜交集中畅谈两个多小时。临别时,黄广海赠予黄绮云一本《台湾返乡探亲团》的小册子,封面印着祖国大陆与台湾的示意图,一群和平鸽从台湾飞往祖国大陆,旁附仿唐诗一首:"少小离家老大回，乡音不改鬓毛衰，儿童相见不相识，争传客从台湾来。"黄绮云亦把《英蓉诗讯》《师中声》和侨刊《花县乡音》送给他，同时赠七绝一首：

兄弟自台湾归来

和平群鸽自南来，两岸初通笑脸开。

愿趁征鸿归去便，衔回故土一枝梅。

2014年10月，黄广海受邀回花都参加海外联谊会大会第五届会员大会

海峡两岸给黄广海颁发的纪念章

1988年除夕，黄广海回到炭步塱头村，在祖屋与家人同吃团年饭。黄广海的姐姐黄松专程从香港回来，亲人们一齐向黄广海斟酒、夹菜，黄广海笑得合不扰嘴。他举起酒杯深情地说："40多年来，我第一次跟亲人们团聚在一起，共吃团年饭。今天我十分快乐，这不是梦，这是真的，我敬大家一杯，祝大家身体健康。"几十年魂牵梦绕的夙愿得偿。黄广海兴奋异常，他的弟弟专门把他以前住过的房间腾出来，粉刷好，又换上全新的床上用品。在自己曾经生活多年的祖屋里，他睡得特别香。在家乡的日子，他看到这块生养他的土地，有了很大的变化：以前要走老远的路到村边挑水，如今家里用上了清澈干净的自来水；破旧祖屋已修葺好，部分还换上钢筋水泥；水泥路通到屋前，家里亲人不愁吃穿，四个侄女全念上书。看到这些，他从心底感到高兴。乡亲父老们舞起狮子，向黄广海贺年。自小爱好舞狮的黄广海，立即脱去外衣，要过狮头，踏着节拍，欢快地舞起来。他熟练的舞狮技巧，赢得了乡亲们一片喝彩声。舞罢狮子，他又接过鼓棒，擂起狮鼓。在威武雄壮的狮鼓声中，塱头村沉浸在一片欢乐、和谐的气氛中。

深感慰藉

首次返乡探亲之后，他每年都要抽空回家看看，黄广海心中时刻关注着祖国大陆和家乡的发展变化，亲身感受到两岸同胞血浓于水的深厚情谊。

1999年10月1日，黄广海接受祖国大陆的邀请，参加中华人民共和国成立50周年国庆大典，以贵宾的身份到北京天安门广场观礼，并受到了胡锦涛、李瑞环等领导人的亲切接见。2010年10月，他应邀参加了在香港举行的"亚太地区统一联盟大会"。

历经风霜雪雨的洗礼后，黄广海仍致力于促进两岸和平统一，他始终坚信祖国一定能够和平统一。为了直抒老兵的爱国宣言，唤醒更多的台湾爱国民众，他撰写了《从广州黄花岗看台北马场町纪念公园》《死难的同志，你流的血照亮着路》等10多篇6万余字的文章，分别被《广州民革》《时报周刊》《瞭望》等刊登，他仍然不遗余力地为祖国的和平统一作出积极的贡献。

黄广海是中国统一联盟会的会员、台湾地区政治受难人互助会会长、花都区台属联谊会荣誉会长。2014年10月11日，黄广海作为区的重点台胞应邀参加花都区第三届恳亲大会暨第五届海外联谊会。2015年7月7日获时任台湾当局领导人马英九颁发的"中华民国抗战胜利纪念章"。

黄广海与百岁抗战老兵梁汉周相聚广州

晚年的黄广海大多数时间都生活在家乡，享受家乡古村落乡味和田园风光。

2019年1月14日，黄广海在家乡病逝，享年97岁。

（本文与黄月华合写）

平山才子 德艺双馨
——记台湾中国语言文学博士江正诚

江正诚在家乡育韵琴行即兴表演二胡

2005年12月,广州举行"首届广州全球华人文化艺术节",台湾的江正诚应邀回乡参加盛会。对中华传统文化如痴如醉的文学博士、诗书画大家江正诚阔别家乡多年,第一次这么亲近地拥抱故乡。

文化为媒追故乡

这是江正诚首次参加这种大型活动。在文化节上,他观看传统粤剧,看醒狮站桩表演,还有音乐、名家书画艺术展,与各地书画名家举行笔会交流,江正诚高度赞扬了这次博大的中国传统文化盛宴。

之后,江正诚回到家乡花山镇平山村。作为文学博士,他更多的是关注中华传统文化和家乡的历史、名人、文化教育、体育发展以及人文的改善。他走到哪里,就把文化的话题带到哪里,并且随时挥毫表演,受到家乡人民的热烈欢迎。他走进花都政协诗书画室,在早就为他准备好的大书案上提笔挥毫。小字巨字,草书行书,楷体魏碑,可谓行云流水、笔走龙蛇、铁骨银勾、力透纸背。他的表演博得诗书爱好者的热烈掌声。

走进父辈和他就读过的平山村小学,他一边走一边看学校的墙报、图书馆、会堂、体育馆。后来又到了洛场学校,他在那里写下"洛场"两个大字,如今这两个大字已刻在村前的大石上。时间匆匆,江正诚博士在花山镇政府大型菊花石景观前拍照留影,兴趣盎然。也留有诗文:

初返平山村探亲
世事推移日日新,花都初返梦成真。
平山古屋风光好,乡梓深情笑语亲。

恭谨焚香祭远祖，虔诚奠酒告先人。
祠堂瞻仰怀贤达，江氏源流代代珍。

在洪秀全故居，江正诚经过洪秀全的书房、手植龙眼树、古井和博物馆的陈列，一边记录，一边拍照。并随感赋诗。

最后他拿起大笔在纪念馆广场挥毫，写下"思古幽情"四个大字。

浓郁的文化气氛令江正诚陶醉，此次行程，江正诚写下20多首诗词歌赋。广州全球华人文化节已举办了八届，他都没有缺席过。每次回来都要回家乡祭祖，并与花都区诗书画界人士开展交流。他被芙蓉诗社聘请为顾问，被三祥轩书画院聘请为名誉院长。此后，江正诚常来往于海峡两岸，以交流与弘扬中华文化、增进两岸人民彼此之间的了解沟通为己任，同时关注并参与花都的重大联谊活动。

江正诚在洪秀全故居即席挥毫

才情横溢出少年

江正诚祖籍花山镇平山村，毕业于台湾大学中文系博士班，获文学博士学位，先后执教于成功大学、辅仁大学等台湾多所大学。江正诚父亲江镜波是个崇尚礼教的读书人，平时也爱舞文弄墨，能写一手好字。受其父亲影响，江正诚自幼酷爱书画。

读高中的时候，一位世伯袁公教他写"榜书"时，告诉他一个土办法：用一个洗脸盆装上沙子，蹲马步，手拿木棍在盆中练习，每天坚持，自然运笔自如。父亲更加循循善诱，传教四书五经，教一些做人的道理。至今，江正诚仍然津津乐道父亲为其留下的古书典籍精神财富。江正诚崇尚礼教注重礼义，他平时讲究衣着，从发型帽子到衣服上下里外搭配、色彩和谐、整体协调，让人感觉干净利索。在青少年的求学时期，江正诚把"善缘广结，福地勤耕"作为座右铭，勤习颜真卿、柳公权、褚遂良、赵佶等名家的书法，更勤习山水国画。在魏碑方面，他遍临龙门二十品，集郑道昭、李瑞清、赵之谦等方圆笔法而自成一家。

喜欢读书的江正诚涉猎琴棋书画，从学师众，集各家所长，常以不同书体在自己所作的国画上题诗，整体考究，一丝不苟，于笔墨浓淡乃至落款，以求达到完美境界。

就读台湾大学时，江正诚与香港旅台山水画家房若讯在"绮云楼画室"合作教授国画书法，课余探索山水画技巧技法。之后又受教于台湾著名艺术评论家兼画家姚梦谷，深入钻研"四君子"虾、蟹、小鸡等书画与艺术理论，又向郭忠烈、王农、陈子和等教授名家学动物与松树技法。

在学生时代，江正诚获台湾大学书法、对联比赛双料冠军，以及全台湾学生书法比赛大专组冠军，在校外参与社会书画比赛也是连年夺魁。他以魏碑书法参加全台学生书法比赛，脱颖而出。

江正诚从中学到大学以至任教授，把研习书画和古语言文学结合，把诗书画天赋发挥得淋漓尽致，学业精进，果实累累，很受亲友和学生们喜欢。

儒雅气节行大度

在古诗文与古文字方面，江正诚有很深的造诣。在他回乡访友之时，曾与广东省岭南诗社和花都芙蓉诗社的诗词爱好者一起探讨切磋。针对诗词用语，他从古文字甲骨文的发源造字，到词语的引申使用来分析诗词用语的精确与意境。他总是知无不言，言无不尽，给诗词爱好者留下深刻的印象。

江正诚常以诗词寄怀，直表胸臆。他的诗流畅深刻，引经据典，充满灵气，让人读了印象尤深，如：

满庭芳·甲午秋月感怀

叠嶂重峦，暮云烟霭，月移星耀凝霜。夜阑人静，衾暖念高堂。追忆前尘往事，山河隔，无限思量，金风袭，千头万绪，郁结系心房。沧桑，难预卜，悲欢聚散，萦损悠柔肠。感怀报春晖，自比山刚。恩义昊天罔极。团圆乐，誓固伦常。闲愁敛，且迎旭日，慈荫祐绵长。

江正诚画的梅、兰、竹、菊，清新怡人，妙趣横生。所绘神骏，奔腾跳跃，意态万千。

他在文学艺术理论方面也是功力深厚。他曾先后得到郑骞、李霖灿、庄严、蒋谷荪及岭南名书画家陈子和等名师的指导，研读"中国美术史""中国书画评鉴""文字学""说文解字""训诂学""声韵学""古音研究"等艰深课程，使他在诗词文学书画国乐方面造诣深厚，也为他日后的成就奠定了基础。

江正诚爱书如命，先后珍藏《古人咏百花》《历代咏物诗选》《历代题画诗抄》等，收藏书籍超过万册。他的母亲及兄弟姐妹多人均居住在美国，江正诚因不能舍弃他视之为珍宝的古书典籍、书画砚台等收藏品而留在台湾。

勤耕力作乐园丁

江正诚20岁出头就开始教授书法，教学相长、潜心研习、弘扬国粹。对学生知无不言、诲人不倦，几十年如一日。给学生们传授书法、绘画及文史哲艺术课程。他教过的学生遍及全台学校、机关、社区，时年103岁高龄的山东人孙渤海也是江教授的学生。

在台湾，江正诚曾任台北中华水墨艺术学会理事、台北中华乐器学会理事、礼乐学会理事、公务人员高普考阅卷委员、台北市万国语言中心法语教师，"考试院""国科会""救国团"、板桥文化中心、地方法院等二十余公私机构书画教师及评审。在"监察院"、中原大学等多处作学术演讲。2013年冬季，中华诗学研究会、正因文化艺术基金会举办第九次诗学讲座，邀请江正诚教授主讲"诗书画的相互关系"，听讲座的学员有学者、教授、书画爱好者等各界人士，反应热烈，讲座结束后，江正诚即兴演奏二胡，当场挥毫书画。江正诚常被邀请到一些学术机构或者大学去演讲授课。其诗书画与古典文学融会贯通，活跃的课堂让师生才艺精进，受益匪浅。2014年10月16日，他应邀赴广东省番禺区华南师范大学文学院演讲，主题是"颂赞中华文化，品味中华书画"，颇获诸生热烈欢迎。

江正诚博学笃志，不忘在社会上推动文化教育。他曾出版一本名为《醉墨凝神集》的画册，他说："余醉心翰墨纯为性向所趋，深知钻研、创作均须凝神贯志，心领神会，始克有成，爰以《醉墨凝神》名集，用以自励，亦表一己创作之不苟也。"

德艺双馨耀文坛

江正诚以传播弘扬文化精髓为己任，把教育作为终生事业。由于祖国大陆的开放以及两岸的三通，江正诚的舞台有着更广阔的空间。

他先后任台湾辅仁大学、中原大学之文史哲艺术课程教授，是台湾大学中文系文学博士、著名诗书画家、教育家。他持之以恒，在三尺讲台或授业或传道或挥毫或交流，大力弘扬中华传统文化，辛勤不辍地推动穗台两地文化交流，赢得家乡民众的交口称

江正诚在花都区政协诗书画室即席挥毫

赞。江正诚淡泊名利，身心轻松，洒脱自如。

除了诗书画以外，江正诚同时还擅长摄影、口琴、胡琴；他曾任台湾水墨艺术学会及乐器学会理事。作为生活情趣的调剂，这些中国乐器也成了他的挚爱。他可以一天不吃饭，但是不能一天不写字、画画、玩乐器。对于功名利禄，江正诚看得很轻，他说："人要建立功名，就是要把自己好的精神品质及艺（学）术成就留给后人。至于利禄，那是苛求不得，也不足以流传后世，生活淡泊可以活得轻松，从而达到一种飘逸的境界。"所以他从来不在乎自己的字画值多少钱，也不热衷参加什么字画拍卖会。

很多年前，日本有家单位策划出版一本《国际书画名家年鉴》，要江正诚把自己的书法、绘画作品寄过去给他们评审，看估价能卖多少钱。江正诚很是不以为然，他认为现在的书画界有唯利是图取向，而书画欣赏，本来就是纯粹的艺术，不应该被扭曲。更有中国的书法艺术为什么要让日本人来评审竞卖？在江正诚身上，我们看到了一种艺术家对艺术应该持有的态度。

江正诚曾跟随台北市故宫博物院副院长庄严教授学习"中国书法评鉴"，他先后在中国台湾、美国和日本等地举办10多次个人书画展览，多次获荣誉奖项。

他的书画作品获"国父纪念馆"、中兴大学艺术中心、美国加州之"美国银行"、士林地方法院、台北护理学院(现改名为护理健康大学)、逸仙画廊等单位收藏。在家乡花山镇的华侨中学会议室里都能看到江正诚的书画作品。他所撰写的1000多首诗词、文章和对联，分别发表在《中华诗学季刊》《广东文献季刊》《花都乡音》以及美国旧金山《花县总会馆季刊》上。

后 记

在《走向世界的花都人》（第一卷）面世的时候，我已经是退休超过10年的老人了。

一、心路

作者徐旺兴

作为一个侨务工作者，我有一个与"侨"不解的情结。20世纪50年代，我出生在花都一个"华侨工人"的家庭。我当过农民，做过教师，从事侨务工作25年，包括担任《花都乡音》编辑、主编，侨务办公室和侨联的工作。我积累了相当丰富的华侨资料，心中存着对这些爱国华侨的敬重，有心把它编撰成集，想在退休之后完成。但是，这一项文字工作的系统工程，人物及其故事分布的地区散而广，收集采访整理不是一件容易的事。况且现在资讯发达，渠道的改变，网络世界已经大量取代传统的媒体。出书，已经不是什么时髦的事了。算了吧！就这样，我一次又一次否决了自己，放弃了初衷，就这样一拖就过去了十年八年。这段时间，也许是出于职业的习惯，我仍然不时关注侨界及其人物。因此，我在退休之后偶尔都会写下一些侨界人物。如在美国加州州务卿余江月桂逝世的时候，美国加州政府州务卿大楼由余江月桂（March Fong Eu）的名字命名以表彰她的功绩。我心潮澎湃，马上收集整理了所收藏的旧资料，加上跨地采访和网络查询等形式，写成了《纵横政坛三十载，成绩辉煌启后人》一文，记载余江月桂的生平事迹。在本地多家媒体以及美国《纽约侨报》发表。又如，当时为花都区政协委员的香港演艺名人徐小明，在影视业上成绩卓著的时候，我把多年往来的纪实整理并查阅大量的资料，写成《大侠徐小明》一万多字的文稿，记载徐小明半个世纪的艺术生涯；帮助旅居新西兰的世界旅行家、摄影家周永杰"意外寻祖归宗"并写成文章……这些都是在退休之后不时关注侨界的事情。

2017年，在我选择放弃出书之后，开始清理家中旧物，面对一些似乎有价值的资料，我舍不得烧掉，就把老资料一页一页拍成几千张照片发到网盘上去。面对这些零碎的破旧文案、图片，我面前再次浮现一个个曾经熟悉的华侨形象，而且这些人当中有不少已经老去，离开了我们……

花都是全国重点侨乡，花都人旅外足迹遍及全世界，旅外人数众多，历史悠久，分布广泛，旅外先贤为生存奋斗，商海拼搏，政坛崭露头角，亦成就斐然。然而他们根系唐山、桑梓情深，以各种形式回报祖国，无论何时何地都与祖国家乡保持着千丝万缕的挥不去、割不断的家国情怀，是一部可歌可泣的悲壮历史。这些华侨对祖国家乡的报效,在20世纪改革开放之后再一次迸发;这段深沉的历史在祖国改革开放之后也得到挖掘,特别是1982年创刊的《花都乡音》,出版发行30多年,记录侨情历史,功不可没。挖掘、记录、传承、研究这部历史是我们的责任。

二、挥之不去的感动

20世纪,我看到这样一批花都籍的华侨精英们:

早在国内革命时期,就有人追求理想,参加革命,开辟商埠,教育兴邦;在国难深重的时候,有人从越南步行奔赴延安投身革命,有人在海外筹款支持抗日;还有早期在海外集资为家乡兴办学校,又为学校购置物业以求养校的老华侨。

他们当中还有在美国、巴拿马等国家步入政坛的,任州务卿、大法官、民权委员、国会议员、总统府顾问、市长……

有事业成功的美籍华人刘国烈,他创立了类似沃尔玛的商业模式,但比沃尔玛还早两年,他获得成功后以个人慈善基金会的名义支持中国的希望工程,30多年来在中国捐建了45所希望学校10所医院……一群在美国的乡亲,他们在当地拓展事业取得巨大成就,开有十几二十家大型连锁超市,他们赚了钱回来在家乡做公益事业,如杨文正、黄侣文、刘钜燎等。新加坡实业家曾锡源30多年来坚持与中国做贸易,并携手中国企业发展成为上市公司;卢思榜让自己的企业在新加坡上市,同时大举投资中国内地包装产业成为上市公司。这些华侨爱国爱乡,中国情怀溢于言表。

不少华侨华人早年在居住国奋斗创业,他们团结、无私,共同创立同乡会,买下会址,让侨社团成为华侨之家,成为团结乡亲、维系乡情、连结中国文化的纽带。如美国花县总会馆、新加坡花县会馆、巴拿马花县同乡会、马来西亚花都同乡会、广肇会馆,它们都有超过100年的历史,传承和弘扬中国传统文化没有停止过。

在美国加州有一群花都籍的成功人士,他们从20世纪80年代开始,筹集资金,在美国加州中部投入200万美元建起一座庞大的"孔庙",创立"美国加州中部中华文化中心",用以维系和传播中华文化,并以此来教育他们的后代。

马来西亚曾振强先生在广肇会馆任职会长36年,他是五所华文学校的董事长,推动华文学校从小学到大学的发展,他用毕生的精力致力于华文文化在异国他乡的推广和传承,其心可鉴,其情可明!

澳大利亚江杜湾老先生乡情凝重,当他知道家乡花都的路桥事业要走向世界的时候,不遗余力给予帮助。肯尼亚刘燕镁作为广东省在肯尼亚首席经贸代表,他参与中非两地经贸合作与交流并做出重要贡献,大步走在中国"一带一路"通向非洲的征途上。

港澳同胞胡应湘先生是中国港澳事务顾问,他助力中国的现代化建设发展做出巨大的贡献。在新的历史时期,还有不少人商界精英成为上市公司的董事长,如朱树昌、梁志杰等,他们心系家乡,还出钱出力担任乡亲社团的职务。

不少花都籍的海外华侨及港澳同胞,他们在各个领域取得骄人的成绩,如教育家、体育名人、演艺名人、文学家、艺术家等等。在科技发达的今天,网络科技改变世界,不少创新商业和经济模式取代了传统模式,由此也引起华侨华人群体组织发生质的变化,涌现出一大批年富力强甚至是青年人参与侨社团工作,使古老的华侨社团变得活跃起来,充满生机。

还有不少花都籍的乡亲在异地扎根并推动中国与居住国的交流合作,如让多伦多万锦市成为花都友好城市,在万锦市铺上一条"花都大道";使当地在中国国庆节的时候,可以在市政府广场举行中华人民共和国国旗升旗仪式,所有这些无不使人感动……

想着看着,我的心有一种不能自己的情感,我在感动兴奋与痛苦抉择中挣扎。等我把所有的原始资料发到网上去之后,我越来越迫切地感觉到:我有一件重要的事没有完成,就是这一个个的华侨故事值得我去挖掘,去大力颂扬,不要被历史的长河淹没。他们的离乡别井,漂洋过海,闯荡天涯;他们的艰辛创业,挺起腰杆,扬眉吐气;他们的忠肝义胆,爱国爱乡情怀以及他们深远的唐山之梦深深地感动着我。我可以尽我的一份力!虽然我知道前路上有曲折和困难,但我坚信困难是可以克服的。我有了一个信念,决定让自己重新进入工作状态,思路出来了,《走向世界的花都人》的构思也出来了。对,就这样,我拟出提纲,列出名单,准备分步完成,达成目标。

就在这个时候,2017年,我参加了花都区政协组织的一次文史研讨会,文史委主任龙敏介绍他们正在筹备出版一套反映花都海外及港澳台地区杰出人物的系列史料专辑。于是,我们双方一拍即合,达成了立项协议,区政协提供编辑力量和在人财物方面的支持,由我牵头负责这套系列专辑的采访和组稿工作,由花都区政协负责该书人物的遴选认证、编审定稿,并联系出版社出版发行。

三、困难是可以克服的

第一个问题就是碰到要把大量的旧文档变成电子版文字。我开始找人打字,但是没门,我转而学习文字处理软件,经过请教青年人和专业人士,我掌握了相关文字处理软件的手机与电脑互动的文字处理方法,进入文字整理写作阶段。

首先是整理旧资料,对历史上写过的人物和保存的材料,大多是改革开放以来对家乡有贡献的华侨人物。这些档案文稿,虽然之前写过或者曾经发表过,但时过境迁,必须重新采写补充;第二类是之前没有采写成文的比较熟悉的老华侨,有的已经离世了,由于地域分布不同,采写难度大;第三是侨领新秀,因为我退休多年,很多关系已经断了,退休之后,不再有职务和工作方便,增加了工作难度。但是我始终相信困难是可以克服的!我在充分整理原有旧资料的基础上,再通过电话联系,约见回乡的乡亲面谈采访;不能回乡的电话采访、视频采访,形成文稿。所以95%以上的文稿都是通过直接采访当事人或者间接当事人,获得第一手材料写成。

还有一个难题是稿件写好之后,需要征得当事人(写作对象)的审阅修改和认可。因此,工作量与难度都加大了。因为一些重点人物先后离去,有的年纪较大的如84岁的胡应湘先生、曾振强先生,90多岁的邝肖卿女士、巴拿马前国会议员杨河西等,还有不懂中文的第二代华侨中的成功人士,很难要求他们亲自审阅修改,这就必须依靠身边的可靠的知情人、亲人、总管、秘书等,请他们翻译、传递并帮助审阅修改文章,确保稿件的真实可靠性。

根据政协文史委组编的要求,为了整体平衡花都华侨所分布国家和地区的人物代表性,我再一次对新时期海外人物和侨领进行摸查,并力求做到直接采访,使之尽量做到花都华侨主要分布地区不空缺。

《走向世界的花都人》(第一卷)的人物内容,是在长期积累收集资料的基础上进行整理筛选,又在近四年来重新补充采写,旨在颂扬海外华侨华人的爱国爱乡精神,更好地联络乡情亲谊,进一步激发和汇聚广大侨胞支持、参与中华民族伟大复兴的大事业。

在写作整理的过程中,得到各地华侨华人社团侨领、友好人士配合帮助。我在2019年9月完成40多万字的文稿,涉及花都籍海内外人物超过100人,分布于15个国家和地区。本书的出版,是芳谷撷英之点滴,属于抛砖引玉,希望在未来有第二卷、第三卷出现。

四、正能量的汇聚

《走向世界的花都人》(第一卷)的出版,首先要感谢花都籍海内外各界友好人士的热情帮助、支持与配合。例如,香港花都侨港同乡会主席卢耀河先生,当我把已完成的"花都人在香港"10篇初稿送去给当事人审阅的时候,我在香港酒店住了10天,每天约见花都乡亲,是卢耀河先生给予大力支持和配合,热心推荐并协助约请相关人物,推荐新的商界精英和优秀的社团领导人。这趟香港之行不但顺利地完成了香港重点人物的稿件审核,还增加完成六位成功人士的采写工作。这些如果没有热心的卢耀河先生的引荐帮助,是无法完成的。

在澳门,毕根先生热情接待,并全程陪同,使我顺利完成了对澳门女教育家毕漪汶生平事迹以及对澳门之鹰飞机的制造人毕泽驳先生的深度采访。

美国旧金山花县总会馆主席江文滔,不但配合进行多次的电话采访,还详细介绍了当地侨情发展变化,传递考证材料,介绍有突出贡献的已故侨领,协助完成材料收集,还帮助审阅相关人物的文章并进行补充核实;冼有钧先生、江长湘先生、江煦辉先生帮助反复审稿。

在巴拿马的刘扬烈、邱文峰、刘汶辉、麦杞佳、江雄桐等不但提供详细的侨情资料还帮助审阅,并提供老侨领佐证材料;唐金水、罗记添、张荣森等专程回乡配合采访,反复核实指出错漏,使多位杰出侨领前辈的文章能顺利完稿。

加拿大温哥华、多伦多、蒙特利尔三个大城市的同乡会主席刘显培、吴文光、邵凌洲配合提供当地的重要侨情并配合搜集材料、照片等工作。

新加坡青年华人庾潍诚大力协助联络工作,使我顺利完成对华侨实业家同乡会荣誉会长曾锡源、卢思榜的电话采写工作;马来西亚曾志东亲自审阅稿件,提供并邮寄书刊等重要侨情资料;秘鲁花都同乡会主席杨学良因商务回中国广州只有一天的时间,还特地安排与我见面聚谈,提供重要侨情和完成中华通惠总局主席杨学勤的材料核实;澳大

后记

利亚陈金和先生为了帮助核实陈耀池、罗锦煌等故人材料,三度专门回花都约见并专题访谈,提供相关人物事迹材料。

自从该书正式立项以来,在花都区政协陈家飞主席的领导下,分管文史工作的邵靖副主席于2019年11月主持召开了由张应龙教授等华侨研究史专家学者以及花都区涉侨涉台工作部门领导参与的专家评审会,收集到专业水准高、指导意义强的问题和建议。花都区政协文史委编辑部的龙敏主任带领常务主编邓静宜、文史专员余鸿浩对梳理后的问题进行了诸如论证修编、人物遴选、审稿校对、经费审批等大量艰苦细致的工作。此项工作也得到了花都区政协文史委前任分管副主席全泰源与广州市政府参事、花都区政协副主席徐兆东的大力支持。

没有他们,这本填补花都文史空白、受到广大海外乡亲和氏族宗亲等社会各界关注和期待的侨史专著是不可能面世的。

本书的顺利出版还要感谢原侨联主席崔晓辉同志,在2018年年底,崔主席表明要把这项工作作为近期侨文化工作的主体工作来推进。新接任侨联主席徐鹏姬主席也给予大力支持,区侨联副主席王丽燕、二级调研员柯群城亲自帮助联络侨领并陪同采访,原侨联主席王伯荣为本书题写书名。所有这些,凝聚了上、下和内、外各方的力量,汇集成一种正能量。在此,我还要说一声感谢家人的理解和配合,让我全身心投入工作。如果没有大家的团结努力,各方力量的真诚帮助就没有今天的成果,我真心再次感恩。

《走向世界的花都人》(第一卷)的出版,由于时间、空间、人力、水平有限,无论是在内容和写作等方面,都会存在不足,还有一些优秀的华侨人物没有来得及采写收集,希望得到各界人士的批评指正,提出宝贵意见,以求今后做得更好。期望为将来出版第二卷收集好建议,更加发挥侨力,为中华民族的伟大复兴继续奋斗。

《走向世界的花都人》(第一卷)人物排列顺序是按照国家、地区分类,排名不分先后。

徐旺兴
2020年7月26日

鸣 谢

《走向世界的花都人》（第一卷）出版，得到了众多海外乡亲和港澳台同胞的支持。在此，对以下社团和个人表示感谢：

马来西亚罗锦煌基金会　巴拿马花都同乡会　香港花都乡亲联合会
香港侨港花都同乡会　香港上水花都同乡会　美国花县总会馆
美国加州中部中华文化中心

朱树昌　陈金和　欧阳添　刘汶辉　毕　根　毕　明　毕志健
梁志杰　徐小明　邝正炜　卢耀河　曾振强　宋丽芬　邵凌洲
江永枋　庾潍诚　梁　荣　张荣森　利永周　吴文光　陈伟宜
游锦焕　萧桂光　苏　华（毕漪汶亲属）　卢嘉信　张福明
胡志勇　刘燕镁　张雪云　毕泽驭　陈华添　侯辉航　钟新亮
邱绍磊　徐学贤（徐亨亲属）　利中耀（利坚亲属）